U0911708

湘軍崛起

谭伯牛 著

岳麓書社

·长沙·

图书在版编目（CIP）数据

湘军崛起/谭伯牛著．—长沙：岳麓书社，2018.7

ISBN 978-7-5538-0721-8

Ⅰ.①湘... Ⅱ.①谭... Ⅲ.①湘军—军事史—通俗读物

Ⅳ.①E295.2-49

中国版本图书馆 CIP 数据核字（2017）第 083981 号

XIANGJUN JUEQI

湘军崛起

作　　者：谭伯牛

责任编辑：陶嶒玲

责任校对：舒　舍

封面题签：集曾国藩手迹

封面设计：张发财

岳麓书社出版发行

地址：湖南省长沙市爱民路 47 号

直销电话：0731-88804152　0731-88885616

邮编：410006

岳麓书社网址：www.yueluhistory.com

2018 年 7 月第 1 版第 1 次印刷

开本：640mm×960mm　1/16

印张：29

字数：390 千字

印数：1—20 000

ISBN 978-7-5538-0721-8

定价：68.00 元

承印：湖南众鑫印务有限公司

如有印装质量问题，请与本社印务部联系

电话：0731-88884129

大事年表

嘉庆十二年（1807） 罗泽南生。

嘉庆十六年（1811） 曾国藩生。

嘉庆十七年（1812） 左宗棠、胡林翼生。

嘉庆十八年（1813） 洪秀全生。[一]

嘉庆二十三年（1818） 李续宾生。

道光三年（1823） 李鸿章、李秀成生。

道光四年（1824） 曾国荃生。

道光五年（1825） 王鑫生。

道光二十三年（1843） 六月[二]，洪秀全在广东花县创立『上帝教』。

道光三十年（1850） 正月，宣宗死。奕詝继位，是为文宗。明年改元咸丰。十二月十日，金田起义。

咸丰元年（1851） 二月二十一日，洪秀全即天王位，建号太平天国[三]。是为太平天国元年。

咸丰二年（1852） 七月，太平军攻长沙。萧朝贵中炮死。八月，左宗棠入湖南巡抚张亮基幕府。十月，曾国藩丁母忧，回湘。

咸丰三年（1853） 正月，曾国藩奉旨帮办湖南军务。二月十日，太平军入南京。建都于此，称天京。三月，向荣驻孝陵卫，称江南大营。琦善驻扬州城外，称江北大营。四月，太平军始北伐、西征。九月，曾国藩移驻衡阳，创建水陆湘军。

咸丰四年（1854） 正月十九日，西征太平军克汉阳、汉口。三月，左宗棠入湖南巡抚骆秉章幕府。四月二日，太平军在靖港击溃曾国藩水师；湘军在湘潭击败太平军。六月，太平军克武昌。八月，湘军复武昌。乘势沿长江东下。十二月，湘军水师在湖口被太平军分割为内湖、外江两部。

咸丰五年（1855） 二月，太平军克武汉。三月，胡林翼署理湖北巡抚，明年实授。十月，石达开入江西，州县望风归附。是年，曾国藩坐困江西。

咸丰六年（1856） 二月，太平军破江北大营；五月，破江南大营。两大营被破后，德兴阿、和春旋即重建大营。七月，天京事变。九月，第二次鸦片战争爆发。十一月，胡林翼收复武汉。

咸丰七年（1857） 二月，曾国藩以父丧，回籍守制。五月，石达开出走天京。七月，曾国藩奏请终制。八月，王鑫病卒。

咸丰八年（1858） 四月，湘军李续宾克复九江。六月，清政府与英、法、美、俄签订《天津条约》。七月，朝命帮办浙江军务，曾国藩复出。夏秋间，太平天国复设五军主将，陈玉成、李秀成脱颖而出。十月，陈玉成、李秀成在三河镇歼灭李续宾全军。

咸丰九年（1859） 夏，樊燮案发。朝旨令官文查办。十二月，左宗棠出巡抚幕，投湘军。

咸丰十年（1860） 闰三月，太平军击溃江南大营。张国樑自杀，和春死。四月十三日，太平军攻克苏州、嘉兴。朝命曾国藩署理两江总督，旋实授，并命为钦差大臣督办江南军务。八月，英法联军入北京，焚圆明园。咸丰逃热河。十二月，湘军祁门大营被围。后解。

咸丰十一年（1861） 七月，湘军曾国荃克复安庆。十七日，咸丰病殁。九月，胡林翼卒。十月，祺祥政变。十一月，李秀成攻克杭州。十二月，左宗棠任浙江巡抚。

同治元年（1862） 三月，李鸿章率淮军至江苏，署理苏州巡抚。五月，湘军水陆齐攻，曾国荃进驻雨花台。五月八日，陈玉成被俘，死。八月，李秀成、李世贤进攻曾国荃围师。鏖战四十余日，太平军撤退。

同治二年（1863） 十月，太平军部永宽等人投降，李鸿章收复苏州。

同治三年（1864） 正月，湘军完成对天京的合围。二月二十四日，左宗棠克复杭州。四月，淮军克复常州。二十七日，洪秀全卒。幼天王洪天贵福继位。六月十六日，湘军攻克南京。七月六日，李秀成被俘，死。九月，洪天贵福被俘。十月，洪天贵福被正法。

同治四年（1865） 十二月，湘军歼灭闽、粤境内太平军余部，长江以南号称肃清。

〔一〕 洪秀全生于嘉庆十八年十二月十日，为1814年1月1日。
〔二〕 此表月、日，俱用农历。
〔三〕 参见罗尔纲《太平天国史》卷二《纪年》。此表有关太平天国事迹，按年系日，多采诸此书。

自　序

2008年初，我为湖南教育电视台录制了名为《湘军传奇》的电视讲座。其时，无讲稿，仅列提纲，每日独对摄像机，讲上两个钟头，一连录了一个多月，方告毕役。说这些，不是为了显摆胸有成竹，而是老实交代，由于时间不够与精力不济，讲座准备并不充分，同时，也向制片人田思思女士表达谢意，谢谢她的大度与信任。

讲座的主题是湘军，严格地说，指自创建至克复南京期间的湘军，这是我关心有年的题目，窃谓积力既久，不无一得之愚。然而，从口语转为文字，并不容易。口语化，有利有弊，其利在于易解，其弊在于辞费。编辑成书，则应尽力兴利除弊。所做的工作，主要是保存完整的故事脉络，删除拖沓重复的部分，同时，对措辞造句稍加润饰，以便阅读。

前年再版《战天京》，请张发财兄为我设计封面，这次仍然劳动了大驾，未来再有新作，亦将出诸其手，铭感在心，岂胜言谢。书题四字，亦遵前例，自曾国藩手书集出。负责编辑的陶女士，安排章节，复核史料，尤费心力，令我感愧。其书虽脱胎于讲座，而从容晓畅，别具风貌，都是她的功劳。

录制讲座之年，不巧遇上南方雪灾，而湖南是受灾最重的省份，演播厅形制高广，冷如冰窟，虽然开了四台空调，前后各设一架电暖器，讲者仍是止不住发抖，甚而用了烈酒御寒的土法。十年之后，回忆当时苦况，固不堪言，但是，或许正是讲了这一场，才有机会对太平天国战争的知识与思考，进行了全面而冷静的梳理，庶几免去几分自误误人的遗憾。

2018年5月30日

目　录

第九章　尾　声

第一章　忍辱负重曾国藩

一、三个湘乡人

1. 曾国藩：低姿态创业

曾国藩练新军的时候，起初没确定这支军队叫什么名字，只想着要练出一支勇军，为朝廷效力。他在咸丰三年（1853）正月，与罗泽南、王鑫合作，开始练军。起初是皇帝下旨，让他帮同湖南巡抚办团练，经费自筹。而曾国藩最终没办团练，而是练了一支新军，所需经费远比办团练要多。其时，曾国藩家中虽已脱贫，但要他自己掏钱来练军，肯定负担不起。他想到的最好的方法是募捐：练军是为了保卫家乡，保卫同胞，而乡里乡亲出点钱，名正言顺，因此，他开始募捐。

咸丰二年（1852），曾国藩回到湖南。其时，湖南官僚主义作风甚嚣尘上，十分讲究官与民的界限：咱是做官的，当然要高高在上，不能随便搭理一般民众；尔等草民，没什么事最好不要来骚扰咱家。官民之间有一道鸿沟。而当时的士绅阶层，权力还不像后来那么大，民意、舆论也不如后来那么有影响力，于是，官场把持了很多事情，几乎不与民间做什么沟通。而现在曾国藩来了，他的风格却不一样——当然，这也与他要做的事情有关，募捐本就是针对民间，官家可拿不出这许多钱——他希望不论官界、民界、学界、商界，都能支持他。

他放下身段，频繁与人通信，寻求帮助。通信对象，各界都有。是官，他要通信；是学者，他也找；平头老百姓写信给他，他也会回。而在信中，他都采用平等礼节，不摆架子。他当时已是二品官，年纪也不小了，然而与平民通信，上款也用“某某尊兄”。王闿运专门问他，为什么用“尊兄”这个称呼。曾国藩说，这是《三国志》里面的典故，法正称呼别人，即用这两个字；法正这么礼贤下士，平易近人，就是为了获得更多的支持。今天，我要请乡亲帮忙，所以学习法正称人为“尊兄”。平易近人，这是曾国藩在湖南创军时期的第一个特点。

第二，什么样的人他都接见，都可以跟他面谈，不讲究官场那套虚文。他的办公室设在长沙又一村附近，人来人往，十分热闹。

第三，写布告，或是劝捐，或是募兵，或是劝人不要通匪，他都会在布告上留下自己的姓名。这在传统中国，又是对人十分尊敬的做法。大家看古代布告，会发现通常的署名，前面是官衔，最后一个字则是那个人的姓。曾国藩当时是礼部左侍郎，署名就该是“礼部左堂曾”。但曾国藩不这样写，而是写成“礼部左侍郎曾国藩”。为什么这样就表示尊敬了呢？在传统中国，只有皇帝、父母、师长可以直接称名，除此之外，都应用字、号来称呼人。如曾国藩，朋友会用他的字“涤生”称呼他；尊敬一点，则称他“涤公”；年辈小一些，称他为“涤丈”；关系疏远一点，则连“涤”字都要少用，应使用“大人”这类称呼。如今曾国藩这么一个有地位、有身份的人，贴告示时把自己的姓名全写在上面，并不避讳，这就是尊敬士民的表现。

如此一来，效果还真不错。省城各级官员醒悟，曾国藩这么官高名大的人都能平易近人，自己也该收敛些，向他学习，不能总是摆官架子。这样一来，湖南的官场风气慢慢起了变化。曾国藩能够这样做，与他早年的志向有关。他写过一篇文章，题为“原才”，略谓，一个人不要总是抱怨社会风气不好，不要总是说人心不古，而应从自己做起，尽量改变世风。你希望世人都能向义，都能去利，那么自己首先得以身作则。你不必在意自己地位如何，是不是能起到表率作用，从而影响更多的人。当然，地位高一点更好，影响力会大一点。其中的关键，在于认识“风俗之厚薄”到底是如何转化的。

天下虽大，只须一二人，他们真能向义去利，从我做起，必然能够转移世风。曾国藩虽平易近人，但骨子里抱有精英主义情结。他说，老百姓“庸弱者戢戢皆是”，即大多数的人，既平凡又无力，指望他们改变世界，不靠谱。吾人精英（贤且智者），应该站出来，告诉老百姓，我们向义忘利，并且身体力行，以为表率。于是，“庸弱”的老百姓，才会有样学样。如此，世风庶几能够转移。整天抱怨世风如何如何，却不率先做起来，终究不能触发群众的良知，毫无意义。

当然，曾国藩的言行也引起闲言闲语。有人觉得，吾人缙绅阶级，凭什么要把自己弄得毫无威仪？凭什么要弄得如此扁平化，跟草民搞零距离，体统安在？不仅官场有人这么想，即使曾国藩身边的年轻助手——虽无官职，却有举人进士的功名，算是体制内人物——也有这么抱怨的。窃谓，这些人对管理学的理解力不如曾国藩。用今天的例子来讲，曾国藩创军好比创业，是要做一个公司。我们知道公司治理一定要有制度，制订战略，实施方案，都需要有制度保障，这个制度要合理，要很润滑。然而，这说的是一种成熟的组织，需要平稳的运作环境，目标清楚、手段明确，为达成目标所需资源也已到位。而曾国藩建军，其实是一种创业型组织，而正在创业的公司是不需要太多制度的。这种公司首要讲究“扁平化”，使企业不要层级太多。因为扁平化的特点是以一点对多点，固然有一个领导人，但是，这个领导人不是高居员工之上，而是在员工之中，无论是办公开间的设计，还是内部信息系统的畅通，或是相互称名，都是为了实现扁平化管理，从而提升反应速度，降低沟通成本。快捷、实效，这是创业公司追求的主要目标。再看已经成长起来的大企业，则没有一家能搞扁平化——尽管都在吹大象也能跳舞，其实纯属忽悠，当不得真。为什么呢？创业时，尽量减少层级，公司更有效率，更能激发领导者与员工的创造性。尤其因为不受繁琐规章的束缚，员工的能动性可以得到极大程度发挥。上下一体、如臂使指、相磨相荡、火花四溅，实在是创业型组织的最佳形态。这就是曾国藩所以要与部属民众以平等方式交往的真正原因，他需要大家去触发他的灵感，或者给他提供建设性意见。曾国藩不会说“扁平化”这个词，但他明白这个道理。因此，在创军时期，他绝不讲求层级。这也成为未来湘军自我标榜的一个优良传统，尽管后期军中官气日盛，“乡气”日少——乡气，就是撸起袖子一齐创业的氛围。

曾国藩办团练，很少说“本大臣是圣上钦定”如何如何，而是说“弟国藩”想怎样怎样。与人通信，他表达的意思总是：咱们是兄弟，是朋友，我与你私下写一封信，不是什么公函，咱们有话直说，毫无顾忌。曾国藩以私人论交的手法来办公事，创立湘军，成效甚著，影响甚佳。尤其对罗泽南、王鑫这两位负责具体办事的人来说，曾国藩虚己礼士的态度，十分受用。

2. 理学将军罗泽南

再介绍罗泽南与王鑫。罗泽南是王鑫的老师，他们都是湘乡人。罗泽南，人称罗山先生。他喜欢讲理学，并以理学治军，这件事在后世非常有名。然而，说他是理学大师，在学术上不太成立。仔细读他的书，会发现他并没有多少高明见解，学养也并不是特别好。左宗棠对他下过评语说：罗山就是个老学究！他的学问，我真不佩服。我只佩服他一件事——他能带兵。平时看他糊里糊涂，迂腐可笑，一打仗就跟换了个人似的，“虽宿将而不能”也，厉害厉害！

罗泽南生平很苦，真的很苦，不是一般的苦。如果给他取个外号，应当叫“当铺 VIP”。其父不事生产，一室罄然；其母体弱多病，缠绵病榻。罗泽南自小由大伯抚育，可大伯家也没多少钱，常常到了吃饭的时候，就得从家里找点东西去当铺换些油盐钱。大伯的一件长袍，前前后后竟然当过七次。大伯不是举人进士——有这种功名的人再穷也不会当长袍，家里能当的几乎都当掉了，所以说他是不折不扣的“当铺VIP”。然而，穷则穷矣，罗泽南并不以此为忧。在他十一岁时，写了一副对联，挺有意思。他们家旁边是药店，另外一边是染房，他就为自己家写了一副门联，上联是“生活万家人命”，说的是药店，下联是“染成五色文章”，说的是染房。合起来一看，这就是他的志向和理想。“生活万家人命”，就是要保护百姓；“染成五色文章”，是说要有自己的一番事业。这是他十一岁时写的，拿这副对联比较“身无分文，心忧天下”，则更有文采，更有趣。自十九岁起，在十年之内，他家连遭几次变故，主要的亲人都逝去了，他的母亲、哥哥、嫂子、大伯，还有他自己的三个儿子，全部死掉了，老婆也因为伤心而哭瞎了眼睛。也就是说三十岁左右的罗泽南，就是这么一个人生状况。但是根据曾国藩给他写的传记，罗泽南“不忧门庭多故，而忧所学不能拔俗而入圣”，不忧家里面出的事情太多，只担心自己的学问不够，不能够脱离流俗而入圣道。又说他“不耻生事之艰”，意即他赚钱的本事不大，科举也不行，生活很艰难，但是他觉得这都没关系，不是一件耻辱的事情，只要是在奋斗，就觉得“于心已足”。“而耻无术以济天下”这一句，曾国藩可能给他拔高了一点。前面那一句，“不忧门庭多故，而忧所学不能拔俗而入圣”，作为罗泽南个人的追求更可信。因为他爱好学问，也非常崇尚理学，这个应该是他的理想。至于在连遭这么多丧事，又这么贫穷的情况下，一点都不担心“生事之艰”，不担心第二天没有钱吃饭，还只是忧自己没有办法、没有手段去救济天下，这个有点不近人情，曾国藩可能夸张了一点。当然，这些不重要，曾国藩跟他的关系很好，下面介绍他俩之间的一个故事。

道光年间，也就是清宣宗的时候，曾国藩在北京做礼部侍郎，相当于今天的副部级官员。后来，道光死了咸丰上台，那么曾国藩在这个新朝如何立脚，是不是还能够得到新皇帝的赏识，这是一个对他来说很重要的事情。首先要提示一点，那就是曾国藩的靠山——大学士、军机领班大臣穆彰阿，已经倒了。咸丰一上台就把穆彰阿给罢免了。当时有“穆党”一说，指以穆彰阿为首的“反革命集团”，尽管咸丰皇帝宣布不追究“穆党”成员，只是惩罚“首恶”穆彰阿，然而，曾国藩既然是穆彰阿的“得意门生”，多多少少会因为这个“政治污点”而感到惶恐。靠山没有了，怎么在北京可持续地发展下去，这是一个难题。所以，曾国藩就有点畏首畏尾。以前，曾国藩向皇帝上奏，对一些事情发表看法，还是很率直的，但在这个时候，“老首长”垮台了，新皇帝也不了解，到底是积极做事图表现，还是谨言慎行，少说话、少做事，他拿不准，很忐忑。罗泽南就在这个时候给他写了一封信，责备曾国藩“有所畏而不敢言”，意思是说你心里害怕，怕直言会出事，会耽误自己的前程，这是你“人臣贪位之私心”，说你有这个贪位的私心，碰到一些应该发言的事情，比方朝政上不正确的处理，社会上一些不好的事情，人事任免上一些不正常的调动，这些你都不敢发言，就是因为你有贪位之心，害怕失去现在这个位置。然而，完全不说又不行，于是，你“不务其本而言其末”，就是不去揭露那些根本的问题，光说一些枝枝叶叶的问题。譬如，“领导我要批评你，你太辛苦了，不注意自己的身体”，类似这种话。你这么做，就是后世的“苟且之学”。——这两句话是很严厉的批评，说曾国藩，第一有私心，对公家，对国家，你没有抱负；第二，苟且，畏首畏尾，不堪，无耻。

被罗泽南这么一说，曾国藩坐不下去了，于是就在咸丰元年（1851）四月，上了那道著名的奏折，叫《敬陈圣德三端预防流弊疏》，指出咸丰皇帝的“三端”——三个大毛病——让他改正，不改正将来就会流弊无穷。他说咸丰皇帝琐碎的事情关注过多，对国家的大政没有感觉，处理政事没有高明的手段，反而对一些小事斤斤计较。譬如，为了避讳他的名字“奕詝”，竟将常用的“仪注”两个字都改了，变成避讳字。曾国藩就说皇上你就注意这些琐碎的东西，这些跟国家大事一点关系没有的事情，你这是瞎操心，现在太平军起义了，全国都很乱，你对于派谁去剿灭他，怎么去保证后勤，中部、东南部如何防守，根本没有做出相应的布置，尽注意琐碎，不顾大局，这是第一点。第二点、第三点，他就不仅仅是说事了，而是开始对咸丰皇帝进行人身攻击，说你作为皇帝，个性有问题，你喜欢文饰，喜欢那些虚头巴脑的礼节，他人对你是不是礼貌，是不是很尊敬，你很看重。至于人家说的那件事情，到底有没有用，有利还是有害，你却不去辨别，光根据这些虚头巴脑的东西，去判断一个人。这就是“文饰”。最后，你还是个骄矜的人，刚愎自用，认为自己有才能，很聪明，什么事情都要亲自去管，丝毫听不进别人的意见，别人有意见，你表面上装作能听，第二天就给人家穿小鞋。就这样，曾国藩把皇帝给骂了一通。

当时有几种笔记，作者是不同地位的人，有跟皇帝关系很近的，也有跟曾国藩很近的，都描绘了同一个场景——咸丰皇帝看到这奏折，往地上一摔，大怒。军机大臣祁寯藻就在边上，他是领班，即首席军机大臣，咸丰皇帝就对祁寯藻说，曾国藩把我当什么人了？把我当桀、纣，那些历史上的暴君、昏君。他没有再说话，怒得说不出话来了。因为攻击太猛烈了，从政事一直说到他的性格，对他进行人格分析，人身攻击。这个时候怎么劝？说曾国藩讲得对吗？虽然祁寯藻觉得他讲得确实对，但是你不能跟皇帝这样说：曾国藩讲得对，您得接受。这不算语言艺术，对不对？但是也不能昧着良心说：曾国藩这个王八蛋一派胡言。祁寯藻就回了四个字，很聪明，叫“主圣臣直”。意思是说，因为皇帝圣明，所以才有这样的讲直话的臣子。这等于是一下把两人的马屁都拍了，这个问题就解决了。

当时，曾国藩上完这份奏折，处理意见一直没有下来，根据他给家里回信汇报的情况，其实他一上完折，就有点忐忑，不知道会有什么样的结局。他甚至很悲观，担心是不是官就没得做了。心里是不是还有点怪罗泽南怂恿他？这个当然已经不可考了，但是，人的思虑有万端，碰到一件事情，什么东西都会想起一点，也可能会有些责怪罗泽南。哪知道因为祁寯藻“主圣臣直”的妙答，曾国藩不但没有受到责备，反而由礼部调到刑部当了侍郎，因为刑部的地位、实权比礼部大一点，就是说反倒升了官。回头一看，幸亏有罗泽南怂恿他、激励他、刺激他，才有这等好事。所以事后他专门写了一封信感谢罗泽南，说幸亏你这样说我，我才把这个奏折写上去。当然他在信里也拍着胸脯说，其实我也料到了，这个奏折上去，可能会有如何如何不测，但是我不担心这些，我觉得就应该像你说的那样，不要有贪位的私心，也不要有苟且的念头。——这跟他在家书里面说的，上了这个奏折后自己有些忐忑，是不同的。

罗泽南被后世人所记得的更鲜明的一个形象是上马杀贼、下马读书。白天要不就作战，要不就操练，夜里就读书讲学。作战没什么好说，读书讲学可以说两句。一到晚上，罗泽南就成了老师，教将士读书。他喜欢讲《大学》。人家曾经问他，你以前又不是干这个的，仓促上马，怎么就这么会作战呢，你的军事才能为什么这样好。他说我就只记得《大学》里面那几句话：

“知止而后能定，定而后能静，静而后能安，安而后能虑，虑而后能得。”领会了这几句，自然就会指挥作战了。我觉得这句话，有的地方太玄，但是第一句很重要。“知止而后能定”，这个“止”，就是目标，设定目标是件很难的事情，不管是做事，还是做人，都很难。目标太高，害了自己，世间很多死于理想主义的人，就是因为目标太高了；目标太低，则放纵了自己，你的潜能就不能得到全力发挥。只有一个恰当的目标，需要努力才能得到，而努力了就一定能得到，这种目标其实很难设定。特别在战场上，你说今天要行军多少里？是要偷袭人家的军营，还是直接跟人家作战？各种各样的目标，设定不好，接下来的战略部署就会一团糟，结果就是死很多人，那是最严重的。所以要“知止”，要知道你要什么，达到什么目标，而后能定。他说的这个定，我觉得要理解为心定了，各种计划谋略才可以定下来，才不摇摆。至于接下来的而后能静、能安、能虑、能得，那都是操作层面的事情。

这就是罗泽南，就是这么个形象，他将来在湖北的战绩，我们在后面介绍。

3. 王鑫："湘军王老虎"

接下来讲罗泽南的弟子王鑫。与罗泽南相反，王鑫家里很有钱。他这个人很狂，十四岁时，不知道哪根筋不对，他就在家中墙上刷字，刷下了这么一句话："置身万物之表，俯视一切，则理自明，气自壮，量自宏。"这句话有点像现代诗，什么叫"置身万物之表"呢？就是能站在地球以外回看地球。谁能"置身万物之表"呢？那是神啊。或者加一个字"经"，神经。反正，他就是这么说的，他能。站好以后，"俯视一切"，站得高看得远，看得清楚，道理自然就明白了。气呢，理直气壮，自然就壮了。理直气壮之后呢？度量更大了，或者说能理解的东西更多了，是所谓"量自宏"。

王鑫有个特点，喜欢插话。罗泽南有很多弟子，后来都成为湘军的将领，当时都围在罗泽南边上，听他讲学。而王鑫总是插嘴，而且一说嘴就滔滔不绝。本来一堂课四十分钟，罗泽南刚讲了十分钟，王鑫一插进来，滔滔不绝，一下就讲去了一大半的时间，都快下课了。所以罗泽南经常不得不提醒他：璞山（王鑫的字），你是不是休息一会儿，让我也开一开口？他喜欢讲话，嗓门又特别大，这样一插嘴，着实让人很难堪。

但是王鑫做事情的才干绝对是一流，甭管是日常琐事，还是管理军队。前面说罗泽南会指挥军队，但和王鑫比那就要差一截了。刚开始练军那会儿，王鑫的兵源就是同乡，就是湘乡的农民，都没有受过军事训练。为了号召他们，鼓励他们，王鑫自己掏钱，请他们来练。凡愿意来练的，每人每天发一百文钱，这钱是王鑫和李续宾两家出的。农民想，种田一天，怎么也种不出一百文，那好，我来练。训练，得有训练服，既然是军队，就得有军服。王鑫资金不够雄厚，没法为大家置办军服，就想了个办法，说，给你们每个人安一个号补，就是补子，补在衣服上。大家看老电影老照片上那个圆形的东西，前面一个，后面一个，上书一个"勇"字，那就是号补。他把这个东西拿出来，湘乡农民一看，说，这东西哪能穿，太难看了，这不行，我们不穿这个。但是，本就没有统一的服装，再不把这个东西套上，那就完全不统一了。把号补安在身上，还像那么回事，每个人胸前有这么一个东西，就像足球训练一样，穿上训练背心，尽管里面的衣服不一致，但外面有统一花色的背心，稍微能分得清一点。王鑫本来是不穿短打，因为他是文生，但现在没办法，只好身先士卒，往长袍上套一个号补。这么一来，就感染了士兵。他们觉得，你王老爷都能套，那我也可以把这个东西给套上。在当时，读书人比习武之人地位要高得多，声誉要好得多。从宋代以来，大家就都愿意做文官，没有几个人愿意考武举，或者当兵。王鑫把号补挂在自己胸前，这个举动有点象征意义，象征不在乎读书人的生涯，表示我要放弃以前的一些追求，或者已经得到的东西，现在要开始一个新的生涯，这样就感染了很多人，因为他们觉得你是王老爷——又有钱，又是秀才，在乡下就是老爷了——都这么做了，我们自然得跟着这样做。所以，他这九百人经他这样一练，越练越精，越练越好。

更有意思的是，他还很有条理，很会写书。后世著名的湘军营制，就与他写的《练勇刍言》有非常大的关系。所谓营制，就是规定一个营有多少人，他们分成几队，营官下面管几个人，这几个人各自又管几个人，如何一级级地管理，以及与此相关的各项事宜。例如：守兵多少个？工兵多少个？扎营有什么规矩？作战有什么规矩？领钱等各种各样日常的管理、训练规定。他先于曾国藩写出了这本书。湘军的营制当然是曾国藩确定的，但那已经是咸丰十年（1860）的事，而王鑫《练勇刍言》里所讲的营制，和曾国藩的湘军营制有很相似的地方，曾国藩曾写信告诉他，说最近看了你写的营制方面的东西，很有启发，然后曾国藩又拿出自己拟定的营制，与他交流。胡林翼在湖北练鄂军的时候，专门印刷了几百部《练勇刍言》，发给湖北军界，让他们作为借鉴。那个时候，王鑫已经死了。王鑫还有一个特点，特别会演讲。在他的全集《王壮武公遗集》里面，有一篇《团练说》，是一篇全部用白话写作的演讲稿。因为他面对的对象是各地的农民和一般民众，他告诉他们为什么要组织起来，搞一点武装，来保卫家园，为什么不要跟太平军去联络，一定要站在湘军这边。我们知道曾国藩有《陆军得胜歌》《水师得胜歌》《爱民歌》，那是有韵的，是诗。王鑫的《团练说》，全是白话，娓娓动听，非常的精彩，比曾国藩的诗更精彩。即使在今天，如果找一个人把它朗读一遍，还是能激励听众，让听众有一种冲动，觉得这个人讲得太对了，我们就应该跟他这样干。

王鑫也有缺点。尽管他的能力很强，但不免爱好虚荣。当他把刚练的新军带到长沙，恰好那时候北京下了一道圣旨，让湖南这边派军队去援助湖北，因为武昌当时受到太平军的攻击，湖南巡抚对王鑫很满意，就准备派他率军队过去。只是当时人数不够，就让他再回湘乡去招募一批。本来这是一个很正常的事情，你带上钱，带上一些必要的文职人员，开个招聘会，很简单的事情。他不是这样干，而是搞了几人抬的大轿，鸣锣开道，后面还有彩牌，写着奉抚宪之令回乡募勇的字样，声势弄得很浩大。这个情况就被一个人反映到巡抚那里。传话的这个人也是湘乡人，叫吴坤修，后来也成为湘军里的一个人物，但从曾国藩、胡林翼到王闿运、彭玉麟，都对这个人的品行不满意。吴坤修把这个事情当作一个负面消息，报告巡抚，由此就足以看出这个人的品行有点问题。王鑫当然是虚荣了一点，可也没必要非得向巡抚告状吧？吴坤修告状的目的很简单，就是想让巡抚说一句，王鑫你别干了。那么，王鑫不干了，谁来填补这个位置呢？吴坤修对巡抚说，我也能招，为什么非得王鑫去招呢？你看他这么招摇。甚至还说他在银钱出入上比较混乱，也就是说王鑫有经济问题。但是刚才讲了，王鑫在湘乡训练这支新军，是他自己垫款练的，如果现在官方能够拨给他一点钱，他就算从那个拨款里面抵销一些垫款，也很正常，是报销而不是贪污。可是，巡抚没有听吴坤修的话，而是继续让王鑫去招募乡勇。当时的湖南巡抚是骆秉章，他是一个胸怀宽广的人。

4. 不是冤家不聚头

罗泽南与王鑫，加上曾国藩，都是湘乡人。可是，这一节并不是要讲三个湘乡人如何团结，而是要讲这三个湘乡人，刚一碰头就决裂的故事。

咸丰三年（1853）正月，曾国藩开始练军，没到夏天，他们之间就已经有矛盾了，矛盾还很大。早在前一年，罗泽南的弟子，也就是王鑫的同学，有那么一两千人，曾经作为援军去江西助战，死了不少人。王鑫很悲愤，就说要为同门复仇，要组建一支几千人的军队杀敌。曾国藩听了，说，好。曾国藩这时也想组建一支大军队，已经不满足于一千多人的规模，不满足就在长沙城内走走，他希望出省剿敌。于是两人就不谋而合了。但是，两人没有事先讲清楚，招募这支军队的钱从哪来，是你曾国藩弄经费，还是我王鑫去弄经费；也没讲清楚这支军队由谁来指挥。当然，由曾国藩做总指挥没有问题，不过王鑫肯定要做主力，他肯定认为自己应该成为主力。但是两人一开始都没有讲清楚。后来，王鑫从湖南巡抚骆秉章那里拿到钱，把人都招到长沙，一支三千人的军队眼看就要成形了。曾国藩也招了一批，有七千多人。这时，曾国藩突然写信，说，王鑫你不能统领三千人，只能统领五百人。这等于是一百八十度转弯，弯转得太急了，王鑫看了这封信根本没理他，没有回信，可能是太气愤了。

曾国藩为什么要这样做呢？一个是刚才前面讲的那个吴坤修说的，王鑫在湘乡募勇的时候，铺张虚荣、做事不沉稳，那个时候，吴坤修跟曾国藩的关系不错，这句话也就传到了曾国藩的耳朵里，曾国藩因此觉得这个人太夸张了，他受不了，因为曾国藩自己做事的风格不是这样的，因此，他对王鑫已经有一个不太好的印象。但是这只是一个触因。更重要、更本质的原因是，湖南省的财政只能养得起一支军队，如果王鑫要自带三千人，那么从巡抚那边来的经费，差不多就用完了，曾国藩便分不到多少钱。曾国藩也缺钱，他觉得这笔经费应该由他来支配。因为这个原因，他才很粗暴无礼地让王鑫退让，说你不能领三千人马。从两人之间的通信可以看到，三千变五百并不是两人不断协调的结果，而是突然出现了这个说法。可以说，是曾国藩首先发难，王鑫没有理他，两人肯定是要决裂了。王鑫自然不会领着五百人，跟着曾国藩，做一个小将，去湖北，去南京，他肯定不会去。最后他说，那我回湘乡，我不干了。但是，有人要他继续干，谁呢？湖南巡抚骆秉章。骆秉章对他的印象，比对曾国藩的印象好得多。湖南的官绅也更愿意出钱给王鑫的军队。王鑫深知这一点，所以他说不干了，也就是撒撒娇。最终，由湖南巡抚奏留，王鑫的军队一人不减，经费一文不少，全部留在湖南。曾国藩出洞庭，下长江，去外省；王鑫则留在本省。

曾国藩觉得很郁闷。事情刚开始，就把关系弄得这么僵。他去找罗泽南，说，那要不你跟着我走？曾国藩知道罗和王，以及他俩手下的人，都是精锐将领，如果这些人不跟他，他这支军队出去，战斗力也不够。初期，湘军缺钱缺人，缺钱还能解决一点，缺人是个大难题。哪知道罗泽南说，我也不去。就这一句，没说理由，目前从他们往来书信及其他史料中也找不到不去的原因。我们不妨设想，他不去，也许是为这个事情伤心了，心说，你为什么这么粗暴无礼地对待王鑫，对待我的学生？所以罗泽南说，那我就留在衡阳。曾国藩那个时候是在衡阳练军，练完了之后再去武昌，所以三个湘乡人一碰头，就决裂了。

但是这故事还没有完，因为他们的决裂，只是一种表面现象，真正的问题在于，曾国藩到长沙，初期跟长沙官场相安无事，可没多久，他就把长沙所有的官绅得罪了。因为这个原因，他跟长沙官场决裂，离开长沙，去了衡阳。在衡阳期间，他又与罗、王决裂，他是从决裂中起程的。所以下面，就讲讲曾国藩和长沙官场、绅界乃至学界的关系是怎么恶化的。

二、曾国藩退走衡阳

1. 赢得外号“曾剃头”

除了组练新军，曾国藩在长沙做的另一件大事就是“治安严打”。他设立了一个机构，叫“审案局”。全省所有刑事案件，特别是与土匪、通敌有关的案件，都拿到审案局来审。进了审案局，只有三种处理结果：第一种，就地正法；第二种，鞭刑，然后收监；第三种，查无实据，放人。

任何人到了曾国藩的审案局，能被放走的很少。他抓什么人呢？湖南省各府州县，只要有人举报说，某人是土匪，或者某人通匪，他就会去抓这些人。这个权力，按道理是地方上治安的权力，他作为团练大臣，其实是不应该去管这些事情的。不仅从职权范围来说有越俎代庖之嫌，更因为这里面有一个经济利益的问题。在中国传统社会里，有时候，如果两家或者一些家族之间有仇恨，他们就会用各种各样的方式相互报复，尤其在战乱年代。譬如，甲诬告乙，说乙通匪，抓着或是捏造一些把柄，闹到官府，官府根据调查，其实知道乙没有通匪。但是，既然形迹可疑，又到了官管的范围，那么，乙需要有一些表示，官府才会让其脱身。这是被诬告的。还有一种是真的通匪的，那就更加奇货可居了。这不是说地方官铁定要用这个方式诈取钱财，而是说，传统中国治理地方的机构设置有问题。在地方官与百姓之间，有一种人叫“胥吏”，他们直接与百姓接触，对地方官负责。他们不是国家公务员，但是他们处理很多事情，这些事情都是公务。他们认为，通过处理公务可以获得利益，因此，他们最喜欢的就是，不管真案件，还是假案件，是真有其罪，还是被人诬告，只要有案子就成。尤其在战乱时代，原告被告都有可能向他们提供经济利益。现在曾国藩办一个审案局，设在长沙，一听说各地有这样的案子，直接派人把那个人带到长沙，那么各府州县就有意见了，于是他们通过各种渠道，首先反映给自己的老板——知县知州知府，小老板们再往上反映，直到大老板——巡抚。在传统中国的政治架构里面，尤其在一省之内，府县的发言还是很受巡抚重视的。既然地方反映普遍不佳，巡抚自然对曾国藩有了偏见。这是第一点，因为经济利益，曾国藩得罪了人。

还有一个行政权限的问题。曾国藩，人们都叫他“曾剃头”，但这不是因为他杀太平军而获得的外号，而是因为他在长沙开审案局，杀了太多的所谓湖南“土匪”而得到的外号。杀错的人有没有呢？有。当时长沙的知府叫仓景恬，他写了一份回忆录，里面就记载曾国藩的审案局，仅因一个案子，就错杀了至少四个人。那是一个冤案，但是曾国藩把好人杀了，把坏人放了。而且，曾国藩事后还隐隐约约表示说杀错了的意思。曾国藩在几个月内，杀了两百多个人，很多人对他的行为不满，说他滥杀，太过分了。曾国藩信奉乱世就要用重典，认为不如此不足以让通敌通匪的人得到警告，只要长沙、湖南的治安好了，哪怕大家说我曾国藩是“武健惨酷”，我也认了。但是，这已经不是他认不认的问题，而是引起了很多湖南官员的反感。这跟前面说的他拿走了人家经济利益还不一样。清代嘉庆、道光以降，中国官场乃至中国社会，官与官的关系，官与民的关系，已经慢慢形成这样的局面：互相包容，彼此都不说什么坏话，见面是你好我好大家好；官不使劲逼民，因为官已经习惯了安于现状，不去逼民，很多事情就不会酿成大祸，如果逼民逼得太紧，那么民众就会闹事啊。一旦闹事，上峰就会怪罪下来，严重点，闹到朝廷，皇帝发一通脾气，就更受不住了。民众通匪？就让他通吧，我派一支官军过去，一发现官军人多，匪的大部队走了，不就不通匪了？地方官就是这种认识。县境里有人通匪，没关系，只要不直接扯旗子造反就好，哪怕民众偷偷地给土匪接济一点东西，乃至卖点东西给太平军，通过这种方式赚点钱，地方官认为无所谓，不严重，没必要上纲上线。曾国藩他就不这样想。他认为，我现在要去“剿贼”，那么，民众卖东西给“贼寇”，我得禁止。他跟地方官观察事情的视角是不一样的，他们的利益也是不一样的。曾国藩不管你这个地方闹不闹，他觉得闹更好，你们都闹起来，我就知道你们中到底有谁参与了叛乱，你不闹起来我反而还不知道。但是地方官是千祈万愿这个地方不要闹起来，就算你们个个私下通匪，他都可以理解，就是不能直接闹起来。一个县是这样，那么一个府也是这样，一个省也是这样。很多土匪，当时也是被曾国藩这样一杀，激起来的，因为人家想，我有些这样的嫌疑，你就把我抓到长沙去杀了，那还不如干脆起来造反呢！做几天真土匪，万一不死呢，远比被曾大人用通匪的名义杀掉要强。这确实是他当时引起的一个不好的效果。于是，在湖南官场，攻击他的人就越来越多了。大家对他表示不理解，觉得曾国藩回湖南，刚开始那时候挺好的，平易近人，为什么到后来就变成这样了呢？是不是还倚仗你在北京有人、朝中有人，就在湖南耀武扬威？当然，大家也不敢轻举妄动，毕竟曾国藩有钦命在身，圣旨让他“团练乡民”，就是说练新军，然后还有“搜查土匪”，他有这个权限，审案局就是干这个的。因此，大家也没有办法立即对曾国藩怎么样，只能等。他们想，曾国藩这么胡作非为，总会有报应，咱们等着看你老曾的笑话吧。很巧，机会很快就来了。

曾国藩练军，除了罗泽南、王鑫的湘乡勇之外，手下还有一个塔齐布。塔齐布是满族人，一个满族低级军官。他本来是绿营里面的，就是说国家正规军队里面的，但是曾国藩把他借调到手下，让他招募湘西、宝庆、郴州等地农民，组成辰勇、宝勇，让他训练。当时的湖南提督，相当于今天的湖南军分区司令员，驻所在长沙，那人叫鲍起豹，他对曾国藩这么做很不满意。塔齐布练军，练得很辛苦很严格，那些正规军，也就是提督辖下的绿营兵，不怎么操练，没什么人管，战斗力极差。相形之下，就有了是非。第一，在舆论中大家觉得湘军好，会传到鲍起豹那儿，他觉得这不好，这明显是在寒碜我们。第二，湘军的工资比绿营高。湘军的普通士兵，月薪在四两二钱左右，比绿营兵高出大概百分之四十，他觉得这又更不平了。最后，两支军队在一个城市里面，总会有冲突，士兵之间打架骂人，很正常。

那时候的士兵喜欢赌钱，湘军和绿营中互相认识的士兵，有一次聚在一起赌钱，因为一点小事，口角引发械斗，湘军士兵打了绿营兵。鲍起豹就要把人抓过去处罚，曾国藩没办法——因为手下打伤了人，且是赌博，只得把这个肇事士兵送过去，挨了军棍。又有一次，湘军在操坪上操练，同时还有绿营兵也在操练，两边共用场地，不小心，湘军一枪打着绿营的一个勤务兵。鲍起豹就对曾国藩说，你把走火的士兵找出来，捆到我们绿营来，打上三百军棍！三百军棍是什么概念？至少可以把人打瘫痪。曾国藩知道三百军棍下场很惨，但是，鲍起豹虽然蛮横，却不是没道理。团练毕竟不是国家承认的军队，现在伤及正规军，自然得按照民人袭击军人的法例进行处罚。只是，真把人送过去，任何一个军队的领导人，肯定很难受。但是没办法，最终还是送过去了。不仅如此，连曾国藩的亲兵，绿营也敢打。有时候，他的亲兵要送公文到城墙上——那时长沙已经进入战备状态，城墙上有临时指挥部，有些官员就在城墙上办公，那么曾国藩的亲兵就要上城墙——他的亲兵每次上城墙，都要被绿营兵辱骂殴打。当然，不会打得很重，但这事儿极具侮辱性。直到有一天，又是湘军和绿营兵赌钱，这一回是绿营兵撒泼，伤了湘军的人。曾国藩总算找到一个机会了。前几次确实都是湘军这边有问题，人家找茬，没办法招架。这次可不一样，曾国藩找着机会，可以报复了。他说，鲍起豹你得把肇事绿营兵拿过来，我要依法处置。依法，这个绿营兵就是死罪。曾国藩也没想太清楚，他以为我这边既然把人送过去给你打，你说要打就打，那我也让你送个人过来，也要树树我的军威。他只是这么简单地想，说你把人送过来，鲍起豹还真就给他送过来了。曾国藩没想明白怎么回事，发现人已经送过来了，随着这个肇事绿营兵而来的，还有很多绿营兵，都聚集到曾国藩在又一村的办公室外面，鼓噪，说，我们倒要看看曾大人你怎么处置他。局面大乱，甚至有直接冲到他办公室里面的。这下，曾国藩不敢杀了。他不知道杀了之后会发生什么事情。杀了，万一士兵暴动，怎么办？乱兵都闯进钦差办公室了，确实有暴动的可能。不杀呢？也不好。作为军队领导人，你说对方有责任，然后要处置那个士兵，人家都按你的要求办，把人送到你跟前了，你本来说要如何如何，现在却不敢如何如何，出尔反尔，颜面何在？两难。他不知道如何处置，呆在那了。然而，外面越闹越凶，连续闹了一两天，再不制止，有可能发生暴动了。幸好他的隔壁就是湖南巡抚的官署，他就去找骆秉章，求救。曾国藩说，闹成这样，可怎么办？骆秉章说，我也不知道怎么办啊，我最多能帮你去劝一劝，让这些士兵先回去。至于那个肇事士兵，你还是……对吧？那个士兵你还得放了才行。走投无路，曾国藩无奈，只好放人。这是很屈辱的一件事情。当着那么多无知无识的乱民乱兵，堂堂二品朝廷大员、钦差团练大臣，屈服于他们的压力，举起白旗投降。受了这个奇耻大辱，曾国藩起初还是想继续斗下去。他在湖南有几个好朋友，或者是以前在北京做官的同事，或者是自少年时代就跟他关系很好的，大家给他想了三个办法，即上、中、下三策。上策叫“举发”，就是告御状，把这个事情写清楚，告到北京，检举这个事情；中策是“相持”，就是先不举发，一旦有机会还是要继续斗，届时斗争的力度、频次都要加大；下策则是“忍走”，忍下这口气，离开长沙。为什么举发是上策呢？他们都是在北京有很多关系的官员，他们认为，通过各种渠道把这个事情向北京反映，绿营兵确实有很多不对的地方，包括提督，也有问题，统统报告上去，由皇帝来裁决，加上我方在北京的关系网，从中推进，皇帝咨询此事，他们能替自己人说话，还怕搞不定一员武将？我方肯定能赢，胜算极大，所以叫上策。至于中策，既然那一天被迫放人算是输了，但是还得继续跟他斗，不能服输，不能松劲。只是，中策其实很无聊。因为曾国藩来湖南，主要任务是练军，如今不将主要精力放在练军，却牵挂着人事斗争，像什么话？曾国藩觉得中策不行，可行的方案是上策。但是，曾国藩这人可贵的地方，就在这个事情上体现出来了，他说，告赢了又如何呢？告赢一次，还有下次，恩怨纠结，不得宁日啊。长沙不是一个好待的地方，既然如此，干脆选择下策，走。

他选择下策，让他的朋友刘蓉、瞿元霖（即瞿鸿禨的父亲，瞿鸿禨是晚清宰相，很有名）等人很失望。他们认为，给你提供三条策略，你怎么偏偏选一个下策。曾国藩呢，确实灰心了，他觉得长沙实在待不下去。最高行政长官不支持他，能够办事的官吏不支持他，民众痛恨他，军队也挑衅他，那耗在这个地方有什么意思呢？所以他就借口去衡阳地方就近剿匪（当时湖南省的“土匪”，多在衡阳、永州、郴州、桂阳，就是湖南南部这一带），率军进驻衡阳。可以说，曾国藩带着一颗破碎的心，离开长沙，去了衡阳。

2. 练水师：一个创意改变的人生

在长沙，湖南省城的官吏、绅士，大都对曾国藩不满意，那么，谈到湖南的防务，在目前有两个选择的情况下，一个是王鑫的军队，一个是曾国藩的军队，他们更愿意把经费以及其他方面的支持，都投给王鑫的军队。于是，曾国藩就断了财路，他在衡阳的日子就比较无聊。刚到衡阳的时候，都不知道要干什么。他的计划本来是建立一支兼有陆军水师的大军，加起来有一万多人，但一个最大的问题，是这一万多人的经费怎么保障？作为统帅，争取财政支持与后勤保障，是第一位的工作。他整天就在那儿想，钱从哪来？每次到省里去打听消息，省里都是更愿意把钱给王鑫，令曾国藩十分沮丧。还不出现转机的话，军队就会办不下去，我们可能就看不到以后在历史上叱咤风云的湘军了。

机会来了。不过，这个机会不是曾国藩找来的。当时，太平军在武昌一带作战，顺手在岳阳、常德、益阳等地抢了很多民船、商船，加以改造，就变成了战船。太平军有了这么几千艘船在长江上，相对于清军就有了优势。攻击岳阳、武昌，都占了水师的便宜。太平军的水师虽然是改装而成，并不是一支专业的水师，但也起了很大的作用。因为出现了这种情况，北京有一个御史，就向皇帝上了一个奏折，说，应该让湖南、湖北赶紧练一支水师出来，不然没办法跟太平军作战。湖北当时正忙于跟太平军作战，而且处于劣势，来不及办水师。湖南巡抚骆秉章觉得湖南目前最大的问题是平定省内的造反，即所谓“土匪”，没有必要非得到长江上跟太平军一决雌雄，加上长期以来，御史上奏虽有很多好意见，一旦下发各省，最终也就不了了之，因此，他对创建水师也不怎么上心。

但是，曾国藩听到了这个消息，就有些心动。这可是一个好机会。什么机会呢？若要建一支新的军队——水师就是新的军队，而这个命令还是从北京发下来的，那么，建这支军队就有可能获得经费上的支持，也就是说，找上面要钱就有由头了。另外，从实际战斗的角度来考虑，水师也该早日组建。他的好朋友郭嵩焘，当时在南昌和江忠源在一块，与太平军作战，郭嵩焘也认识到湖南这边有必要组建水师，所以他把这个建议告诉曾国藩。于是，眼前的困难——缺钱，将来的战略——需要有一支水师与太平军作战，就这两个原因，让曾国藩下决心要练一支水师出来。这就是湘军水师的成因。

曾国藩知道创建水师会有收益，只是没想到收益来得这么迅速。首先，他向皇帝上奏，说要在湖南练一支水师，这时是咸丰三年（1853）十月，皇帝就说，你练水师好呀，练出来之后，希望你能够把水师带到长江，然后一直向东边打过去，因为太平天国已经把南京占领了，他们已经在那里建立了首都。然后，曾国藩在奏折中加了一条，说，我听说广东那边有八万两军饷，是援助湖北和围困南京的江南大营的，我想从里面先抽四万两出来练水师，皇帝你看如何。皇帝说，练水师要钱嘛，这个钱给你！然后还说，不仅中央划拨，湖南省财政也要支持曾国藩。因为练水师需要几千号人，几百上千艘船，还要买大炮，是一笔很大的费用。就这样，曾国藩又从省里得到了三万两。他在长沙那边折腾了一年，都没有得到过这么一笔巨款，哪晓得眼下仅凭一个创意——说要练一支水师，就搞定了七万两银子，真是梦想不到的好事。而且，不仅有钱，还有粮。军队要吃粮食，皇帝特批：曾国藩可以截留漕米，用作军糈。

漕米是什么呢？因为首都所在地的粮食产量少，绝大部分粮食都要从江南——江浙、江西、湖南这边通过漕运运到北京去，这就是漕米。漕米叫作“天厨正供”，一般人是绝对不敢动的；漕米所经之地，不管地方上情形如何，哪怕发生饥荒，只要没有圣旨，谁也不敢截留，不敢动。一动就是死罪。现在，曾国藩练水师，竟获得特批，可以从广东、湖南发往北京的漕米中截留一部分，作为军粮，这又是一桩梦想不到的好事。因此，曾国藩一下就转运了。他跟王鑫的斗争，跟省城官场的斗争，一败涂地，如今，却通过练水师，一举挽回损失，最终占了上风。曾国藩后来总结过这一回“转败为胜”的教训，他是用围棋来做譬喻的。

实话实说，也有据可查，曾国藩的围棋水平是很烂的，是一个臭棋篓子，但是他特别喜欢下，二十几岁开始下，一直下到死，据说临死还下了一盘。屡战屡败，屡败屡战，用来形容他的棋艺，更贴切。他早期也想戒掉围棋这个爱好，因为耗费心神太多，耽误正事。喜欢下棋的人都知道，上起瘾来，可以不眠不休，只要对方扛得住。现在有网络，各个时区的棋友都能找到，也就不存在对手扛不扛得住的问题了。曾国藩也上瘾，误了不少事，所以他要戒围棋。当然，他要戒的东西还有很多：譬如抽烟，是水烟，不是鸦片烟，他要戒了；平时说话太多，他也想戒了；喜欢作诗，不喜欢读圣贤书，他也想戒了。他要戒的东西很多，包括喜欢到街上看美女，他也希望戒了。最终，工夫不负有心人，这些都戒掉了，就是围棋没戒掉。他喜欢下，下了一辈子，但是水平很烂，始终如一的烂。他的对手是朋友、幕客，别人都让着他，逗他高兴。幕客私下里议论，甲问乙，说，你棋艺如何？有没有长进？乙就说，整天跟大帅下棋，得让着他，他棋又那么臭，下得越多，我的技术越臭。然而，曾国藩自己的棋虽没有长进，因为别人让着他，却觉得自己的棋还不错，有点高手的意思。他后来成为两江总督，在南京，遇到当时的“十八国手”之一——周鼎，非拉着人家下一盘。国手，那是何等厉害，更厉害的是，这位国手不假辞色，实事求是，要曾国藩受九子，也就是说，让他从最低一级往上打，赢一盘，撤一子。曾国藩觉得，国手固然厉害，但哪能让我九个呢？不服，就准备大砍一番，好好“教训”一下国手。结果呢？周鼎将曾国藩的棋“裂为九块”，让他的棋都连不上，然后分而治之，痛下杀手，最终，几乎全盘很难看见曾国藩的活棋。如果说国手相当于今天的职业九段，那被九段让九子还大败，其人棋力应在业余初段以下。一个自少至老下了几十年棋的人，棋力如此，还是很丢人的。这就是曾国藩的棋艺。但是有一点，需要说明。曾国藩下棋，水平确实很差，定式、死活、手筋，这些近身肉搏的水平比较差，但是他对围棋的理解很高，他最能理解的就是：棋盘很大。这是当时很多人说过的。也就是说，曾国藩下棋不行，看棋水平却不差。下过棋的就知道，一开始都从边角开始下，边角有时候会出现很多难解的问题，如果己方在局部战斗处于劣势，而非要继续纠缠，非得分出个高低的话，很有可能导致越陷越深、快速崩溃的局面。在这个时候，聪明的人发现局部有困难，不好应对，就会遵循一条原则：不好应对就不应。这个地方不好下，那就不下，到别的地方下，在别的地方搞出动静，回头再来解决这个局部的问题，说不定届时因为互相牵制，此消彼长，局面改观，难应的地方反而成了容易下手的地方，曾经寸土必争的地方反而成了无关紧要的地方。棋盘很大，就是这个道理。

我们通过这个事情就能看出，曾国藩如果继续跟王鑫在长沙缠斗，到巡抚面前互相诋毁，争夺经费，王鑫说这个钱是我的，曾国藩说那不行，你不能给他，得给我，这样要来要去，那就形成一个死结。纠缠到最后，固然会有一方胜利，但从目前的局势看，肯定是曾国藩失败。曾国藩如果要死死纠缠，动用不管是公家的压力，还是私人的关系，非要从湖南省去分人家的钱的话，就会出很大的问题。但是，他突然转而他投，想出创建水师这一招，真是解纷的妙手。落子极遥远，而收益就在眼前。曾国藩下了一辈子棋，棋艺不见长，但棋理看得透，所以，有时候，他也会用棋理来指挥作战，乃至处理公私各种事情。当然，也不是每件事情都处理得好。这不是棋理的问题，是曾国藩自己的境界问题。

3. 首战：曾国藩跳了湘江

不说闲话，接下来讲一个曾国藩亲临前线指挥作战的例子。水师既然有了钱，就得造船。湖南是一个内陆省份，除了岳阳、常德等临着长江、洞庭湖一带的地方，一般人对于行船、造船，几乎都不熟悉，更别说水战了。曾国藩也不熟悉，他手下大多是湘乡那个地方的人，不懂造船，还有一些文人，也不知道怎么造船。福建、广东那边有水师，而从那边把图纸拿过来，又不应急。此外，闽、粤多是海船，海船和内河船是不一样的，海船大一些，各种技术参数也不一样，不能直接用于内河。资金到位了，技术项目就得赶紧上马，得赶紧把船造出来，因为时间不等人。曾国藩没办法，只好“依意为之”，造船既然没有蓝图，就用想呗，发挥想象力。他就想，我们要造大船，要运东西，商业运输里面有这样的船，像运粮啊，运盐啊，运各种货物啊，这种船不少，那就把这种船改造一下，可以作为粮台，运一些东西，这个好办。还有一种叫战船，用来作战，作战的船怎么去改造呢？有一种是要安炮的，把商船拿过来，安上几门炮，这也能变成战船。按照商船的基本样式，然后，加入炮位设计，按这个方式造，就叫快蟹、舢板，这是湘军里面的炮船。炮船之外，还得有冲锋的船，速度要快。身为湖南人，曾国藩知道龙舟速度最快，因此，仿照龙舟做了一种船，叫作长龙。运输的船有了，炮船有了，冲锋的船也有了，基本上，湘军的水师就有雏形了。曾国藩就按这个思路鼓捣了几百艘船，水师就有了雏形。至于水手，就在湖南境内招募行船的渔夫、船户，把这些人招募到军队里面。作为水师，除了行船的技巧以外，还要学习格斗本领、使用武器，水师就这样建成了。

水师对于湘军的意义非常重要，当然，刚开始造的时候还不知道，还没把它用上去。在战斗上的作用固然重要，还有一个很重要的作用，就是他把粮台设在一艘大船上，这是非常好的创意，对于湘军的后勤、财务，甚至对于战胜攻取都有绝大的意义。怎么讲呢？湘军注重水师和陆军要能够互相呼应。我们看它作战的区域，湖北、湖南、江西、安徽、江苏、浙江，这些省份很多地方都是水道纵横，那么，陆军作战，主力要沿着长江两岸往东边推进，如果在长江上有你的水师控制水路，打起仗来，陆军就不需要带很多的补给物资，可以轻装前进，需要补充物资的时候，江中有船，即设有粮台的大船，可以给你运输物资，然后你就可以用这种方式往前推进。在水道纵横的省份，陆军前进的路线也几乎会沿着水道并行，同时，会有一支水师的船跟着陆军，作为接济。或者，离长江岸边不要太远，如果陆军被围住，需要接济的话，只要水道通，照样可以得到接济，能得到接济，就不怕被敌军围困，这是很简单的道理。所以湘军的粮台，对于作战的意义主要在这个方面，是很好的后勤中心。湘军的战法，也就因为粮台如此设置而决定。湘军每出陆军，必然会有水师跟着他们，这是粮台大船作为后勤中心的重要作用。除了后勤中心，它还是湘军内部的购物中心。湘军的基层士兵平均月薪有四两银子，但是湘军不会发现银给士兵，而是发给他们内部的有价证券，拿这个有价证券，可以到粮台大船上购买各种日常生活需要的东西，但是那个地方不收现金，只收湘军内部的有价证券。这有什么好处呢？有集团采购的好处，也有维护军纪的好处。先说集团采购，如果每个士兵拿着银子，到营地以外的地方去买的话，第一，价格肯定比不上粮台便宜，因为粮台是大批量从外面采购进来，会有批发价，自己的士兵在粮台买东西会更便宜，这是集团采购的优势。第二，士兵一没事就跑到营地外面去，到处东游西荡惹是生非，有的时候表面上是去买东西，其实呢？我们知道，士兵，不能轻易给他钱，一给他钱，他就花得特别快，而且花的地方有时也不太对，譬如吃喝嫖赌毒，此外，还容易造成军民之间的冲突。如果只许在湘军自设的购物中心里面买东西，对于维护军纪，当然有好处。更重要的，在经济上还有一点，就是它作为财务中心的作用。大家想一想，既然不用给湘军士兵发现金，那么，从中央、本省、外省来的钱，资金的使用效率就会很高，作为整支军队的现金储备就会很丰厚。同时，不但有钱，粮台还有很多货物，已经是一个很大的经济单位，自给自足的能力比较强。如果因为战争在民间造成了通货膨胀，就很难影响到湘军，这就是它的重要作用。

粮台对于湘军后来作战取得胜利有很大的帮助，当然这种集中性的经济方式，湘军能想出来，曾国藩能想出来，太平天国也能想出来。只不过太平天国的粮台叫“圣库”，不在水上，而在陆上。《天朝田亩制度》里有一段话描述圣库，说得比较有意思。它的作用跟湘军粮台一样。湘军建立粮台，是为了保障后勤、理顺财务，同时承认并保障士兵的个人财产。太平天国建立圣库，则不允许士兵有私财，规定任何士兵如果拥有超过五两银子的财产，就要受到鞭罚，财产就要被充公没收，甚至不仅仅是鞭责，还可能斩首。当然，从战争状态来讲，叫圣库还是粮台，是不是承认士兵拥有私人财产的权利，这个问题也不是很大，因为一切是为了作战。关键的地方，在于粮台或圣库里面一定要有钱，要有货，要起到调节经济的作用。而太平天国的圣库，到了晚期，按李秀成所讲，已经变成天王洪秀全的私有财产了。加上后期封了一千多个王，大王小王也慢慢破坏圣库的规矩，把钱都存到自己的王府里，不再补充圣库，圣库的来源枯竭了，就更加起不到作为军队后勤中心、财务中心的作用。湘军能够战胜太平军有很多原因，但是像湘军粮台这种制度，贯彻始终，而太平天国的圣库渐趋于有名无实，这也应该是决定双方胜败的一个原因。

水师练成了，粮台也建设好了，下面就得开战了。军队练出来，不拉出去作战，不进行检验，是不行的。湘军出省作战，特别是水师，自然就得沿着湘江往北走，越过洞庭湖，进入长江，再往北，可以援助武昌，往东，可以收复失地。我们湖南有一句俗语，叫“出得湖”，这个湖就是指洞庭湖。湖南作为一个内陆省份，现在我们讲要出去发展，古代的湖南人也要出去发展，在省内发展，总会觉得空间小了点。不管是做生意，还是求学问，都应该出省看一看。现在更不得了，得出国看一看，打开眼界，开拓心胸。过了洞庭湖进入长江，往东走是秀丽的江南，往西，逆流而上是富庶的四川，往北那条路，就不得了了，那是千千万万的读书人、野心家去追求他们的光荣与梦想的一条功利大道——往北走经过湖北、河南、直隶，就到了北京。那时往广东去的人比较少，因为广东的开发还比不上湖南，没有人往那边去，也没有人往福建、江西那边去，江西跟湖南差不多。因此，湖南人往外走，要不去江浙，要不去四川，要不就去北京。曾国藩也碰到这个问题，他也得出湖。只是，正在他要出去的时候，太平军已经占领了汉口、汉阳，随后又扫荡了岳阳、湘阴、宁乡，然后占据了靖港和湘潭。靖港在长沙的北边，湘江边上，湘潭在长沙的南边，也是湘江边上。这两个地方都有太平军，长沙就腹背受敌，有被围之忧。曾国藩率军从衡阳启程，到了长沙，正是咸丰四年（1854）三月二十六日，与太平军交手，首战告捷。

湘军水师到了长沙，往靖港去攻击太平军，曾国藩觉得很得意。太平军也不知道怎么会突然来了一支这么专业的部队，太平军都是一些民船改造的小船，跟刚刚造好的湘军的船一对抗的话，肯定就输掉了。曾国藩很高兴，就写了奏折报喜，很得意地说，湘军对阵太平军，“上下往复，周而复始”，围着敌军，几进几出，打了他个落花流水，我们的军队很牛，很不错。但是，毕竟没有把人家打跑，虽然打得很惨。太平军在靖港的部队还是在那，在湘潭的部队还是在那，还在等更多的太平军来援，想围攻长沙。所以，首战告捷不值得大肆庆祝，不解围，不打败南、北两部太平军，不能解决问题。于是，湘军开会，讨论下一步怎么办。有两种意见：一种说先去打靖港，打完了靖港再去打湘潭。另一种意见，认为应该先把南边的湘潭打了，然后顺着湘江下来，因为湘江是往北流的，水师好走，陆军也好走，最后再去打靖港。讨论了一番，形成决议：

先派出包括水陆的一半军队去打湘潭，曾国藩带领剩下的军队守在长沙，稳定人心，等到湘潭开战了，再把军队带出来，合力将湘潭打下，最后再回头去打靖港。这就是预定好的作战计划。

往湘潭的部队就这么去了。可是到了四月一日夜里，长沙的情况发生了变化，城内人心惶惶。打湘潭的都是精锐主力，主力都放到湘潭去了，万一靖港的太平军来攻击长沙，怎么办呢？曾国藩一想，有道理啊，不可不防。那怎么办呢？长沙这边就有人给他出主意了，说，不如这样，趁着那边打湘潭，吸引了太平军的注意力，而咱们这边有几千人的军队，长沙城乡还有一些团练，合起来，先去把靖港给他收拾了。因为有情报，靖港那个地方，太平军驻军连一千人都不到，就那么几百号人，咱们先把他给收拾了，等湘潭也打下来后，就可以直接往岳阳往武昌那边去了，多省事！曾国藩也不知道怎么回事，竟然答应了。按道理，作为军事统帅，不能这样干。先不说能不能打下靖港，万一去湘潭的部队与敌军相持起来，无法速战速决，如果援军没能及时赶到，那就有失败的可能。因此，曾国藩作为统帅，根本不应该不遵守预定计划，转攻靖港。当然，他没有经验，以前没做过统帅，他之前就是一个官僚，而且是在北京的官僚，根本就没有地方行政的经验，也没有军事作战的经验。这会儿的他，耳根软，心计粗，一遇煽动蛊惑，就说，好，咱们明天去打靖港。

四月二日清晨，曾国藩带队出发去打靖港。靖港离长沙大概有六十里，湘江往北流，往靖港那个方向流，到中午的时候，又刮起南风，船就走得快了。顺流又顺风，要是去旅行，这样不错，但是去作战，就有问题。太平军在湘江两岸扎了营盘，设了炮台，湘军战船如果急攻，就免不了直接冲着人家的炮台而去，船速控都控制不住。因为那个时候的船，要让它在江中停船是很难的，而四月二日，偏有这么大的风，偏有这么快的水流，于是湘军战船，顺风顺水，直往敌营而去。太平军一看，这不是送上来的菜吗？毫不客气，立即开炮，轰得湘军一塌糊涂。开完炮还不过瘾，又派出一百多艘小船，分头围攻湘军大船，往船上射火筒扔火弹。那个时候对付战船就这两种办法，远攻用炮，近攻用火。这一下不得了，转瞬间，湘军几乎有一半的水师，就在靖港给剿灭了。水师不行了，曾国藩说，咱还有陆军，下令搭起浮桥，派陆军作战。靖港在左岸，铜官渚在右岸，皆有太平军驻扎，而湘军的陆军分布湘江两岸，势必搭起浮桥，以便军队往来两岸。但是，曾国藩没有经验，又犯了一个大错：让团丁打头阵、做先锋。他大概这么想：团练，毕竟战斗力不强，一打，肯定会失败，失败，太平军就会追，就会轻敌，那么，后续有伏兵，也就是刚刚练成的湘军，就可以去包抄敌军，突然给敌军一个震撼，给敌军一个“惊喜”。可惜，现实情况是，太平军有喜了，曾国藩受惊了。湘军是初练的军队，团练是乌合之众，这两群人合在一块，其实还是乌合之众，能稳打稳扎就不错了，哪里敢奢望他们能严格执行战术？曾国藩竟敢运用先佯败然后杀回马枪这样的高级战术去对付敌人，这不是自己找死吗？果然，团丁一碰到太平军就崩溃了，就往回跑。如果是训练有素的军队，前锋退回来，主力部队会知道这是假装败了，没关系，给他们分出几条退兵的道路，而主力部队突然往上冲，或迎头痛击，或拦腰截击，或抄尾追击。正常作战，就是这样。但是，湘军刚训练成，大部分士兵，虽然穿上了军装，本色还是农民，当他们看到前面那么多人往回跑，太平军在后面追，全吓坏了。吓坏了怎么办？跑呗。于是，作为主力作为伏击奇兵的湘军也开始跑。这就惨了。单在浮桥上，自己人踩自己人，就踩死两百多人，还根本不要统计太平军追上来杀了多少。

曾国藩一看，这还得了，水师败成这样，陆军看来也要崩溃了，什么事都没干，就全军覆没了。他很生气，来不及分辨这是士兵畏战的错，还是统帅瞎指挥的错，立即脱去袍褂，换一身短打，拔出宝剑，将令旗扎在岸边，站在旗边大喊：“过旗者斩！”意思是你们不能再退了，你们得往上走，再退我就砍人了。可以想象，曾国藩的样子比较搞笑，而更搞笑的，则是很多湘乡老乡，看到曾大人短衣仗剑杀气腾腾地站在那边，竟然都不理他，而是嬉皮笑脸，绕过他继续逃命去了。曾国藩作为一军主帅，亲身感受这种情景，不禁十分羞愧，十分愤怒。对于手下这样做很愤怒，对于自己指挥不当也很羞愧，人在愤怒羞愧交集的时候，就会失去理智，曾国藩也不例外。他失去理智，一跺脚，跳了湘江。

曾国藩跳了湘江，欲知后事如何，得先讲讲在他投江之前，他那个船上是怎么安排的。这是他第一次带兵打仗，也是他一生唯一的一次，他这个人有自知之明，输了这一回之后，就再不干这个活了。出征前，他有两个朋友，也是他的幕客，一个叫李元度，一个叫陈士杰，他们发现曾国藩出发之前，偷偷写了遗书，大意说，今天我要是不赢，我就怎么怎么着。他俩就很担心曾国藩。湘军作战，作为文人一般不上战场，幕客是文人，就不上战场。曾国藩本来也不去战场，但他今天是主帅，得去。这两人就很担心，怕他万一出了什么事，可不好。他俩就说，我们也跟着您一块去。曾国藩说，你们不要去，金革之事太危险，我去就行了。两人还是不放心，于是找来章寿麟，章也是一个幕客，让他躲在曾国藩的座船后面，叮嘱他，到时候随机应变，尽力保护曾国藩的人身安全，大帅要是做傻事，赶紧拦着他。所以等到曾国藩羞愤交集跳了湘江那一刻，他的副官，他的亲兵，赶紧跟着跳到江中去救他。主帅自杀，肯定得去救。曾国藩看他们下来了，瞪着眼睛就骂，一通怒骂，说，你们不知天高地厚，这种事情，生死有什么重要的，你们赶紧给我让开！官兵被他一骂，没办法，不敢抗令救他，眼看着他就要沉下去了。这会儿，章寿麟就从后舱冲出来，跳入湘江。曾国藩说，咦，你怎么在这？曾国藩还是有理智的，他知道，按理说章寿麟不应该出现在这里。章寿麟有急智，知道干劝没用，就编了个话，说，老师您不要这样，我急着赶来，是要报告一个喜讯，湘潭那边咱们大胜，先锋部队待会儿就往这边来了，局面还能收拾，您千万不要就这么白死了。曾国藩一听，觉得这话有点道理。因为湘潭那边如果大胜，精锐部队及时赶来，就肯定能收拾靖港这边的太平军。于是，他就中止了自杀行为。

上岸后，曾国藩住到长沙南门外妙高峰上一间寺庙里。只是，湘潭那边到底是打赢了打输了，还没个准信。他追问章寿麟，这才知道自己是被骗上岸的，心情又转为郁闷。一郁闷，就还是想去死，于是，又写了一封遗书，并将死期订为四月四日。因为死前还要办交接，剩余多少军械、多少银子，都得交接清楚才行。不清不楚地死，那也不行。交接工作要点时间，所以他订好四月四日再死。正在这个时候，左宗棠从长沙过来，安慰败军之将。左宗棠一来，只见曾国藩仍然穿着落水时的那件袍子，黄泥水草，痕迹犹在，其人则是气息奄奄，垂头丧气。又听说曾国藩死志未改，左宗棠就说，涤公，不能这样子啊，你再去要死要活的，就不对了，目前形势，“事尚可为”，我们还可以继续干下去嘛。曾国藩光瞪着他，也不说话，只让手下人把交接清单及账簿拿过来，上面写着，还有多少尊炮，还有多少艘船，还有多少火药，还有多少现金，有些什么债务，全部写清楚了，然后对左宗棠说，你帮我把这些东西清点一下就行了，你别管我，我的生死你就不用操心了。左宗棠一看，挽不回他的心意，就拿出一封信。什么信呢？是曾国藩父亲写的信。老头子知道儿子在靖港打了败仗，专门写信慰勉，托左宗棠带过来。信里是这样说的：儿啊，你这回出山，不单单是为了保卫湖南，而是要长驱东下，杀贼报国。因此，你出了湖南境，战死也好，怎么也好，所到之处都算是死得其所，但你要是在湖南境内就挂掉了，为父的都懒得哭你。但是，曾国藩犟劲上来了，老父的家训也听不进去，仍然一门心思要寻死。围观群众这下没办法了。因为大家得尊重他的选择，总不能拦着他绑着他，他非要死，大家也没办法。尤其在传统中国，一死报国，也算一件好事情，朋友可以劝一劝，实在劝不动，也没办法。巧的是，在这生死关头，四月三日的夜里，湘潭那边传来捷报，湘军大胜，不日回援长沙。曾国藩知道不用死了，叹了口气，说，死生有命，这句话真是没有说错啊。

三、田家镇之战

1. 名将塔齐布

在湘潭大捷、靖港失败之后，出了一个笑话。湘潭那边战胜，和靖港这边战败，是在同一天，只是，曾国藩得到消息是第二天。当时，他的状态比较混乱，一会儿欣喜，一会儿愤怒，一会儿郁闷。因此，他写奏折报告靖港和湘潭的战事，就写得缺乏逻辑，因果很混乱。咸丰皇帝看了奏折，在上边批了几个字，说，朕根本看不明白你这写的什么东西，是不是你掉河里脑子进了水啊？他用的词叫“昏聩”，问曾国藩，你是不是昏聩了？昏聩，就是说，眼睛花了，耳朵聋了。过了一个月，曾国藩重新写了一份奏折，把这个事情写清楚：何日何时，靖港这边战败，何日何时，湘潭那边赢了，我怎么得到消息，湘潭那边的军队怎么回过头来把靖港的太平军打跑。咸丰皇帝这才搞明白，那天在湖南战区到底发生了什么。

作为湖南提督，鲍起豹没有在这个奏折上“列衔”，就是没有签名。这个问题很严重。湖南提督，就是湖南军分区的司令员，在湖南境内发生这么重要的战事，湖南这边奏报军情，报告上面竟然没有你的名字，那不意味着你没参战吗？咸丰皇帝虽是小伙子，皇帝却做了四年，已经很有经验，立刻发现这个严重问题，就问，湖南提督鲍起豹的名字怎么没在上面啊？肯定是没有参战。第二天，就下旨将鲍起豹革职，由塔齐布——曾国藩陆军中第一名将——来做湖南提督。不到几个月的时间，塔齐布就从一个相当于连长的职务，做到了一省的司令，大家觉得很惊讶。湖南官场被震撼了。他们不知道皇帝是如何快速准确对鲍起豹的无能做出判断的，因为他们谁也没向北京说过这个事，曾国藩也没有说过这个事。他们只觉得“天子明鉴万里”。以后，湖南官场倍加警惕，做事情更小心。

塔齐布以前不是跟绿营发生了很多冲突吗？现在他做了提督，绿营都归他管，一开始，绿营官兵都很害怕，要是这个新提督报复我们，那可怎么办？但是，塔齐布没有整人，不但不整人，还保举了绿营官兵三千多人。这下大家放心了，因为新提督不计旧怨。于是，湖南一省，不管是湘军，还是政府军，士气大增。从这件事可以看出，塔齐布有宽大的胸怀。当然，光有胸怀是不够的，作为一名军人，首先得熟悉业务，会打仗。

塔齐布是满洲镶黄旗人，少年时代在黑龙江度过。满洲人成年之后都要练习骑射，练武艺，因为他们世代为兵，塔齐布也不例外，他从黑龙江入伍，然后随军转战各省，最后转到湖南。到了湖南，正好碰到曾国藩在长沙训练新军。曾国藩在操场上跟塔齐布见了面，二人聊了几句，曾国藩觉得塔齐布谈吐不错，比一般的绿营将领强多了，就邀请他为湘军训练士兵。塔齐布答应了。当时长沙有一个副将叫清德，他一贯嫉妒塔齐布，总是中伤塔齐布，还向朝廷诬告。曾国藩就为塔齐布出头，他找出清德的一些问题，把他给罢免了，然后，力保塔齐布，以身家性命在皇帝面前为塔齐布担保。在传统中国官场，人与人之间，如此担保，算是最重要的信用。塔齐布如果出什么事的话，有这份保书在皇帝手上，皇帝就可以找曾国藩的麻烦了，因为，看错了人，用人不当，也是大罪。能让曾国藩赌上身家为他作保，这是塔齐布不同凡响的地方。

还不止这些事情。塔齐布左手背上刺了四个字：忠心报国。这是真的，不是小说传奇。更有意思的，是他出战时的威武形象，在当时，不管是湘军还是太平军中，都很少见。塔齐布骑马，背上背一把火枪，腰间左右两边各配一把刀，左手拿一根套马杆（套马杆就是一根长竹竿，前面有一个绳索圈套，作战时，可用来套对方的马，把马拉倒，让人从马上摔下来，有的时候就直接套住骑在马上的人），右手握一根长矛。这个装备有什么作用呢？在马上作战的时候，左手可以套人，右手可以戳人。如果坐骑出了事，自己被摔到地上，那么，就把这两件长兵器扔掉，抽出佩刀，解开火枪，继续战斗。塔齐布打仗，都是冲在士兵前面，不像很多军官，让士兵先冲，自己跟在后面，他总是冲在最前面。当然，在湘军里面，几位名将作战的风格都是这样，除了塔齐布，罗泽南、李续宾、鲍超，他们全是这样，冲在前面。不过，塔齐布是湘军初期名将，初期第一名将，比另几位成名更早。有一次，罗泽南在岳阳地区作战，塔齐布带二十名猛士去助战。那时，湘军骑战能力差，甚至没有骑兵。湖南人骑不惯马，骑马骑得好的，都是来自蒙古、满洲等地的北方人。塔齐布去助战，带二十个人就够了，都是骑兵。二十匹马的威力，如果冲杀得好，甚至比一营五百人的战斗力还强。当时，罗泽南率湘军且战且退，塔齐布命骑兵殿后，自己则落在最后，压阵。早期太平军作战，将领身先士卒，不怕死，不像后期，总让裹挟的难民打头阵。领头追击的是三个穿黄衣的太平军将领，可惜，他们碰到了塔齐布。塔齐布压阵，看太平军逼过来，果断出击，用套马杆套下一个头目，当场用长矛刺死，其他太平军慑于他的威猛，竟不敢进逼。就这样，塔齐布以一人之力，为罗泽南部队撤退殿后，直到罗泽南走远了，他才从容策马渡江。

塔齐布还有一个特长，侦探水平很高。他很重视侦探工作，临战，或者登上高山，或者沿着河流，去看一看战地的形势。他不仅要看敌军扎营的位置，还特别留心敌营附近的形势。初期湘军作战极为讲究地势，譬如，敌军扎营之处，周围环境如何，有没有办法直接对它进行攻击？战地附近有没有山谷，能不能把敌军引入谷中，周遭能否安设伏兵？同时，己方各种布置也跟地形有关。看地形很重要，光看地图是不行的。况且，那时候的地图，已经有很多年未经修订，与实际地形的区别很大，并不适合作为实际作战的参考。因此，湘军每次作战，都要派人去看地势，看敌方的情况。塔齐布在这一点上很强，他不要别人去看，从来都是自己去看。这么做，十分有道理。为什么呢？因为，一支军队，那么多人，其中，对作战的判断，最准确最高明的，肯定是统帅，他的能力肯定跟别人不一样。同样一个地形，让一般的士兵去看，他的感觉肯定比不上主帅，如果主帅有机会亲自去看地形，对于作战，是最好不过的事。塔齐布每次都自己去看，而且孤身一人去看——人多了，容易打草惊蛇。然而，一个人去看实在很危险。可也奇怪，他每次去，都是极富个性的“制式装备”——背负火枪，腰间佩刀，左手套马杆，右手长矛——一般太平军远远见了他，只觉得威风凛凛，神勇不可近前，不怎么敢去向他挑战。当然，塔齐布毕竟只是去察看地形，不会离敌军太近，一旦觉得不对劲，策马而回，一骑绝尘，太平军赶不上他。这是一手绝活。直到塔齐布逝世多年以后，曾国藩还是会感慨，唉，现在的湘军，要找个侦探敌情察看地势像塔齐布那样的人，还真是没有。

塔齐布还有一种高尚的品德，在旧式军人身上尤其难得。湘军中人比较认同曾国荃的一句话，那是在南京，左宗棠和曾国荃聊天，左宗棠问曾国荃，老九哥哥，你这一生最得意的手段，是什么？曾国荃在家中排行第九，故称九哥，问他手段如何，则是说，老九你功成名就，事业搞得这么大，作战成绩这么好，得力之处到底在什么地方？曾国荃回了八个字：挥金如土，杀人如麻。这八个字有点土匪的腔调，湘军不是土匪，他为什么要用这八个字来讲他的湘军，讲他自己的成功呢？事情是这样的。首先，杀人如麻，是说曾国荃屠城。攻下安庆后，安庆城里面的人全被杀掉，南京也有过屠城，但没有全杀掉，留下了老人妇孺。这都是由曾国荃指挥的攻城战，所以说，他对杀人是不忌讳的。其次，挥金如土，不是说他滥用无节度，而是说他的财政支援——曾国藩对他的财政支援。两兄弟之间，曾国荃向曾国藩要钱，要军火，要补给，很多时候，他会比别的军队，来得快一些，多一些。这点毋庸置疑，曾国藩在资源方面是比较向他倾斜的。但是，湘军创建的时候，最艰难的时候，各种战役、各项事务，曾国荃并没有参与。他说这八个字，有匪气，也像公子哥儿的口吻，初一听，很豪爽，细一想，在湘军初期，这八个字根本用不上。初期，用钱恨不得一个子儿掰开两瓣来花，挥金如土？没门儿。杀人如麻，别人不去说，塔齐布可不是这样。

湘军攻克武昌，太平军决定放弃，是在咸丰五年（1855）的时候。塔齐布是攻城指挥官，早料到敌军会出逃，就在武昌东北门外设下埋伏，果然，太平军从城门内冲出来了。东北门外的地况不好，都是淤泥、水塘、小河，没有平直的大道，跑起来很不方便，加上设有伏兵，太平军很难突围。结果就是太平军或者被杀死，或者跳到水塘、小河，想游泳逃走，不是淹死，就是被岸上追兵射杀，还有的，则被自己人踩踏而死。当时的奏报说，这一役，太平军出逃武昌，加起来死了有七八千人。太平军里面有一支童子军，都是十几岁的少年，甚至更小的幼童。童子军也跟着成年兵，从武昌城冲出来，仓皇逃命，其中大多数都往塘里跳，想游到对岸，或者跳入小河，想涉水逃跑。但是，人数太多，挤在水中，不是被射杀，就是被淹死。小孩的死，比成年人的死，更加触目惊心。塔齐布看到这个情景，突然号啕大哭，厉声下令，阻止军队屠杀。当时，太平军仓皇出逃，多数人只想着逃命，很少进行反击，湘军拿枪拿刀，想砍谁就砍谁，想杀谁就杀谁，四面都被围住了，太平军其实无地可逃。这个场景，就是一场屠杀。塔齐布看到小孩那么惨，看不下去，下令说，不杀了。

塔齐布在血海骨山中号啕大哭，这份情感从哪来的，很难讲。在湘军，杀敌越多——以敌人的耳朵、脑袋为“报账凭证”——越能换钱，换功名，如果只是俘虏，战功要小一点。当然，也不能据此就说湘军特别冷酷野蛮，这跟清廷当时对太平军的政策有关，很严厉，只要从匪，只要是太平军，要么在战场上杀了，要么抓到，也是杀了，没有生路。反而言之，这也是为什么初期的太平军战斗力很强的原因。对于太平军来说，反正没有生路，既然做了“匪”“逆”，那就战斗至死。后期，清廷调整了策略，只要不是在太平军里有头有脸，有一定实际职务的人，而只是被“裹挟”进太平军的民众，若能投降，则官军不杀，还发给遣散费，戴一个免死牌。但是，塔齐布的时代没有这个政策。太平军有特征，是“长发”——他们都把辫子剪了，湘军将士只要杀了“长发”，就可以领赏。塔齐布如果下令将出逃武昌的“长发”全杀了，可以领更多的赏，奏报数字也更好听一点。塔齐布没有这么做。他站在尸骨堆积如山的池塘边，号啕大哭，制止了屠杀。这一幕，在湘军其他将领指挥的战役中，几乎没出现过。他的战术素养很高，战斗本领很强，品德也很高贵。可惜的是，他在三十几岁时就死了。

为什么要这么详细介绍塔齐布？因为他是湘军陆军的统帅，他指挥部队与湘军水师合作，打了一场精彩的战役——田家镇之战。这也是湘军出省后打赢的第一次大规模战役。水师有两位统帅，杨载福与彭玉麟，这里，先不介绍他们，只说战争是如何发生的。

2. 田家镇之战：湘军出师

一说到田家镇之战，我就会想象自己站在长江边，看到了当年的场景。田家镇在长江北岸，南岸有一座山，叫半壁山，半壁山和田家镇遥遥相望。太平军为了阻止湘军水师在长江通行，就在田家镇和半壁山之间设了一道障碍，什么障碍呢？两道铁链。一边连着半壁山崖上，另一边连着田家镇太平军的军营。然后，在山这边，镇那边，两边都连营四十多里，每边设五座炮台，在铁链下面又搭了一线浮桥，在浮桥上设置木排，一根根木头连在一块就是木排，木排上面列了很多尊大炮，对准上游。可以想象，要突破这道水上防线，很难。但是，不突破的话，湘军水陆并行，后勤补给，扫通长江，就都是空话。湘军一定得把这道防线打下来，这是战略。战术呢？派陆军进攻半壁山、田家镇的陆上炮台，派水师把横江铁链及水上炮台解决掉。陆军作战还好一点，水师更难。试想一下，岸上有炮，江中有炮，这叫"交叉火力"，水师最怕的就是这种东西。而且，那时候防止炮弹，还真没什么好办法。

众所周知，湘军从明代戚继光《纪效新书》中借鉴了不少方法，如何训练、作战，不用说，即使制作军械，也从《新书》借鉴。一开始，彭玉麟也到那个书里去找答案。船只怎么防炮弹？书上说，有两种办法：一个叫罟网，就是用十几层渔网，披在船舱外部。一般来讲，渔网还是很坚韧的，披上十几层，似乎能防炮击。实际情况不然。彭玉麟率人做试验，结果是，"炮子一穿而过"。这法子不行。还有一招，叫刚柔牌，就是用大量棉花、头发压缩成板，外面再贴一层生牛皮。彭玉麟做试验，仍然不行，“炮子一穿而过”。看来，到古书里面找答案，此路不通。湘军只好自行研发，科技攻关，“概念版”产品出了几款，譬如，用打湿的棉被，用头发、棉花、竹排、生牛皮、漆皮压成盾牌，等等。结果，各种方法都试过了，全没有效。戚继光的书这么不实用，是他吹牛吗？不是。因为清末炮弹的威力跟明代比，大不一样，威力更大。清军和太平军都从外国进口了军火，于是，明代的方法就用不了了。然而，湘军自己也研制不出新东西，怎么办呢？彭玉麟想，那只能“凉拌”了。他对将士说，自今而后，凡有水战冲关，我们都植立船头，不设防护。炮弹来了，可避者，就躲一下，不可避者，就听天由命吧，这就是凉拌。湘军水师还真是这样出战的，先锋部队真就是植立船头，炮打着谁，算是谁的命不好，甚至有扭捏躲炮的，还会被别的士兵嘲笑，说你胆子太小。湘军水师终于找到了防炮弹的好方法，不再害怕太平军的交叉火力。

那么，冲过火力网，行船至铁链，怎么把铁链弄断呢？彭玉麟是这么安排的：在冲锋舟上，放置一座铁匠用的炉子，一个风箱，以及斧头、钳子和锤子。江中铁链分为两种，一种是横的，比较粗；一种是竖的，连着下面浮桥，细一点。竖链，可以用斧头、钳子砍断夹断；横链，则以风箱加温，用熔炉把它熔断。说来容易，其实操作起来很复杂。彭玉麟安排了进行掩护的船队，先锋舟只管往前冲，船上的人只管埋头做准备工作，不要还击，不要东张西望。做掩护的几十艘船，其中有炮船，炮船会对沿岸太平军进行轰击，吸引太平军的火力。先锋舟躲在中间，不发炮，太平军就不会用炮火来对付它，它就可以顺利到达铁链底下。这一招很聪明，但要付出代价，做掩护的船被击沉不少。最终，这个方法奏效，太平军的铁链断了。

杨载福，湘军水师的另外一个统帅，一看铁链断了，立即率师一冲而下，冲到下游。为什么要冲这么远呢？这是湘军水师作战的一个原则，也是一个经验教训。他们发现，水师作战最好的环境是

"逆流逆风"。为什么要逆流逆风呢？不是很难前进吗？其实，很难前进，没问题，可以使劲地划，不过往前走慢一点而已。但是，万一打不过，要撤退，要跑，顺风顺水，就跑得快。反之，进攻的时候如果是顺风顺水，像打靖港那样，就不好，因为控制不住，打败了根本跑不掉，因为一跑就变成逆风逆流了。杨载福冲到下游，就是运用这个规律。他冲到下游，再回过头来攻击，风向且不论，至少是逆流，就可以从容对太平军发起攻击。天助湘军，恰在这时候，又刮起了东南风。水师近战，主要的战法是火攻，就是往对方船上射火筒、扔火蛋，现在，东南风起来了，风从湘军这边往太平军那边刮，火势越演越烈，长江就变成了一片火海。同时，陆军在岸上的战斗取得胜利，这就是湘军水陆合作，第一次真正称得上大捷的田家镇之战。

田家镇之战后，湘军水师名闻天下，咸丰皇帝也下旨祝贺，并要求全国部队都要向湘军学习，各地都应建立水师，使用湘军战法，希望湘军将水师的规章制度、作战方法，向全国各地传授。

田家镇之战的意义，有利于曾国藩的军队进入江西，这是第一个意义，第二个意义就是水道通了，湘军可以直逼九江城下。湘军要东征，要打到南京，路程虽然漫长，但是，一路上只有几个非拿下不可的战略要点。第一个是武昌，拿下来，就有了根据地。然后，沿江东下，就是九江。九江处于长江一个转折的地方——长江自北而南，过了九江，再往东走，九江就在这个转折之处。要从水路过长江，不把九江拿下来，就过不去。接下来，还有安庆。如果把这三个地方拿下，长江肃清，两岸并进，南京就成为一座孤城。这就是湘军东征要沿着长江往下打的原因，而这三座城市的战略意义也就在这个地方。田家镇打过了，那么湘军可以直接去围攻九江，如果再打下九江，那么，攻克安庆，收复南京，就不再是梦想。这个时候离湘军创建还不到一年。

四、在江西的辛酸岁月

1. 很委屈："湖北巡抚"之议

咸丰四年（1854）八月，湘军克复了武昌，这是继靖港、湘潭之战后，湘军的又一个大捷。接到奏报，咸丰皇帝很高兴，抒情地说了一句，看了奏折，真不敢相信这是真的。当时，太平天国起义已经差不多有四年了，各地官军望风而靡，几乎很难听到好消息，更何况是收复武昌这样的好消息。如今，湘军练出一支农民军，一出洞庭湖，就把武昌这么重要的城市给克复，所以，咸丰皇帝说"览奏深感欣慰"，没想到你们有这么好的成绩。然后，他给曾国藩下达一个任命，命他署理湖北巡抚。曾国藩接到圣旨，立即辞谢。他辞谢的理由，是母丧在身，没办法在服丧期间接受任命。但是，辞谢折刚刚发出，他又接到了一封圣旨，说，前两天让你署理湖北巡抚那道命令作废，你不用署理了，还是挂一个兵部侍郎衔，在军效力吧。然后，等曾国藩的辞谢折到了北京，咸丰皇帝又下了一道上谕，说，先让你做湖北巡抚，后来又让你毋庸署理，这不是皇帝我出尔反尔，而是因为我想了想，就知道你不会做，不会接受任命，所以赶紧下了后面那一道旨。另外一个原因呢，则是你现在带兵往东边去，往南京去，势必不能长期驻守在湖北，那么，戴一个空头巡抚的名号也没什么用。

这是一件蹊跷的事儿。像这样，前一天说让谁做一个官，没几天立马收回成命，儿戏一般，这不是清代皇帝的风格，背后肯定有原因。当时，曾国藩不知道是什么原因，有点慌乱，后来，他知道了。先是咸丰皇帝看到克复武昌的奏折，很高兴，没来得及跟军机大臣商量，就直接在奏折上批了一句，让曾国藩做湖北巡抚。当时有一个大学士叫祁寯藻，听到这个消息，赶紧去找皇帝，说有要事启奏。皇帝看到他，很高兴，说，我刚做了一个很好的决定，破格用人。所谓破格用人，是说曾国藩在靖港之战，因为指挥失当，被革职，仍留营效力，如今，从被革职的人升任巡抚，所以说是破格用人。他又说，曾国藩了不起啊，一个在籍丁忧的侍郎，练了这么一支兵，一出山就把武昌给收复了，我要奖励他，让他做湖北巡抚。祁寯藻见皇帝这么高兴，不便直接打击他的热情，他就淡淡说了一句："以在籍侍郎，号召乡兵，长驱东下，非国家之福也。"前面这一句，"以在籍侍郎，号召乡兵，长驱东下"，难道不是一件好事吗？在国家正规军以外，突然冒出这么一支有生力量，帮助朝廷去平定叛乱，这应该是国家的福气才对，怎么就成了"非国家之福"了呢？但是，咸丰皇帝一听，立马就明白了，所以才赶紧发出后面那一道圣旨。

祁寯藻这句话，有什么玄机在里面？主要的原因，这个不能从清代说起，要从宋代说起。我们都知道中国古代是一个中央集权的帝制国家，那么这个中央集权，由皇帝来统治一个国家，这种制度的完善，应该从宋代开始算起。以前有宰相，有各种各样的包括士族，包括大的门阀集团，包括贵族，他们都对皇帝的个人的权力有所限制，不管是行政，财政，还是军事，各方面，只有从宋代开始，皇帝才真正逐渐走上一条所谓"予一人"这个道路，就是"乾纲独断"，所有的权力都要集中到他手里，所有重要的决定，都要由皇帝做出。像官吏的任命，各种财政制度，包括像判处人的死刑，这些都需要集中到皇帝手中来批复，才得以执行，也就是说国家的各种重要权力，一定会集中在中央。但是光靠一个人也没办法治理国家，你要有官僚系统，要有军事力量，要有暴力机构，你就得有人去做这些事情。宋代以前，武将很跋扈，他们的权力很大，包括在宋代也出现过，像岳飞、韩世忠这样的。当然我们说岳飞是民族英雄，但是在宋代，那个时候，岳飞他们的势力，他们的权力就很大，有的时候包括皇帝直接对他下命令，让他在战争中往东往西往前往后，他都不听。当然他不听这个命令，对于当时的战局有什么影响，这是一回事，可是他破坏了以皇帝为中心的中央集权制度，他的这个军事割据的力量慢慢形成，这也是一回事。对于皇帝来说，前者往往可能不是最重要的，最重要的是对他这个位置的威胁。就是说事情做得好做得不好，这还是次要的，重要的是我们做事情的方法对不对，有没有隐患在里面。如果有隐患，哪怕你事情做得再好，他也一定要当机立断在这个时刻把任何能威胁到皇位的事情或者人遏制住，必要的时候，他还会痛下辣手。

祁寯藻就这么一说，曾国藩的巡抚就没有了。当然具体到曾国藩这个巡抚，还可以多说几句。曾国藩是文官，他现在是侍郎，如果他做了湖北巡抚，那么他就掌握了一省的财政和人事。可是在清代，巡抚手里是没有一支军队的，每个省有提督负责具体的作战，当然他列名，就是上奏的时候，提督的名字要列在巡抚的前面，就是说他有军权嘛，地位看上去好像比巡抚更高，实际上呢，他能管的东西比巡抚少得多。清代的这个制度，是为了提示大家，军队是皇帝的，那么替皇帝管这个军队的人，也是很重要的。还有，如果是湖北的话，另有一个湖广总督，他才是真正的管理提督，管理湖北一省的这个军事力量的指挥人。然后在湖北还有一个荆州将军，类似于今天说的大区的军区司令，他的军事范围，在河南那边有，湖北这边有，湖北和四川的边境地区他也能管着，湖南这边的军队，他要作战的话，也能够归他调遣。所以对于军队的指挥，皇帝不愿意明确谁能在地方上管理哪支军队，没有明确过，总督可以，将军也可以，巡抚也可以建议，提督当然他每天都要跟军队在一起，但是要说，到底谁能用这支军队干什么，任何上列的这些官职，单个的人都很难调动这支军队。这个制度当然效率上不高，如果出现什么特别的事情，或者要应急的事情，效率绝对不高，但是他对于皇权的安全，就很有效果。现在你曾国藩要是做了湖北巡抚，确实不需要调动提督他们原来的那个绿营兵，你也不需要调动这个荆州将军手下的八旗兵，但是你有一支一万多人的湘军，战斗力又这么强，那皇帝就觉得，有这样一个人在地方上就很危险，尽管他并不是说，任何人有这个权力，有这么一支军队，他就会来造反，或者怎么怎么样，但是他至少是造反得以成功的一个条件，要防止出现造反这种情况，那么你就要尽量别让这些条件成立，让他别都配合在一块，所以，湖北巡抚就没有给曾国藩做。

没多久，曾国藩也知道了，是祁寯藻说了这么一句话，让他做不成巡抚。当然他不是因为做不成巡抚而生气，刚才我们讲的这种中央与地方权力的消长，这种道理曾国藩也肯定是明白的，因为他在北京做官做那么久，他以前的那个思维定势都是站在中央的立场上，在此之前他从来没有做过地方官，地方上如果出现这种人，他的态度应该跟祁寯藻是一样的。可是他为什么还是对祁寯藻说这句话很生气呢？第一，祁寯藻跟他是早年在北京的好朋友，祁寯藻的学问主要是讲小学，这个呢，曾国藩跟他的爱好不太一样，但是，祁寯藻还爱好理学，喜欢作诗，这个就跟曾国藩的爱好比较相似。特别是祁寯藻的弟弟跟曾国藩的关系特别好，简直是称得上生死之交，后来祁寯藻的弟弟在江南死于战乱，曾国藩还特地派人去寻找他的尸首，所以他对祁寯藻在皇帝面前说这句话，感到气愤，因为祁寯藻是他早年的朋友，他认为这么严重的话，不应该由自己的朋友讲出来。第二，祁寯藻这样说他的话，他觉得是一种中伤，甚至是指控，让他从此在皇帝的心目中印象就不那么好，好像他真是一个怀着什么样目的的人。当然皇帝并没有直接说他什么，终其一生也没有任何人，任何来自中央的指控说，曾国藩你有这个意志，你想如何如何，但是曾国藩他比较谨慎。他觉得这种话题根本不要近我的边才好，根本不要跟我有任何关系，不管这个话题是不是针对我，“非国家之福”这几个字，你最好不要让它出现在我的身上，跟我有关的任何文件，都不要出现这几个字就好，这个是他警觉的地方。所以，他说祁某人也算我的京城旧交，这样中伤我，没什么意思，就很气愤。

可是祁寯藻自己呢，对他当初讲的这句话也有一个解释。祁寯藻是山西人，当时有做京官的同乡就问他，说你非得用这种方式去讲曾国藩干吗，你就说曾国藩可能在外面作战，他又不能守在湖北，别让他有这个巡抚的空号，这是一个理由，另外一个，你说曾国藩没有做过地方的大僚，没有经验，仓促让他上马做巡抚也不好，你用任何别的理由都可以，你为什么非要用这句话去讲曾国藩呢，你这是不是忌妒贤能啊？祁寯藻就说了，我所以要说这句话，正是为了保全曾国藩，你们根本都没有明白我的苦心，也就是说，别的人都不知道他的苦心，曾国藩也没有明白他的苦心。他说他自己这样说，从表面上看是中伤曾国藩，实际上是要保全曾国藩。这怎么叫保全曾国藩呢？这句话曾国藩好像没听他说过，没听见过，因为这个是民国时一个诗人，写了三百首跟清史有关的诗，那个人也是山西人，他是寻访山西故家，听到他们说他们的祖辈，跟祁寯藻有交道的那些京官，把祁寯藻这句话传下来了。设想一下，曾国藩要听到他说，这样说是要保全自己，曾国藩估计更生气了，什么叫保全我，也就是说我有可能造反，你先让我没有造反的条件，所以你就保全了我，那这句话说起来，还不如祁寯藻在皇帝面前直接说的那句话，因为任何一个侍郎，有这么一个兵在手里，都不是好事，反而还不如现在这句话严重。这可能就是人的交流的问题，沟通的问题，其实他们的沟通也挺好，可是呢，两人分别还不到两年，因为曾国藩咸丰二年（1852）才从北京出来，咸丰四年（1854），祁寯藻就在皇帝面前说他，而且我们还知道前面，咸丰元年（1851），曾国藩上奏去攻击皇帝的时候，皇帝很生气，当时劝止皇帝的也是祁寯藻，所以可能从动机上，祁寯藻他确实认为只是保全，但是对于曾国藩来说，他认为这个实际的效果一点都不像保全，甚至是伤害了他。

2.“曾钦差”的苦恼

但是曾国藩的实际情况，作战的实际需要，他确实需要一个地方官的职位，做不成湖北巡抚没有关系，还有安徽、江西，至少有这么两个省，在当时的情况下，你可以给他一个地方，因为他作战的北岸就是安徽，南岸就是江西，他作战的省份，一定要经过这两个省，然后要恢复的城池，安徽有安庆，江西有九江，他要去南京，首先得把这两个城市给打下来，那么他既然要在这两个省区作战，你没有给他一个地方行政长官的权力，他就会很难做。这不仅是政治意义上的，一个人有了军权，有了行政权，有了人事权、财政权，他就会如何如何，譬如造反。这个隐患确实存在，但曾国藩这时的情况，与此无关。他在实际办事的过程中，因为没有权力，弄得很尴尬，灰头土脸。从咸丰四年（1854）末到咸丰七年（1857）他回家，这一段时间，他在江西就没有过过一天好日子。曾国藩写了一封很长的奏折，向咸丰皇帝说明自己的困境。他没有明说，要解决这些困难，皇帝你就得如何如何，他只是把这些困难列出来，想让皇帝自己能看明白：当初你不让我做湖北巡抚，我没意见，现在你还不让我做江西巡抚，我很难办。他大概是这样的意思。我们来看看，都有些什么样的困难？

第一，士气的问题。湘军打了一年多近两年的仗，成绩很不错，既收复了城池，又击败了太平军，还建立水师，肃清了航道，这都是很好的成绩。那么，有成绩，保举就多，很多湘军将士通过各种各样的保举，官至二三品。但是，目前来看，二三品只是一个衔，总兵衔、提督衔、参将、游击等等，都只是衔。而其本人在湘军营中，原来是个哨长，现在仍然做一个哨长，原来是一个什长（什长就是队长，管十来个人），现在仍然做一个什长。可以称呼他作某某总兵、某某提督、某某副将，都是将军级的人物，但是，他平日干活，仍然是一般士兵、一般低级军官的活。那些保举而来的头衔，都是虚的。更重要的是，他拿的钱也还是低级职务的工资。那些二三品衔，如果没有配上实职，就不能保证拿到符合品级的工资。譬如说，某人有总兵衔，那么，给他一个具体的任职地方他才能够拿到总兵的工资。若只有空衔的话，那么，某人虽有总兵衔，若是哨官，按照湘军饷章，哨官年薪为一百零八两银子，而照清代俸禄制度，总兵年薪则有二千两，这个差别就太大了。这是经济上的差别。曾国藩想解决这个问题，他就跟江西的巡抚、提督商量，说，湘军将士，空衔太多，江西省内有实缺，是不是应该让我的人去补这些缺？可是，江西高官根本不理他这一套，不同意给湘军将士补缺。曾国藩是兵部侍郎，按今天的话说，是国防部副部长，却在江西碰了钉子，因此，他就叹息，说，鄙人虽是兵部堂官（清代各部的尚书、侍郎，称为“堂官”），但是说话还比不上一个小小的参佐有用，就是说，还不如地方军队里的小文书。于是，湘军将士的待遇没有落实，有受歧视的感觉，影响了士气。

第二，曾国藩没有地方上的权力，导致筹集军饷不如意。湘军军饷有几个来源，一是户部拨款。有时是从户部直接拨下来，有时是让其他省份援助（所谓“协饷”），然而，这种拨款往往是数字游戏，别看金额挺大，但是，隔几年那个钱都不会来，就算来了，还会打折。例如，中央命陕西、山西两省，协饷八万，而陕西、山西是穷地方，收入本来不多，当地也有战事，自顾不暇，让他们“协饷”，肯定会延期。至于打折，是指受命协饷省份的长官找借口来赖账，中央让我拨几万，对不起，我拿不出来，只能拨个一万两万，之后你就自己想办法吧。私下里还会跟曾国藩讲，一两万两银子也是千辛万苦筹得，你要就赶紧打收条作了结，以后别再催我，再催，这一两万我都不给你。当然，各省有各省的困难，赖账也是没法子的事情，中央再怎么三令五申，他拿不出，还是白搭。因此，外省的协饷对湘军来说，名义上好听，实际上终不过“纸上富贵”，当不得饭吃。还有一种，就是厘金，也就是说，在各地设卡，对商人抽取厘金，也就是商业税。按照货物价值，一两银子抽一厘，所以叫“厘金”。不过，税额并非固定，一般在百分之一到百分之五之间。这确实是一笔数目很大的钱，往后湘军绝大部分的军费来源，就从厘金中来。然而，此时在江西，曾国藩拿不到这个钱，因为他没有地方实权，没有资格在江西各地设卡。而江西官方早在各地设卡抽厘，钱都缴往省库，分毫都不会沾润曾国藩。就算湘军浴血奋战，收复了城池，按情理，不妨在那个地方设卡收钱，可是，江西官方会警告曾国藩，你没有这个权力，你不能在咱们的地盘上“乱收费”。这话一说，曾国藩也辩不过他。他确实没这个权力。第三种，是劝捐。前面说过，湖南省的大户、世家，曾国藩从他们手里“劝”了不少钱。能在湖南劝捐，是有条件，首先，他了解湖南那些有钱人家，其次，他奉有圣旨，在湖南办理团练查匪事宜，可以用这样的名号四处劝捐。然而在江西，他虽仍是钦差大臣，可只有往东边去作战的名义，并没有办团练、查土匪、募集军费的权力，所以，他再去找大户人家，人家会说，不好意思，已向江西省捐过一回了，没有余力再捐给湘军。还有一种捐法，曾国藩也试过。清代有一个词，叫“捐生”，就是说，你这个人读书不行，但是你家里有钱，那你就捐一个出身，这就叫捐生。办理捐生成功，中央政府会发一个执照。这种执照，曾国藩手里有一些（向中央申请而得，以利军需），江西政府也有，具有同等效力。那么，对捐生来说，把钱捐给曾国藩，或者捐给江西省，是一样的，然而，实际操作起来，搞得曾国藩很尴尬。因为，谁若是将钱捐给湘军，得了湘军发给的执照，江西省竟然不承认，说从湘军出来的执照无效，是假的，甚至在验看执照的时候，将执照撕毁，这么一来，大家便传开来，说，湘军那个执照要不得，大家不要把钱捐给湘军，不要捐给曾国藩。这么一来，就败坏了湘军的名声，也断了湘军的财源。一张捐生执照，价值二百两银子，别看单价不是很高，如果能够发出几百上千张，那也是一笔不小的收入。可惜，曾国藩赚不到这笔钱。因为，他没有地方上的权力。

第三，曾国藩的人格尊严受到了侮辱。我们首先了解一下，清代降旨，有两种方式，一种叫“明谕”，就是由内阁将圣旨发往各地，供官绅传阅，大家都能看到。还有一种叫作“廷寄”，则由军机处加密发出。一般来说，官员的升降奖罚，有关军情财政，或者其他紧急事情、隐蔽事情，都通过廷寄来发出。廷寄只有相关的少数人能看到。我们知道，曾国藩在回乡途中遭遇母丧，当时他便辞掉所有职务回家守制，后来，出山做团练，不能没有身份，就加了侍郎衔，后又因作战失败被革职，革完职不久，收复了武昌，朝廷又给他开复，即恢复了职衔。于是，两年之间，他便换了四道关防——所谓关防，就是他在正式文件上加盖的表明身份的印章。他在咸丰三年（1853）正月出来办团练，其时，他的关防是“钦命帮办团练查匪事务前任礼部右侍郎”，随后又换了两次，最后，在咸丰五年（1855）十月，他的关防换成“钦差兵部右侍郎”。可是，官衔的变更，并没有通过明谕圣旨发布，而是用廷寄通知他。这几道廷寄只发给他看，此外，也就湖南、江西等军务相关省份的高级官吏能看到，而像浙江、安徽等省的官员，尚来不及看到。当然，看不到，并不意味不知道，重要职位的变更，是各地大吏极为关心的信息，他们自有渠道了解这些变动。但是，要打官腔的话，他们可以说，自己确实不知道曾国藩为什么前一阵是礼部侍郎而转眼间又成了兵部侍郎，为什么前几天还是革职留营效力的身份而转眼间又恢复了钦差大臣的地位。因此，当湘军公文发往某些省份，上面盖着钦差大臣字样的关防，接文省份的官员竟然直接把公文给退回来，拆都不拆，只说“未奉明诏”，即没有看到明谕圣旨，我们不敢确认曾国藩的钦差身份，不知道是真还是假，我们不敢跟你打交道。于是，公文所说的事情就办不成。这有恶作剧的成分，是对曾国藩的侮辱。更令曾国藩难堪的，则是湘军发文，向他省求饷求援，或办理其他事宜，人家不仅将公文退回，还要说，曾国藩你是不是伪造身份，是不是假传圣旨，是不是“皮包公司”？这是针对曾国藩个人。至于曾国藩派去送文办事的手下，只要开口说我是曾钦差派来贵地办事的，对方轻则将其人斥骂，重则拘留，并写一封公文，寄给江西巡抚，请他“协查”，江西省内是不是真有一个曾钦差。往往江西巡抚又把这种信转给曾国藩，表示“关切”。江西巡抚肯定知道曾国藩是钦差，但他就是要把这封信转给曾国藩，就是要通过这种方式羞辱曾国藩。于是，因为名不正言不顺，曾国藩还得遭受人格上的侮辱。

如此，曾国藩及湘军在江西就待不下去了。统帅不被人信任，士兵的功劳没有回报，在财政上也渐渐陷于枯竭，这叫人怎么待得下去呢？此外，自咸丰四年（1854）以来，塔齐布病逝，罗泽南战死，名将凋零，曾国藩手头只剩周凤山、李元度两位勉强自保而不足以统率全军的将领，军事上也陷入低潮。然而，曾国藩最终像当年逃离长沙一样逃离江西，还有一个更重要的原因，就是他跟皇帝的关系也越来越恶化。

3. 和皇帝交情的冷暖时光

当然，一开始，曾国藩与咸丰皇帝的关系也谈不上有多好。皇帝上台之时，只是一个二十几岁的青年，他对曾国藩并没有特别的印象。曾国藩与皇帝的有效“互动”，得从咸丰三年（1853）十二月说起。我们回溯这段历史，理一理他跟皇帝的关系。

那时，曾国藩组建水军，尚未就绪，皇帝就着急催他，说，你赶紧率兵出省，安徽庐州被太平军围攻，形势吃紧，你得赶紧去援助。在圣旨里，皇帝顺带提了一句，说，湘军不仅是保卫湖南的义师，曾国藩你不要妄自菲薄，而应该“统筹全局”，争取平定东南。当然，这不过是一句勉励的套话，根本不是圣旨的要点，要点在于，曾国藩你别磨蹭了，赶紧去安徽救急。有意思的是，曾国藩看到“统筹全局”四个字，心里一激动，还真就在回奏里面针对“统筹全局”大大地发挥了一番，提出一个大战略。他说，湖北、湖南、安徽、江西四省，要“四省合防”“四省联动”，设立统一的军事指挥机构，调度各方资源，力争早日戡定东南。也就是说，他俨然把自己当作四省的最高战时指挥人，不自觉就站在一个新的高度，思考全局。洋洋洒洒讲了一通大计，然后，他再讲为什么不能尽快去安徽，他说，水师在未来四省合防的政策里面具有很重要的战略地位，不能轻易出省，得等我把士兵练好了，船也造好了，钱也筹集得差不多了，再出去，待到那时，在四省合防的大框架里，水师才能发挥真正的威力。

咸丰皇帝可没想到催曾国藩去安徽，竟然催出这么一篇大而无当不识时务的演讲，不由得十分生气，他在奏折上批了一段话，说，安徽省等着你去救援，你呢，偏不跟我接这个茬，非得“偏执己见”，说什么“四省合防”，我是知道你“天良尚未泯灭”，才让你去干这个事，你呢，不好好琢磨具体事情，却把天下大局、数省军务，都要一肩扛了，那好，我问你，你掂量一下，照照镜子，凭你的才力，办这等大事，“能乎？否乎？”走笔至此，皇帝还不解恨，计算起曾国藩的旧账，说，上回你不是攻击我，说我有三个弊端吗，不是说我刚愎自傲吗，我看啊，你“漫自矜诩”，你才是盲目骄傲。那会儿你调子很高，说我这不对那也不对，天底下还有谁比你更高明啊？可一旦动真格的，你什么表现呢？“及至临事”，到今天这个节骨眼上，你却跟我玩虚的，吹牛不上税，借口什么“四省合防”，自己不挪窝儿，明明就是个胆小鬼嘛。若你不承认胆小，非要把数省军务一肩挑了，非要从战区最高指挥官的角度思考问题，那也行，你就告诉我，具体你要怎么办，你自己放手去干，你“办与朕看”！

曾国藩接到这份气势汹汹的批谕，倒不怎么害怕，因为这事有道理可讲。对于皇帝的质询，曾国藩从容应对。皇帝问，“能乎否乎”，行不行啊你？他说，“自度才力，实属不能”。皇帝让他“办与朕看”，他说，“惟有愚诚，不敢避死”。也就是说，让我去办，没问题，我没大能耐，只是，不怕死这一条，可以自信。Just do it，我能。不过，最终 do 成啥样，我不知道，不敢打包票。至于催促赶紧往安徽去，这才是关键问题，曾国藩不松口，说，我若仓促承诺，这叫“大言欺君”，与其犯一个欺君之罪，还不如我先在湖南这边挺着，不做好准备，坚决不挪步儿，我甘愿受一个“畏葸不前”之罪，也就是说，不论皇帝你好讲歹讲，我就是不去。将在外君命有所不受，这就是曾国藩的道理。

他能这么说，一是被皇帝逼急了，一则是吸取教训。前此，他的老师吴文镕做湖广总督，跟湖北巡抚崇纶不对付，吃了激将法，酿成血的教训。吴文镕与崇纶，素来就有矛盾，等到太平军进犯湖北，矛盾就激化了。一般来说，总督比起巡抚，在军事方面的责任更大一点，因此，崇纶就逼吴文镕，说，你的本职是负责武昌以至湖北全省的防守，你得带兵出去，天天待在武昌城里，贪生怕死，这可不是总督应有的态度。然而，吴文镕不过一介书生，毫无作战经验，这会儿让他带军队出去，那就跟送死差不多。他当然明白这个道理，写信给曾国藩，说，我现在不会出去，得等湖南援师过来，再行计议，我忍得住，不受逼，我就在这城里面待着。可是，崇纶向皇帝上奏，告了一状，说，总督一天到晚躲在城里，贪生怕死。咸丰皇帝听信谗言，批谕下来，责备吴文镕。吴文镕终于没扛住，只得离开武昌，出去作战，没几天，所部遭遇太平军，一击即溃，吴文镕也战死。

曾国藩吸取了这个教训，自誓没准备好的话绝不轻举妄动，任谁怎么讲，怎么骂，都得死扛。就该这样，死扛才有生机，不扛肯定死了。当然，骂了曾国藩一通之后，皇帝静下来一想，也有些悔意，觉得骂得过分了一点。毕竟到目前为止，各地军队跟太平天国作战，敢说战而胜之的，几乎没有，至于各省团练大臣，也没见谁像曾国藩这样，能迅速整出一支大规模的军队。所以，皇帝觉得，还是应该更积极一点，去鼓励曾国藩，而不要过于悲观，过分斥责。因此，又给他回了一道谕旨，说，“成败利钝固不可逆睹”，你求稳重，自然有你的道理，那么，你还是按自己的方式去做，至于“畏葸不前”之罪，这话说重了，我没这个意思，我不怪你。

在这轮对话之后不久，曾国藩率领湘军取得了解围湘潭、收复武昌的胜利，皇帝对曾国藩的印象有不小的改观，再与曾国藩说话，口气就越来越平和，甚至可以说令人感到温暖。咸丰四年（1854）十二月，一部分水师追击太平军，一直追到鄱阳湖里面，结果被石达开在湖口派兵截住，入湖的水师从此不能回到长江，于是，湘军水师从这时候分为长江水师和内湖水师。冲进内湖的都是小船，留在长江的都是大船，大船行动不便，若无小艇在周边防护，就很危险。没多久，留在长江的大船就被太平军烧掉不少。曾国藩自己的座船，是水师最大的一艘船，也被烧毁，他放在船上的所有文档，包括公文、日记、诗文稿、书信、藏书，也全部被毁。

今天，我们看《曾文正公日记》，从道光末到咸丰五年（1855）的部分，十不存一，就是这一次烧掉的。后来，又在长江上“漂没”了几十艘大船——即被大风一刮，互相撞击导致毁损，从这时起，长江水师几乎名存实亡。于是，湘军水师建成不到一年的时间，就损失了一大半，至此只剩下鄱阳湖内一百多艘小艇。按道理，这是一个很严重的事情，因此，曾国藩“自请严议”，就是自行举发，请严厉处罚。而皇帝的答复是：“偶有小错，尚与大局无关。”请问，这怎么叫“小错”呢？这是很大的失误，甚至是失败啊。但是，皇帝说这是小错，一言九鼎，那咱们没办法，只能认同。有趣的是，皇帝不因此责罚曾国藩，却严厉谴责江西的高级官员，说他们在协同作战及后勤保障方面没有很好地帮助曾国藩，对湘军水师的损失负有不可推卸的领导责任。曾国藩犯了错，挨骂的却是江西官吏，这不很有趣么？其实，皇帝骂江西人，是在为曾国藩开脱责任。又过了一阵，湘军水师造好一批新船，停泊在城外江面，被风刮倒，又撞毁不少；同时，陆军在江西作战，进展缓慢。对此，皇帝都没有批评曾国藩，只是安慰他说，你别急，慢慢来，有些事情不能怪你，大势如此，你又没有后援，遭遇这样那样的失败是难免的。类似宽解的话，讲了很多。不过，同时皇帝批复其他领兵大员就没这么客气，而是动不动就说，你有没有天良啊，或者，再这样下去朕就拿你是问，或者，信不信下次朕废了你之类。这一年，皇帝似乎对曾国藩情有独钟，与之对话，温馨感人，不要说曾国藩，就是读者看着这些感人的批语都觉得很温暖。

咸丰皇帝对曾国藩不仅有口头便宜，还有一些实际的支持，譬如，咸丰五年六月，曾国藩用“多方掣肘，动以不肯给饷”的理由，参奏江西巡抚陈启迈——江西巡抚总是威胁曾国藩，稍不如意，就不给湘军拨饷——皇帝一听，二话没说，就将陈启迈革职，换了个新巡抚。这对曾国藩来说，是很大的鼓舞。他觉得，以后在江西，日子要好过一些，新巡抚应该会善待湘军，因为，他参谁，皇帝就革谁，这太有威慑力了，谁还敢跟他较劲？

但是，实际情况却与设想不符。后来的江西巡抚虽说不像前任那样事事针对他，处处为难他，却也没有积极配合他的工作。并不是说曾国藩的人际关系处理得不好，而是因为各方职责不同，有所为，有所不为，巡抚也有不得已的苦衷。巡抚不能仅为了湘军，而去破坏全省的财政调度与行政程序，他不可能拿出全部资源去支援湘军。非不愿也，势有所不能也。江西省本就受了太平军很大的侵扰，难民需要安置，城守需要加固，而各府各县财政吃紧，本省训练军队所需经费也不少，作为一个巡抚，面对这么个烂摊子，早已焦头烂额，哪还有闲心余力去支援湘军？这是实际情况，跟人际关系好不好无关。要解决这个问题，有两个方案。一，将湘军交给巡抚，让他去控制去指挥，这样的话，曾国藩就得让贤才行。二，要不就给曾国藩一个实际的能够管理地方事务的权力，财政、人事、军务一手抓。非此即彼，否则湘军与地方的冲突永远存在，永远解决不了。可惜，皇帝在这一点上认识不够，没能给曾国藩实际的帮助。撤换一个与曾国藩作对的巡抚，根本不解决问题。

如前所述，作为地方长官的巡抚天生会跟作为客军统帅的曾国藩发生冲突，这是无法调和的。

皇帝不仅没能敏锐地认识到这一点，反而在与曾国藩你来我往温言相向一年多之后，态度发生了改变。湘军在江西地区的军事行动，自咸丰五年（1855）正月水师被打成两截之后，就再也没有进展，皇帝的耐心越来越少，到了十二月，终于忍不住把久违的骂人的话又说出来了。他说，湘军水陆各军，很长一段时间，我都没听到你们的战报，也就是说你们根本没作战，日复一日，你们到底在江西干什么呢？整天就告诉我鄱阳湖以内被你们肃清，可是鄱阳湖有你们水师在里面嘛，你水师打那个湖里面的土匪，当然很厉害了，人家打不过你肯定被你肃清了，可是江西省那么大一块地方，你们在别的地方怎么就没有战绩呢？你曾国藩不知道这个“饷糈艰难，日甚一日”啊，你怎么能“屯兵不战”“耗费军需”，就是你光在这浪费钱可不行。这个已经很严厉，但是还没有出现人身攻击的字眼，就是说没有直接骂到他人身上。

次年四月，曾国藩打了一个小胜仗，克复了一个小县城，当然克复这个小县城，也是先围着围着，然后太平军就自己跑了。曾国藩想这不也算一桩功劳，随后就以克复县城，写了一个奏折，同时附了一个保单，就参与有功人员多少人，我要褒奖保举一下。以前碰到这种保单，咸丰都是看都不看，就说你们就按这个保单上的东西，给他批就行了。因为这个保单在那个时候太多了，反正也没有什么实质性的奖励，就说你保谁几品几品，你保他作战英勇，那么我就批，批了之后呢，我又不用给他钱，我又不用给他一个具体的职务，等于就给他一个衔，所以对于皇帝这边来说，在战争期间，这种保举他一般不会过细地审查。可是他如果对你这个人有意见的话，他要对你有看法的话，像曾国藩这个保单，他就仔仔细细看了一遍，然后又根据别人给他的情报，说这个城是太平军先退出，你才去占领的，你怎么能说是克复呢，然后你还保举这么多人，这可不行，我看就保你几个人算了。这个就很严厉了，意思是说连这个“虚文”，就是虚有其名的保举，我都跟你较真了。

十月的时候，咸丰皇帝终于发怒了，忍了一年多的怒火，全部发泄出来。这个时候有一个契机，就是太平天国内部发生了诸王互相残杀的事件，先是东王要杀天王，天王就联合北王杀了东王，北王杀得兴起又要杀翼王，翼王没杀着，把翼王一家杀掉了，翼王就跑出了南京，然后回过头来，天王觉得北王杀人过分，又把北王给杀了。天京发生这样一件事情，清军都知道了，咸丰就说这是个好机会，曾国藩你赶紧去，赶紧作战啊，你离他们那边近，他们肯定会内乱，要趁这个机会赶紧剿敌。可是没办法赶紧，因为翼王石达开离开南京，太平天国立刻就有两个后起之秀——陈玉成和李秀成，掌管了太平军本身那边的军事力量。他们俩和石达开也达成了一个协议，互相并不开战，大家划定区域，两江地区还是由太平军来掌管，石达开进入江西，他们虽然互相屠杀，南京城里屠杀是比较厉害的，但是并没有动摇他们的军事力量，包括九江守城的林启容，安庆守城的叶芸来，他们都很镇定，并没有乱。这个时候湘军或者清军，你要趁乱去攻打他们，其实是不现实的。可是咸丰皇帝没有得到这么准确的情报，他主观上认为，既然都乱成这样了，肯定我们去打他比较好。而在曾国藩这边，越是石达开从南京跑出来，他们江西所感受到的压力就越大，因为石达开的大军全到江西来了，很快的时间，江西一大半地区就已经沦陷，被太平军占领。也就是说，这个时候翼王石达开带来的一支军队，反而使江西压力更大。你还说趁乱，人家趁你的乱还差不多，所以曾国藩没有出去，虽然被催了几回也没有出去。咸丰忍不住了，说你“老师糜饷”，“老师”就是你的军队越来越老越来越衰，“糜饷”就是浪费钱，“日久无功”，就算我不给你加一个“贻误”的罪名，你在那边花了这么多钱，那边的百姓那么拥戴你，你觉得你对得起江西的百姓吗，你还有什么脸在那里长期待下去啊？对外曾国藩没有援兵，湖南那边的援兵，湖北那边的援兵都过不来，在内又没有将才，还整天要受江西地方官的欺侮，要受皇帝的责备，而他所抵抗的，又是石达开、林启容这样的太平军名将。所以他接到这封诏旨，实在觉得受不住了。只要有机会走，他肯定就会离开。当然，他没有明白说过，我们通过他的行为看得出来。

我们知道，咸丰二年（1852），曾国藩出山，那时候他母亲逝世，他本来是要回家去守丧的，可是郭嵩焘劝了他几句，他父亲劝了他几句，他就出来了，没有太多的波折。而这一次，咸丰七年（1857）二月，他听到父亲逝世的消息，就向皇帝发了一封丁忧奏折，报告父丧，然后不等皇帝对这个折有什么指示，九天后就离开江西，直接回到了湘乡老家。我们可以比较一下曾国藩两次守丧的表现。母亲逝世，他尚未担负军务重责，完全可以推辞团练大臣的任命，这一次呢，身上有如此重要的责任，他却“擅离职守”，撒脚就跑。不客气地说，父亲的死对他来说就是一个解脱的好机会。咸丰皇帝或许知道他有牢骚，想借回乡料理丧事的机会调整心情，但没料到他是这么回事，是不干了。于是，皇帝给他批了三个月的假，说假满之后还是得回军营。按道理，回去三个月，处理各种事情的时间足够了，按照上次母亲逝世曾国藩的做法，应该会按时再次出山。可是，三个月假期一到，曾国藩不动身，而是再上一封奏折，说要休满二十七个月。这是清代的制度，官员父母有丧，就要回家守满三年之制，所谓三年之制，并不是说休满三十六个月，而是休足二十七个月就够了，等于打了七五折。曾国藩说，三个月不够，我要再休二十四个月。

说到这里，要插叙几句。咸丰五年（1855）二月，曾国藩上《统筹全局折》，里面有一段话，是名句，他描述自己在江西的苦困，说："每闻春风之怒号，则寸心欲碎，见贼帆之上驶，则绕屋彷徨。"春风，就是东风，风自东来，正好与太平军水师"西征"的方向一致，顺风满帆，占了先机。所谓"贼帆之上驶"，指太平军水师向长江上游进攻。那个时候，他的水师都打没了，已经无法控制长江，太平军要上来，他也没办法，因此，他"每闻春风之怒号"，"每见贼帆之上驶"，就"寸心欲碎"，就"彷徨"无寄。他用这么文学化的语言写给皇帝看，就是想表达他多么需要来自皇帝的支持，有了这份支持，其他环境再差一点，他也能坚持下去。但是，皇帝跟他的关系，在此期间已经趋于破裂，他再怎么"哀号"，皇帝也无动于衷。所以他觉得再待下去，怎么也不会有好成绩。而且，他也曾经很直接地向皇帝要地方官的权力，他说过，如果没有巡抚这样的职位，任何人在这个地方都不能打好仗，另外，在报告父亲逝世的奏折里，他也提到这件事。甚至，最后回到湘乡，三个月假满，他打报告请求续假，还是透露出一丁点儿希望，说如果给他一个地方职位，那他可能还会回来。皇帝肯定能看懂这个意思，但是，除了同意曾国藩休满剩下的二十四个月丧假以外，皇帝再没有多说一个字，对曾国藩需要地方权力的请求视而不见。正是在这样的情况下，曾国藩彻底灰心，在皇帝同意他续假之后，上折谢恩，又在附片写了短短的几句话，说，从今以后，若没有什么非常重要的事情，我就不会再"专折奏事"了，也就是说，湘军的事情我再也不管了，朝廷的事情我再也不问了。牢骚满腹，心绪恶劣，正常人尽管不能帮他做点什么，少不了可以安慰他几句。只可惜皇帝贵为天子，不是常人，看了之后，文宗仍然没有理他，就批了三个字："知道了。"

4. 来自朋友的伤害：和左宗棠翻脸

前面已经介绍了"守制"，再解释一个词，叫"夺情"。一个官员按照礼仪，为父母守丧，应该要满三年，但是，如果军务在身，或者负责其他特别重要的公事，皇帝就会下一道特旨，命令这个官员坚守岗位，不要回家守制。这就是所谓"夺情"。我们再看曾国藩的情况，他不接受夺情的命令，直接就回了家，皇帝那边，通过奏折圣旨的往来，作了交代。他还有朋友，有义务向朋友们介绍这次拒绝夺情的情况。于是，回去不久，他写了一封信给左宗棠，说，所以要拒绝夺情，有三个理由：第一，当然是父子情深，身为人子，必须尽孝，必须尽礼，所以我回来了，这叫人子之道。第二，我出山以来，功劳少，错误多，我的能力不足以改变江西的局面。这就有点牢骚了，表面上说自己不行，其实是说各方的支援不力。第三，目前大局，比我在江西的时候要好，就算我不回江西，各位朋友同事也能把事情办成功。

左宗棠看了这封信，十分生气，回了一封措辞严厉的信，谴责曾国藩，甚至是怒骂曾国藩。

他采用逐条批驳的方式，说，你第一个理由是要尽孝，因此你不能不回去。但是，圣贤书里早讲了："金革之事无避。"金革，指军事，这句话的意思是，军务在身的人，不能因为回家奔丧守制的理由而离开。传统中国提倡以孝治天下，所谓父为子天，父亲死了就是天塌了，天都塌了，还做什么官？因此，儿子在做官的，不管做到多大的官，都得回去，不能因为现在官做得好做得大，父母之死也不管不顾。守制，主要是从孝道出发来考虑问题，但是，我们又知道，传统中国还有一个"忠"的观念。"忠"与"孝"，有时候是会发生冲突的。为国家尽忠，为国家做事，突然碰到家里出了这种事情，怎么办呢？古人想出了一条原则，那就是放弃小家，顾大家，所谓“移孝作忠”，所以有“金革之事无避”这一说。表面上，为了国家的大事，而不顾家庭的丧事，这是违礼、夺情，但其实，为国忘家，反而是遵守了一种更高级的“礼意”。表面上是夺情，其实是遵礼。左宗棠以此批驳曾国藩，当然很有道理，因为这是汉唐以来所有中国士大夫都接受的原则。曾国藩仅仅因为要去守丧，就撇开军事不管，是违背这条原则的。

对于曾国藩说的第二点，个人能力差，不足以改变江西的局势，功劳少、过错多；左宗棠就用了更猛的话来批评他。左宗棠先举了一个例子，说，身为人子，有聪明的、有愚蠢的、有能干的、有不能干的（“智愚贤否”），但是他们有一个共同点，那就是都有父亲。那么，他们的父亲死了，他们都应该为父亲守制。你不能说，聪明的、能干的就不用守制，因为他要干别的事情；愚蠢的、不能干的，他就应该回家去守丧，反正也干不好别的事情。曾国藩自己说能力不够，左宗棠就把他归到愚蠢的、不能干的一列。他说，你可不能借口聪明能干的就可以破坏规矩，愚蠢不能干的才要遵守规矩，你这样说话，对聪明能干的人来说，岂不是伤了他们的心？再说，曾国藩你虽然愚蠢一点，不能干一点，你还是可以有一份心尽一份心，有一份力出一份力，但求耕耘，不问收获啊。天下人不会因为你干不干得成而作为评价你的标准，而会因为你毅然决然地坚持去做而谅解你。真正的孝子，不会因为父母病入膏肓，存活概率不大，而对父母实施“安乐死”。同理，真正的忠臣，也不会因为事情陷入困境，难以挽回，就撒手不管。你这样做，就像那种不孝之子，不忠之臣，“非礼”“非义”。这几句话，骂得很凶，俗话说打人不打脸，还有句话叫不要诛心，左宗棠对曾国藩，这两点都做到了。你不是说你的功劳少过错多，在那边处理不了事情，要回来吗？那我告诉你，我压根没认为你本事大。但是，你本事虽然不大，照样可以留在江西，继续办事；我对你的期望并不高，不是看你能做出多大成绩，而是看你做不做，不是要求你的成效，但要看看你的品德好不好。哪晓得你用这个当借口，悍然跑回家，可见，你这个人不但能力差，品性也差，不遵礼也不讲义气。

接下来，左宗棠不解恨，还要继续骂。他说："老兄之出与不出，非我所知也。"——我"苦口婆心"劝你，你最终是听我的话再回江西，还是不听我的话赖在湖南，我不知道，我也不关心。我也没指望你真能听我的，但是，这个道理我得告诉你。接下来，说："出之有济与否，亦非我所敢知。"——你若真听了我的话，再回江西，那是件好事，但是，回去之后，事情能不能办好，局面会不会有转机，这我不知道。"非所敢知"比"非我所知"的语气更强，更具否定性。那么，为什么要给你写这封信呢，"区区之愚，但谓匆遽奔丧，不俟朝命，似非礼非义，不可不辨"。

劝人有各种各样的方式，若说左宗棠仅仅是为了骂曾国藩，过过嘴瘾，因而写了这么一封信，倒不见得。更有可能的是，他想用直接而不留情面的言说，戳穿曾国藩微妙、遮掩的心境。左宗棠并不是不知道，曾国藩在江西受到了多么大的委屈，以及他之所以回来就是因为皇帝没有答应他提出的正当条件。然而，他能够理解，却不一定赞成。不赞成曾国藩仓促离营，更不赞同曾国藩的小聪明。左宗棠认为，曾国藩应该把苦衷明白宣示，不能借口说是因为父丧才回家，尽管父丧是个事实。左宗棠就是要揭穿他这种微妙的心思，就是要把曾国藩的心掏出来，做个无情的解剖。曾国藩不是傻子，他当然能看出来，左宗棠用大义来责备他，语气虽然重一点，毕竟是为他好，夹杂几句过分的话，也是无伤大雅。可是，左宗棠骂得兴起，写到后来，尤其从"老兄之出与不出"这一段开始，就已经不再就事论事了，而带了人身攻击的意思。曾国藩会想，我还没出来呢，你怎么就知道我出来也办不好事呢？太瞧不起人了！如果左宗棠在批驳了曾国藩的三个理由之后，笔锋一转，化刚为柔，说，看了我的信，你出不出来我不知道，但是，我相信，你出来肯定对江西大局有帮助，在江西，将士们翘首盼望他们的主帅，在湖南，我也一定帮你做好后勤支援，大家一齐努力，事情总会变好。如果这样劝，曾国藩应该容易接受，说不定羞愧交并，就此回心转意了。左宗棠却偏要说一句："出之有济与否，亦非我所敢知。"曾国藩因此就激动起来，左宗棠你到底是要我回去，还是不要我回去？我回江西，你却说我去了也没什么用；我不回，你又说我非礼非义，不忠不孝。那么，我曾国藩到底往哪去才对，怎么办才好呢？话都被你说完了，路也被你堵死了，你真狠啊，左宗棠！

我们现在只能看到他们的通信，书面文字"现场感"不强。我们不妨设想这样一个场景：左宗棠口沫横飞，拎着曾国藩骂了大半天，眼看骂完了没词了，左宗棠要走了，曾国藩也松口气了，不成想，左宗棠走出没两步，还不解恨，回过头来，又往曾国藩身上踹了几脚，还吐了几口唾沫，不给曾国藩留一丝一毫的面子。仿佛能看到，左宗棠临走，冷笑一声，说，你以为我会又打又摸地安慰你，说你复出后事情会有转机，局面会变好。我告诉你，这只是你的奢望。我不会！缺了你地球照样转，缺了你江西照样会变好，你别臭美！爱出不出。哼哼！

地球缺了你照样转，这就是左宗棠的总结。我们知道，曾国藩的涵养不错，但是，修养也有一个极限，是个人就会有脾气。这会儿，曾国藩的修养还没到唾面自干的程度，终于，他受不住了，他决定，跟左宗棠绝交。一念绝交，自然曾国藩就不会给左宗棠回信了。如此重要的信，这么激烈的言词，竟然得不到曾国藩的回复，左宗棠也就明白了几分，怕莫曾国藩真要跟自己绝交。当然，绝交信是不会写的，曾国藩不回信，不为自己辩解，不批驳左宗棠的盛气凌人，窝在家中，一语不发，就是最恰当的绝交宣言。事后左宗棠自觉过火，给他俩共同的朋友胡林翼写信，说，我坚信，道理全在我这边，只是，我讲道理的方式可能有点太粗暴了，"忠告而不善道"。左宗棠就是这样一个人，总的来说，还是能够就事论事，不论跟谁辩论，最后总结一下错在谁对在谁，该认的错他绝对会认，但是，他最多认一分两分，其他八九分，都错在对方。他一辈子都不太愿意承认自己是过错大的一方。这封信，我们实事求是地说，也不能说就写错了，确实就像左宗棠自己讲的，忠告而不善道。他知道，曾国藩真跟他翻脸了，为了印证自己的判断，他还问了其他的人，像胡林翼、刘蓉、郭嵩焘，他们都说，曾国藩这一阵子很烦你，你最好别再骚扰他。

曾、左两个人最终还是要和解。毕竟都是成年人，毕竟两人没有杀父之仇、夺妻之恨，数十年的交情，不能轻易毁于一旦。有趣的是，提出和解的，不是伤人的左宗棠，而是受伤的曾国藩。咸丰八年（1858）六月，曾国藩再次出山，经过长沙，专门选了十二个字，作了一副对联，请左宗棠为他写这副对联，挂在自己的书斋，用来自儆。哪十二个字呢？是："敬胜怠，义胜欲；知其雄，守其雌。"这副对联的内容，并非针对他们之间的友谊破裂，但是，下联可以当作曾国藩对左宗棠给他那封信的简单回应。"知其雄，守其雌"，"雄""雌"，在此可以解读为，一个人，要知道自己能干什么，不能干什么。不能干什么，就是"守其雌"，能力达不到的地方，自己得知道。知道了这一点，那么，尽量别让自己去突破自己的能力，干一些力所不能及的事。同时，又得知道自己能干什么，这就是"知其雄"，知道自己能干什么，就要责无旁贷当仁不让地去做。所以说，下联可以视作曾国藩对左宗棠的回应。在请左宗棠为其题写对联的时候，曾国藩在长沙待了一个星期，每天都跟左宗棠谈话到深夜，再不久，他还向皇帝推荐左宗棠，将他调入湘军的"管理层"，参与"实战"。左宗棠受邀，很开心，跟着曾国藩去了江西，然后又往安徽、浙江，征战不休，最终建立勋业。

这可以视作曾左两人因为咸丰七年（1857）的通信而引发的矛盾，到此完全消除。

第二章　大器晚成左宗棠

一、左宗棠在湖南

1. 四十岁以前的乡下岁月

一般来说，人的性格，从小时候的表现就可以看出个大概，左宗棠也不例外。他幼年家境贫寒，但努力读书，友爱兄弟，孝敬父母，是一个好孩子。接下来，选两件事情作一个介绍。

左宗棠的父亲左观澜，一辈子都是一个教书先生，没有发过财，没有做过官。他很敬业，收了不少学生。教学是他的饭碗，学生越多，收入越丰；而学生之所以越来越多，主要就看升学率。他有一个习惯，就是养一缸金鱼，每年看金鱼产仔的数量，来判断他的弟子入学比例有多高。金鱼产仔多，他就认为今年学生入学比例高，少，他就有些忧心忡忡。那时候的入学是什么意思呢？中国传统的私塾教师有这么几种，一是从几岁开始，教“三（字经）百（家姓）千（家诗）”，教初级作文，这是启蒙、发蒙的“蒙师”。启蒙、发蒙到一定程度，能够通过考试进入县学、府学，这就叫“入学”。入学之后，学生会换一个老师，这个老师的任务就是培育他去考秀才、考举人。再往上，实际教书的老师就少了，如果中了举人或进士，考官会成为老师，这就是所谓“座师”“房师”，更多的是一种人际关系，并没有多少教育的意义。左观澜就是最基层的“蒙师”，他的目的就是培养学生，让学生能够入学，然后争取考中一个秀才。

在左宗棠九岁那一年，他父亲养的金鱼又产仔了，老先生兴致勃勃，在鱼缸边掰着手指头数人头，说，今年门下谁谁应该能入学，谁谁很有希望。但是，数来数去，却没有把左宗棠给数进去。左宗棠这时候跟他父亲也念了两三年书，自觉小有成就，见父亲不提他的名字，很生气。他认为，自己读书那么认真，那么勤奋，进步也很神速，为什么就不能入学呢？按照他的年龄——九岁，这时就入学，并不是很常见。但是，也有天才儿童，小小年纪就入了学的；当然，也有六七十岁才入学的。在传统中国，这两种现象都不少见。左宗棠觉得不爽，就想了个法子来报复，报复左观澜老先生竟然遗漏他的名字。等老先生数完金鱼仔，走了，左宗棠就偷偷把那一缸金鱼全给杀了，缸也砸了。他父亲从外边回来，看到鱼死缸破，十分诧异，就问宗棠，这怎么回事？左宗棠好汉做事好汉当，也不扭捏掩饰，他实话实说。父亲一听，倒没心疼养鱼买缸的花费，而是担心幼子砸缸有没有伤到自己。缸破了，可以换，鱼死了，可以再买。左宗棠的这份志气，却是千金都买不到的。只是，他不免也有隐忧，这孩子年仅九岁，就如此争强好胜，长大了，会不会太强悍了点？

还有一件事。左宗棠长到十几岁，已经入了学，入学之后，长沙府的府学每年都有考试，有一回，考官出了个题，左宗棠不知道题目的出典在哪——不知道题目的出典，就写不出有针对性的文章。无奈，他只好问他的哥哥左宗植——左宗植是他二哥，还有一位大哥，年纪很轻就死了——左宗棠说，哥你告诉我，题目的典故是什么？左宗植说，哎呀，我也不知道啊。那好，左宗棠就交了白卷。他是一个实诚人，因为不知道题目的典故、背景是什么，文章没法写，他也不愿去蒙，于是干脆交了白卷。左宗棠不知为不知，是知也。可他的二哥却知之说不知，要诈也。等成绩发下来，一看，左宗植竟然是第一名，原来左宗植知道题目意思，故意不告诉弟弟。回来之后，父亲问明情况，二话不说，将左宗植狠揍了一顿。后来，两兄弟同年考中了举人，左宗植的成绩仍然比左宗棠好，他是湖南省的第一名举人，左宗棠是第十八名。

两兄弟未来的发展也不一样。左宗植往后又考中了进士，左宗棠则折戟科场，一辈子都没考上进士，甚至由自卑转为自傲，瞧不起进士，在录用人才的时候，更亲近只有举人履历的。当然，这只是一份谈资，真相是否如此，不好说。两兄弟的学术兴趣也不一样。左宗植好的是天文之学，左宗棠则好舆地之学，一个谈天，一个说地，有“天壤之别”。当然，左宗植的天文学，跟我们今天说的天文学不一样，他那个叫“天文推步之学”，通俗讲，就是夜观天象，根据星象来判断尘世间的事情，有点封建迷信的意味。左宗植对这套学问引以为傲，经常根据个人的观象心得，发表对时局人事的预测。前面说了，左宗棠是个实诚人，对这门比较玄乎的学问不太感冒，左宗植死后，左宗棠为“先兄遗集”写序的时候就说，二哥研究天文推步之学，经常发表一些预测与评论，他的话，有的时候灵验，有的时候不灵验，有的时候我根本就听不懂，总之，二哥的学问很大很深，但是，我没本事，没学问，没办法做具体的评价。这算是左宗棠讲话比较客气的时候了，毕竟是他哥哥。两兄弟学问谈不到一块儿，讨论别的事也经常不合，只要一见面，兄弟俩必然发生辩论，乃至争吵。有一次，左宗棠住到他哥家里，在长沙一处叫作碧湘宫的地方。左宗棠跟二哥夜阑秉烛，听雨闲谈，本来是很风雅的事情，谁知道，吵了一整夜，不知东方之既白，各自才怏怏睡下。左宗棠日后回忆这段生活，觉得很有趣，只是也有点不好意思，说，顶撞哥哥的次数未免太多了一些。这就是左宗棠早年的生活图景，跟他父亲之间，跟他哥哥之间。

中举人那一年，左宗棠入赘到湘潭的周家。他不讳言入赘，功成名就，他回忆自己的生活，就用这个词，人家给做年谱，也用这个词。入赘当然不是不光彩的事情，但总归有点别扭，不仅是传统中国，就是当代中国，一般的意见都这么看。为什么入赘？因为一个穷字而已。像胡林翼，虽然也住在岳父家里，婚礼在岳父家操办，费用也大半出自岳家，但是人家那不叫入赘，至少没有文字上的确证。而左宗棠确实是入赘，他家太穷了。胡林翼家也可以说穷，但那是与作为两江总督的岳父比较而来的穷，左家的穷，是吃了上顿没下顿的穷，两家不可同日而语。尽管入赘，左宗棠还是显出志气，他住周家院子的西头，夫妻俩自己开伙，不跟大家庭一块吃饭。同时，他有一个姨夫，也就是左太太的妹夫，姓张，也是入赘周家的，两人的房子只隔了一个院子，左宗棠在周家，除了跟太座关系好，也就跟姨夫一家关系好，或许有点同病相怜的意思。后来，他为姨夫写墓志铭，很详细、很快乐地回忆了他们在周家的生活。其实，周家并没有瞧不起左宗棠，他只是好强争面子，搞来搞去，好像他在周家受了多大的羞辱。事实并非如此。

左宗棠从二十五岁开始，迷上了舆地之学，舆地之学统而言之，可以说就是地理之学，但是他研究的地理学有两个主旨，一是要把中国的地理沿革弄清楚。譬如，他的家乡——湘阴，在明代的时候这个地方叫什么？再往上，宋、唐、魏晋、秦汉，再以前，在这同一个地方都设置过哪一些行政管理机构？其地的山川物产有什么变化？都要搞清楚，这就是他要研究的地理沿革。另外，他想绘制一幅准确的中国地图。以前的地图都有各种各样的毛病，要是按照以前那些图，从甲地到乙地，往往会迷路，甚至会南辕北辙。左宗棠发现旧地图不准确，就立志要通过自己的力量，画出一幅全新的准确的中国地图。当然，左宗棠最终没有成为一个地理学家，他的学术研究中途都停下了，可是他对地理学的敏感，尤其是他在研究过程中所获得的有关西域地理的知识，对于他将来的事业，竟然鬼使神差一般，打下了一个很好的基础。这件事比较难解，因为，当他开始研究舆地之学的时候，纯粹只是出于一种学术的兴趣，根本没有设想将来会利用这些学问，用到军事指挥和政治操作上。非要解释的话，只能说，冥冥中有天意，安排了这一切。

左夫人是一个才女，会作诗，有学问，人也贤惠。她对左宗棠研究地理有很大的帮助。常见的图景是，两夫妻在西边的小楼上，设一炉香，左宗棠坐在边上，先认真把参考书看一遍，作一些批注，然后，他画一幅草图，再由夫人誊清，根据书中批注，画出一幅更清晰更完整的图纸。这些图积少成多之后，就成为一份很好的地理学笔记，或者说，成为著述的草稿。在这个过程中，左宗棠时常碰到一些资料性问题，如果记不起来，就会问夫人，夫人就会回答他，哪一部书的哪一卷放在书架上哪一个格子，答案就在那里。一查，果然。左宗棠就在这样的日子里过了几年，他觉得很满意。有这么好的妻子，有那么投缘的姨夫，在外面另有一些意气相投的朋友，他觉得，这样的日子不妨永远过下去。在这期间，他作了一副对联，上联是“身无半亩，心忧天下”。他本来是有一些田地的，几十亩，是他父亲的遗产，但是他大哥死得早，留下了一个侄子，孤儿寡母，生活艰难，他就把自己的地全给了大哥的遗属，所以是“身无半亩”。“心忧天下”呢？刚才介绍了，他画了那么多幅地图，而他的志愿就是要画一幅完整的准确的全国地图，自然这就是心忧天下了。从隐含的意义说，上联表面是说自己穷，其实说的是“安贫乐道”。下联是“读破万卷，神交古人”。这八个字其实是上联“心忧天下”的注释。多读书，多思考，才能具备“心忧天下”的资格。一个白丁，心忧天下，那叫杞人忧天，跟左宗棠是没法比的。这是一副很著名的对联，这副对联背后的故事，就是前面介绍的这些图景。

还有一副对联，则让左宗棠被更多的人所知道，尤其是被一位有权力的人知道，从而改变了他的人生。老是住在岳家，不事生产，也不是办法，左宗棠得出去谋生，赚一点钱。经济不独立，尽管岳家不嫌弃，自己面子上也过不去。因此，他离开湘潭，去醴陵的渌江书院当老师。正好在这个时候，湖南省出了一位大官——陶澍，从外省归来，走江西萍乡入湖南，经醴陵，然后再回益阳安化——陶澍的家就在这儿。像陶澍这样级别的官员，地方上都要“供应”——安排他住，安排他吃——当时给他安排了一个公馆，就是当地的育婴堂。公馆要装饰，大门得挂一副对联，以示欢迎；今天不挂对联，而是扯一条横幅，上书热烈欢迎某某首长指导工作，俗了点，不如传统中国来的雅致。大家就请左宗棠写这副对联。这类对联有一个讲究，主调当然是拍马屁，可是拍马屁要有技巧，拍得太低劣了，像陶澍这种翰林院出身后来又在地方上担任高官的，会觉得格调太低，视若不见。这是第一点，要拍马屁，但要拍得格调高一点。第二，所拍马屁，既要让大家看得明白，又要正好挠中受拍者的痒痒肉。写得太隐晦了，拍得过于高深了，就变成了冷笑话，仅少数人看懂也不行，得让大家都看得懂，知道原来对联中蕴含了那么精彩的故事才行。就是说，要雅俗共赏才行。

左宗棠怎么写的呢？他写道："春殿语从容，廿载家山印心石在；大江流日夜，八州子弟翘首公归。"这副对联字字都有典故，不是古典，而是今典，是跟陶澍一生事业有关的典故。"春殿语从容"，是说，在紫禁城的宫殿中，皇帝与一位大臣，谈得很开心。大臣，是指陶澍，皇帝，是指清仁宗，即嘉庆皇帝。他们谈什么呢？谈"廿载家山"，皇帝问陶澍，二十年过去了，"家山"那块"印心石"，是不是还在老地方？印心石是一块方方正正的石头，上面刻有"印心"两个字，陶澍少年时经常在石头边上看书。这块石头有象征意义，寓意坚强，冷静，不动摇，很忠心，很多美德。陶澍家中有这么一块石头，他的书房就叫印心石屋。这一年清仁宗跟陶澍在宫中谈话，谈完公事，突然问到这块印心石。对于传统中国的大臣来说，这是一项殊荣，因为君臣之间大多数时候是公事公办，很少涉及私人事务，一旦皇帝问起某位大臣的私事，表面上不过是关心臣下，平易近人，其实，这是皇帝借此表达对这个人的欣赏。一旦谈到私事，君臣之间就拉近了距离，不再仅是上下属的关系，而有一些家人亲近的意味。谈话完毕，皇帝亲笔为陶澍题了"印心石屋"四个字，从此，陶家就把这四个字当作传家宝。陶澍还画了一幅《印心石屋图》，将御笔四个大字贴在最前面，请了很多人写文章、写诗，来纪念这件事，最后还结集刻了一部书，传述印心石的故事。这就是上联的今典。下联"大江流日夜"，大江就是长江，陶澍这会儿从两江任上回家，正是顺着长江下游过来。而"八州子弟翘首公归"，说的是，湖南后辈学子，翘首东望，等陶大人回家，为了迎接，还专门建好了公馆。于是，挂上这副对联，欢迎陶澍的荣归。

陶澍看了对联，很激动。不是说仅仅因为正好拍对了马屁——因为陶家印心石的故事几乎在官场都传遍了，他不会认为谁能知道他家石头的故事就有多了不起——而是他觉得这副对联不论从字面还是音节，从措辞还是气韵，都不同凡俗，十分贴合他的心意。他很高兴，问，对联是谁写的？接待他的官员告诉他，是书院里左先生写的。他说快把左先生请过来。左宗棠过来，见到陶澍，两人相见甚欢，谈了一个通宵达旦。陶澍通过谈话，认为左宗棠是绝世奇才，十分难得，然后，跟他订了亲家——当然，不知道就是这一次订的，还是以后商量的。陶澍当时有六十多岁，可是，儿子年纪小，刚刚几岁，他说，我把儿子托付给你，请你教他念书，等他长大，你要是有女儿，就把你的女儿嫁给他，咱们做一门亲家。这时，左宗棠三十岁不到，而陶澍没几年就逝世了，他们年纪差得很远，而比年龄差距更大的，则是两家门第的悬殊。但是陶澍执意要跟左宗棠做亲家，而且还把幼子也是独子托付给他，有点托孤的意思，可见他的这副对联写得多好，“收效”多大。青年时代的左宗棠，胸中蕴蓄的学问该是如何的深厚，才能又快又好地创作这么一副佳联，而那一晚的谈话，他又该谈得如何的精彩，才能让陶澍这样见惯世面的人不仅不倦，还兴味盎然。

陶澍死后，托孤给左宗棠，左宗棠从此就住到陶家，教陶澍的儿子陶桄读书。陶澍有一位女婿，这个女婿同时也是左宗棠的好朋友，他就是胡林翼。胡林翼这个时候在家守父丧，从北京回到益阳，经常到岳家去看一看。于是，左宗棠是陶家的亲家，胡林翼是陶家的女婿，这两人不但前此有友谊，现在还加上了戚谊，关系更加密切。左宗棠住进陶家，除了教未来女婿读书，主要做两件事：第一，把陶家的藏书，以及奏折、公文、信札，几乎全看了一遍。这次阅读经验，就像前面所说的舆地之学一样，又是一个鬼使神差，对他未来的事业具有极大的帮助。我们知道，左宗棠日后要到巡抚幕府里去办事，要去领导一支军队，可是，在此之前他从没做过官，甚至没跟官府打过什么交道，而在巡抚幕府，他要做的事情就是主持行政、指挥军事，做这些事情需要专业知识与经验，他的知识与经验从哪来呢？就从陶澍家里看的这些资料而来。一般的官书，如会典、则例之类，大家都能看，没什么稀奇，但运用在官场，仅靠这些书本知识远远不够。陶家所藏机密文件、公文以及私下的书信，一般人不可能看到，而这些资料对于原本一个乡间的读书人进入仕途，则是十分难得的“实战”教材。陶澍是督抚级人物，他与北京的高层，跟其他省的高官，都有交道，如果他们在往来书信中谈到某些敏感甚至是机密的事情，那么，如何措辞，如何操作，怎么最终解决问题，这些内容都会给读者以启迪。左宗棠把这些东西看了个遍，对于他将来去做行政、军事方面的事情绝对是大有帮助的，这是第一件事。第二件事，就是胡林翼经常到陶家串门，左宗棠与他会谈很多事情，但是，他们谈的最多的不是什么学问，也不是什么国家大事，而是怎么把陶家的家事给处理好。陶家当时有两个困难，一个是乡里对他们家有觊觎之心，他们家钱多，有人就想到他家去捞一把。陶澍死了，家中除了一个小孩儿，再没有男性了，心怀不轨的人就总是企图运用手段，从他家骗一点钱。这是家门外的处境，小人环伺，不得安宁。此外，家门之内也不清静。陶澍身后留下几位姨太太，其中只有一位给他生了儿子，其他有生女儿的，也有未育的，家里分为几房，各房为了大小各种事情，整日里明争暗斗，鸡犬不宁。这是传统中国大家庭的常态。但因为没有真正能管事的男主人，陶家还出现了特殊情况。有的姨太太，从外面引进一个替自己打理财务的人，这个人表面上是帮陶家理财，实际上却像一个蛀虫，把财务搞得一塌糊涂。一房姨太太的财务混乱，出了问题，势必影响到整个陶家的财务。陶家名义上有处分权管事权的是陶桄，陶桄年纪小，不可能做什么决定，需要由他的母亲，加上左宗棠、胡林翼三个人来替他做决定。因此，宗棠、林翼当时在陶家处理得最多、谈论得最多的不是什么国家大事，而是陶家这点财产该怎么处理，陶家的日子该怎么过下去的问题。可以想象，任何一个家，若有左宗棠、胡林翼这样的大才帮他们管，那个家的日子一定会好好过下去，毋庸置疑。在二人的帮助下，陶家应付过了陶澍死后的复杂局面，而左宗棠在陶家住下，从三十岁起，一直住了七年，到三十八岁才离开陶家。

左宗棠把陶家的事情处理得井井有条，也得考虑一下自己家该怎么办。此时，他已基本脱贫，于是拿出一笔钱，在湘阴柳庄买了几十亩地，然后，他从湘潭周家搬出，住进了柳庄。在柳庄，他种桑养蚕，兴修水利，在自己那几十亩地里干得热火朝天。他给自己取了个号，叫“湘上农人”。此时，他年近四十，一生过去了一半，将来能把这些地管好，让家庭得以安宁，子女成人，完成嫁娶，这一辈子就差不多了。左宗棠要以“农人”终老，自认是一件乐事。

2. 左师爷：湖南“最有权势”的人

但是，柳庄之外的世界已经天翻地覆。太平军起义爆发，波及湖南，包括左宗棠在内的很多人，都不得不告别平静的生活。在他三十八岁这年，适逢林则徐从云南回福建，绕道湖南，在湘江边停了一夜。林则徐跟胡林翼是老熟人，以前，林则徐是陶澍的属下，而胡林翼曾经建议陶澍，说，老丈人您要是哪一天过世了，您就应该向朝廷推荐替手，替手不用去别的地方找，都在身边，一个是林则徐，一个是伊里布，这两人都是陶澍的属吏。同时，林则徐也十分欣赏胡林翼这位年轻人。而左宗棠一直以来也很佩服林则徐。因此，这一回林则徐经过长沙，胡林翼特地安排两人见了一个面，会见地点就在林则徐的船上。这次见林则徐，跟上回见陶澍一样，左宗棠与前辈相见甚欢。而林则徐也像陶澍一样，又称左宗棠为绝世奇才。两人也是整整谈了一夜。多年以后，左宗棠写信给林则徐的儿子，说，不知道你记不记得，当晚我与令尊聊天，你和你兄弟当时也在旁边。那一夜，我们聊得很高兴。江风吹起波涛，拍打座船，发出有节奏的声响，好似在与我们的谈话互相应和。令尊离开了我们，那样的清谈也不再有，每一念及，不觉黯然神伤。

跟林则徐见了一面之后，左宗棠经营了一个新的事业。他发现国内乱象越来越严重，很难奢望在柳庄长久休养生息，不管是太平军来进攻，还是当地土匪肇事，自家都需要一个更为安全的藏身之所。于是，他与好友郭嵩焘商量，想在长沙、湘阴接壤的一处名叫青山的地方，修建一所避难处。万一战火蔓延到家乡，哥几个就上山去避乱，若还有匪类追踪而来，哥几个不得不拿起武器，捍卫家庭；幸而无事，那么，哥几个带领子弟，耕读不辍，继续生活。他们最终找到了一处地方——白水洞，在那建了一些房子。此后，太平军北上的消息传来，湖南各地也闹匪患，左宗棠就迁居白水洞。此时，他还没有要出山的意思。只是，形势逼人，左宗棠不出来，自然有人拉他出来。

咸丰二年（1852），左宗棠受到邀请，离开白水洞，到长沙，为当时的湖南巡抚张亮基做顾问。他怎么认识张亮基的？这得从林则徐说起。林则徐从云贵总督任上退下的时候，曾经说过，云南、贵州这两个地方，称得上一流人才的，只有两个人，一个是张亮基，一个是胡林翼。当时，张、胡皆在贵州任职。如今，张亮基调到湖南来做巡抚，心中早已记住被林则徐、胡林翼赞不绝口的左宗棠，因此，到任即力邀左宗棠出山襄助。而左宗棠也从林则徐、胡林翼处听到过张亮基的先进事迹。两人惺惺相惜，一拍即合。没多久，张亮基又调任湖广总督，左宗棠与他合作愉快，就跟着他去了武昌。

张亮基很信任左宗棠。白天的公事处理完毕，吃过晚饭，张亮基因为年岁不饶人，精力不济，不得不早点休息，这时，他就会把总督的关防印信，全部交到左宗棠手里。万一晚上出了突发事件，要调动军队，要指挥官吏，来不及汇报讨论，左宗棠拿着总督大印，直接去办就行了。也就是说，一到夜里，左宗棠就变成了湖广总督。后来张亮基又奉旨调往山东，左宗棠觉得离家太远，不便于照顾家人，就没有跟着去，回到了柳庄。但是，在柳庄他也不敢待太久，因为他在湖北帮着总督剿匪、打太平军，事情办得不错，渐渐在江湖上有了名声，这个名声却差点给他带来杀身之祸。他参与了长沙保卫战，而太平天国的西王萧朝贵就战死在长沙城下，太平军要复仇，左宗棠肯定在名单上。此外，由他指挥布置，由江忠源执行，官军剿灭了浏阳征义堂——一个地方性的叛乱组织，征义堂要是死灰复燃，也会来找他的麻烦。不管是留在两湖一带的太平军，还是蛰伏的征义堂成员，一旦听说左宗棠不在巡抚衙门里面干了，就都放出话来，说要到湘阴去找他，杀他全家。因此，左宗棠挺害怕，一会儿住在柳庄，一会儿往白水洞躲着，一会儿又把家属挪到湘潭，东躲西藏，狼狈得很。尽管如此，他也没有意愿再次出山。

左宗棠做人做事，一贯重视跟谁合作这个问题。他可以不计较报酬，不计较表面的虚文，但是他计较合作者给他的感觉。幕客本质是雇员，但左宗棠做幕客，不是老板雇他，而是他挑老板。老板与他性情合不来，他不干；老板智商低，他不干；老板私心重，他不干；老板不信任他，他不干；老板不敢放手让他去做事，他也不干。条件很多，多得举世难以找出几个合格的老板。张亮基离开湖南，骆秉章被调过来担任巡抚。骆秉章也是久闻左宗棠的大名，非常想让他去帮忙，前后派了三支小分队去找他，“甘言厚币”，请他出山，哪晓得三顾茅庐也请不动。直到后来，胡林翼、郭嵩焘等人都劝他出来，说秉章这个人有热情有度量尤其是有诚意，而湖南军情也确实紧急，左宗棠你不论讲礼还是讲义，都应该出来。在这种情况下，左宗棠才来到长沙，进入巡抚衙门，一干就是六七年，逐渐成为“最有权势”的人。

来之前，左宗棠说了，不受酬，不要薪水。当然，话是这么讲，不拿钱，还要倒贴，左宗棠作为一个小中产，肯定撑不下去。虽然没有薪水，但是有一笔津贴，此外，他花了五百两银子在长沙司马桥建了“左公馆”，他自己可负担不起，这是骆秉章和胡林翼两人 AA 制为他买的单，每人出了二百五十两。总之，他绝不是没有收入。不过，这是不是破坏了不受酬的承诺呢？是的。然而，当初立下这个承诺，并非真下定决心做义务劳动，左宗棠说不要钱，不是说高风亮节，一介不取。他的本意在于，不受薪则表明自己是以朋友的身份来跟巡抚合作，若是拿了巡抚的钱，那就变成了下属，做一个低级官员，这不是他的志向。所以，他说不要钱。不过，不要钱可以打马虎眼，大家互相蒙混，没问题，他提出的另外一个条件，就不许打折扣了，那就是，他要求有决策权。做决策，从能力来说，左宗棠没有任何问题，而且又在湖南办事，地面人头他都熟悉，办起事来，驾轻就熟，比骆秉章自己摸索要上路得快。骆秉章一是年纪比较大，精力渐衰，一是在北京待的年头太长，一直做侍郎、御史这类的京官，并没有地方工作经验，因此，刚到湖南，确实需要左宗棠这样的人。有了左宗棠这样的人，骆秉章干起活来就轻松多了。没多久，他就折服于左宗棠的能力，同时又敬佩他的品格，对左宗棠十分信任。

信任到什么程度呢？前面说了，在武昌城，左宗棠是夜里的总督，而在湖南，他几乎是二十四小时的巡抚。有一个故事，说骆秉章正在睡觉，只听到校场“砰”的一声炮响，一听，这是折炮。什么是折炮？原来，当时地方上要往北京发送奏折，起程前，先要对准北京方向，设立香案，具折官员三拜九叩，然后点放礼炮，之后，折差才能出发，这就叫折炮。骆秉章一听，这是折炮啊，可自己明明没有上折子啊，赶紧跑出去看个究竟，一看，原来是左师爷在那主持典礼呢。见是左宗棠，骆秉章也不问了，放心，继续睡觉。第二天见到左宗棠，他才问，昨天那一炮送的是什么折子，先生让我看一看吧。左宗棠这才拿给他看。开句玩笑，万一折子里写上几句大逆不道的话，骆秉章的脑袋可就不保了。但这也看出，骆秉章信任左宗棠，到了何等程度，简直是生死以之。当时的湖南能有那么大的起色，虽然巡抚的名字叫骆秉章，但是，几乎所有最重要的事情，最漂亮的调度，最有力的财政措施，都可以归功于左宗棠。

只是，左宗棠掌握大权，终归是名不正、言不顺。他有巡抚的本事，甚至还掌握巡抚的印信，可他毕竟不是巡抚。而且，凡认真办事，没有不得罪人的。左宗棠也不例外，办事过程中，肯定要得罪人。先说他得罪的最大牌的人——曾国藩。那时，国藩正在长沙办团练，练新军，苦于经费支绌，不得不到处“勒捐”。所谓勒捐，就是强行募捐。募捐是讨，勒捐近于抢。凡是有钱的人，做过官的人，湖南的大家士族几乎被国藩给搜了个遍。陶家，曾国藩肯定不会放过，他让陶桄掏十万两银子。左宗棠、胡林翼都跟曾国藩熟，就向他求情，说，陶家没你想的那么富裕，你别让他出这么多，少拿一点，怎么样？曾国藩这会儿穷疯了，不给他俩面子。胡林翼胸怀宽广，乖乖回家，帮小舅子筹钱去了。左宗棠有点下不来台，愤愤不平。多年以后，曾国藩亲口说，他跟左宗棠结梁子，最早就是因为这个捐输的问题，即咸丰三年（1853）勒捐陶家。曾国藩自觉是因为十万两银子这个事情，左宗棠那一段时间都不太理他，而骆秉章因为信任左宗棠，连带着也对曾国藩印象不好。有一次，曾国藩的船停在湘江边上，适逢骆秉章出城拜客，客人的船就停在曾国藩船的边上，同时还有几艘船，都是途经长沙的官员。左右的船，骆秉章都上去慰问，可经过曾国藩的船，就是不上，就是不跟他打招呼。曾国藩认为，这可能是左宗棠向骆秉章进了谗言，而原因在于恨他逼陶家出钱。左宗棠对此事态度到底如何，无从查考。目前只有曾国藩的一面之词，他认为，自己欺负了左宗棠的女婿，这件事是未来两人之间不断爆发矛盾的起点。

这是插曲。言归正传，我们继续讲“左巡抚”。前面说了，左宗棠简直就是二十四小时的湖南巡抚，有人就开玩笑，称他为“左都御史”。什么是都御史？北京有个都察院，权力很大，都察院的长官叫都御史。后来，分为左都御史和右都御史，左都御史仍然是都察院的长官，右都御史则成为地方上总督、巡抚的加衔。什么是加衔呢？因为起初的时候，总督、巡抚并不是正式的官职，只是一种差事，光有差事，没有官衔，体制不够尊严。于是，朝廷规定，对于督、抚，在文武方面各加一个职衔。武衔，总督加兵部尚书衔，巡抚加兵部侍郎衔；文呢，则总督加右都御史衔，巡抚加右副都御史衔。如此，有了兵部堂官的职衔，就可以参与军事，有了都察院的衔，就可以参与政治。总督、巡抚的地位，因为这两个加衔，才能尊贵。现在，有人开玩笑说左宗棠是左都御史，大家想一想，巡抚不过是右副都御史衔，到了都察院，只是副职，而左都御史却是都察院的正印堂官，那岂不是说，左宗棠的权势地位还超过了骆秉章？这虽然是一句玩笑，但从中可以看出，左宗棠掌握大权，已被大家默认。何况，谁真有要事，去找巡抚，骆秉章往往会说，莫性急，你先去跟左先生谈一谈，谈出眉目，看左先生是什么意见，再来跟我说。未来樊燮案，骆秉章就是这么处理的。不过在讲案子之前，我们先看看左先生在政治军事财政各方面对湖南省所做的贡献。

3. 在湖南的财政新政

自咸丰四年（1854）到咸丰九年（1859），湖南是怎么从一个偏僻不发达的内陆省份，变成湘军的大本营，变成一个能左右全国局势的重要省份？如前所说，首要功劳归于左宗棠。

先说经济上的措施。进行长期的规模宏大的战争，取胜的决定性因素是经济政策和经济实力，而不是通常认为的兵力的多寡、指挥的优劣。成功的战时经济政策，又分为战区的经济支持和后方的经济稳定。考察湘军历史的时候，我们会发现，湘军能够源源不断四处出击，能够支撑十余年之久的作战，在经济政策方面最大的特色，就是充分挖掘利用湖南、湖北两省的资源，建立稳固的后勤基地，立定脚跟，放手搏击，进无后顾之忧，退有修整之所，能屈能伸，刚柔并用。然而，这两个省根本比不上东南地区的富庶，是人所共知的。人家说苏淞地区，不要说一省，就是一府的赋税，也能抵得上例如湖南这样的内陆省份，一省甚至两省的总量。既然湖南、湖北两省是如此贫瘠不发达的省份，而终于支持了这么大的一场战争，那么，两省在制定和执行战时经济政策方面，肯定有值得一说的地方。

经济，讲白了，就是四个字：开源节流。然而在战时，开源容易理解，节流就难做到一点。因为，从某种意义上讲，打仗就是打钱，要招募更多的人来参军，要去更远的地区作战，要买更好的武器，这都是万万不能节省的花费。能节省的，都是通过不断改善日常运作“抠”下来的一部分，数额绝不会多。所以，战时经济政策，最重要的只能是开源，拿节流省出来的钱去打仗，是绝对不够花的。湘军怎么开源呢？就是胡林翼经常说的那句话：“有土斯有财。”当然，他说的不是种庄稼，农业致富。他的意思是，先要通过武力控制几块地方，然后，获得一定的行政权力，就可以在控制区收税，能收上税，就能维系并发展军事力量，从而逐渐控制更远更大的地区。如此，军事保障税收，税收促进军事，就能实现可持续性的滚雪球式发展。把湖南控制了，就能收湖南的税；把江西的地区控制一些，也能收江西的税；凡在行军路线上，若能保证这条路线稳当控制，就又多了一条财路。这就是“有土斯有财”。胡林翼是这样说，也是这样做的；曾国藩、左宗棠，没这么明目张胆地说，但也是这样做的。

只是，这时的左宗棠还没有率兵出征，他能控制的“土”，只是湖南一省，而湖南当时不是用兵之省（出自湖南的军队虽然多，但战区几乎都不在省境之内），那么，他是如何做的呢？

当时，国内财政紊乱，市面上现金越来越少（银子少不用说，铜钱也越来越少）。战乱频仍，商品经济、物资流通就会受到影响，商业受到影响，现金自然就少，现金少的同时，由于生产、运输受到战争影响，逐渐萎缩，则物价也跟着上涨。在这两个互相影响的条件作用下，朝廷就想出一个改革币制的歪主意。因为，物价上涨对大面额钱币的需求增加。以前，一件东西卖几十数百文，现在，动不动就要一两千文，而市面上银锭、铜钱有限，若能使用大面额的铜钱，就会方便一些。于是，北京政府就说，各地都要铸造当十、当百大钱。当十，就是一块铜板可当十文；当百，则是一百文。从今天的人来看，这个政策没什么问题，就像人民币，有一元的、五元的、十元的、一百元的，甚至不妨有五百、一千元的——

港币与人民币汇率差不多一比一，港币有一千元的，人民币也可以有嘛。这个问题好像不大，反正都是法定货币，拿来吃大餐、买大电视机，还更方便呢。但是，如果本来是一个只值一文的铜钱，你非说刻个“当百”字样，它就能值一百文，这就出了问题。

先不说通货膨胀、货币发行过量这些复杂的问题，只说“伪币”——当时叫“私铸”，就能让这个政策流产，甚至让国家经济崩溃。问题大得很。

大家想一想，一文铜钱的意思，是说固定重量的一块铜只值一文，而现在制订新政，说不过相当于一文铜钱所用铜块重量数倍（一般在五倍左右）的一块铜，铸成钱，就能值十文或者一百文，那么，很多人不可避免地就会想到“私铸”。不仅是所谓不法分子，即使是为政府铸币的各地铸造局的人，都会琢磨：想办法鼓捣一点儿铜，套出官家的铸钱模子，开炉生产，那得发多大一笔财啊！以前只有面值一文的铜板，做这个不划算，因为铜的来源很少，且受政府管制，辛苦搞来的铜，铸成钱，每枚成本肯定高于一文，别说赚钱，能不亏都难。现在不一样，同样重量的铜，以前铸几千几万枚，价值几千几万文；现在，铸几千几万枚当百大钱的话，价值可就是几十几百万文！因此，一旦命令铸造当十、当百大钱，全国各地的私铸立即排山倒海涌现出来。

命令发到湖南省，当时的长沙府知府是仓景愉，由他兼管湖南铸造局。他家有个家丁，铸造局有个委员，这两个人立马就串通起来搞“私铸”。铸造局的委员可以拿到模子，拿到铜样，他把这些交给家丁，家丁组织一批人，就开始造钱——跟官造铜钱一模一样的钱。湖南市面一下子多出来很多钱，金融秩序自然就紊乱了，再加上有人告发，委员与家丁的罪行就被发觉了。骆秉章委托左宗棠审理这个案子，案情不复杂，一查即出，定案：委员、家丁以伪造货币，处死；知府仓景愉负有不可推卸的领导责任，撤职。随后，为了稳定金融秩序，左宗棠在长沙做了一次清查。到底长沙有多少大钱？一查，有十六万大钱，可是，湖南官钱局已经铸就的大钱，只有八万。也就是说，伪钞跟真币之比是一比一。然而，什么是官钱，什么是私铸，根本分辨不了。于是，要扭转局面，杜绝伪币，只能干脆将大钱停用。如果不停止大钱，除了已经查出的八万，将来必然会出现更多的私铸，最后，官府收上来的都是假币，人民拿到手上的也是假币，湖南的金融会崩溃，经济也会崩溃。因此，左宗棠命令在湖南停止使用中央规定的当十、当百大钱。但是，中央政府还没有切身感受，不久，竟然又有一条命令，说，既然私铸盛行，那么，地方上停铸当十、当百大钱，改用当十、当百的纸钞。左宗棠决定抗命，他教骆秉章怎么回绝，就说，当十、当百大钱，虽然重量轻了点，导致私铸盛行，但它里面毕竟还是有一点儿铜，中央政府现在异想天开，一点儿铜都舍不得，光弄一张纸，就让大家相信这是钱，那是万万行不通的。肯定会出事，我们湖南不会用。后来，中央政府又想了一回，觉得操作起来确实有困难，也就不强求了。而湖南停用大钱，悬崖勒马，未致遭受更大的损失。这在经济上不是什么建设性的措施，但是，左宗棠果断停止了不合理的来自北京的错误政策，有功于湖南的经济。

然而，光停止大钱还不行，得想办法生财，才能维持湖南本省的支用。生财，有一招，就是募捐。在讲曾国藩的时候已经讲过，所谓募捐，其实就是勒捐。把省内有钱人的名单造好，然后指名收捐。捐款的数额由官方规定，家里有现金的赶紧缴款，没有的赶紧去借，不然，政府会通过各种各样的方式来惩罚你。只是，勒捐终归是一次性行为，不可能隔三岔五找人掏钱，那谁家都扛不住，毕竟都是官绅阶级，同一阵营，逼急了，下手太狠了，最后两败俱伤，不好。得想别的招儿。

这就是著名的厘金——长期的财政收入项目。应急不妨勒捐，要支持大规模长时间的战争，还得靠厘金。当然，厘金不是湘军发明的，也不是左宗棠发明的，而是咸丰元年（1851）（或更早一点）在扬州雷以諴的军队中发明的，效果很不错。简单地讲，它就是一种商业税。在湖南地区厘金的收取标准，是“直百抽二”，即湖南省内过往货物，不管水路还是陆路，根据货值总额，抽取百分之二的税。凡货物进入湖南，在所遇到的第一道“厘卡”，收取百分之二的厘金，承运人就会得到一张凭证，这张凭证保证货物在湖南省内任何地方畅通无阻。凭证上面写明是什么货，有多重，用什么样的方式包装，从哪来，往哪去，路程如何，期限几时。承运人得沿着凭证上写明的运输路线，在规定的时间内，运送货物。其他厘卡不会再收钱，但会进行抽查，一旦违反，严厉处罚。监守厘卡的都是军人，一般商人可不敢跟他们玩花样，因此，在厘金收取方面，操作还是很顺利的。当时，不仅湖南一个地方办厘，很多省都收取厘金，然而，天下办厘办得最好的，只有湖南和湖北两省。厘金收入是最高的，是最稳定的，而与之有关的贪贿案件也是最少见的。此与左宗棠、胡林翼分别主持两省的厘务有关。政策收效如何，不仅看政策的内容，还看由谁来执行，胡林翼最喜欢说“有治人，无治法”，就是这个意思。我们看看左宗棠如何办厘。

左宗棠要在湖南办厘，首先得选设卡的地点。有些地方，该设卡而未设卡，就减少了收入；不该设而设了，就增加了成本。左宗棠认真研究过舆地之学，对省内地理状况很熟，这是他的优势；同时，广泛发动各地绅士，为选址提供建议，确保设卡合乎实际情形。因此，他能妥当选定卡址。第二，负责收钱的人很重要。厘卡负责人，即所谓“委员”——由巡抚衙门委派之员。厘卡委员侵吞税款，不是没可能的。尤其是这个委员若本身是一个小官，或担任过胥吏，本就习惯了贪污，花招很多，要监察他就极不容易。军务孔多，时局艰难，毕竟不能把大量精力、资源放在监察防弊上，因此，左宗棠采用的人事方案与众不同：决不任用私人。日后，他碰上樊燮案，被严格审查，他就说，幸亏当初办厘的时候，我没有任用一个私人，也没从厘卡上得到任何津贴，否则，连累不浅。确实，如果在厘务任用私人，他肯定脱不了干系，厘卡收上来的钱都是军费，要是侵吞了军费，罪行是很重大的。因此，他不任用私人。同时，他也少用乃至不用做官的人，而是任用绅士。绅士就是取得了功名但是没有官职在身的人。用绅士有什么好处呢？因为，凡是甘心做绅士而不愿意出去做官的人，利心本来就淡，决不愿意为了贪图赃款而毁掉自己的名誉。但是，这些人又有强烈的道德义愤，他们自愿帮助湘军，帮助朝廷去反对太平天国。而监管厘卡这件事，正好同时符合他们的两种愿望：第一，这不是官；第二，做事情有利于湘军，有利于湖南。因此，左宗棠尽量任用绅士去做这个事情。在初期，湖南很多重要的财政、军事岗位上的负责人，都是地方上的绅士（甚至没有取得功名，只是普通的读书人），而不是官场中人，这就使湘军乃至湖南在很长一段时间，维持着一种良好的风气，叫作“无官派”——不打官腔，专干实事。

然后，再说厘金，还有一个问题，就是前面说的“有土斯有财”原则，也要落实在厘务上。左宗棠办厘，不是只管收钱，他还提供服务，很有服务意识。他设立护商队，调遣军队，有水师有陆军，负责保卫商旅的安全。管理与服务之外，他还注重获取公信力。对于全省厘金收支，他实行财务公开。每个月，会在巡抚衙门外张榜公布全省各个厘卡的财务报表，收入多少，经费多少，剩余多少，写得清清楚楚。左宗棠不害怕财务公开，只要他跟厘金收入没有关系，不搞贪污受贿，他就不怕公布。不仅是不怕公布，公布了之后，对他的工作反而有促进。因为，全省有很多厘卡，譬如，某卡的数据公布出来，万一有人看了说，我有实证可以证明榜单钱数不对，那么，可以派人去稽查，说不定就抓出一个腐败分子。而也正因为有财务公开，那些胆敢尝试的腐败分子也不得不敛手。如果财务报表不贴出来，就没有人来告诉左宗棠哪里出了问题，左宗棠再怎么明察秋毫，也不会知道应该去稽查哪个地方。张榜公布，不过举手之劳，就能起到有效监督的作用，防患未然，事半功倍。一省的厘金收入，可以这样办；一国的财政收支，不也可以这样办吗？反腐败，不是抓出多少腐败分子才算高明，而是让很多潜在腐败分子格于制度害怕舆论而最终没有成为腐败分子，才是真正的高明。当然，对于廓然无私的左宗棠来说，实行财务公开不是什么费神费力的高招，不过是智所能及理所宜然的小事。选址妥当，用人适宜，提供服务，公开财务，接受监督，湖南的厘金收入就在这样的措施下，大幅提高。

清代赋税，在康熙年间定了一个规矩，叫“永不加赋”，就是说，康熙皇帝在说这句话的时候，当年全国有多少亩地，有多少应该纳税的丁户，全国税收总额是多少，这三个数字作为纳税标准，从此都固定下来，此后，他的子子孙孙都不许加税。他的子孙都很孝顺，各朝皇帝都懔遵祖训，没有加赋，都用这三个数字作为收税的标准。初初一看，这是一件好事，是德政。康熙觉得维持政府的运作，有这些钱够了，不用从人民那里获得更多的钱，出发点当然是好的。但是，光有好的动机不行，没有好的措施，表面上是仁政，往往发展到后来却成了弊政甚至恶法。“永不加赋”就是这样不以人的意志为转移最终成了弊政。圣祖没有想到，随着局势不断稳定、统治不断加强，官僚系统越来越膨胀，吃皇粮的人越来越多，如果还用康熙年间定下的税额，那点钱绝对不足以支付政府运作的开支。于是矛盾产生了。钱不够，官僚集团的工资谁管？政府运作的经费谁管？皇帝想加税吧，可是他祖宗说了，不让加。怎么办呢？那就只有加费了。换个名头，说，不加税，税章不改，但是，造出各种名目的费，向老百姓征收，以弥补亏空。于是，“永不加赋”的美名保住了，人民的负担却加重了。大家去看清代各部章程规定的税率、税额，两百多年没有增长，而实际上，因为各种浮收，反而让人民的赋税负担变得非常沉重。及至咸丰朝，天下大乱，税负有增无减，不少老百姓觉得这日子快过不下去了，抗税抗粮的事情逐渐增多。对于地方长官来说，如何处理好这个问题，是治理地方经济的首要难题。左宗棠在湖南推行“减漕”，就是针对税低费高制订的解决方案。要说减漕，先得解释几个术语。

“火耗”。火耗与地丁银的收取有关，清代的赋税单位是“丁”，这个“丁”不是指具体的人丁，而是一个赋税单位。“丁”的解释比较复杂，大家有兴趣可以参看何炳棣的书。当然，收钱还是要落实到具体的人。譬如，官府向丁户收取一两银子，可是丁户手中没有银子，只有铜板，而官府又规定不收铜板，只收银子，怎么办呢？就得拿铜板去兑成银子。兑好了，用秤称一称，整好一两。于是，丁户拿了这两银子交到官府，问题来了，官府说，不行，这不够。丁户说，明明是一两，怎么不够，不信你看秤。官府说，没错，这会儿是一两，可将来银子得交到京城的户部银库，那儿只收银锭，不受碎银。而碎银熔成银锭，必须过火，一过火，必然有损耗。一两碎银，就变成只有七钱、八钱。这个损耗，归丁户负责，官府不补。于是，丁户本应缴一两税银，而加上二钱、三钱的火耗，最终实际上缴的就变成了一两二钱、一两三钱。多出来的二三钱，就叫火耗。而在实际操作过程中，所谓火耗，不仅指因过火导致的损耗，还包括地方上加征的“浮收”——今天叫乱收费。时代越后，火耗越重，在咸丰五年（1855），湖南地区的火耗竟然到了五钱，就是说，按照税法本只有一两的正税，实际上缴，竟要交出一两五钱，增收的幅度很吓人。然而，火耗还不是最吓人的，更吓人的还有别的项目。

譬如，“漕折”。江苏、浙江等省收上来的粮食有一部分通过京杭大运河运往北京，以保障首都的粮食供应，这就是“漕粮”。像湖南这类省份，因为运输不便，不要求将粮食直接运到北京，而是将粮食折成银两，用这些银两在运输发达的地区购买粮食，再运往北京，这就是“漕折”。按照部订章程，每石粮食折成一两三钱银子。可是，粮食运到北京，得花一笔运费，这个运费，中央是不管的，于是，一两三钱的正税之外，还得补交一笔运费，这叫“船耗”。

此外，又有“库平”“湘平”等花样。库平，是说户部银库对银两的成色有一定要求；湘平，则是说湖南藩库对银两的成色有一定要求。库平与湘平，都是规定银两成色的标准，但是，这两个标准并不一致，互有参差。而一有参差，经办的官吏就可以上下其手，要求丁户必须补齐湘平与库平的差额，即所谓“平余”。

于是，虽然说户部所定税章，每石粮食折成一两三钱银子，可实际上，加上火耗、平余、船耗，丁户要交的钱远远不止这个数，而总在二三两银子以上。甚至，到咸丰五年（1855）的时候，在湖南，每石得交六两银子，是户部章程的好几倍。当然，也不是官吏敢突然把价钱提到这么高，而是与实际经济状况有关系。一，铜钱贬值，银价越来越贵。银价在清初，是一千文钱换一两银子，到了道光朝，汇率变成一千五百个铜钱才能换一两银子，而到了咸丰四五年，因为战乱，竟然到了二千四百个铜钱换一两银子。前面说了，老百姓手上只有铜钱，很少有银子。他换银子去交税，以前一千多个铜板可以换一两银子，现在得拿出两千多个，他的负担增重，可想而知。二，湖南地区这两年粮食增收，粮食一多，价格自然就下去了，于是就出现了“谷贱伤农”。谷贱伤农，可从两个方面说。一是农民的收入减少了，当时的谷价，四百文就可以买一石，以前则是七八百文一石。一是农民的支出增加了，以前谷价贵的时候，卖出一石多一点，就可以换一两银子；现在是四百文一石，得卖出两石多才能换回一两银子。也就是说，农民的支出成倍增长。

左宗棠在为巡抚拟定的奏折中，举了一个有代表性的例子。一户人家，假如有一百亩地，他从佃农手里收租，一般能收多少呢？每一亩收一石的话，他可以收一百石。但是，他要交五至六两银子的漕折，就得卖出二十到三十石粮食，才能换回这几两银子，才能把税交上。那么，他自己剩下的就只有六七十石谷子，而用四百文一石的谷价折算，他最后只能换得十两多银子，而明年一年，他家就靠十两多一点的银子来过生活。表面上看，有一百亩地，算是地主了，但是地主经过这么一折腾，银价上升，浮收增加，谷价下跌，他一年就只能收入十几两银子。他这个地主怎么生活得下去呢？地主如此，何况一般农民。因此，很多人就选择了抗粮、欠税。举湘潭县为例，往年全县能收到地丁银四五万两，而咸丰四年（1854），仅收入四千多两，同比减收 90%，用今天的话来说，县财政破产了。这就是很严重的问题了，一县如此，一省也好不到哪儿去，也会要破产。不改革的话，不把钱收上来的话，办公费用没有着落，往北京交的税也不知从哪来，更重要的是，现在是战争期间，最应优先支付的军费又从哪来？不改革不行，不改，湖南就完蛋了。以下是左宗棠改革的主要措施。

首先，将地丁银一两五钱改为一两四钱，将漕折银六两调整为三两。三两是怎么算出来的呢？一两三钱是部订章程，这个是国家必须收取的，不管下面省份收几两，反正这一两三钱是雷打不动得缴入国库的。然后，加一两三钱的军费。再加四钱，作为各县的办公费用。也就是说，每石漕粮折成银两为三两，三两里面，一两三钱交给中央，一两三钱留给省里，还有四钱留给县里。这一改，县里不干了，开始闹。六两降为三两，砍掉的那三两银子，原来是给谁花的呢？是给从下到上与税赋有关的官员，是给他们吞没贪污了。左宗棠现在把这个三两去掉，他们的利益就没有了，他们当然要闹。当然，他们不敢直接说个人利益受损，而会利用别的理由反对——其实没有什么理由可讲了，道理全在左宗棠那边：三两银子，保障了国家正税、湖南军费与县衙公费，还有什么必要增加呢？理屈词穷，有些官员就玩儿阴的玩儿横的了。他们找骆秉章，说，六两减成三两，全省财政收入立马少了一半，这怎么行！骆秉章说，就因为你们要收六两，所以去年湘潭一县才收上来四千两，往常都是四五万两。标准太高，所以收不上来，现在降到三两，说不定老百姓交粮交钱的积极性能高一点。像刚才说的，每年收租一百石的地主，他一下能少交一半银子，何乐不为？毕竟抗粮欠税，心里还是有些怕的。而农民少交钱，省里的钱一分没少，国家的钱也一分没少，唯一减少的只是这些贪官的收入，因此，这个政策，可说利国利民。贪官们的所谓理由大多如此，经不起辩驳，有些人就知难而退，还有几位，如善化知县、湘潭知县，竟然抵制新政在本县施行，不传达省里的最新会议精神，并悍然拘禁支持减漕的地方绅士。恶行传到省里，左宗棠二话不说，将善化县的知县立马撤掉。而在湘潭，推行新政后，竟然收上来十万两，比往年的四五万还多出一倍。显然，左宗棠减漕的措施获得了巨大成功。

通过减漕、办厘的增收，成为湖南军费两大重要来源。此外，因地制宜，在湖南、广东交界处，对于广东的盐、湖南的茶，抽取盐茶税，也有一定的收入。终于，经过改革，湖南的经济情况发生了很好的转变。而正是收入增加，湘军才有底气四路出击、支援邻省。

支援邻省的军事战略，也由左宗棠一手筹划、指挥。表面上看，支援邻省似乎对湖南没什么好处。而且，邻边五省——广东、广西、湖北、贵州与江西，都需援助，在最紧急的时候，不但兵力不敷，光是月均十余万两的兵饷，也让湖南方面大伤脑筋。如此说来，支援邻省实在是件劳民伤财的事。但是，左宗棠不顾阻挠，坚决要求执行这个战略。他是这样解释的：第一，湖南一省的安全不仅仅是靠守住湖南省的四方边界，就可以保证。广西是太平军的老巢，太平军现在虽然不在广西，可是当年起义的时候，广西有几十个叛乱团体同时并起，其中一些被剿灭，还有一些暂时隐匿起来。如今，太平军到了江南，全国的军力也集中到了江南，广西开始松起来，那些隐匿的叛乱分子，必然会趁机举事，而广西素来贫瘠，一旦闹事，叛军肯定会进入湖南大肆掠夺。若湘军仅仅防守湖南省境，等叛军入省才去对付，情势就会很被动，而且，仓促应付，很难抓住叛军头领，扫除叛军巢穴。最好的办法就是且只能是先发制人——从这个层面来说，今天美国打击恐怖分子，采用先发制人的战略，跟左宗棠的思路不谋而合；区别在于，穿越省界，与跨越国界，似乎性质不太一样。同样，江西与湖南，湖北与湖南，贵州与湖南，广东与湖南，都有类似问题。为了湖南的安靖，必须协助邻省甚至在得不到邻省协助的情况下打击叛乱，这是左宗棠援助邻省的第一个理由。第二个理由，则是为了将来的东征——消灭太平天国——做好准备。因此，他尤其重视派往江西和湖北的军队。赣、鄂两省，是湘军东征的必经之路，是最关键的第一段征程。派往江西的是刘长佑，他是未来湘军的著名统帅；往湖北的是王鑫，前面已经介绍，是一位优秀将领，也是左宗棠最看重的将领。

在实施了上述高明高效的经济、军事政策之后，湘军援助外省在咸丰八年（1858）取得巨大的成功——克复了江西的九江城。拿下了九江，湖南、湖北两省可以说已是十分安全，至少，太平军不再可能逆江而上，而从陆路进犯，远不如水路之迅捷。此外，江西境内的太平军，因为不能如同以往轻松地从水路逃逸，在面对江西、湖南两省军队协同攻击的情况下，也陷入了困境，从而在某种程度上让江西也变得比以前更安全。此后，即便是太平天国智勇双全的翼王石达开，挥师闯入江西，左冲右突，也未能立足，只能退往广西。而在广西，饷无所出，只得拼命赌一回，冲入湖南，与湘军决战，结果，铩羽而逃，流落到四川。届时，骆秉章从湖南调任四川总督，率领湘军，在大渡河边围住翼王的军队。翼王走投无路，全军投降。这虽是未来的事情，但湘军种下胜因，却在于左宗棠的正确决策。

到了咸丰九年（1859），湖南境内，军事略定，财政发达，不单可以维持本省的发展，还可以供养一支庞大的军队，为将来的事业做好准备。这一切的功劳，都应归于左宗棠。

二、樊燮案

1.“忘八蛋，滚出去”

咸丰五年（1855），左宗棠的名字第一次为咸丰皇帝所知。这一年，御史宗稷辰荐举人才，左宗棠在他的荐章上排名第一。自此，凡是湖南、湖北的官员，以及与湖南、湖北有渊源的官员，去北京觐见皇帝，皇帝谈完公事，都会问一两句，你认不认识左宗棠？跟他关系如何？他的才干、性情怎么样？可以说，这个时候的左宗棠已经是名满天下。不过，名满天下，谤亦随之，这是一条永恒的规律，左宗棠也不例外。

左宗棠在咸丰八九年间，遭遇一桩很大的事情，不仅仅是谤亦随之，而是有可能危及他的性命，这就是有名的“樊燮案”。此案最为人乐道的细节，就是左宗棠开口骂人，甚至动手打了人。在介绍他骂人的事迹之前，先介绍被骂的人——樊燮。

樊燮是湖北人，时任湖南永州总兵。咸丰八年（1858）十一月，湖广总督官文推举他署理湖南提督。在他之前的湖南提督，先是已经介绍过的鲍起豹，后来被革职，然后由湘军名将塔齐布继任。不久前，塔齐布在军中病逝，提督出缺，于是官文建议让樊燮来署理。官文为什么推举樊燮？他与樊燮的关系如何？迄今做了各种考察，难以判断两人是否关系密近。当然，两人之间没什么交情，也有可能。有趣的是，官文的荐折递到北京，还没几天，湖南巡抚骆秉章上了一道参折，参劾樊燮。参劾的理由是：一，违例乘舆，二，役使兵弁。什么叫违例乘舆呢？按照制度，清朝武官是不能坐轿子的，只能骑马。武官坐轿子，就是违例。为什么不让坐轿子呢？因为，武官必须时刻锻炼身体，弓马娴熟，如果总是坐轿子，不免身体弱了，意志减了，就不像一个军人了。樊燮出行乘轿，就违了例。再说役使兵弁。樊燮命令士兵到家里为他干家务活，如抬轿子，看大门，搞装修，甚至做园丁——樊燮喜欢种草养花。这就是役使兵弁。表面上是使唤公家的人，实质上是挪用公家的钱——用士兵做佣人，等于省了自己雇佣的钱。而士兵的工资都从军费里面出来，上纲上线地说，樊燮还挪用贪没了军费。因此，这两件事，是原则性的错误，很严重。

骆秉章的奏折是紧接着官文提名樊燮署理湖南提督之后发出的，我们知道，骆秉章的重要奏折大都由左宗棠起草，甚至由他直接发出。不过，这一封是不是也出自左宗棠之手，还不好确认。但从事情发展来看，给出一个肯定的答案，或许不算错。且说皇帝看了这封奏折，十分生气，批示，樊燮着立即开缺——不仅不让他署理提督，连总兵也不要做了——停职接受检查。谁来检查他呢？由骆秉章来检查。圣旨一下——用今天的话讲——樊燮就被双规了。他赶紧从永州奔往长沙，向巡抚交代问题。骆秉章跟他很礼貌地聊了一会天，但是，没有讲实质性的话题，而是说，你这个事，得去找左先生，你先跟他沟通，咱们看他的意见如何，再作定夺。这么一来，可以推测，骆秉章的参折真可能就是左宗棠的“创意作品”。因为，这么重要的事情，骆秉章一句话都不讲，而让他直接去找左宗棠，如果是骆秉章亲自参奏，他是不会这么做的。极有可能，樊燮就是左宗棠提出参奏的，骆秉章对此倒是无可无不可——你办事，我放心，这是骆秉章对左宗棠的一贯态度。至于左宗棠为什么要参劾樊燮，倒是简单。因为左宗棠的性情，疾恶如仇，同时，全省军务又由他来指挥，如果他知道省内有个军官，像樊燮这样的，德行如此之差，肯定会想办法让他滚蛋。

樊燮到了左宗棠的办公室。他没见过左宗棠，但是，他知道左宗棠——当时在湖南做官的，不论文武，谁不知道左先生的厉害？樊燮当然知道，所以对左宗棠很尊敬，一进去就作揖行礼，请左先生训话。左宗棠对他的印象非常不好，就故意找碴，说，你这是什么做法？见了我，你怎么不请安？武官见了我都要请安，你怎么不请安？其实，他这是胡说。没有哪个武官见了左宗棠必须请安——请安是三拜九叩的大礼。尽管左宗棠在湖南的影响力很大，但是从官仪上来说，武官不必也不能向左宗棠请安——真要跪拜了左宗棠，被人知道，一封参折上去，拜与被拜者，两人都得吃苦头。因此，樊燮很纳闷，就顶了一句嘴，说，左先生，我很尊敬您，但我是堂堂二品命官，朝廷礼制可没要求二品命官向先生您这样的人请安！左宗棠本就是要找碴，也不是真想要他行叩拜之礼，但听他一顶嘴，还是很气愤，破口大骂，六个字：“忘八蛋，滚出去！”樊燮如何反应，没有史料，不得而知。想来，应该挺生气，可再怎么生气，自己是待罪之身，对方是权倾一时的“左都御史”，权衡利弊，还是忍了吧。因此，左宗棠就没跟樊燮谈案子。当然，左宗棠也没必要跟他谈。左宗棠已经把永州知府、涉案士兵都叫到长沙，业已分别讯问，录得证供。要给樊燮定什么案，他心中早已有数，回头上一个奏折，樊燮必然滚蛋，还有什么好谈的呢。他说，滚出去，不仅仅是滚出办公室，而是让樊燮滚出官场，滚出湖南，滚到很远的地方去。他所奏定的樊燮罪行，不敢说会杀头，至少，充军是没什么问题的。

插叙几句，做个小考证。“忘八蛋，滚出去”，这六个字真是左宗棠亲口骂出来的吗？我们知道，左宗棠的语言一贯比较诙谐。譬如，他说曾国藩自杀未遂从水里捞上来的狼狈样子，像极了猪崽子（“猪子”），这是有人证的——当时身亲其事的李元度、王闿运可以作证。能骂曾国藩作猪崽子，则骂樊燮一句“忘八蛋”，也不算什么稀奇事吧。更有可靠的证据，则是樊燮后来回到家乡，自觉受了奇耻大辱，他的一生，断送在左先生手里，还被“人身攻击”，于是，对左先生是无法忘怀的。既然无法忘怀，那就只好永远铭记，于是，他在家里放祖宗牌位的地方，加设了一块牌，上面写六个字：忘八蛋，滚出去；每天早上起来供一炷香，对着牌子拜一下。他为什么要这样搞呢？是不是有点变态啊？不是，他这是立誓。他有两个儿子，他对儿子说，左宗棠不过一个举人，我是堂堂总兵，却被一个举人弄成这步田地，太伤自尊了。你们哥俩以后千万不要做武官，武官太憋屈了，当成我这样太难受了。你们要去参加考试，要中举人，而且不仅中举人，还得超过左宗棠，要中进士，点翰林，当大官。你们要不能中进士，这牌子我就不撤下来，父亲的耻辱就没办法洗刷，家族的耻辱也没办法洗刷。没中进士之前，你们哥俩每天早上跟着我，对着牌子念一遍，然后磕头。中进士再撤牌子。这是樊燮激励两个儿子，让他们知耻，奋进。此外，中进士之前不得先中举人吗？没中举人之前，两个儿子必须天天在家念书，不许出门。怕小孩子乱跑，樊燮给两个儿子都换一身女装，不许穿男人衣服。因为，小孩知羞，穿着女装就不好意思往外跑了。还别说，两个儿子挺争气，都考上了进士，尤其弟弟樊增祥，不但是晚清民初的大诗人，官运也算亨通——在清朝将要灭亡的时候，署理了两江总督——聊以告慰九泉之下的父亲。既有这段故事，我们更倾向于认为“忘八蛋，滚出去”这六个字，极有可能是左宗棠讲的。这段故事是樊燮的湖北老乡刘成禺在他笔记里面记下的，刘氏跟樊家很熟，他记下的故事，可信度应该不低。

参劾樊燮，发生在咸丰八年（1858）十一月。在同一年的十二月初三日，咸丰皇帝在养心殿西暖阁召见郭嵩焘，就左宗棠这个人，与他长谈了一次。郭嵩焘把这段对话记录下来了，咱们看一看。当时，君臣先谈公事，谈完之后，皇帝话锋一转，突然问郭嵩焘，你认得左宗棠吗？嵩焘答，自小相识，我们是很要好的朋友。皇帝问，你们经常通信吗？嵩焘答，是的。皇帝说，那你最近写信，应该转告他，他应该出来为我办事。他为什么不肯出来办事？你知道原因吗？是不是他功名心太淡？嵩焘答，左宗棠赋性刚直，不喜欢、不愿意、也不能够随流合污。他现在在湖南，也是为皇上办事。他与骆秉章很投缘，所以他在巡抚幕府才待得长久，要是到别的地方，他可能觉得不适意。因此，他不愿意出来，大概是这个原因。皇帝又问，左宗棠的才干如何？嵩焘说，左宗棠才极大，料事明白，无不了之事，尤其品德极高。皇帝又问，他今年多少岁了？嵩焘说，四十七岁。皇帝叹了口气，说，如今四十七，再过两年就五十岁了，精力就衰退了，很难出来干什么事了，你务必转告左宗棠，要趁他现在精力尚强的时候出来为我办事，不要自己糟蹋了自己。嵩焘听皇帝这样一说，稍微做了解释，说，我也劝过他出来办事，他总是因为个性的原因，不肯随便出来，但是，现在湖南四路征剿，财政上又焕然一新，这全是左宗棠的功劳，他实际上也是在为皇上办事。皇帝一听，解释不错，随即又问了个问题，听说左宗棠想参加会试，对考进士入翰林仍然念念不忘。嵩焘说，是有这个意思。皇帝不赞成，说，进士有什么用呢？进士不过文章报国，如今这局面，左宗棠要能实心办事，建功立业，不比文章报国更威风更有面子？非得斤斤计较进士的虚名，有什么用呢？

一般来说，皇帝和大臣谈话，谈到第三人，要了解他的情况，不会讲这么多话，寥寥数语就差不多了。因为，对任何官员，皇帝只要读一读与之有关的人事考核报告——由上级作出的秘密考评，都会送到北京。此外，每当有事情发生，跟这个人有关的奏折，都会报告这个人的情况。所以皇帝要了解谁，他是可以了解得很清楚的。但是，咸丰帝今天谈左宗棠谈了这么久，有一个原因是，他不能通过前述渠道去了解左宗棠，因为左宗棠不是官员。第二个原因，他要问得这么详细，年纪多大，才干如何，为什么不离开湖南，是不是还想考进士，似乎是想通过这些信息，更深入地对左宗棠进行分析。那么，为什么要深入了解左宗棠呢？因为，樊燮案已经发生了，在此之前，皇帝也作了批示；同时，也有流言，说左宗棠跟这个案子有关，这些话或者也被皇帝听到了。事情变得复杂起来。虽然不能说他在这个时候对左宗棠起了疑心，但是，跟郭嵩焘的对话，确属不同寻常。而郭嵩焘事后赶紧写信给左宗棠，将对话传给他看，似乎也在说明，左宗棠现在惹上了麻烦。

2. 湖南、湖北、中央：官场秘密角逐

回过头再讲樊燮案的发展。左宗棠把樊燮骂走以后，不多久，骆秉章的调查报告也传到了北京。这一次，几乎把樊燮的所有黑材料都整齐了，他在永州总兵任上两年多来的各项劣迹，都被写入报告。樊燮的劣迹，主要是：第一，在总兵任内，平时出入从不骑马，都是乘四抬大轿。像前面所说，坐轿子不骑马，对于武官来说这是严重违例。第二，他让士兵到自己家里做佣人，提供家政服务。此类士兵，总计有一百六十名之多。接下来，是经济问题。经济问题有几宗，骆秉章选择数额大一点的，性质恶劣一点的，写入奏折。樊燮装修办公室与住所，花掉五百两银子，这笔钱，挪用了办公费。上年从永州去长沙，他在路上花了三百多两银子，差旅费严重超标。去年，他预提今年春夏秋三季的养廉银一千五百多两，违反了财务制度。他曾经挪用营中购买军粮的经费，计二百多两，为女眷买绸缎；这条非常严重，比挪用办公费严重得多。此外，他平时各项拖欠、挪用、预支的公费，两年总计有二千六百多两之巨。他家的日常消费，亦全部取用于军费。数项合计，虽不能立即定性樊燮为贪污，但在账务上有问题的金额，已达五千多两，真是

非常严重的问题。相比之下，第一封参折举出的违例事件，根本不算严重。

奏折到了北京，皇帝批示，命火速将樊燮带赴湖南巡抚衙门，不能让他乱跑，由湖南巡抚继续跟樊燮对质，看樊燮有什么可以辩解的。当时，樊燮溜到湖北，找湖广总督官文告状，湖南这边找不到他的人。因此皇帝说了一句，要湖北巡抚赶紧查明樊燮到底在哪，把人找到，押送湖南。

然后，湖广总督官文上了一个奏折，说，樊燮派人到督署，投诉永州府知府黄文琛，与湖南巡抚手下襄办军务的绅士左某（即左宗棠），串通起来陷害他。这一来，又起波澜。本来只是一个简单的高级军官的经济犯罪案件，现在却变成地方官串通幕客陷害现役军官的影响恶劣的政治性案件。若真如此，这可比几千两银子的出入要严重得多，于是，皇帝觉得再让湖南巡抚审理此案就不合适了。因为，永州府知府、永州镇总兵都是湖南的官，如今，有人投诉湖南官场互相倾轧、互相陷害，所以，这个案子不能再让湖南审，要避嫌。皇帝决定，将这个案子提到湖北，由湖广总督负责审理。但是，依照清代制度，牵涉高级官员的大案必须由钦差会同地方长官，合作办案，因此，不能让官文一个人审，须从北京派一个钦差下去。正好在这一年，举行乡试，湖北乡试正考官，咸丰皇帝特意点了都察院左副都御史钱宝青。一般来讲，在各地担任考官的人，须具备如下资格：一，他应该是京官。二，他应该是进士出身，入了翰林更好。三，他与他主考的省份、长官及考生，没有籍贯、亲属之类的关系，否则，就得回避。但是，派钱宝青任湖北主考，还有别的考量。都察院是监察机构，类似今天的纪委及监察部，而左副都御史是都察院的二号人物，可以参与调查大案、要案或者与高级官员有关的案子。因此，皇帝派他到湖北主持乡试，考试完毕，再会同官文，一起审理樊燮案。

而以主考官的身份兼任审案钦差，从北京到武昌，一路上的保密工作也有保障。清代对于考官赴任，有严格规定。任何人若被选派为考官，必须在奉旨数日内立即离京，不许逗留，而在途中，严禁与外人接触，只能在官方驿站歇脚，而驿站所属州县的知州、知县负责承担对考官的供应，吃喝拉撒，都由他们接待，同时，他们也监督考官，看他是不是遵守保密制度。譬如，他应该一个人住单间，不能跟亲朋好友会面，不能独自出去赴宴，等等。而等到钱宝青到了武昌，入城之后，督抚迎接他，请他吃一顿饭，然后立即又把他隔离起来。直到进场的日子，他都会一个人住，门外有卫兵把守，外人不许进来，他也不能出去，日常送饭送菜送水，都要经过严密检查。这种生活，跟坐牢差不多。最后，钱宝青入闱（闱，就是考场），规矩就更严格了。闱中分为两部分，一是考试区，一是阅卷区。二区以墙分隔，墙上开一道门，门中挂一幅帘子，考试区叫外帘，阅卷区叫内帘。帘子两边各有监督者，严防出入，这人叫帘官。外帘内帘只在几个固定的时候可以接触，譬如，外帘要送菜、送水、送米进去，内帘印好卷子发出来。其他任何时候，两边不许接触，即算是一个人站在帘子这边，一个人站在那边，不要说开口对话，就是多看几眼，也会被帘官呵斥。这是考场防止舞弊的手段，十分严格。考试结束，钱宝青主持阅卷，评定等级，他还得待在内帘，不许离开。直到阅卷完毕，张榜公布成绩，他才恢复自由身。也就是说，直到这个时候，他才能够开始审理案件，而此时至少都过了重阳节。也就是说，樊燮案要出结果，至少也在九、十月间。然而，咱们讲故事，讲到北京传来消息，说，今年湖北乡试正考官是钱宝青，他还兼任审案钦差，这时候，才是六月。于是，不论樊燮一方，还是左宗棠一方，都应该着手运作这个案子了。

运作之前，得把握案件的性质。在案件尚未要求由钦差来审理之前，这是关于樊燮经济问题的案子；当北京派出钦差，案件性质就变了，变成了审理湖南官场是否存在知府、幕客串谋陷害高级武官的问题。此时，樊燮的经济问题已经不成问题。早在皇帝决意派出钦差以前，官文已经调查清楚，奏称，樊燮对于骆秉章的重案指控，全部否认，而对于情节轻微，譬如挪用公款的违规行为，则表示可以全数退赔。但是，有一条罪状，樊燮没法翻案，就是前面说到的，性质极其恶劣的挪用军费为家眷购买绸缎，这条他推不翻。根据这一条，官文在折内建议，“拟请从重发往军台效力赎罪”。皇帝说好，就这么办。以此，才说樊燮的经济问题早已不成问题，已经解决了，他已经因为经济问题被判刑了。但是，皇帝觉得，除了经济问题，背后似乎还有些别的问题应该调查清楚。此前，樊燮除了向湖广总督投诉黄文琛、左宗棠陷害，还派家人到北京向都察院进行了投诉。都察院将情况向皇帝作了汇报。我们要知道，凡向都察院控告官员，如果事后调查清楚，是诬告，那么投诉人将被“反坐”。所谓反坐，是说甲告乙，如果事情属实，乙则按律定罪，否则，若调查证明甲系诬告，那么他就得承受同等处罚。譬如，甲用谋反罪告乙，按律，谋反是死罪，但是调查结果，乙没有谋反，那么，甲就得处死。因此，没有十足把握和可靠证据，一般人是不敢上都察院告状的。樊燮既然敢上都察院，皇帝不得不重视，于是，在樊燮因经济犯罪受到处罚之后，还得另开一案，调查他所说的幕客串通知府图谋陷害总兵是否属实。

樊燮诉称，永州府知府黄文琛、左宗棠，以及王葆生、葆亨，联合起来陷害自己。具体证据是：第一，左宗棠在长沙“饬换亲供”，即对樊燮营中士兵的供词进行了删改、调换；而黄文琛受左宗棠委托，在永州初审的时候，也存在供词内容前后不符的问题。第二，黄文琛因为在这个事情上帮了左宗棠的忙，事后，在军功保举的时候，左宗棠滥用职权，将黄文琛的名字加入保单。当时，湖南省的各路军功保举，汇总之后，都由左宗棠审核，再经骆秉章报到北京，一般都能获得批准。樊燮控诉的主要就是这两点，听上去有一些道理，逻辑上说得通。樊燮虽然罪有应得，但是，黄文琛、左宗棠有没有犯下如樊燮投诉的罪行，这可比樊燮贪污二百两银子为家眷买绸缎，更让皇帝关心。传统中国的皇帝，最痛恨的就是这类事情，此风不可长，否则，很有可能“动摇国本”，即危害国家安全。如果事情是真的，那么，左宗棠不是朝廷命官——用今天的话讲，是体制外的人——却拥有这等权力，而事实上，皇帝并没有授权，巡抚也没有资格授权，那么，左宗棠的权力从哪来的？不加惩治的话，将来他会用这个权力干什么？简直难以想象。先前，皇帝特意问郭嵩焘，左宗棠才干如何，为何有大本事却不愿意出来做事，他到底在想些什么，可能就蕴含着这些疑问。其次，官员互相排击，而隐隐约约他们背后又各有靠山——樊燮背后似乎是湖广总督，左宗棠背后似乎是湖南巡抚，而湖北巡抚胡林翼也有嫌疑——表面上是低级官员告一个军官，不过是地方事务，实际上，也可以看作是两个省的长官之间的较量。这种较量跟国家事务、战争进程毫无关系，有可能纯粹只是私斗，却要耗费大量的国家资源，已属难以容忍。更严重的是，如果总督、巡抚牵涉其中，而他们都在北京有身在高位的朋友，如尚书、侍郎等部级领导干部，甚至还有大学士、军机大臣等国家高级官员，同时在他省也会有自己的督抚朋友，如果这些人都参与进去，打群架，那岂不是天下大乱？有句古话，风起于青蘋之末，警告人要见微知著，因此，对于这类事件，传统中国的皇帝是十分关注的，也是务必要弄清楚的，决不会姑息，决不会打马虎眼。因此，咸丰皇帝特地派钱宝青会同官文审理此案，他要看看，到底是怎么回事。

重阳节之后，钱宝青终于有时间审理这个案件了。审理过程当然是极度保密的，然而，关心案件的人很多，湖北有胡林翼，他最关心，他是左宗棠的好友，还是亲家；在湖南，骆秉章关心，曾国藩关心，其他与湘军有关的人员也关心。而在北京，也有人关心。其时，北京有一个权力很大的人——肃顺，他身边的人就十分关心案情进展。肃顺是当时实际上的权力中枢，除了皇帝，就属他权重。他是满人，但是喜欢结交汉族士大夫，他的身边围绕一大批汉族知识精英，做他的智囊，做他的顾问，为他出谋划策。日后，他在政治斗争中失败，被慈禧太后和恭亲王处死，这些知识精英们就被称为“肃党”。“党”，不像现在，是一个好词，或至少是个中性词。在传统中国，说谁是党人，绝对是一项严重指控。“肃党”很关心这个案件。接下来，就看看朝野各路人马是如何关注乃至运作樊燮案的。

胡林翼是湖北巡抚，离钱宝青最近，有近水楼台的优势。但是，胡林翼不能明目张胆探询案情。首先，他跟此案没有任何关系。案子既然交由官文审理，则任何人不得向官文去探询，即便是胡林翼，即便胡林翼跟官文的交情很好。其次，胡林翼跟左宗棠关系密切，众所周知，他更应避嫌才是。于是，胡林翼的地位很尴尬。这么大一件事，在自己身边发生，自己却不能控制它的进程，甚至连消息都不敢打探，对于胡林翼这种枭雄似的人物——我喜欢用枭雄这个词来形容胡林翼，他的智谋气魄非比寻常，胜过同时代的曾国藩与左宗棠——必定感到痛苦。万一左宗棠因为这个案子出了事，身败名裂，甚至人头落地，那就悔之晚矣。想到这一层，胡林翼决心不顾一切都要参与进去，影响最终的定案。这不仅是猜测，事实是，在樊燮案背后，真正出了大力的是胡林翼。

胡林翼写了一封密函给官文，时间大概在开审前后。当年乡试，官文是提调官，就是说，他在考场的时候，是不能跟外界通信的，只有等他出场之后，胡林翼才能给他写信。胡林翼建议，官文审理此案，请尽量不要扩大化。凡属皇帝圣旨与骆秉章奏折提到的人，不妨都叫到武昌来调查，但是，圣旨、奏折没有提到的人，最好不要把他拉进来。胡林翼没有点名说不要把谁拉进来，但我们知道，指的就是左宗棠。官文回了一封信，说，我本来不愿意牵连甚广，若能大事化小小事化了，我求之不得。但是，如果有人确实跟这个案件关系很深，那我也没办法，只能请他来武昌接受调查。收到复信，胡林翼“读之再四”，说，不由得心生惧意。他明白，官文也明白，他们两人讨论要不要把谁拉进来，这个谁正是左宗棠。但官文含糊其词，不给个准信，让胡林翼很抓狂。所以胡林翼不能再跟官文打马虎眼了，就又写信，直接说，我现在要讲句实话，左某跟我是老朋友，近来他脾性不好，或许得罪了不少人，我劝过他，但收效不佳。然而，事情已经到了这步田地，劝不劝的话我也不再说了。“此系林翼一人私情，并无道理可说，惟有烧香拜佛，一意诚求，必望老兄俯允而已”。纯用私情，不论公事如何，万万不要把左宗棠搞到这个案子里面去，拜托了。

作为一名高级官员，写这种信，白纸黑字，足以成为呈堂证供，对自身的危害实在是太大了。若是官文心术坏一点儿，或者认为胡林翼跟自个儿的关系没好到那一步，把信往北京一送，胡林翼的仕途可以说就毁掉了。这属于严重违规。然而，胡林翼既然敢这样写，他应该料到不会出问题，他相信官文会按照他的建议去做。事实证明了，官文就是按照他的建议去做的。官文没有提左宗棠的名字。还有几封信，是胡林翼写给曾国藩的，从侧面描述了胡林翼运作此事的手段。信中说，胡林翼知道自己不能出面，也不能随便找人去说这个事，于是，委托庄受祺打探情况。庄受祺时任湖北布政使，是胡林翼的得力干将，有机会接触钱、官两位审官，或许还帮忙做一些提堂、录供的后勤工作。胡林翼通过庄受祺了解案情进展，并根据他的报告来决定自己的对策。

这几封信都没有收入《胡林翼集》，今人编辑的岳麓版全集也没有收入。胡林翼一辈子，搞“非组织活动”，搞这种上不得台面的事，其实不少，办事过程中的相关书信，也应该不少。当他逝世，同僚、弟子给他编遗集，其实不妨择要收录，但是，曾国藩说了一句话，他说，你们编集子，不要追求大而全，有些信，没必要编进去，编进去给人看了，反而影响胡文忠公的形象。他这话的意思，是在暗示胡林翼运用权谋智术，其手段或许不够光明磊落，要是暴露出来，让后世读者看到，有损于胡林翼的高大光辉形象。曾国藩一说，就导致全集不全，就导致我们很难看到胡林翼如何斗争如何妥协如何谈判的相关材料。其实，这是清代官场上最精彩的东西，可惜，因为曾国藩要“为贤者讳”，我们都看不到。我们只能东找西找，偶然发现几篇断简残笺，过过眼瘾。

官文差不多被胡林翼搞定了，但是，另外一位审官——钱宝青，跟他不熟，又是钦差，实在缺乏沟通渠道。而且，钱宝青注重自己的身份，也会避嫌，不会让人轻易接近他，套他的话。胡林翼尝试过，派庄受祺去问钱宝青，接下来如何展布，是不是要让左宗棠来湖北受审。钱宝青口风很紧，顾左右言他，不吐实话。所以，胡林翼给曾国藩的信里，就感叹，当前最大的困难就是不知道钱宝青会怎么办。眼看事情陷入僵局。怎么破局呢？

要破局，还得更深入研究案情，看到底是个怎样的局。案子为什么会由樊燮的经济问题，突然变成对左宗棠的调查呢？前面说了，是因为樊燮的反诉。没错，确实是这样。但想得再深一点，那不过是表面上的转机，有没有人在背后给樊燮出招呢？有的话，这人是谁呢？樊燮不是不知道，二百多两银子给家眷买绸缎，这是铁证，无法翻案。既然案发，他肯定会受处罚，何必再去投诉？若只是为了泄愤，要与左宗棠同归于尽，那他所举证的左宗棠饬换亲供、滥保黄文琛，这些不在他职权范围内本不该他知道的情节，又是谁提供给他的呢？樊燮背后，必有高人。王闿运写《湘军志》，叙述此案，看到了这一层，认为樊燮必系经人指使，才对左宗棠反咬一口，然而，他离历史现场太近，反而看不真切，不能断定幕后神秘人物到底是谁。及至民国，经大学者孟森先生调查，才解开谜底。这个人，就是湖南布政使文格。文格隐藏得很深，当时只有极少数的人知道他是樊燮背后的黑手。胡林翼多方打探，知道是他，而在湖南的骆秉章、曾国藩都不知道，在北京的王闿运、郭嵩焘也不知道，即使左宗棠，自认遭遇诽谤，悲愤莫名，可也不知道整他的人不是樊燮，竟是文格。

文格（？—1893），字式岩，满洲人，道光二十四年（1844）进士，咸丰四年（1854），任湖南衡永郴桂道，五年（1855），任布政使。同治元年（1862），调广东布政使。他在湖南做官八年多，与左宗棠共事近四年。早期，他与左宗棠合作，没有发生什么明显不愉快的事情，后来，必定有了矛盾，以至要对左宗棠痛下杀手。只是，到底发生了什么，并没有详确史料可作证据。我们不妨猜测，有可能导致文格对左宗棠产生恶感，两人产生矛盾，应该是左宗棠在湖南推行财政改革，即前述减漕、办厘等事，得罪了文格。文格是布政使，是省中专责管理财政的长官，而左宗棠更愿意让绅士而不是官吏去管理财政，骆秉章对他的建议言听计从，于是，文格的财权就被左宗棠拿走了。如果因为这一点，文格对左宗棠产生恶感，应该是有道理的。当然，也许是别的原因。如今没有确证，我们只好如此猜测。不论原因如何，文格唆使樊燮告了左宗棠的御状，说他“劣幕把持”，非法掌控一省的财权与人事权，对于左宗棠来说，实在是一件严重的事。如被查实，最轻也会被判充军，再重一点，就要如同民间传说那样，就地正法了。

说到就地正法，可以插叙几句。在太平天国起义之前，清廷对死刑是很慎重的，程序极为复杂，审核极为严格，贵为一省之长，或是刑部尚书，乃至军机大臣、大学士，都没有权力决定处死任何人。即算罪证昭然，照律必死，也不能判处、执行任何人的死刑。每年，全国拟定死刑犯的名单，全要交到北京，由皇帝独自审定，届时，皇帝斋戒沐浴，独处禁殿，在没有任何人干扰他判断的情况下，他在谁的名字上画个钩，才表示这人可以处死，否则，那人就算省里拟了死罪，部里拟了死罪，乃至三法司九卿科道全拟了死罪，皇帝只要觉得案情有不明白的地方，甚至不需要理由，仅仅是“原情”，都可以不画钩，赦免这个人。然而，太平天国起义爆发，国内局势混乱，出现了很多与军情、吏治有关的叛乱事件，穷凶极恶，狡悍之徒很多，再用老办法决定生死，容易延误事机，甚至酿成大乱。因此，公平公正才让位于效率，判处死刑的权力才下放到地方，这就是所谓就地正法制度。曾国藩设审案局，可以杀人，就是运用这个制度。胡林翼在贵州，也用到这个制度，都是先斩后奏。左宗棠如果被证实“劣幕把持”，民间传说他会被就地正法，逻辑是不错的，也符合历史情境。所以说，左宗棠面临危险，有性命之虞。所以说，文格是对他痛下杀手。

文格下杀手，是被胡林翼发现的。他写给曾国藩的信里，说，我可以保证，在湖北官场，没有人对左宗棠有成见，更不要说恨之欲其死，我已经详细调查，总督我问过，他对左宗棠没有成见，其他如布、按、道、府，旁敲侧击，也有了解，他们对左宗棠也没有成见。再说，湖北官场跟这个案子本来就没关系。再经我向湖南官场查询，据可靠线报，幕后黑手应出自湖南，而且可以指明，不是布政使，就是按察使。当时湖南布政使是文格，按察使是翟诰，胡林翼还不能确定二人谁才是黑手。他得到的线报是说湖南有人要害左宗棠，是一位高官，而一省高官，也就巡抚、布政与按察，骆秉章肯定不会干，那么，"嫌犯"只能是布、按中的一个。他也请曾国藩去了解一下，看能否准确定位谁是黑手。几天后，胡林翼再给曾国藩写信，说，续得线报，可以确认推波助澜的黑手就是文格，您老就不用再调查了。说句实话，这种套路，那时的曾国藩还要不好，真让他去调查，不知得等到啥时候。

然而，文格再怎么推波助澜，最终能否把左宗棠牵连到案子里面来，仍然得看两位审官意下如何。官文，如前所说，已被胡林翼搞定了。林翼的搞法还挺有趣。一开始动之以情，所谓纯以私情，不管公论云云。后来看官文不说痛快话，他就要之以赖了。他给曾国藩写信，介绍了要法，说，不论好说歹说，左宗棠不能入案，才是正说。我每天都会去"骚扰"官文，除非他松口——当然不能明火执仗，官文是审官，他会使用隐蔽的沟通渠道。一次不行就两次，两次不行就三次四次，他一天不答应，我一天不放松。实在不行，真要翻脸，那也是意料中的事。这句话，就有杀气在里面了。督抚翻脸，可了不得。胡林翼可能就会威胁官文，若非要搞左宗棠的话，那么我就不得不如何如何。官文其实也是劣迹多多，尤其在经济方面，在用人方面，有不少行差踏错乃至可以上纲上线的地方，这些黑材料，肯定都在胡林翼掌握之中。凡在官场，官员平素说些你好我好的客气话，背地里互相搜集黑材料也很正常，而且，大家都有把柄——捏着别人的把柄，或是被别人捏着把柄——反而是生态平衡，反而能相安无事。如果官甲有把柄，官乙没把柄，那叫信息不对称，才是真危险。官员不怕有把柄捏在别人手里，关键是自己也得抓住别人的把柄。胡林翼捏有官文的把柄，所以他说，就算翻脸，咱也不在乎。刚柔并济，这种态度唬住了官文，再加上二人合作有年，关系确实不错，最终，官文同意放左宗棠一马。

钱宝青仍然是个问题。胡林翼打听了很久，一直不知道钱宝青到底要如何。当时，野史有种说法，说钱宝青调阅案卷，审讯嫌犯后，决意把左宗棠牵连进去，后来，胡林翼计无所出，竟然下毒，让主审官一夜暴毙，最后这个案子不了了之。这个传说很不上道。如果说钦差驾临某省，由督、抚为他安排办公室，安排保卫工作，而他竟然在办公室一夜暴毙，那还得了？钦差就是皇帝的“分身”啊，毒死钦差，跟弑君没区别。且别说毒死，就是钦差睡觉打被子，感染了风寒，兼之体质不佳，发病而死，督、抚都要承担很大的责任，至少保不住乌纱帽。因此说，毒死钦差的话，那比左宗棠这个案子可大多了，绝不可能不了了之。而考察钱宝青的生平，不难知道，办完此案，他安全回到北京，其死，也是寿终正寝，并无异征。

还有两种说法，就靠谱得多。左宗棠所以没有入案，是因为钱宝青独立思考，觉得不该把左宗棠牵入。其一，是一位与钱宝青很亲近的人，为钱宝青写传记，说，钱宝青赴鄂之前，即已仔细阅读相关章奏，并向同官问起左宗棠的事迹，胸中有了定见，及至抵鄂，他曾对身边的人说，这个案子当然跟左宗棠有关系，但是，左宗棠是什么人？那是一个既有才干立身又正的人，当国家用人之际，我决不会让左宗棠受到伤害，决不会因为小小嫌猜就把他拖入案中。钱宝青来自都察院，他知道事情的轻重缓急，深知只要向北京打报告一提左宗棠的姓名，就会出大问题。甚至在审讯的时候，其他人（如黄文琛）如果说出左宗棠三个字，自己也要想方设法，或者诱导，或者不予采信、不予记录，尽量让左宗棠的姓名不出现，如此才能保全左宗棠。因此，钱宝青的结案报告没有左宗棠的姓名。只是，说到这份报告，很奇怪，竟然在《清实录》里找不着。与樊燮案有关的下行、上行文件，在《实录》里都能看到，唯独这份定案报告找不见。或许此折“留中”，只能去军机处档案里找，抱歉，我没去查过。不过，根据事态发展，可以确信，左宗棠没有入案，因为自此再无圣旨说要讯问左宗棠。

还有一条史料，说，钱宝青办完案，回了北京，郭嵩焘跟钱宝青有交情，就去问他，说，只要不泄密，你给我透两句，说说这个案子到底咋回事。钱宝青就说，刚开始审，官文就向湖南布政使文格传话，说，你转告左宗棠，此时急流勇退，可保平安。这条史料蕴含什么意味呢？我猜——是的，只能猜，谁让这话无头无脑呢——官文对于谁在幕后操纵这个事情，其实已有定见（当然，也有可能是胡林翼给他出招），所以他对文格说这番话。为什么对文格说呢？因为他知道文格是黑手，但不能点破，于是，表面上他说请左宗棠急流勇退，实际上却在告诉文格，你不要玩得太过火，你不过忌恨左宗棠夺了你的权，并非跟他有不共戴天之仇，若他不在湖南待下去，不再操办湖南的军事、经济与人事，那么，你就该停止攻击。这么一说，似乎也通。还有一个细节，也是钱宝青告诉郭嵩焘的，他说，在胡林翼找官文求情之前，官文曾将左某人“性情刚愎”写入报告，后经胡林翼力劝，才删除这四个字。胡林翼说，你不提左宗棠的姓名好不好？何况还加上性情刚愎的考语。最后，经林翼力阻，左先生“性情刚愎”这四个字就没出现。

以上两种说法，认为钱宝青同情左宗棠，没有吹求罗织。事实调查，只能到这一步，没有更好的资料了。咱们且放下此事，讲一讲善后。

3. 国家不可一日无湖南，湖南不可一日无左宗棠

左宗棠虽说没有牵涉进案子里，那是不是还能继续在湖南待下去呢？再者，难道就因为胡林翼的几封信，钱宝青的结案报告，此案就永远不会再被人提起？万一再起风波，左宗棠是不是还有这般好运气呢？也就是说，这个案子到底了了吗？最终，得看皇帝怎么说。皇帝要么说，樊燮照样处罚，左宗棠可是个人才，真金不怕火

炼，应该重用。这是一种评价。或者说，这个案件还有不清不楚的地方，要继续审。再或者，皇帝一言不发，暂时把问题搁起，哪一天心血来潮，再换合适的人去审。都有可能。总之，皇帝没表态之前，大家都很忐忑。那么，为了促使皇帝早日表态，大家——或仅由胡林翼一个人推动——想出了一个办法：在北京这个最避嫌的地方，跟湖南湖北没有关系的地方，找一位平时说话皇帝爱听、为官声誉较好的官员，他跟湖南、跟湘军也没有私交，让他来说几句，看看能否促使皇帝对这个案件做出评断。然而，谁也不能催皇帝说话，皇帝想说他才说。因此，得制造一个契机，引导或者刺激皇帝就这个事情讲几句，形成定论。皇帝既然定论，金口玉言，驷马难追，以后自然不会翻案——这是一条妙计。于是，接下来的问题，就是找对人。符合前列条件的京官，当然不少，可在这种敏感时刻，万一没找对人，他对这个事情莫名其妙发一通言，还讲错了，不但贻误大局，对他本人也不利。人家会说，他跟这个案件一点关系没有，不认识左宗棠，又不了解湖南湖北的情况，为什么突然对这个案件发表看法？怎么回事？是不是受贿了，是不是徇情了？这是人之常情，简单推理。因此，一定要慎重挑选代言人，包括代言人所上奏折也要写得漂亮才行。

当时传言，郭嵩焘、王闿运等人商量得粗有眉目，乃向肃顺请教，问他，这个事情该咋办？肃顺说，我不能直接跟皇帝说左宗棠的事，因为皇帝会问我怎么知道的。此案是钦定密案，从程序上讲，只有官文、钱宝青等少数人才有资格知道。因此，我不能直接开口。当然，我不开口，还有别的办法。你们去找一个人，让他上奏为左宗棠鸣冤，然后，皇帝肯定会问我，对左宗棠有没有了解，对此事有什么意见。那时候，我就顺理成章替左宗棠说好话，他对湖南很重要，不仅不该拘泥细节去整他，甚至要给他提供更大的舞台云云。肃顺既然提出建议，这些话就从郭嵩焘、王闿运传达给胡林翼，而胡林翼则委托郭嵩焘，让他在京物色合适人选。

不多久，郭嵩焘就找到了合适的人——潘祖荫。潘祖荫家世显赫，未来，自己也做了尚书，入了军机处，但这会儿比较潦倒。他一生没有别的爱好，就好收藏古董，喜欢研究版本目录金石文字之学，是所谓“学者型官员”。收藏古董很耗钱，这会儿正是缺钱的时候，所以说他潦倒。当然，这个潦倒，跟没钱吃饭可不是一回事。当时，潘祖荫有个京剧界的朋友，艺名莲芬，潘祖荫常到他那儿去喝酒作乐。郭嵩焘约潘祖荫见面，地点就订在莲芬家。潘祖荫去了，郭嵩焘没跟他说正题，光喝酒，问问最近生活如何。其实，郭嵩焘早已打听到潘祖荫最近手头紧。潘祖荫喝了几杯，就讲，最近不好混，钱总是不够啊。郭嵩焘就说，钱是王八蛋，算什么。你不够？我有，拿去花吧。一下给了三千两。银票往桌上一搁，潘祖荫傻了眼，不知道这笔横财因何飞来，不敢拿。郭嵩焘说，你别害怕，明天你上个折子，银子就归你了。潘祖荫不傻，知道花这么多钱让他递折子，所奏之事肯定很重要，说不定还有风险。被吓着了，他没敢答应。郭嵩焘说，别担心，兄弟不会害你，不过是一封保折，让你保举一个人而已，不犯法。潘祖荫说，哦，保折，那行。那时的官场，官员之间互为保举是常事，譬如，郭嵩焘想保一个人，但是那人跟他关系近，或者亲戚，或者朋友，如此，则直接去保就不太合适，得避嫌。那么，郭嵩焘可以委托像潘祖荫这样与被保人没有关系的人去办这事。潘祖荫上奏，就可以说，夙闻某人品学兼优，才能出众，请皇上量才任用云云。因此，他一听是保折，就说那行。何况，还有大笔银子，何乐不为呢？业务基本谈妥，两人继续喝，喝到最后，潘祖荫问了一句，能不能先告诉我到底保谁啊？郭嵩焘就说，左宗棠。一听这三个字，潘祖荫不由得心中忐忑。他也听说了最近左宗棠的案件，尽管不知其详，但那是一桩麻烦事，他还是有数的。于是，他又犹疑起来。其时，酒过三巡，郭嵩焘乘兴，拍着胸脯说，我告诉你，那就是一桩冤案，左宗棠这个人怎么样，我一清二楚，他绝对没干坏事。你保他，绝无风险。再者，湘军领袖胡林翼、曾国藩、骆秉章等人全力支持他，只要渡过难关，左宗棠就会离开巡抚衙门，去湘军办事，必然能成就一番大事业，在这个关键时刻，你推他一把，他得多感激你啊！潘祖荫闻言，想了想，很有几分道理，就说，那我就去呗。

第二天，即咸丰十年（1860）闰三月二十三日，潘祖荫的奏折递到皇帝手里，奏折里面有一句名言，一百多年来，人们一说到湘军，一说到左宗棠，就会引用这句名言。我先将折子内容择要摘录一段，再介绍这句名言。折子题名为《奏保举人左宗棠人材可用疏》，云：

> 楚南一军……战胜攻取，所向克捷，最称得力。楚军之得力，由于骆秉章之调度有方，实由于左宗棠之运筹决胜，此天下所共见而久在我皇上圣明洞鉴中也。左宗棠之为人，负性刚直，嫉恶如仇，该省不肖之员不遂其私，衔之次骨，谣诼沸腾，思有以中之久矣。近闻湖广总督官文惑于浮言，未免有引绳批根之处，左宗棠洁身引退，骆秉章势难挽留。夫宗棠一在籍举人耳，去留似无足轻重，而于楚南事势关系甚大，有不得不为国家惜此材者。上年石达开回窜该省，号称数十万众，抚臣骆秉章因本省之饷，用本省之兵，数月之内肃清四境。盖其时带兵各官如李续宜、萧启江等，皆系宗棠同省之人，孰长于攻，孰长于守，孰可以将多将少，宗棠烛照数计，而诸将亦稔宗棠之贤，乐与共事。且地形之阨塞，山川之险要，素所讲求，了如指掌，故贼虽纵横数千里，实在宗棠规划之中。设使易地而观，将有溃败决裂、不堪收拾者矣。是则国家不可一日无湖南，即湖南不可一日无宗棠也。今年贼势披猖，东南蹂躏，两湖亦所必欲甘心之地，不可不深计而豫筹。合无仰恳天恩饬下曾国藩、胡林翼、骆秉章酌量任用，尽其所长，襄理军务，毋为群议所挠，庶于楚南及左右邻省均有裨益。臣与左宗棠素无认识，因为军务人材起见，冒昧渎陈，是否有当，伏乞皇上圣鉴。

稍稍解说一下。折云左宗棠“负性刚直”，招致湖南省的“不肖”官吏，图谋中伤他，此处其实暗中点出了布政使文格。然后，说官文审理此案，“有引绳批根之处”；其实，官文出具最终报告，并没有牵涉左宗棠的名字，而奏折要这样写，则是暗示左宗棠不仅被冤枉，而且冤情深重，由此引出特地要上这封奏折的理由，即所谓“不得不为国家惜此材”。湖南的形势有这么好，当然归功于骆秉章管治有方，但是，骆秉章的功劳，不就全是左宗棠的功劳吗？这句话，挺大胆的，因为左宗棠在国家的官僚序列里面并没有一个正式位置，可以私下里说他有功于湖南，公开地说，终归有点不合适。但是，此情此景，又必须这样说，因为案情紧急，不发非常之言，救不了非常之人。接下来讲咸丰八年（1858）宝庆之战，全靠左宗棠的调度，才能打跑石达开，若要换了别人，还真有可能“溃败决裂，不堪收拾”；而若湖南根本一动，全国局势也就不堪设想了。因此，最末就出现了那句名言：“国家不可一日无湖南，即湖南不可一日无宗棠。”前一句，说湖南现在是战略要地。因为，欲攻太平天国，必须顺长江而下，而欲顺江而下，必先占领上游；湖南、湖北正是上游的关键省份，而湖南是湘军发源地，相较于湖北，又更关键一些。若湖南不能维持，则湘军战力减弱，上游之利尽失，因此，国家不可一日无湖南。湖南的军事、政治、财政各方面，其调度、指挥都需要左宗棠这样的人，没有他，则湖南也不能维持，因此，“湖南不可一日无宗棠”。这句名言，很切题，很契合当时的实际情况。只是，若将语境更换，不论何时，都说“国家不可一日无湖南”，就不太恰当。譬如，未来左宗棠在新疆作战，湖南的地位就不像现在这么举足轻重，就没必要说“国家不可一日无湖南”了。

奏折写得很漂亮，上奏的人选得也合适，咸丰皇帝看了之后，正如肃顺所预测，立即咨询肃顺，而肃顺就顺水推舟，说根据平时的了解，所奏应属实情，左宗棠这个人，应该放心任用。讲到这里，可以指出一个有趣的现象，那就是，以前曾国藩被人诋毁，如祁寯藻说他以在籍侍郎率乡兵非国家之福，及他人诋毁湘军、猜疑湘军，这些人大部分都是汉族官员；而在决策层面，愿为湘军说好话，愿意支持湘军，不论在人力、财力还是政策上去支持湘军的，则以满人为主，如肃顺。在咸丰中后期，所谓“肃党”是一个最为支持湘军的权力集团，这一点必须指出。

听了肃顺的话，皇帝心下释然，说，这个案子就这么了了吧。于是，左宗棠得以全身而退。而接下来，又有谕旨问曾国藩，说有人奏称左宗棠被冤枉，又说他功在湖南，特命你查看左宗棠是否真有这样的才干，若情况属实，那么，下一步，左宗棠到底是该留在湖南还是跟着你去东征？你好好考察，速速汇报。曾国藩回奏，说，左宗棠虽然脾气差一点，但是特别有才干，我觉得可以跟我去东征。皇帝览奏，批示：左宗棠以四品京堂候补，调往曾国藩营中襄办军务。原来左宗棠以军功升到五品，现在还升了一级，则案件完结，左宗棠不但毫发无损，还升了官，由此可见，皇帝对案件的态度，十分明朗，而左宗棠也全然没了后顾之忧。

这就是左宗棠如何消劫的过程。还有一些题外话，挺有意思，不妨再讲几句。多年以后，左宗棠在西北行军，当地一个农民从地里挖出一尊青铜器，当时都不知道是什么器物，左宗棠也不认识。但是他知道，有一位在他最困难的时候帮助他为他递过一封保折的人——潘祖荫——喜欢收藏这种东西，于是，他自己花钱，从农民手里收购了这尊铜器，快递到潘家。潘祖荫是内行，一见即知，是个宝贝，乃妥善收存于家中。自清末，经过民国建立，抗日战争，国共内战，直到中华人民共和国成立，这尊铜器一直藏于潘家。1951 年 7 月，潘氏后人将铜器上交华东军政委员会文化部，捐献给国家。铜器先藏于上海博物馆，后来转藏于中国历史博物馆。这尊铜器，就是国宝——大盂鼎。

第三章“一代枭雄”胡林翼

一、“高干子弟”胡林翼

1. 做人做事四项原则

胡林翼的父亲胡达源，名气不大，即在湖南境内，今人知道他的也不多。这不奇怪，在益阳，也不是人人都知道百年前有个著名老乡叫作胡林翼的。湘军大佬，也就曾、左二人拥有“天王”般的名声，堪称家喻户晓。益阳有一处古迹——箴言书院，与胡达源有关。这所书院是胡林翼为纪念父亲而修建，曾国藩、左宗棠等人都捐了钱，作为建筑、维持的经费。为什么叫箴言书院呢？因为胡达源有一部著作，叫《弟子箴言》。后来，在书院的原址上，建成了益阳县第一中学。前一阵看新闻，益阳一中更名为箴言中学，似是象征乡人在多年以后，向胡氏父子致敬。

胡达源参加科举，中了嘉庆二十四年（1819）的探花，此后，入翰林，做主考，督学政，最终官至詹事府少詹事（正四品）。翰林、学政，不用说，都是清水衙门；而詹事府，是清代词臣专用的迁转机关——即自翰林院出来而未实授中央或地方职务的官员借以歇脚的中转站。在这个机关的人，有官职，有品衔，但无实权，亦无实务。胡达源一生“仕履”如此，可想而知，是毫无油水的，因此，他是位清官。当然，主观上，他对财富也没有什么追求。不过，毕竟是身在京城的清官，而且是高级清官（正四品），清则清矣，一清如许、两袖清风还谈不上，家境贫寒更谈不上。胡林翼就在这样一个家庭生活了二十多年。

胡林翼生于嘉庆十七年（1812），与左宗棠生年相同，胡林翼生在六月，左宗棠生在十月，胡林翼比左宗棠要大月份。但是，看他们的往来书信，胡林翼总是称左宗棠为“左丈”，不免奇怪。两人年纪就差几个月，为什么胡林翼要给自个儿降一辈呢？这是因为他们都跟陶家有婚姻关系。胡林翼是陶澍的女婿，左宗棠是陶澍之子陶桄的岳父，而女婿当然比他小舅子的岳父低一辈，因此，胡林翼写信给宗棠，得称他“左丈”。有人读书不仔细，说这是因为胡林翼尊敬爱戴他的朋友左宗棠，所以这么称呼，这是不对的。

胡林翼有两个姐姐、四个妹妹，家中就他一个儿子，他是胡家的独苗。后来，胡林翼频繁纳妾，自责未能生子，与他是家中独苗大有关系。不孝有三，无后为大嘛。同时，这也成为他被人进行“人身攻击”的首选素材。不过，都是后话，且搁下不表。

胡林翼幼年与少年的生活，状态如何，目今所见材料不多，无法详述。不过，在梅英杰为他编订的年谱中，选择了一些具有象征意义的场景，可以帮助我们了解早年的胡林翼。五岁时，胡林翼随祖父住在益阳老家（其时父母皆在北京），在家书中，祖父写道，胡林翼各方面都好，就有两个特点：一是爱说话，平日里讲个不停。第二是好跟脚，我到哪他也到哪，“不安于室”。梅英杰选用这些材料，或许是暗示，胡林翼自小聪明，未来成为伟器，已有征兆。小孩说话不像成年人，往往是脑子里面想什么，就会脱口而出讲什么，所谓童言无忌也；如果大脑运转不够快，小孩的话会少一点。胡林翼话多，表示他这个小脑袋瓜转得挺快。至于好跟脚，则表示他好奇心重，喜欢观察世界。编者如此选材，似在暗示他打小就聪明，很敏锐，很关心身外的事情。

及至八岁，胡林翼有一桩奇遇。祖父参加县中修志的工作，常去志馆，好跟脚的胡林翼自然不会落下，而在志馆，他见到了未来的岳父——陶澍。当时，陶澍回家省亲，有空也去志馆看看。有一天，陶澍见到了跟在祖父身边玩耍的胡林翼，竟然“惊为伟器”，当即决定与胡家订下婚约，将女儿许配给他。这是娃娃亲，今日已不常见，但在传统中国，却是十分正常的事情，反倒是十几二十岁订亲才不正常。再说，先结婚后恋爱与先恋爱后结婚，也没有什么根本上的优劣之别，“爱情都是盲目的”嘛，反正要“失明”，何必分先后呢。当然，这是开句玩笑。家家有本难念的经，夫妇之事实在说不准。陶澍嫁出的女儿，就是将来胡林翼家书经常提到的“静娟夫人”。

自九岁至十七岁，胡林翼在北京念书。若仅说念书，不会觉得有什么讨论的必要，无非是应付科举考试那一套。但是，我们可以从他在北京度过少年时代这个事实来与其他两位湘军大佬做一个比较。曾国藩与左宗棠的少年时代，比较相似，都是在家乡念书，一在湘乡，一在湘阴，后来又都转学到长沙，总之，不离本籍。后来，曾国藩考中进士入了翰林，这才离乡赴京，开始了“京宦”生涯。左宗棠自中举后，去北京参加会试，考了几次，但都没考中，因此，他对京城的生活了解不多。三人中，只有胡林翼的少年时代是在北京度过的。可以设想，他与曾、左这两位在湖南长大的少年相比，会有不同的地方。当然，有了如此的不同，对未来的发展，是优还是劣？这很难讲。然而，可以肯定的是，第一，胡林翼在北京，他的眼界会比曾、左开阔。在大都市里成长，与在内省的县城待着，所见世面绝对有巨大的区别。第二，胡林翼接触到的师长朋友，及由此发展出来的人际关系，也跟曾、左有很大的区别。曾国藩的父亲勉强算是乡绅，左宗棠的父亲是贫穷的教书匠，而胡林翼的父亲是高官，照王闿运的评价，是所谓“曾起农家，胡称贵胄”。“贵胄”，用今天的话，就是高干子弟。前述胡林翼之父是个清官，没捞到什么油水，但他的品级高，是不折不扣的高干。少詹事是正四品，在清代，习称正五品以上为高阶，也就是高级干部。于是，胡林翼自然是不打折扣的高干子弟。胡达源既是高干，又出身探花（一甲第三名进士），那么，他在北京接触的人，想来品级不会太低，品位也不会太差。物以类聚，人以群分，是正常道理。而胡林翼作为高干子弟，他的交往圈应该也在这个层级，所谓“大院子弟”。正因为有这段经历，我们才易于理解，为什么他在二十几岁的时候，就跟当时的政治明星（如文庆），乃至当朝大佬（如陈官俊），有不一般的交往。没到北京之前，曾国藩、左宗棠可没几个“上流社会”“主流精英”的朋友，此即因为他们的成长环境与胡林翼有区别。当然，胡林翼能跻身高级社交圈，与他作为两江总督陶澍的女婿的身份，亦大有关系。总之，胡林翼因为在北京度过少年时代，造就了他与曾、左不同的气质，不同的人生。

十九岁，胡林翼离开北京，回家结婚。因为家贫，硬件设施不太好，故结婚仪式选在桃花江陶氏别墅举办。其时陶澍无子，对胡林翼这个女婿，看得很重，比一般说来的女婿能顶半个儿子还要重。选择在陶家办酒，风光一场，也有这方面的原因。明年五月，沅湘流域大水灾。这次水灾在县志、省志都有记载，是史上有名的灾难。益阳属受灾地区，人民流离失所，很惨，邻近受灾更重地区的人民蜂拥而至，很乱。当此惨乱，胡林翼给知县写了封信，提出一套救灾计划。后面再介绍他的救灾计划，先说他为什么在这个时候——离家多年，对地方情形不熟悉；乡试未中，既无功名，又无公职——主动出来做这个事情。有一种流传甚广的说法，说他早年在北京，不修边幅，光顾着玩闹，不读书，不干正事，不成熟。这种说法与实际情况之间，是不是有些偏差呢？他提出的救灾计划，详尽周到，怎么也不像一个不问世事的花花公子能做得出来的。

胡林翼计划的第一条，将本县民户分为三种——上户、中户、下户。划分标准，视每个家庭的现金和存粮而定。上户，家中有钱又有米；对这一种，县里不用管，他勒紧裤腰带自然能渡过灾荒。家中有钱无米，或者米很少，是中户；对此，县里卖米给他，然而不照市价——灾年米价涨得太高了——而是平价出售。下户，则是无钱无米；对此，由政府发放粮米，免费。当时的县政府规模小，财政自主度也低，仅靠财政盈余赞助中户、下户是不可能的，那么，政府救灾，钱从哪来呢？胡林翼说，由县里的大户出。或者捐现金，由县里统一组织从外县采购粮食；或者不捐现金，而捐出家里的余粮。胡林翼坐言起行，写完信，拿出二千两，“以为之倡”。当然，他这是慷他人之慨。胡家并没这么多钱，他让媳妇说动娘家拿出二千两，做了表率。

仅仅劝捐，还显不出胡林翼的见识，接下来的赈灾的具体措施，才能看出他的本事。如何确定受助资格，分钱分米谁去执行，其间，怎样监督？这些定好了，方案才能操作。胡林翼说，不必让吏役参与此事，而应由县中公认的口碑好的绅士们去管理这些事情。这和后来的湘军收取厘金，以及管理这个后勤物资和金钱，都尽量选用绅士，而不是选用官吏这个措施很像。当然这不是说他有远见，而是通过这个事情，不仅仅这个事情，当时有很多，甚至在别的省，大家做一些这种公益性的，甚至不仅仅是公益性的，跟军事政治有关的事情，在地方上做的话，大家都会不约而同地说，尽量少让官方参与到里面来。虽然这个事情是在官方的指导下，要备案、报批之类，但是具体做事情，都选用这个地方上的绅士。这是什么原因呢？第一，官员、官吏参与到这个事情里面，就会贪污腐败，这个现象太严重了。第二，传统中国的这个治理结构和我们现在理解的不一样，基层政权——县，这一级机构人不多，可调用的资源也不多，所以他要在地方上干什么事情，也不好怎么做，他能力不够，但是中国的基层社会还是要运转的，那么这个时候就会有所谓绅士出面。一个是有官方功名的人，有举人、进士或者是退休回家的官吏，他们这些人是绅士的主力。另外还有一种叫作宗族，因为古代中国讲这个宗族，大家都是一个大姓，大家都连着一个族谱，我们就是同一族的，那么这些人也会互相帮助，其中有力的、年纪大的，或者有德行的，他就会成为一个族的领导，他能带领同族的人来做一些事情。所以，由于这两个原因，胡林翼才说赈灾要选择绅士，也是将来的湘军，更多地利用绅士这么做的一个根本的背景，或者说一个基础。

然后，胡林翼除了说要用绅士管理之外，他这个赈灾计划中还有两条也很细致。第一个是“不受外县之流民”，就是说，本县就管本县的事情，如果是从外县到我们这里来的，我们就不负责，我们不会给他米，也不会给他钱。这个没办法，因为县里面的资源，一县之人拿出来的救济款、救济粮，只能负责这么多人的生存。所以他让知县通知邻县，通知外县的长官说，你尽量不要让你们县里的人流到我县，流到本县，我是不会负责的。第二，为期一个月。因为这个时候是五月发生水灾，这一个月期间，正好是农业上叫作青黄不接的时候，那么在这一个月最需要粮食，过了这一个月，就不再执行这个赈灾计划。

这就是二十岁的时候，胡林翼回家看到这个水灾，提出的一个赈灾计划，他提出赈灾计划的时候，在计划的开头还有一句话，表明他为什么要这么做，他说“秀才便当以天下为己任，这一腔恻隐之心，越读书，越忍不住”。像这种句法，这种风格，在胡林翼的书信中，终其一生，我们经常能看见，这是很典型的一种风格。“以天下为己任”，这是从宋代以来，中国读书人、士大夫形成的一个传统，几乎所有传统中国的读书人，都有这种理想。当然以天下为己任的理想，不是说天下就是我的，都要去做皇帝，不是这个意思，而是说“士大夫与皇帝共天下”，要辅佐皇帝，辅佐一个权位最高的人甚至是他的家族，一起来处理天下的事情。胡林翼在十九岁能够这样想，并不是很稀奇的事情，但是他能够做这个事情，不单能够提出建议，还能自己首先拿出二千两银子，然后参与其间，在发出建议之后不久，就在整个县里面筹集到几万两银子，救活了很多灾民，这个就很不简单。我们同期去比较曾国藩，比较左宗棠，他们在这个年纪之前，没有干过这么大的事情，可以说他们在这个阶段，没有胡林翼的魄力，也没有他办事的手段。

虽然只有二十岁，他总结自己的手段，就是总结这个事情怎么能办好，他用了四句话，叫作“以至诚感之，以大义责之，以危言动之，以赏劝诱之”。我们仔细来看这四句话，我发现这不仅是他在处理水灾，赈灾事件中用的手段，甚至可以说，这是在他后来的人生中干大事情最常用的，几乎也就是天天要用上的、极为动人的手段。“以至诚感之”，其实就是从我做起，要感动别人，你自己先要诚心。你要干一个事情，你想劝大家跟你一块干，那么你先得去干这个事情，自己要先投入进去。“以大义责之”，就是要讲一些大道理。对于官员，你要讲为了国家你要有责任感，对于为人子者说，你要尽孝道，对于一些别的人，朋友，说你要对朋友忠信，你要讲义气。对不同的人，给他们灌输不同的责任感，用不同的责任感去鞭策不同的人，这就是以大义责之。那么前面这两个，可以说更多的是一种正面的做法，积极的做法，但是往往如果只有这两个，你自己身先士卒，然后你大义责人，可是人家不一定真就会跟你干。接下来两个，“以危言动之”，吓唬人，但是吓唬人也是一种本事，因为在大家的智力相差不那么大的时候，同样一个事情你说你一定要去做，那个人说我不做，然后你就要吓唬他，说你不做就会如何如何，这个很难，很有技巧你才能做到，你很生硬地去说，威胁人家说你不做就会有什么后果，这个很难，有的时候不仅仅是通过说话，你可以旁敲侧击，自己不愿意跟他说，你可以让别人去说，你不公开说，可以举别人的事例去吓他。胡林翼在后来，不管是劝人家捐款，还是劝人家出来作战，还是劝人家好好执行他制定的政策，都用过这种手段，还不仅仅是说，你会有什么后果，甚至找个理由到你家抓人，最后你捐了，我把人放了。你这个县，有的时候让你往省里交钱，交得不够，或者要军事上的支援，你这个支援不够的话，他就会直接撤你的职，但是这种呢，也不是特别常用。还有一种方式，最后一个，叫“以赏劝诱之”，这个跟前面的“危言动之”结合起来，双管齐下，软硬兼施。你光是责备，吓唬人，那个人的积极性也不会起来，就算做也是被迫的，没有积极性，也很少有创造力，你只有在吓唬他的同时，给他提供一个未来的图景，你要让他有一个奔头。这四句话，虽然是他十九岁时候说的，但是它其实就是后来胡林翼办事的四项基本原则。

水灾处理完第二年，他二十一岁的时候，他们小夫妻就送岳母去南京，他们也跟着一块去。在南京期间，最重要的事情，是他向岳父推荐了林则徐、伊里布，甚至暗示他的岳父百年之后，万一将来死了，那么在临终的时候，写遗折的时候，应该秘密地向皇帝推荐这两个人，作为两江总督的接任者，后来陶澍也真是这么做的。他逝世之后，北京就让林则徐接任两江总督，尽管林则徐来不及到南京上任，但是后来伊里布曾担任这个职位。这是最正面的事情，也是他在南京期间，愿意告诉人家他这一段在南京期间所做的事情。接着没过多久，他就去北京参加考试，考取了举人，然后在次年的三月，又中了进士，这就叫作“连捷”。前年八月中了举人，第二年的三月又中了进士，然后入了翰林，进了翰林院，他这个时候才二十四岁。曾国藩中进士在二十八岁，比他晚，左宗棠没有中过，所以在科名、科举考试的道路上，在做官的道路上，胡林翼的起步比曾左要更早、更顺利，二十五岁就是翰林院的翰林了。

胡林翼虽然在翰林院做那么久，后来散馆的时候也授了一个翰林院编修，但是他留下来的全集里面，诗文很少。按照正常的说法，一个翰林要作很多的诗文，他的诗文却很少，特别是诗，寥寥几首，所以你要是在别的一些书，一些史料里面能够找到胡林翼的诗作或者文章，只言片语都是很珍贵的。同样是湖南人的杨钧——杨度的弟弟，他在自己的一个笔记里面写道，他曾经到过汤鹏家里，汤鹏当时也是湖南在北京的一个京官，跟曾国藩的关系很好，跟胡林翼也有交道，他说汤鹏家里有一个册子，这个册子的内容全部都是胡林翼的诗作，是他当时在翰林院期间所创作的，各种各样的诗，诗的体裁分为两种，一种是在翰林院工作期间的应制诗，应制的一些作品，就叫试帖诗，还有一种就是跟人交往、酬应，互相之间唱和的一些诗。在翰林院期间他作过一首试帖诗，这个诗题叫作“霖雨思贤佐”，意思就是看到下大雨的时候，特别是春雨的时候，想起国家需要贤臣，需要栋梁之材。诗里面有两句，叫作“散为天下福，献作国家琛”。“散为天下福”，他是描写这个雨下得大，但是在春天，大雨好啊，得及时雨更好，虽然表面上是下雨，其实就跟降福一样，所以叫“散为天下福”。“献作国家琛”，琛就是美玉，上天赐福予这个世间，那么就会造就能够为国家效力的栋梁之材，贤能的人才，就可以“献作国家琛”。当然杨钧就只举了这个例子，说有这么两句诗是他在翰林院期间作的。前面讲了，现在的全集里面，胡林翼的这个文学作品很少，所以在别的史料中能够见到这只言片语，都很宝贵。当时有人就说，你看胡林翼那么年轻的时候，二十几岁写的诗就有这样的情操，就有一种名臣的气象，“散为天下福，献作国家琛”，所以他将来果真成了中兴的名臣。可见通过这个诗歌，或者文章等文艺作品，我们能够预卜他的未来，预卜他的前途，这个其实是很多传统中国人喜欢的一种方式。就是说，谁谁谁少年时代、青年时代作了一首诗，写了一篇文章，甚至仅仅是说了一句话，然后他后来成为一个什么样的人，这个时候就有人来总结说，你看他那么小就这么说了，他将来果然这样做了，大家把这个东西当作一个可以用来预卜未来的工具。那么说胡林翼写了这两句诗，将来真的成为了名臣，也就是说他这两句诗，预示他将来肯定会成为名臣。

可是这个东西又不能一概而论，在讲为什么不能一概而论之前，我们先随便拉扯两个人，讲一讲这种事情，用诗文来预卜人的未来。唐代有一位著名的女诗人，叫薛涛，她在八岁的时候，父亲就以梧桐树为题目，让她写诗，她父亲写了两句，“庭除一古桐，耸干入云中”，刚准备接下去再念的时候，薛涛就接了一句，“枝迎南北鸟，叶送往来风”。她这个对仗很是精巧，又正好描述了梧桐树的姿态，因为凤凰栖梧，很多好的鸟，吉祥的鸟，都会栖息在梧桐树上，梧桐树它有一个好的品质，在传统中，吉鸟都愿意栖息在梧桐树上，梧桐树又比较高，风声往来，叶子就会动，通过外形的描写，这两句是这个意思。可你要是不从这两个方面去理解这两句诗，因为她是一个女性嘛，女性的话，“枝迎南北鸟，叶送往来风”，可能就感觉不是那么的端正，所以传说她父亲一听到女儿念出这两句诗后，就眉头一皱，叹了一口气。而在后来，薛涛确实因为各种各样的原因，成了一位诗妓，今天就可以直接说成了一个妓女，尽管她是非常著名的一位女诗人，但是她的身份最后是一个妓女。很多人就说，她八岁的这两句诗就预示了她将来会成为妓女。这个是时间比较远的。

还有一个近的，左宗棠在二十二岁的时候去北京，在北京写下了一组诗，是很有名的，叫《燕台杂感》。他在这首诗里面抒写了自己的心情，展望了未来，尤其神奇的是，他展望未来的一些句子，说的一些事情，真的在几十年后由他自己去实现了，特别是这一句“置省尚烦它日策，兴屯宁费度支钱”。“置省”是什么意思呢？就是设置新疆省，因为在当时，清代的新疆并没有单独设为一个省份，当然在左宗棠生前也没有设省，但是，新疆设省的建议有很多人提出过，左宗棠后来去平定新疆，恢复疆域，他也提出过这样的措施，这是“置省尚烦它日策”。“兴屯”就是在新疆开垦、驻军，作战的时候是军人，平时是农民，这叫兴屯，也是一种移民的方式，这个是左宗棠在新疆采取的一个措施，但是在他写这首诗的时候，二十二岁，功名还没有成就，根本不敢想象后来这件事情会由他去做，可是，最终他还真做了这件事情。这个例子就像胡林翼在翰林院写的那两句诗一样，这样的例子还有很多很多，一说到名人，说到名人的少年、青年，我们都有兴趣去找出他这种预示他未来的一些话，有的时候哪怕不那么贴切，也要牵强附会，说他早年就这样说话，他后来所以成为那样的人。这些作为一种预兆的话，我认为没有太多的必然性，因为它有一个统计学的漏洞，为什么呢？喜欢写诗作文的人有很多，如果我们把任何青年时代书写理想，或者可能跟他后来际遇有关的诗句和文章统计一下的话，我们会发现，很多人的人生跟他那个诗句，会有一定的冲突，能够吻合的往往是少数，而这个少数里面，也只有成为名人的人，才会引起大家的注意，而这些名人的少年时代的一些作品，在整个统计的这个样本里面，属于极少极少的数量。所以说他们的这个预示未来的一些作品如何如何，并不能代表我们就有可能从任何人早年的作品里面去预见他的未来，这个最多是一种谈资，包括胡林翼能写那两句诗，预示他后来成为大臣，也没必要去真正地相信，因为包括胡林翼自己，他的后来，在中途还要经历一段很长时间的坎坷波折。

2.“驻京办主任”的风流岁月

刚才我们讲了他在翰林院的生活，下面就要插叙一下，也是大家对胡林翼感兴趣的一段经历，就是他的花边新闻。同时代的人，跟他认识的人，有接触的人，人家一般是点到为止，用词很委婉，一般是说“少无边幅”，就是说做事情荒唐。慢慢地到后来，后来的人在记载他青年时代的事情时，说得很直白，就说他流连花酒，喜欢寻花问柳，或者直接说他有嫖娼的行为，比较有代表性的，我来介绍一下。

一个是说他在南京，住在他岳父陶澍家里，整天跟一些狐朋狗友出去花天酒地，有人就将这个情况报告给陶澍。陶澍不以为然，说了一句，我这个女婿将来要做大事，劳苦异于常人，这会儿，让他放松一下，没问题，不用去管他。还有一种，更刺激，说他新婚之夜就到外面去找别的女人。这种传言，并没有非常可靠的根据，不是说他没有这种事情，而是说是不是具体到这个地步，很难查证，不仅难以查证，就事论事的话，我们还可以证伪。新婚之夜，他是在益阳陶澍家完婚的，那个时候民风还比较纯朴，在益阳本地，他到哪去寻花问柳，那么小的一个地方，他家和陶家又都是名门。人家又说发生在南京，可他结婚确实在益阳，不在南京。第二，他在南京期间，其实他待的年头，远远比不上他在北京待的年头，真要说有些什么样的问题的话，应该都发生在北京。后人叶德辉，湖南一个很有名的“劣绅”，其实是一个很有成就的藏书家，北伐的时候他被正法了，枪毙了。他讲过胡林翼的一个故事，他把故事告诉给方叔章，方叔章后来是湖南省政府的参事，方叔章又把这个事情告诉了黄濬。黄濬是一个有名的汉奸，因为向日本人提供情报，泄露军事机密，被蒋介石派人处死，但是黄濬是一个很有才华，很有学问的人，尽管他是一个汉奸。黄濬有一本笔记记载了很多事情，其中就记载了方叔章告诉他的胡林翼嫖娼的故事。故事怎么讲的呢？说他在翰林院的时候，有一个同事，也是翰林，叫周寿昌，周寿昌是长沙人，两位是老乡。有一天晚上，他们俩一块出去玩，到一个妓院去玩，突然，那天运气很不好，碰到了来查房的。当时官员严禁嫖妓，虽然妓院可以开，但是妓院是开给一般民众、商人或者什么人，朝廷命官严禁出入那些场合，发现之后，会受到很严厉的处罚。胡林翼和周寿昌两人，听到敲门声就很慌张，但是周寿昌反应更快，他一下就跑到厨房，跟厨子借了一身衣服换上了，躲在厨房里。当时官员的穿戴跟一般人不一样，查房的一看穿着就能判断你是什么人。胡林翼反应慢，还没来得及躲避，查房的人就进来，把他给抓住了。官员是严禁嫖娼的，会受到很严厉的处罚，所以胡林翼被抓住后，死也不肯说自己是干什么的，这就可以想象，他会受到多大的折磨、污辱，甚至刑讯逼供。但是他挺住了，挺了一夜，备受折磨，什么都没有说。周寿昌躲在厨房，顺利逃过这一劫，第二天，胡林翼就跟周寿昌绝交了。他觉得有难同当才对，两人一块去干这个事，你中途跑了，在整个我受难的过程中，你不来救我，也不来出点主意，一个人跑到厨房里面，眼睁睁看着我在这边受折磨，你太不讲义气了。他不仅仅跟周寿昌绝交，以后胡林翼还对长沙人有一个很不好的印象。他在书信中，在招募士兵，包括任用官吏上面，有几次都流露出对长沙人的成见。当然，他对长沙人的成见，是不是就一定因为周寿昌这个事情，也不能这样说，但至少周寿昌本人的仕途大受影响，在后来胡林翼得势之后。因为周寿昌在当时是很著名的一位学者，是一位文学家，也是对行政对经济很有理解的官员，在湘军集团兴起后，按道理，他这样的人是肯定会进入湘军集团的，因为当时湖南的知名之士，以及稍微有才干的人，几乎全都会跟湘军有关系。但是周寿昌他直到胡林翼死后，在升迁上才稍微有些起色。而在胡林翼生前，他根本没办法进入湘军集团，获得一些差使。当然周寿昌也好，胡林翼也好，从来不会说是因为这个事，这是叶德辉说的。叶德辉是从哪知道这个消息的呢？我估计也应该是湖南这边的故老相传，大家用口传的方式，把这个故事传下来的。大家为尊者讳为贤者讳，不会真的把胡林翼和周寿昌这个事情，写到自己的文章里，写到自己的诗里，但是大家聊天的时候会聊这个，叶德辉可能也是跟老辈聊天的时候，知道这些事情，我们也通过他这个途径，了解了胡林翼的花边新闻。这也是迄今为止，说到传承，流传有序，说到说话人的可信度，最可靠的一条，前面那些根据传播消息的作者的身份，都没有在北京嫖娼的新闻来得可靠。

因为他不修边幅出入风月场所，又有一种传言，说他染了恶疾，得了性病，导致不能生育。确实胡林翼没有儿子，但说他不能生育就错了，他至少有两个女儿，只是没有儿子，没有哪种病说只能生女儿，不能生儿子，这不叫病，所以这条流言我们也可以将它破除，花边新闻确实让胡林翼在当时一些人的心目中对他印象不够好。所以在早期，甚至在三十多岁的时候，湖南这些有名的人，像以曾国藩为代表的人，跟他的交道并不多，甚至有些敬而远之的意思。胡林翼在离开北京之后，经过近十年的磨折，再跟曾国藩他们相见，以前的胡公子，跟年轻时代在北京见到时不一样了。那么经过哪些变故呢？

一个是他二十九岁那年，充任江南乡试的副考官，正考官是文庆，文庆是满洲人，他也是晚清同治中兴时代一位很著名的政治家，他后来的地位很高，同时胡林翼自己也是名门之后，他们平时的交道很好。在考试期间，文庆病倒了，病得很重，根本没办法阅卷，胡林翼虽然说是翰林，但要真说到文章这方面的学问，大家总觉得他有些欠缺，至少比曾国藩就会要差一点。当然是不是这样，我们不好具体去评价，但是在他代替文庆阅卷的过程中，他没有独立作业，可能出于精力体力的考虑，因为看的卷子太多了，他就带了一个从湖南来的举人，叫熊少牧，让他分担了一些阅卷的工作。当时的考试是非常严格的，考场分为两部分，一部分是考生答题的地方，一部分是主考官、阅卷官，以及印刷试卷的人住的地方。考场叫闱，考生待的地方和主考官阅卷的地方之间有一堵墙，只有一道门可以出入，门有个帘子，任何人在考试期间，帘子这边的人不能到那边去，帘子那边的人也不能到帘子这边来。熊少牧这种人根本不能进入阅卷的地方，这是绝对违规的，但胡林翼把他带进去了，当然这有一个前提，可能是因为文庆病重了。这个事情后来就被发现了，文庆被降级、革职，胡林翼也降级调任，这个处罚其实不是很严厉，要是再过一些年，在咸丰八年（1858），那个时候的科场案，主考官就因为考场中有些不合规矩的事情发生，被砍头了，所以他们这回两人只是降级，还算处罚轻。有人就评价，文庆病重了，胡林翼把熊少牧拉进来一齐阅卷，其实是为他分忧，所以他是为文庆的生病负了责任，受到了处罚，有同患难的意思，文庆和胡林翼就因为这次同患难，两个人的关系更好了。所以在后来，当湘军受到一些高官的猜疑的时候，文庆挺身而出为胡林翼说话，为曾国藩、为湘军说话。他是满洲人，又是高级官员，他说的话很有分量，他去支持一个汉族军功集团，说话比同样身为汉人的高级官员，更有分量。

在科场案的前后，胡林翼迎来两次噩耗，一次是他岳父在他二十八岁那年逝世。他跟他岳父之间关系非常好，甚至可以说胡林翼在北京翰林院的时候，他就是他岳父两江总督陶澍在北京办事处的主任，驻京办主任，如果可以这样比喻的话。我们可以去看这段时间给陶澍写的家书，家书里面没有太多汇报家庭情况的内容，更多的是向他岳父汇报北京官场上的一些动向，谁升了，为什么会升，谁降了，怎么降的，然后有些人说了些什么话，大概是什么意思。包括陶澍委托胡林翼就地方上的政策，到北京去听一听风声，看中央对地方政策有何看法，胡林翼会通过各种各样的关系，找到当时军机处的大臣，找到大学士，找到有关部门的尚书侍郎去了解，有的时候如果中央反对的话，他还要通过自己的斡旋，自己的人际关系，去争取他们改变态度，他的书信里面有很多这方面的内容。还包括像谁要送一些银子，要给谁帮忙，因为他是什么关系，他父亲是谁，他老师是谁，为什么要帮他，要给他这么多钱，都要向陶澍汇报。而陶澍这边，对他从北京发出的消息，以及提出的建议，几乎是言听计从。所以说，尽管胡林翼在北京有些荒唐的事情，但他也做了很多不为人知的，比较高级的官场的策划组织工作。比较他和曾国藩、左宗棠，曾国藩对北京这方面的工作，也有经验，但绝对不像胡林翼介入得那么深，左宗棠根本就没有在北京的官场待过，所以在这方面根本没法和胡林翼相比，就是说对于中央政治的理解，对于中国政治最高场所一些活动的了解，肯定比不上胡林翼。胡林翼自己人够聪明，在北京又有机会去实践这些事情，他的岳父陶澍也是一个很会做官的人，也会教他很多东西，所以后来大家说胡林翼这个人有权术，那么他的权术的训练，应该就在这段时间，特别是中了进士入了翰林之后，翰林院很清闲，主要做的事情就是跟他岳父干这个，作为北京和南京的一个通信联络官、协调官。但是在他二十八岁的时候，他岳父逝世了，对他打击很大，因为他在官场上最重要也最亲近的靠山没有了。过了一年多，他自己的父亲胡达源又逝世了，逝世了就得回家守制，这就暂停了他的京官生涯，回益阳守制，暂时不能做官了。

3. 乡居造人事业

他回到益阳就面临两个大问题，都是家庭问题，一个是他自己家的问题，一个是陶家的问题。他自己家的问题主要是缺钱，胡达源是一个清官，没有多少钱，包括在北京的时候，他们家都没有佣人，是由胡林翼的母亲每天“主中馈”，就是做饭，三口之家没有佣人，这一点还比不上曾国藩在北京的生涯，曾国藩在北京还有佣人。在这么清苦的情况下，胡达源死后就没留下多少财产，胡林翼平时的花销很大，没什么积蓄。当他们从北京扶着父亲的灵柩回来的时候，发现益阳老家没地方住，可是他当时又不能立即拿出一笔钱，只能暂住在长沙，根本回不了家乡。他家里有六个姊妹，嫁人的嫁人，在家的在家，都不会有太大的经济贡献，所以胡林翼家的问题，就是缺钱。陶家的问题就是大家在争钱，因为陶家的姨太太很多，在陶澍死后争夺家产，平时互相之间的矛盾也很激烈。那么，胡林翼作为女婿，他有几个妈在陶家，陶澍的正堂夫人、姨太太，他都得叫妈，也不好处理那些事情。自己家缺钱，岳家有钱但是很乱，两家，他都是唯一能够站出来的男性，所有这些事情他都得去处理。陶家没有成年男性，他的小舅子陶桄，那时候年纪还小，陶家就他这么一个女婿能处理这些事情。

在乡居的这段时间，胡林翼的人生态度有一些改变，第一他离开了那些繁华的场所，第二他经历了生离死别，以及官场的挫折，心里肯定会有些触动。至于他具体怎么想的，目前尚不太清楚，但至少，从他给人家写信报告自己的情况，以及人家劝他守制期满出来做官，他拒绝人家的一些信里，我们稍微可以得出一些印象。当时的大学士潘世恩，是他考进士的座师，座师，就是他的老师，劝他出山，说我给你活动一下，安排一个稍微好点的职务，胡林翼就回他的信说，现在有这么几个情况，我不能出来，“慈母年高，终鲜兄弟，门祚单寒”。慈母年高是说母亲年纪大了，终鲜兄弟是说他是家中独子，他一离家就没人照顾他母亲，这是第一个原因。第二门祚单寒，即没有后代，没有生一个儿子出来，当务之急是努力造人。他在十九岁结婚，二十四岁娶了一个妾，二十九岁又娶了一个妾，三十岁再娶了一个妾。我们要稍微了解一下，古代人娶妾，并不是说纯粹因为性欲去娶妾，那会被人家笑话，人家会指指点点，很多人娶妾主要的原因有两点：第一点，是他的妻子不能生育或生不出儿子，当然我们现在知道，不仅仅是他妻子，女方的原因，有时候可能男方染色体各种各样的原因，但是古人不知道，古人认为生不出儿子，一般都怪女性，妻子生不出儿子就有娶妾的必要性，换一个人试试，看能不能生出男孩。第二种是到了老年，正牌夫人在家不方便出来走动，中老年后娶妾作为陪伴，并不是仅仅因为喜新厌旧。胡林翼三十岁的年纪就娶了三个妾，他主要原因就是想生个儿子，就以门祚单薄的原因，回绝人家，要等造好人再出去。但是在家待了五年，造人事业依然没有起色，最终他还是没儿子，他也灰心了。

还有一个很现实的问题，坐吃山空，天天待在家不出去干活，光用他老婆家的钱，用久了也不好，总得去做点事情。可是他也不能随便出去做官，当时职位都比较饱和，依他以前的资历，很难找到合适的职位。如果再到北京去做京官，分到部里面，又很清闲，没什么意思。他想去基层，当然说基层，也不会太基层，因为他有那么多年京官的资历，至少可以做到知府这一级，比知县要强一点。他想到地方上去做这么一个职位，可是当时这种位置，候补人员太多了，就是同一个位置，按资排辈的话，很难在短时间内得到那个实缺，得等很久很久，清代的候补官等得最长的，有等十几年的。

譬如分到某个县你就得去候补，轮着，当地的最高长官、布政使或巡抚不下委任令的话，你就得天天在省会守着，看哪一天衙门里挂牌，某某上任，你才能去。同一个位置，很多人在轮着等，有的人能等上十几年，十几年都是自己花费，得租房子住，得有日常应酬，有的人到死都没轮上那个实缺，所以候补是很惨的事情。没有直接的任命的话，胡林翼也不能随便出去，万一给个某地候补那就比较糟糕。当然也可以不候补，那就是按照军功捐例，拿多少钱捐一个缺，交了钱直接上任，可是当时他拿不出这笔钱，这也是他出不出山，出山了去做什么，最踌躇的地方。他要捐知府，按照“陕西军功捐例”，他得花一万五千两银子，他自己根本没有这笔钱，幸好这时候他的亲家，两淮盐运使但明伦，他那边有钱。

盐运使是跟盐有关的一个高级官员，可想而知，他的钱绝对不少，他愿意给胡林翼出这笔钱，同时，三位大学士潘世恩、卓秉恬、陈官俊，两位总督林则徐、陆建瀛，要不是跟他有很好的关系，要不就是跟他父亲特别是他岳父，有很好的关系，他们也愿意凑，但明伦出大头，凑齐了一万五千两银子，捐得一个知府。知府是一个官位，再分发省份，具体去到哪个省，可以自由选择。胡林翼的选择出人意料，他选择贵州省。即便现在，在经济等一些方面，贵州在全国排的位置都不是很靠前，在清代就更靠后了，条件很不好。有人就问胡林翼，你为什么要选贵州，往江南选一个多好，河南、山东也不错，为什么要选贵州呢？他就回答，很多人做官是投资，我捐一万五千两银子，也是投资，别人投资要有几倍于投资的回报，甚至十几倍都有可能，我跟他们情况略有不同，这笔钱不是我拿出来的，是亲戚、长辈、朋友给我凑的，他们是爱护我，他们也不要我还这笔钱，他们不需要有回报，所以我就不要有回报，如果我自己想利用这笔钱，去捞一些回报的话，就失信于朋友，因为朋友是让我好好去做官，不是让我拿这笔钱做本钱去做生意的，这是第一。第二，贵州是家父曾经工作过的地方，我愿意再回到那去看一看，缅怀我的父亲。第三，现在做官的普遍贪贿成风，我家两世受到国恩，我愿意做一个表率，人家都要钱，我不要。

临行前，胡林翼特地到父亲坟上立了重誓，绝不在贵州多拿一文钱，只想把事情做好，抱着这样的心态去了贵州。

二、地方干部胡林翼

1. 在贵州：年轻有为的地方官

胡林翼一去首先分到安顺，做了安顺知府。安顺这个地方，乃至贵州全省，有一个很奇特的现象，跟别的省不一样。什么现象呢？就是插花地很多。什么叫插花地？一个行政管辖区域不是连成块的，是被分割开的，譬如说某某县，在地图上表示出来，不是一整块，他的治所在这个地方，但他治所周围的地方不是他的辖地，是邻县的地，他的辖地要越过邻县的地，到另外一块地方才是他管辖的地方，有时一个府，安顺府也是这样，邻府、邻县的地围在边上，但自己要管的地在几百里外，这叫插花地。为什么会形成插花地呢？这就是元明以来贵州因为驻军管理土司这种措施造成的，是一个历史的痼疾，后世的官吏也不调整一下，全盘继承，并没有重新做一下行政区域的划分。在这种插花地府县生活的人们很苦，交粮食，别的县只要几十里地就可以了，他要越过几百里的邻县的地方，才能交到县衙。打官司，运东西，做生意都是这样。第二个，治安不好管理。几百里外，如果那个地方发生刑事案件，或者死了人或怎么样，县里派人过去很麻烦，速度也不能保证。官民之间就因为地理上的问题，因为行政区域划分不合理的原因，造成很大的不便。胡林翼到任，立即上书要求调整行政区划，但是没有成功，因为延续了一两百年了都没改，要改也是大问题。一改的话，整个区域都变了，设官、设置管理机构、设置户口，各方面的问题都来了。当时的贵州巡抚也不愿去管这个事情，所以没有同意他的提议。

胡林翼在自己管理的这个插花地，碰到一个很头疼的问题，就是剿匪，剿着剿着就剿到别人的地界上。他做一年知府，杀了二百多个人。杀土匪，他跟曾国藩差不多，但曾国藩因为后来名气大，所以叫“曾剃头”。胡林翼好像没人叫他胡剃头，其实他杀的人挺多的，但是杀归杀，他的理念跟曾国藩不一样。曾国藩在湖南办审案局，杀了很多人，人家劝他少杀，他说就是要杀，乱世要用重典，即使人家说我残酷无情，说我冷血，我都认了。曾国藩认为要搞好地方治安，在那个时候除了严刑峻法就没有别的办法，他并没有认真去分析为什么会出现那么多土匪的原因。胡林翼就不一样，他在贵州就做了一些分析，他的分析，有些结论是可以适用于当时整个中国的。譬如，因为当时很多良民被土匪威胁，由良民变成土匪，或者良民不敢跟土匪对抗，任其鱼肉。胡林翼分析，人民其实不怕土匪，是怕官。人民为什么怕官呢？因为人民怕官收他们的钱，土匪来抢，抢了就走了，但是如果因为被抢了，或者因为与土匪有关的事情报官，那么官方就会派出巡捕来捕匪。巡捕根本就是希望土匪永远存在才好，因为他去捕匪就需要很多费用，这些费用就需要发生匪患的地方的人民来支付。如果说那个地方的治安很好，那么捕快的这笔费用就收不到，所以捕快对于土匪是很感激的，土匪是他们的衣食父母，有这种心情，捕快巡捕抓土匪，就不会很用力也不会很用心，抓来抓去总是抓不完，民众被这种做法害惨了。那么你可以自己组织起来抓，确实也有很多地方的民众是这么做的，可是自己把土匪抓了以后，把他送到官府，问题又来了。第一，审讯要证据，要自己准备好状纸，要人证物证，要各种人的证词，很麻烦。第二，如果打了土匪，或者没打土匪，但土匪告你，反咬一口，说你打了他，那么官方有可能对于这些见义勇为的人，判一个擅自殴打，打伤甚至打死，给你问罪，因为民间没有权力抓土匪，这是官方的权力。第三，万一土匪被放掉了，稍微服服刑，给个几十棍放他走了，或者在外面还有他的土匪朋友，他回头来报复你，官方是不管的。这样，人民自己捕匪这条路子也走不通，所以，一般的民众其实不怕土匪，怕的是官。正因为这种情况，官方不去认真抓捕土匪，民众不敢又不能自己去维持治安，当时贵州的治安环境，就是这样的一个恶性循环，遍地是土匪，处理不了。光靠去杀土匪，他一年杀了两百多人，胡林翼知道这不是一个好办法，不是最终的解决方案。

另外，在贵州的所谓土匪的事情，还有一个跟别的省有区别的地方，它有一个苗汉的矛盾在里面。当时起来反抗，就是被称作土匪的人里面，有很多苗族人。苗族人都在山寨里面，怎么会乐于做土匪呢？有一个最主要的原因就是，汉族人在当时对苗人的压迫盘剥太过分了。苗汉之间的矛盾又分几层，胡林翼有个总结，苗人很苦，土匪他当然怕，他又怕官，怕差，同为苗人，又分为良苗、莠苗，苗人内部也有矛盾，又怕莠苗，怕的东西太多了，所以想来想去，自己做了土匪，前面所怕的东西就消失了，做了土匪就不用怕土匪了，做了土匪也不用怕官怕差，土匪自己成为莠苗，也不用怕坏的苗人了。就是因为这样的逻辑，苗人入山入寨做匪的就越来越多，止都止不住。

胡林翼带着兵在那边剿来剿去，怎么也剿不完，他就发现这是一个结构性的问题，不是靠暴力能压服的，不解决苗人的生计问题，不解决苗汉的民族关系问题，根本没办法治匪。官差对苗人收租收税，追得很紧，而苗人的资源很贫瘠，汉人的土地比苗人的更肥沃，出产的东西也多，苗人一般就在山上或贫瘠的地方，地里出产不多，经常要去借，借钱，借粮食，借酒肉，什么都要去借。汉人以及一些苗人里稍微有钱的，会借给他们，但是用高利贷的方式借，利息很重。胡林翼说“酒肉之细”，借点酒借点肉，一点点财产，利滚利后，过几个月，过一年，会变成一个天文数字，最后变成几百两银子才能还上这笔债。借谷子给苗人，叫“断头谷”，为什么叫“断头谷”呢？譬如在青黄不接的时候，借一石给苗人，到明年来还的时候，根据高利贷的计算方法，能翻到几十石。苗民就是死也还不上，所以借给他的谷子叫“断头谷”，意思就是说，不吃这点粮食会饿死，借了这点粮食会穷死，反正都是死。官役差役逼着苗民交税，苗民有的家里没钱交税，但是被逼得很紧，没办法，挖自己家的祖坟。因为很多苗人有陪葬的银器，把祖坟里的银器取出来，才能交上税，这是很惨的事情，特别是传统中国，哪能自己去挖自己家的祖坟。苗民就是这样受到盘剥，所以根本生活不下去，只有去做土匪，这就是一个体制的问题，社会结构的问题，这根本不是一个胡林翼这样的知府能够解决的。但是用这个理由不管治安了也不行，可是他发现，真要去捕匪，官府里的巡捕，以及绿营里面的兵，那根本不能捕。他亲眼见过，一个苗人在后面追，几十个官兵在前面跑，胆子很小。因为苗民很彪悍，身体也很强壮，这样的官兵怎么能去捕匪呢？在匪面前官兵很懦弱，但是“妄拿良民”，要完成任务就随便去抓，只要是苗人，不管有没有从匪，匪不敢抓，他就抓良民，只要是苗人，抓上来。胡林翼之前在安顺，后来又调到黄平那一带，捕的匪绝大多数都是“伪匪”，是被诬良为盗，不是真的匪，真的匪没人敢去抓。

胡林翼就想了个办法，叫“以民卫民，以盗捕盗”。以民卫民就是团练，民众自己组织起来保卫自己的家乡。以盗捕盗，当时苗民做土匪的形式，叫“寨”，他就招安几个寨，说不要为匪了，干脆跟我合作，因为他手里的军队根本捕不了匪，胆子小，装备也差，他就跟几个山寨的头领谈判，说跟着我干，给你授权，你就算官府的军队，你去打别的山寨，去攻击他们，你抢到什么，那是你的，我只要他们的头领，只要匪人。用这种方式捕了不少匪，但这个方法是有违当时的法律和情理的，因为这样做，在后来就有些流言，说他这个非常手段太过分了，怎么能够跟匪联合起来呢？以盗捕盗，当然会收到效果，但这个做法，贵州的官场不是很认同。在捕匪的同时，胡林翼自己练了一支军队，他招募了一百个人，提高他们的待遇，每人一个月发二两银子，比将来的湘军的月薪要低一半，但在当时的贵州是高薪了，所以这一百个人训练出来效果比较好，可以在以盗捕盗的基础上，亲自带队去抓土匪，作战的成绩还过得去。

以民卫民，他就接受了左宗棠的建议，在贵州，在辖境内让民众大修碉堡，碉堡对于团练来说，是一个很重要的防御工事，甚至不仅仅是防御工事。可以举一个比较形象的例子，广东开平的碉楼，被列为世界文化遗产，报道上一般就说碉楼建筑美观，中西结合，有它的建筑美感，所以就被评为文化遗产。其实碉楼不是什么建筑美感，不是追求这个，碉楼最开始的作用，一个是防洪，一个就是作战。防洪容易理解，碉楼有几层可以躲避洪水。作战，作什么战呢？一个是宗族间的械斗，明清以来，两广地区乡村的械斗很厉害，宗族或者是不同村不同镇之间，会经常作战，虽然不是军队，但也有枪有炮，碉楼作为防御工事，就起到很大的作用。另外，作为客家人和广府人，广府人就是广东本地人，土客之间有这种械斗，本地人会修建碉楼，来抵抗外来入侵的客民。碉楼是这么一个东西，它的历史渊源是这样的，不是因为建筑美感这个原因来修建的。碉楼跟通常想象的，电影里放了机枪那种还不一样。碉楼是一个很大的建筑，一般是一个圆形，一个圩子围起来，一般是三层，高的是五层，里面可以驻扎几百人，同时可以放置几百人几个月所需要的粮食、水，其他的武器，都可以放到碉楼里。团练有时把土匪惹急了，就来侵犯，要是每个人都住在自己家里，那是挡不住土匪的，但在土匪来的时候，把村里的人集中安置到碉楼，然后在碉楼从上面往下攻击土匪，让土匪不能爬上来，在这个时候村民性命就可以得到保护，这就是为什么团练，一定要配合碉楼的原因。军队跟敌人作战，自己能够扎营保护自己，营房外面有壕沟，有土墙，有梅花桩，甚至有别的防御工事，碉楼就是类似于军队扎营的东西，只是它更固定，更坚固，没有营房那么简易。毕竟一般的民众不是军人，很难在很短的时间内把营房修好。但是修一个碉堡，他们可以花几个月的时间修好。在胡林翼的推广下，贵州建了很多碉堡，正是这些碉堡，不管是本省的土匪，还是太平军窜入贵州，对于后来贵州的管理者受益不小。胡林翼的手下，当时有一个叫韩超的，帮助他练军，帮助他指导团练，后来成为贵州巡抚，在贵州近代史上是一位名人。他之所以有名，就是因为他在贵州境内剿匪安民，在这些事上有很好的成绩，而这些事很多是由胡林翼跟他合作做起来的，也就是说，胡林翼在贵州时间虽然不是很长，就那么几年，也没有什么特别值得说的轰轰烈烈的大事，但是他的一些措施为将来继任的官员，在贵州做事的官员能取得军事、经济、政治上的一些成绩，做了一些基础性的工作。

回过头，再说他"以盗捕盗"，一年之内杀人杀得太多，在贵州官场引起风言风语。大家说胡林翼"嗜杀滥杀"，不会好好地处理问题，第二个"结匪"，勾结匪徒，对于官匪之间的分别没有正确的态度，违背了很多原则。所以胡林翼没办法，他在贵州的后期，权力越来越小，上面不太搭理他，给他的支持也少，他就非常想离开，可是他以前的治绩又已经汇报到北京，皇帝知道他，对他印象不错，皇帝总是不批准。他找了很多借口，让湖北的在外省作战的人写奏折，说把胡林翼借调到他那里去。第二个自己提出来说，想到北京去觐见皇帝，因为官员在一段时间之后到任，譬如从这个职位调到另外一个职位，应该跟皇帝见一面。因为他在贵州从知府升为道员，升了官，按道理是应该去北京跟皇帝见一面，但是皇帝说贵州军情紧急，你暂时不用来。所以他想了很多办法，运作了大半年也没能离开贵州，很郁闷，又做了半年，幸亏这个时候出现一个吴文镕，吴文镕是曾国藩的老师，这个时候正好在湖广总督任上，对付太平军。吴文镕再一次要求把胡林翼调到湖北，同时，胡林翼还想了些其他办法，让北京的几个做御史的朋友上奏折，说胡林翼更适合在湖南湖北这一带跟太平军作战，他熟悉那边的情况，在贵州又有军事经验，这种人让他去湖北，比留在贵州更合适。这一次他终于成功了，皇帝决定把他调往湖北，带上自己练的军队，这也就为胡林翼成为湘军的一员，乃至领导人开了一个头。当然他这个时候还不知道有什么湘军，会不会领导湖北的军队他也不知道，他只知道这会儿能离开贵州，是得偿所愿。

2. 临阵多怯的军事指挥官

在咸丰三年（1853）的年底，胡林翼通过多方的关系，走后门求人帮忙，求北京求湖北，终于让他离开了贵州。在咸丰四年（1854）的正月，他到了湖南，从常德岳州，然后就到了湖北境内的簰洲，因为是指派他去湖北，帮助吴文镕作战，所以呢，他要到湖北。可走到簰洲听到一个噩耗，湖广总督吴文镕在黄州战死了，这一下胡林翼就不知道往哪去了。他在来的路上，在湘西请人帮他招了三百名辰州兵——辰勇，也就是湘西的壮士，他就带着这几百个人在簰洲，不知道何去何从，湖北肯定是不会收留他了，因为湖北的巡抚和湖广总督，这两个人很不对付。巡抚叫崇纶，总督就是战死的那个吴文镕，这两个人平时就闹矛盾，现在吴文镕死了，胡林翼你是吴文镕邀请过来的朋友，那你想要崇纶来收留你，来给你提供军饷，那是很难做到的。胡林翼只有一个办法，他只能往湖南去，可是往湖南去呢，他跟湖南巡抚，跟湖南官方这一伙，像骆秉章他们，并不是有多么好的交情。他要找只能找左宗棠，找曾国藩，因为曾国藩这个时候，正好是在衡阳练完水师，造好船之后，正准备出征，这会也差不多快到长沙了，所以，胡林翼就找了他们俩，他们俩就分头给他帮一些忙。左宗棠利用他在巡抚幕府里面幕客的身份，帮他在湖南官方的财政方面，找到了一些支援，也就是说胡林翼的这支军队，当然现在人数还很少，湖南这边可以给他经济上的支持，包括器械啊一些什么东西，都会给他支持，吃饭的问题先帮他解决，但是你不能带着这么几百个人，就光发工资，每天不作战也不行，可是作战得有人来指挥他，那么这一点就由曾国藩这边解决，也就是说他的这个军队的行止，由曾国藩来奏调。那么在咸丰四年（1854）的三月到十月间，胡林翼基本上就是接受湖南官方给他提供的经济支持，在军事上接受曾国藩对他的指挥。

可是我们知道曾国藩在四月份，自己打了个败仗差点自杀，幸亏湘潭那边又打了一个胜仗，然后就往岳阳这边开进，在岳阳这边又有些反反复复，之后就下到长江，胡林翼就没有一路跟随他，他更多的是做一些外围的工作，他主要活动是在常德那边。他没有跟曾国藩的湘军主力共同进退，在这期间，三月到十月，胡林翼作战的次数不是特别多，战功可以说没什么可吸引人的，一些民间人士对他的印象很不好。像在常德，因为太平军在夏天的时候，曾经反复骚扰，甚至短时间占领过常德，后来曾国藩就派胡林翼往常德这个方向去，驻扎常德。胡林翼驻进去之后，就接管了当地的军事、民政，都拿在自己手里管。军事呢，因为他去了之后，太平军还没有立即反扑，所以还没什么军事可言。但是在他的管制之下，他处理一些事情的做法，让当地的人就有一些看法。

当时有一个人写了一个笔记，上面记了这样一个故事，说常德桃花溪某地，一个地主和一个佃农发生矛盾，可能是因为收租产生一些经济上的问题而发生冲突，然后呢，地主就以通匪抢劫的罪名，去举报那个佃农，诬蔑他跟太平军有关系，随这个状纸还送了一笔钱给胡林翼。这个笔记里面就写，钱多，胡道台胡大人立即就准了这个案子，把那个佃农捉过来就杀了。他用的词叫"金多效验"，钱一多效果就来得快，然后呢，这样的案子办了还不止一起，也就是说胡林翼要收钱，不顾一切在当地通过各种方式。但是这种事情，我们现在也只有一面之词，胡林翼是不是真通过这种方式，为自己敛财，不能肯定，也不好否定。但至少这个证据，因为这个人他就是当时的人，笔记也是他自己的，在没有反证的情况下，我们得这样认为，胡林翼在常德期间确实有过这样的事情，只是这种案子也许不像笔记里面所说的，真是完全被冤枉，或者是不是就像他描述的那样，因为他用的言语比较简洁。我还有另外一个想法，也许胡林翼就是用这种方式来收人家的钱，可能更多的不是为了他自己，而是他这个军队。他在湖南境内那三百人，又慢慢扩充了一些，现在差不多有七八百人，他为了这个军队而这样做。因为，虽然湖南那边会给他钱，但是也有不及时的时候，也有不足数的时候，所以，他总会缺钱。那么缺钱就得想办法，胡林翼在后来即使当了湖北巡抚，他也说过，筹饷说白了，就是不要脸，就是不要讲什么道理，不要讲什么人情，就是这么一个很脏的事情，只是我愿意去做这种事情，你们要骂我也好怎么也好，我也懒得管。所以说不定他这会儿在常德，就已经开始用这种方式，来为自己的部队筹集经费。

在办了一些冤案，收了一些钱之后，这个常德人又记载了七月份接下来胡林翼的事迹。他说，七月份太平军还没有来，胡道台（因为当时胡林翼是道员，他的职衔是道台）身在常德，“心实畏粤兵”，就是他心里挺害怕太平军的，听说太平军有可能进攻常德，他就借口去找钱，去找人家捐款，离开了常德，“青衣小轿”，说他换了便衣，乘着轿子离开了常德。根据胡林翼的年谱，他是到澧州，去找蔡家要钱，蔡家是他的世交，是他的好朋友，到蔡家去，看能不能从他家找一点钱出来。可是就没有说他离开常德的时候，是不是因为听到太平军要来进攻，这又是一个悬案。胡林翼这样的人，将来会成为湘军的元老，他难道在这个时候，就因为听到一些风声，就赶紧离开这种是非之地，就不敢与太平军作战吗？这是一个问题，但是根据接下来一段时间，还出现过一两次，就是作战的时候不够勇猛，有一点胆怯的嫌疑，似乎也可以说，这个常德人的观察和记录是比较客观的。在说他这个害怕作战之前，我们先讲一讲接下来几个月他的一些行踪。

没多久，武昌第二次被太平军攻破，同时胡林翼在这期间还升了一些官，从道员升为四川按察使。因为武昌第二次被攻破，巡抚、布政、按察使这些人，死的死，跑的跑，那么他又被紧急调为湖北按察使。在战争年代，升官有的时候不一定是一件好事。湖北按察使，按道理你办公得在武昌，在湖北的省会，可是现在省会被敌军占领了，再让你做按察使，那你到哪去办公呢？那你办公之前是不是先得把办公地夺回来呢？所以一般很多人，那个时代的人，害怕皇帝给他下一道旨，让他到备战区去担任什么官员。胡林翼做了这个按察使，没有官署，没有经费，也没有手下，甚至当时连印信都找不到。因为原先那个按察使出事了，那个印信暂时下落不明，可能还在武昌城里。他就是一个光杆的高级官员，当然幸亏他现在手里还有一支军队，他比那些纯粹的行政官员，从外省调到这里，孤身一人，边上没有人护卫，然后让你去敌占区担任一个官职，比那种人还是强一点。

湖北官场这个时候的情况，总督杨霈，驻扎在广济，广济在什么地方？湖北东部，就快要跟江西接壤的一个地方，离安徽也很近，等于就是湖北的边疆。武昌在湖北的腹心地带，你总督怎么到那里去了呢？因为杨霈这个人很怕事。他在咸丰三到五年之间，虽然手下有一万多人的军队，但是他几乎没跟太平军交过战。他只要听到太平军大概在湖北东边来了，那么他就往西边、北边跑。如果四川那边有些乱的消息传过来，他又往东边跑。从河南那边过来，如果有土匪呀，或者什么人，他就往南边跑。南边武昌府下面的通城、崇阳这些地方，如果有事情发生，他又往别的地方跑。他现在就躲在广济。另外还有一个有实权的人就是官文，他是荆州将军，他在湖北的西边，荆江一带，也手握重兵，但是他也不往武昌这个地方来。那胡林翼一个按察使，几百上千人的一个军队拿在手里，你让他这会怎么办呢？去收复武昌吗？应该是要去收复武昌，可是，他真不知道有什么办法，可以去收复武昌。他就在这期间，在这么几个月，在湖北又游荡了一阵，碌碌无为。当然有一个最重要的原因，这会他离湖南很远了，已经完全出境了，不在湖南境内，湖南那边的军饷粮草的接济，也不会那么及时。没有钱的话就尽量少动为宜，军队一动就需要钱，所以他在那待了很长一段时间，无所表现。

到了这年的年末，终于有一个做业务的机会了。当时曾国藩在江西，湘军正在攻打九江，但是久攻不下。因为九江面临长江，在长江南岸，东边就是鄱阳湖，鄱阳湖的边上有个战略要地叫湖口。你要攻打九江，首先在长江上，你要控制九江面临长江的那块区域，然后在南岸，在陆地上你要围住这座城。可是你围住这座城的东边，它紧挨鄱阳湖，你如果不能控制鄱阳湖，那围兵在九江和鄱阳湖之间那一块狭窄的地方，人家很容易就从鄱阳湖过来攻击你。那么你为了控制鄱阳湖，就不得不去占领湖口，你占领了湖口，把水师派到鄱阳湖里面，你就可以肃清九江的外围，可以一心一意地攻打鄱阳湖的敌军。那么现在的情况是，湘军要打九江，可是湖口被太平军控制，所以曾国藩派了很多人去进攻湖口，人手不够，就说胡林翼别在湖北待着了，因为一时半会儿估计你收复不了武昌，也没什么建树，那边毕竟还有总督有将军，人家大兵都在手里，让他们在湖北弄着，你先到江西这边来，帮我打湖口。胡林翼呢，很高兴，赶紧带着人就往江西去了。可是打湖口呢，他那个时候的战斗力不强，那个部队也不是很厉害，湘军那个时候的塔齐布、罗泽南带的都是劲旅，当时胡林翼所带的部队根本算不了什么，去到那里最多也就是显得人多势众，做一做样子。

这个时候，陈玉成，太平天国的后起之秀、军事天才，要解九江之围。怎么解九江之围呢？湘军围住九江，太平军就去打围住九江的湘军吗？这是最笨的办法，陈玉成不会用这种办法。他要解九江之围，但一兵一卒都不派往九江附近。他干什么呢？他派兵去骚扰湖北，骚扰江西腹地，他打到汉阳，威胁要进攻武昌。这里要补充说明的是，在这个时候，咸丰五年（1855）正月的时候，武昌第二次被占领，但是太平军主动退出，因为不符合他当时的战略。可是第三次，陈玉成这边又来了。武昌一座这么重要的城市，你不能像玩具一样夺来夺去呀，所以湖北一下就紧张起来，那么胡林翼就得回去。他在江西腹地骚扰的话，那么湘军，包括江西省的军队，你也要派很多军队去应对，这么一来，你九江湖口的围师，就越来越少，也越来越不能专心。这样的时间稍微长一点，陈玉成再突然派出救援九江的部队，和九江城里面的守军里应外合作一个配合，城里的打出来，城外的往里面打，把围住九江的湘军挤在中间，去冲击他们，这样就很有可能让湘军的围师崩溃。这就是陈玉成的办法，他要救九江，但是他根本不往九江去，他先去打武昌，到江西腹地，像义宁啊那些地方去骚扰。当然九江的围师也没有立即崩溃，但是至少他攻城就不力，围城也围不严，所以九江里面的守军，也没觉得有多大压力。你就是每天在我城底下，外面的接济我照样有，我从鄱阳湖可以过来，你对我的生活没什么影响，我就是不能出城而已。湘军士兵也觉得可以，反正在这也有钱发，也不用每天心急地去攻城，去死伤那么多人，就耗着。

两边都在九江地区耗着，可是前面说了，陈玉成的军队打到汉阳，打下了汉阳，那么武昌就很危险，这就不是耗不耗的问题了。但是武昌呢，因为已经两次失守了，城里面的这些官员、守兵、民众，早已是惊弓之鸟，一听到有一些风吹草动，大家想的就是同一件事——逃。所以当汉阳被攻下没多久，太平军几乎是没开一枪一炮，就占领了武昌。可是占领的是一座空城，几乎是空城。当时唯一值得表扬一下的，就是武昌城内巡抚陶恩培和武昌府的知府多山，这两个人文人出身，从来没作过战，但是在众叛亲离的情况下，一直守在武昌城内，最后两人双双自杀。我们要知道太平军起义以来，到现在这么几年时间，在全国各地，太平军所经过的地方，这个地方官先不要说有效地抵抗，像陶恩培他们这种，城在人在、城亡人亡的地方官，确实还是不多见的。湖北巡抚有两任，一个叫崇纶，一个叫青麟，就是因为在太平军攻城的时候跑了，后来都被皇帝处以死刑。也就是说武昌这个地方，再去做它的地方官，做湖北的长官就越来越危险，不像别的地方一样，敌军一攻过来我就借口跑掉什么的，等敌军走了我又回去收拾残局，最多给一个行政处分，或者降级、革职、留用之类的，给这样的处分。现在不是这样了，好像在湖北这个地方，你不能够随便放弃了。因为这些巡抚死的死杀的杀，出了这么多情况，所以胡林翼这会儿也有些忐忑，因为他现在是湖北的官，是按察使了。但是他也不敢去进攻，他从江西回到湖北，太平军正在进攻武昌，他就琢磨我该驻军在哪个地方。按道理，人家要进攻你的省会了，你是不是应该把军队放到城里帮助守城呢？这是最平常的道理，而且你又是湖北的地方官，你责无旁贷，这是第一种。第二种呢，你有兵力，你有一些别的办法，也有能力去实施。你去骚扰太平军的围师，从后方去攻击他们，让他们崩溃，从而没办法继续进攻武昌，这是一个办法。可是以胡林翼当时的那个指挥才能，以及他当时所掌握的那支力量不是很强的军队，你让他去做这种事情，那等于是自杀。可是胡林翼不想自杀，他又不敢去守城，他就用了第三招，王闿运评价他这一招，叫“守便宜”。什么叫守便宜呢？就是把自己放到一个灵活的位置，伺机而动，便宜行动，他以守城为名，驻扎在武昌城外。万一太平军进攻迅猛，飞快占领武昌城，那么，他就不用与城俱亡，还可以保留自己的实力；万一太平军不想进攻武昌，而是要进行这个飙掠，用这种飙掠的战术，或者有更多的更强的军队来保护武昌了，那么他这会就进城，参与到守城的大部队里面去。如果城也守不住，太平军又来追杀他，那他因为这个位置好，靠在江边，四通八达，跟水师在一块——当时跟彭玉麟在一块，那么三十六计走为上，也能跑掉，所以王闿运说他是守便宜。

当时曾国藩还派了一个副将王国才，从江西跟着他回到湖北。王国才是一个经验丰富的战斗指挥员，他当时跟胡林翼一块，胡林翼说我们就屯居城外，他就很不理解，当然，胡林翼可能用了一些别的话给他敷衍过去。哪知到了二月，武昌成了一座空城，被太平军不费吹灰之力占领。王国才当时还不知道太平军占领武昌，一天晚上他带着一小部分亲兵，攀着绳子进了武昌城。进城之后，发现这个城市挺怪，没什么人，好不容易看到一处大的房子，里面有些灯光，有些喧哗，他偷偷摸过去一看，原来是先入城的太平军，几十个太平军在那里庆祝呢。他二话没说，赶紧带领他的清兵，把这几十个太平军给杀了。但他还是不知道到底是什么情况，这城到底是被太平军占领了，还是在巷战阶段，还是有清兵在里面跟太平军做最后的搏斗。他带着他的清兵，在武昌街头走了很多地方，还是没明白这座城市怎么回事，惶惶不知所向，不知道该往哪去，他也不敢留在里面。如果军队够多，如果他们这次和胡林翼从江西回来，三四千人的军队都在里面，都入了城，他可能可以布置，至少可以布置防卫工事，组织群众来防守，应该还可以。可只有几十个人就不敢在武昌待了，然后他沿着绳子又出了城。他回到营中，见着胡林翼，指着胡林翼就是一通大骂，说你这胆小鬼，你看你误了多大的事，武昌这么一座空城，太平军没费多大的力，也没用多少兵力，人家就这么轻松得到了，咱们要是早一些，刚从江西回来就入驻武昌城，可能情况比今天要好一点。胡林翼心下有愧，被他骂了一通，也不辩解，但是情绪破坏了。王国才就率领自己的军队，驻扎到另外一个地方，也在武昌附近，胡林翼就继续跟彭玉麟的水师相伴。

上面说了这么几件胡林翼在他发兵初期，可以说是他的糗事，滥刑、贪财、怕死、避战，这任何一条都不应该跟湘军的这些大佬，特别是胡林翼这样的人联系在一块，好像不太合适，只是，这确实是事实。

胡林翼到这会儿，我们如果要去仔细探究一下，他为什么会出现这种情况的话？我们可以这样理解，胡林翼当时没有真正的责任感。他在贵州任知府的时候，虽然知府的官不大不小，但是他有责任感，他有一个确定的辖区，他有很明确的，归他管辖的民众，有自己的办公机构，有自己的领导，有自己的下属，他是在一个成形的系统里面，那么运作起来，就比较有把握，所以他做很多事情，他知道做得好会如何，做得不好会如何，所以他的责任感保持了。可是自从他离开贵州，到了湖北这么一年多时间，第一，指挥他的人，就是调派他作战的人变来变去，然后作战的方向，也是忽东忽西。第二，给他的支援也是时有时无，时多时少。第三，在这期间，虽然他升了官，可是他本应去办公的地方，却是一个战场，他根本没办法接近那里，他手中掌握的这个武装力量又不够强。他自己虽然在贵州有一些剿匪的经验，但是那个毕竟是官军剿土匪，这个太平军不是匪，太平军是跟你门当户对的敌军，甚至比清军更强。以前他是强势的官军，现在他在太平军面前，总觉得自己比较弱势。就这么些情况，让他很难拥有责任感，所以能躲一天躲一天，能避一处避一处，先别把命丢了。我想这个时候，这一年，他的心理状况应该是这样的。

还有一个更重要的环境因素就是，湖北官场的风气太差了，上至总督，下至一般的知县，很难找出一个平时专心做事，战时以身报国的人，这跟当时的湖南成为鲜明的对照。就是说咸丰四年（1854）这一年，太平军来进攻的这段时间，绝对是一个鲜明的对照。因为湖南的省会也曾经被猛攻，城墙都被打塌，打出缺口，但是，省会没有失陷，然后在岳阳，在湘潭，在靖港，特别是在湘江沿线，以及湘南衡阳、郴州这些地方，湖南的军队与太平军，你来我往，虽然不说哪边立即取得决定性的胜利，至少，不认输，跟他继续战斗。这是咸丰四年的湖南，可是咸丰四年到五年（1855）的湖北，甚至从咸丰二年（1852）开始，省会竟然被占领了三次。然后遍地土匪，这是按他们的说法，其实应该不叫土匪，应该是湖北各地的民众，响应太平军的到来，揭竿而起。用胡林翼后来当巡抚的话来描述就是“民仇官而官又仇民”，民众和官僚互相仇恨。民众为什么仇恨官僚？因为官僚盘剥他们，欺压他们。官僚又为什么要仇恨民众呢？因为民众起来造反，成了他们口中所说的贼呀、匪呀，不能叫民众。那么在这种情况下，太平军这种导火线一点的话，整个湖北，特别是湖北东南这边区域，跟长江接近的区域，更是风起云涌。所以，湖北的官场风气，在这两年的表现很不好。像上面说的总督会避战，将军也会避战，巡抚除了一个陶恩培自杀的，其他的都跑了。最有意思的是，前面说的那个青麟，他带了十多万的难民，从武昌城带着他们往长沙去，往湖南去，说要请求湖南援助。你是邻省的最高长官，你不好好布置他们，安排他们，或者去找一个避难的地方，或者去训练他们成为军队，去跟敌人作战，你带领他们到邻省去乞讨。当然青麟那个人，他还是很不错的。可是他这种做法，一个省的行政长官，在碰到敌军围攻省会的时候，弃城而逃，但是也不是自己逃，带着民众一起逃，逃到邻省去要求救济，这个在历史上也是很少见的。那么胡林翼在这种情况下，他就会想，我一个小小的按察使，我难道要去出头走在最前面吗？所以可能是也有这样的想法，让他的责任感不会那么强，直到在武昌第三次被占领之后，北京下了一道旨，让他署理湖北巡抚，他这才觉得，以前那段时间逐渐要消散的责任感又回来了。署理湖北巡抚，就是湖北一省的最高长官，那你现在再想守便宜的话，第一是自己内心可能也过意不去，第二就是前面两任巡抚的下场，你又不是没见着，你要是也学他们再退一步，说不定你也被拿问斩首。

王闿运分析说，胡林翼得了这个巡抚之后他的态度就变了，作战更勇敢了，筹饷也更有效了，然后平时跟人说话，跟人沟通讲的内容也不一样了，包括他自己也真的不怕死了。

3. 奓山之溃：民间记忆里的胡林翼

咸丰五年（1855）三月，胡林翼署理湖北巡抚。在这一个月前，他由按察使已经升了一级，成为布政使。他的战绩，他的事功，在这么一年多，打他到湖北以来，并没有特别让人欣赏的地方，可是他官阶在这一年升得挺快，他离开贵州的时候是一个道员，一年时间就变成巡抚了。要在和平时期，这种现象几乎不可能出现。因为这是战争期间，更因为这是对于官方来说，十分不利的战争期间，所以才会有这种现象。我们可以设想一下，当北京听到武昌第三次被占领，巡抚自杀，总督逃避，将军束手无策，湖北其他的府县官员，知府、知县、道员，死的死，逃的逃。在这种情况下应该任命谁去做这个湖北巡抚呢？一般来讲，他的选择，是从外地调一个人，调一个或者是其他省的巡抚，或者是其他省的布政使，去担任这个湖北巡抚，或者在湖北本地，由布政使，布政使没了，用按察使或者用一些别的人，把他升为湖北巡抚。从别的地方调，时间上来不及。你这个地方现在没有巡抚，一省没有长官是很糟糕的事情，从外地调，当时的交通条件也不是很便利，这是第一。第二呢，完全不了解湖北的情况，加之要是对战争也没有什么把握的话，你调这么个人去，对于他来说，等于是去送死。对于当地的官员来说，也觉得来这么一个人，对于当地的指挥作战，乃至战后重建，也不会有什么好的影响。更重要的是在这个战区之内，你要让他担任这个地方的长官，最好他有军事经验，更好他还有一支部队，那么符合这个情况的，数来数去在当时的湖北，还就一个胡林翼。第一，他在湖北也工作了一段时间。第二，他掌握了一支军队，他自己的加上王国才的，加上彭玉麟的，有六千人。虽然比总督杨霈，比荆州将军官文手里的军队，数量要少一点，虽然成绩不怎么样，至少他还能够作战。第三，当时湘军的成绩很好，而胡林翼跟湘军有渊源，所以北京认为派这么一个人去管理湖北，几乎是唯一的选择。因此，胡林翼才在这一年做上了湖北巡抚。

可是在让他做巡抚的同时，皇帝又告诉他，湖北现在要划分为三个势力范围，当然这是以军事考虑了。因为省会在太平军手里，你这些高级长官都没办法集中办公，那么，江北，长江以北由杨霈负责。前面不是讲了杨霈那会不是在湖北东部与江西接壤的广济吗？怎么这会儿又让他到湖北北部，负责江北地区呢？因为他自己也不听指挥，一路上，因为太平军从江西九江那边有人进攻，从安徽有人进攻，他听到风声，带着浩浩荡荡一支大军，就跑到了德安，就是武昌以北的一个地方，湖北北部。他有一个借口，他说，我是掌握了先机。我为什么要到德安呢？因为太平军占领了武昌，极有可能向北进军，进入河南去攻击首都，所以我先占据德安这一战略要地，我堵住他们北上的道路。这是他的措辞，他的借口。太平军那会儿怎么会去北上呢？太平军要北征的话，人家自然会从南京发出重兵，通过江苏、安徽、山东进入直隶，这个确实也是太平军有过的成绩。他从湖北进入河南，那平原地区，河南都布有重兵，特别是北方的满族军队，像僧格林沁他们那个骑兵，都是非常厉害的。太平军不会从湖北这边去的，自始至终直到太平军灭亡，都没有从湖北这个地区进入河南往北京进军，因为战略上没有这么一个打法，很简单的，交通不便，没有什么河流，运输都很困难，你从江南往北方打，有运河有这么一些东西，毕竟方便一些，湖北到河南继续往北，不是一个好的进军线路。所以呢，杨霈纯粹是找一个借口，因为在广济待着危险啦，说不定就被太平军给消灭了，所以跑到这个太平军还没有过来的德安，待在那里。皇帝暂时也不愿意撕破脸揭露他，就说那好，你别再跑了，别再绕来绕去了，你就守在德安，江北由你负责，然后湖北的西部，就还是由荆州将军官文负责。

那么胡林翼呢，你就负责长江南岸这一块地区，其实也就是差不多整个武昌府的管辖范围。这一块地方最小，但是军情最险恶，因为武昌城被太平军占领了，让你守在这个武昌城边上，负责这个地区的攻剿，岂不就是最危险的地方？因为杨霈、官文他们所在地区，几乎都没有什么战事，也就注意一下当地的土匪，就够了。所以咸丰皇帝说，把湖北划分成三个势力范围，他首先当然是一个军事上的考虑，三方都有军队，可以对武昌形成压力。但是还有一个，也许是隐蔽在背后的心机，就是，到现在为止，他还是不愿意看到一个汉族官员，既有行政权力又手握重兵。就跟前面讲的，他让曾国藩署理湖北巡抚，但是没几天立即撤销这道旨令，这跟那个事件的用意应该是差不多的。

只是胡林翼在受命之后，他来不及去细想其中关键如何，到底朝廷的用意在哪里，他现在头疼的就是眼前的这些困难。第一，巡抚号令不出三十里，他在这个南岸嘛，在武昌府附近驻军。可是武昌是太平军的，然后武昌府很多地方，崇阳啊、通城啊、洪山啊，不是太平军，就是当地的起义军，农民起义军，还有一些土匪作乱，除了这个自己军队能控制的地方，这六千人的军队能控制的地方，胡林翼的号令，巡抚的号令都没有效力，这就是巡抚号令不出三十里，这是第一个问题。第二个问题，湖北的财政在当时几乎已经破产了，所剩的钱有一点，但是没有一分钱在胡林翼手上，全被杨霈和官文掌握，因为那两位手下都有一支大军，用钱的地方挺多。胡林翼呢，表面上是巡抚，但是湖北省的税，暂时他还收不着。大部分地方都被敌军占领，你没有土地哪来的收入呢，你现在想去搞厘金，设卡收钱，但是你没有占领那块地方，你没有收复失地设卡设在哪呢？你现在想收盐税，可是你湖北是一个战乱区，人家怎么把盐运过来，就算运过来那税也是太平军在那收着。你要找捐输，让人家捐款，那些富家大族都避难走了，都不知到哪里去了。所以他没有财源，没有财源就只有借钱了，找湖南老家借钱，因为这个管账的左宗棠是他的亲家好友，可以借一点钱，曾国藩稍微宽裕一点也会借他一点。因为湘军有这么一个规矩，如果这支军队从湖南出去了，这个将领是湖南人，那么不管他是在本省还是在外省，湖南这边都有义务向他提供军饷，不管他作战是为了湖南而战，还是为了外省而战，他只要是湖南这边出去的军队，那么这边都会给他拨款。胡林翼当然不能算湖南的军队了，他是湖北巡抚，可是跟他在一块的王国才、彭玉麟，他们都是湘军系统的人。所以，曾国藩、左宗棠有义务给这两支军队拨款，顺便也会给胡林翼发一些钱过去。可是借钱也不一定那么及时足数，所以最惨的时候，胡林翼派人到自己家，到益阳地区去调粮食，把自己家的粮食，陶澍家的粮食，运了不少到湖北作为军粮。在担任巡抚的前面几个月，整天就是在这样的情况下混日子，可是混了那么几个月，胡林翼也烦了起来，他觉得不能再整天就驻扎在武昌，剿剿小土匪，维持一下街面治安，不能这样的，我要去收复武昌，我是湖北巡抚嘛，我得坐在那武昌城里办公，才像一个巡抚，天天在城墙外待着，多窝囊啊！

八月，胡林翼带着四千人渡江，要攻打汉阳，后因战事不利又退驻到一个地方，叫作奓山。他先去打太平军，打不过，跑到一个地方来驻扎，来休养生息，准备再继续战斗。但是太平军不放过他，心想突然冒出这么一支军队，现在被我们打败了，那我们得去追剿他。太平军来追剿他，追到了奓山，胡林翼这会儿得继续战斗啊！所以他就号召士兵准备应战，可是在这时候已经欠饷三个多月，士兵不干了，士兵说要打仗可以，要出去可以，你先发钱，你不能欠饷啊，你把那个工资补给我。这会他哪来的钱呢？但是这会儿，他是巡抚嘛，大官嘛，他是一大官，他可以强迫士兵出战，说你不出战我就军法处置，我就怎么怎么样你们啊，威胁士兵。士兵说，好，把营门一开，四千多士兵，当着他的面一下就跑掉一千五百多，一哄而散。那跑掉这么多的话，其他的不敢作战了，也不会出去了。因为跑也很危险，有可能被太平军捉住啊，还有土匪啊，都挺危险的。不跑也是对的，但是反正就没有人想去作战，不管跑与不跑。胡林翼这会儿很生气，更多是羞愧。统帅做成这样还不如死了算了，所以他叫马夫赶紧备马。为什么要备马呢？据马夫猜测，他是想冲向敌阵，自己战死。马夫一猜他这是要去自杀，于是就给他玩了一个花样，先带着那匹马到一空地，拎着它转了几圈，这个马呢，就有点晕，然后，把它牵过来让胡林翼坐上去，猛地一加鞭子，这马就没有直接往太平军那边冲过去，而是急速地向江边冲过去，胡林翼止也止不住，最后，冲到江边，后面有太平军来追击他。他开始那会儿想死的时候，还是胆子挺大的，这时可能也有一点点害怕，他也没有像项羽那样，就不渡江去自杀之类的，他在江边碰到一艘船，船上有一位青年基层军官，一看这是巡抚大人来了，便赶紧把他救下来，这个人就是鲍超，就是后来的湘军第一名将，鲍超救了胡林翼。

另外还有一种说法，就是这个奓山之溃。前面的情节都差不多，就是士兵闹饷，然后一哄而散。接下来的情节，就不是胡林翼主动要求去战死，而是因为军队溃散之后，太平军就发动进攻了。

据民间的报道是这样说的，说胡林翼被粤兵追杀，逃到江边欲行自尽被渔舟救起，然后暗渡潇湘逃归故里去也。这个应该是湘北地区的一些人流传下来的，关于胡林翼在这一次事件中的一个说法。这两个说法，第一个是比较正式的历史书的说法，第二个是民间说法。第一个说法有一个重要细节，就是说，他主动要求去战死，只是因为底下的人，用一个巧妙的手段让他避免这个结局。第二个呢，就说是被追杀，追到江边无路可逃，才想去自杀，幸好又被一个打鱼的渔船救走。从其他可以印证的材料来看，这个民间传说仅仅是传说，因为确实救起胡林翼的就是鲍超，这个有很多记载，包括胡林翼给鲍超写信，给别人写信都提到过这个事，这个事情是真的。渔船那个时候应该不会出现在江边，那是战区嘛，双方都有水师，一个渔船怎么会在那出现呢，多危险呀。

但是第二个说法表达民间的一种态度，因为有个笔记，常德人写的这份笔记，专门记载咸丰四五年清军的一些事情，太平军的一些事情，他是一个有一点文化，但是文化素质不是很高的人，就是乡村里面的那么一个半通不通的学究式的人物，他根据自己亲身闻见的事情，或是听乡里传说的事情，把这些都记录下来。那么，虽然这个第二种说法，是一个比较来说不那么可信的记载，但是他反映了当时民间的意见，就是说当时的民间对湘军里面这些人，包括胡林翼他们的好感不是那么大。一个最明显的，他在里面没有用“发捻”“发贼”“长毛”“贼”“寇”，他没有用这些词来称呼太平军，他用的词叫“粤兵”，广东来的兵。那么胡林翼以及清军，他叫清兵。他俨然把太平军和清兵，当作了势均力敌的，门当户对的这么两支队伍，甚至是两个国家。他的心目中没有觉得惯常史书上说的这个匪有多坏，他反而认为这个官有很多不地道的地方。这个也印证了我们后来考察当时这段历史的一些传言，太平军从广西出发，经过湖南、湖北然后打到南京，在湖南境内、湖北境内，他的主力是几千广西人，当时说法叫老长发，到后来太平军发展为几十甚至上百万人的一个庞大的军队。后期加入的一般就叫新长发，是区别开来的，从广西出来的叫老长发。然后清方这边呢，就把他们称为真贼，真实的真。太平军这些老人从广西出来的时候，在前一段时间，特别在湖南、湖北，他们的军纪还是很严明的，他们对于一般的民众施加的一些破坏性的行为比清军要少。有很多传说，当时民间不怕匪怕官兵，官兵比匪兵更可怕。湘军起来之后，在早期，军队建设、政治思想工作也做得不是那么好，也有这样的情况，像胡林翼就可以作为一个特别显著的例子。在这个常德人的笔记里面，以这种形象出现，一个是他本身，胡林翼有自己的毛病，他的军队也有一些毛病。第二就是当时整个民间，特别是那个战争地区生活的民众，对于官兵与匪兵，有着不同的看法，当然他们尽量不去说匪兵好。因为这个匪兵万一走了，官兵回来了，你说了这个，你就有通匪的嫌疑，这样很麻烦。可是，他在日常的谈话呀，或者私家的记载里面，不一定说他非要说匪兵比官兵好，他至少会用一视同仁的态度。对于普通民众来说，采取这样的态度是正确的。他根本没有必要去了解，哪一支军队代表正义，哪一支军队代表邪恶，他不知道这个太平军的天主教、上帝教有多么不好，他也不太理解。当然，你所到之处把这个学宫啊，孔子塑像给破坏什么的，他可能觉得有点不妥。但是他没有觉得你清兵去跟太平军作战，我就应该如何如何支持你，他也没这个感觉。他认为不管什么军队，经过我家，到我这个村镇，你尽量少骚扰我们这个地方，尽量少从我们这个地方拿钱拿粮食，不乱杀人，不乱抓人，那么你就是一个稍微好一点的军队，他没有别的评价标准。所以说从这个笔记里面，我们可以看出，早期的胡林翼以及他的军队，在民间的口碑并不怎么样。

4. 收复武昌：罗泽南之死

胡林翼就是在这种困境中，不断地成长，不断地修正自己的行为。他曾经胆怯、避战，但是做了巡抚之后，有更大的责任感。他感觉到了这个责任感，所以才会出现跃马向敌这种情景。而在稍后不久的另外一件事，更能看出他好像已经焕然一新，成为另外一个胡林翼。他自己的军队散了，溃不成军，跑掉那么多人，他就只好再向曾国藩求助。因为当时只有曾国藩有一支大军在手上，但是曾国藩那个时候在江西碰到了困境，自己的水师被打成内湖、外江，然后呢，九江也攻不下来。自己天天将这个办公地点设在船上，以免在江西腹地被太平军追剿，等于他没有什么事可干，但是他的军队又都在那边，这是一种浪费。当胡林翼向他求助，说你看能不能派一支军队来帮助我收复武昌，因为湖北没有可战之兵嘛，曾国藩这一次也很热心帮助他，派遣了湘军的主力——罗泽南的部队，到湖北帮助胡林翼。罗泽南刚进入湖北境内，胡林翼就收到了消息，因为他从江西那边过来，到达武昌附近，经过的地区就是上面所说的那个当时湖北最乱的地区。有一些太平军，更多的是各地的起义军，互不统属，征战不休，然后又加上有土匪，一路上很险恶。胡林翼就说我不能让罗泽南的部队，就这样一路打打打，打到我面前，我得去迎接他，我得自己也带着一支军队，我们要在中途一个地方会师。底下就有人劝他了，咱们的军队刚跑掉了那么多，好不容易招募了几个，人数稍微填满了，可是战斗力还不行呢，我们要是现在贸然往那种危险的地方去，万一半路上我们就被消灭了怎么办？那罗泽南到了这湖北都没人接待他了。

要是以前呢，胡林翼会认同这个道理，当时仓促重新建立的军队确实是不行，往那个地方去很危险，尽管不是非常精锐的太平军，一路上也很危险。但是这会儿的胡林翼不一样了，他说你讲这种话真是没有廉耻，难道把最困难的地方，都让客兵去处理吗？因为罗泽南是他请来支援的，叫客兵。我是地主啊，我们这支部队是地主，我们要尽地主之谊，打得赢我们要去，打不赢我们也得要去。你一旦今天不去会师，不去迎接，鄂军，也就是湖北的军队，将来就没有扬眉吐气的一天，就永远被人瞧不起，所以不行，我得去。于是他亲自率领军队，去迎接罗泽南的湘军。罗泽南倒是很轻松，因为在当时他那支部队不说百战之师，也是一支很强劲的力量，对付这些土匪呀什么准军事组织的战斗人员，他几乎没费多大力气，就来到了武昌附近，在半途与胡林翼相会。罗泽南因此对胡林翼有了一个很好的印象，人家是一省巡抚啊，他们在江西作战，巡抚可没这么好的态度。乃至在湖南，骆秉章也没有用这么好的姿态来对待湘军的这么一些将领，所以罗泽南很感激。第一，他一看胡林翼的军队，就知道不怎么能作战，但是胡林翼敢冒险过来迎接他，他觉得这真是一份盛情厚谊，他应该有所感激有所回报，所以他就充当了攻克武昌的主力，他就承担了首要的任务。要知道不仅仅是罗泽南厉害，更厉害的是罗泽南的弟子李续宾，他当时也在这个援助湖北的军队里面，其他罗泽南的弟子，也都在这支部队里面。没有这支部队，在几个月里，胡林翼是很难收复武昌的。当然除了罗泽南的部队，还有杨载福的水师在这个时间帮助胡林翼，因为湘军的水师被打成两截，一截困在鄱阳湖，这个外江水师，几乎就都集中到武昌附近，所以水师也帮了他不少忙。再有就是都兴阿的马队，这是旗人的一支部队，也是在湖北地区的原有驻军，由官文给他派来的，都兴阿的马队也帮了他不少忙。一时之间，这些所有的当时湖北能找到的，最有实力又有血性的将领，在这个时候都跟随胡林翼来作收复武昌的战斗。

但是，就在这个战事进行得最激烈，极有可能取得突破性进展的时候，曾国藩又想把罗泽南叫回江西。因为这时曾国藩在江西的日子，一天苦过一天，他非常想让罗泽南过去帮他。因为没有罗泽南的话，他身边没有一个真正能作战的将领。他当时写了几封信，写得情词惨恻，罗泽南读了之后非常哀伤。他为什么哀伤呢？他当然知道曾国藩很危险，局势很危险，可是，他更知道，他手上这件事情，进攻武昌，比江西的事情更重要。现在能收复武昌，比现在收复九江，对于整体的战略来说，绝对更有效果。他知道这个道理，胡林翼也知道这个道理，曾国藩也知道这个道理。可是曾国藩就是怕没有这么一支军队在边上，自己的湘军，在江西境内会不会全部崩溃。因为当时太平军也加大了对江西湘军的压力，如果没有罗泽南回来的话，曾国藩怀疑自己是不是能够支撑下去。罗泽南就处于这种双重压力之中，一边是情感，情感让他不便拒绝曾国藩的要求，一边是理性，理性要求他留在湖北，打完武昌再回去。

在这种逼迫之下，罗泽南发动了猛攻，其实这就是不符合军事常识的一种战法，围城最重要的是要围住它，不让城中的人受到外边的接济，让城中的粮食啊、蔬菜啊、肉啊各种东西越来越少，最后，可以让这个城市不战而取。如果真要攻的话，对于古代那种城市，更多的应该是地道啊、灌水啊这样一些招数。派人马往上面冲，在火力不是很强大，也没有很好的大炮的时候，你光用人力，是很难取得效果的。罗泽南这个时候的装备并不怎么样，就是以血肉之躯，前仆后继发动疯狂的进攻，这样一来，死伤惨重。你要知道罗泽南的湘军，他们几乎全是湘乡人，都是老乡，罗泽南看到自己的老乡一下子死伤这么重，更加的伤心，更加的焦急。在这种时候，可能就疏于对主帅的人身安全的一些防范，他被一子弹打中了左额，那颗子弹从左额入脑并没有出来。第二天，胡林翼和李续宾就说，你得赶紧去治，你得休息，罗泽南说没事，我还能坚持，我现在能走能吃能说话，挺好的，应该没什么事。就在这样的情况下，他继续指挥作战，连续奋战了七天。

到第七天，罗泽南临终的时候，胡林翼去看他，他在稍微交代了后事之后，没有讲任何一句关于自己家里的事，讲的都是接下来应该由李续宾继续统领这支部队，我们还是要把武昌打下来。就讲了这些事情，最后讲了一句，“乱极时站得定，才是有用之学”。乱极时站得定，根据他前面七天的表现，这句话的精神就已经能够让人领略了，但是我想他说乱极时站得定，跟当时他所受到的情感与理性的逼迫，可能也有关系。他偏向任何一方，都会失去在战局上的平衡，最后他选择了急攻武昌。虽然没有在他手里成功，但是接下来由李续宾、杨载福他们合作，终于收回了武昌。

在说到收回之后的事情之前，要介绍一下杨载福的这个火烧战法。其实湘军的水师，甚至当时水师作战，一个很重要的攻击方法就是放火，火烧。因为船炮的威力都不是特别大，而用火烧才是最好的方法。太平军在汉阳沿岸有两百多艘船，都是那种改装的炮船。但是他这个船，不是用来进行移动攻击的，是用来防守汉阳临长江的水面，避免湘军从江面对汉阳发动进攻，以及对武昌发动进攻。所以他把船都连起来，排在沿岸，然后在外侧，再用那个木筏连成很宽广的一个木簰，让湘军的船没办法接近，不能跟他近战，但是你到了木筏附近，他却可以对你开炮。所以不把这个东西消除了，就很难打下汉阳，至少不能从江面发动进攻，而湘军的优势又在水师，这个优势就发挥不出来。为了破这个局，杨载福想了一个办法，他找人改装了五十艘千石巨船，就是能承载一千石重量的这个大船，底层放满了硝磺，就是火药，火药上面呢，铺上两丈高的芦苇，拍紧。五十艘船对着太平军的木筏冲过去，这个船上装有导火线，还有火绳，船后面跟着一些舢板，眼看着大船要撞上木筏了，士兵才去点火，点完火就赶紧跳回舢板，就是那个大船后面的小船。就用这个方法，杨载福烧掉了汉阳城外水域的太平军的水师。杨载福的水师对于扫清汉阳武昌之间的江面，起了决定性的作用。

收复武昌还需要陆军，也就是围城攻击。表面上，围师是强势，是主动，其实这个围城的军队，处于一个很危险的境地。你若是不能肃清外围，不能阻止敌军的援师，就是呆呆地围在那儿，那么你很有可能被敌军从后方来攻击你。李续宾围在武昌，可是，太平军从江西、安徽都派来了援军，而且是当时太平军中很精锐的部队，很有才能的统帅，像古隆贤、石达开，他们都曾经来救援武昌。李续宾为了防止自己的军队被援军从后方冲击，他采用了一个前后壕的围法。在这个城墙外边，围着这个城市掘出一道长壕，这是防止敌军从城内冲出来，防止他们逃窜，这是前壕。但是后面怎么办呢？你不能让军队，一面对着武昌城，一面又对着这个后方，顾此失彼很麻烦的。他在自己后面十几里地，又掘了一道壕，这叫后壕，自己的军队就在这个前后壕之间。前壕可以防止城内的军队，后壕就防止从其他地方来的援军。当然这个是战地上的布置，在援军一路过来的路上，还有其他的兄弟部队，帮助李续宾去截击他们，但是这个后壕起了很大的作用。当古隆贤、石达开他们这些太平军的援军到武昌附近的时候，突然发现一道壕沟，过不去，前进的步伐只能止步，一止步，湘军的其他部队就能够赶过来，与这个远道而来的太平军进行作战，太平军的援军受不了这种夹击，就只有撤退，这就是后壕的功效。后壕和前壕都是一样的，宽二丈，深二丈，大致相当于宽六米，深六米，对于步兵来说是很难逾越的。而且就在那壕边，壕后面还有土墙，土墙上有枪眼炮眼，你要是敢来越过这道长壕的话，几乎就是在越壕的过程中束手待毙，所以后壕有效地阻止了太平军的援师。一旦援军不能起到骚扰的作用，那城中守军的压力就增大了，正是在这种情况下，武昌的太平军觉得守不住了，不能够再这样守下去了，再这样守下去很有可能全军覆灭。因此，他们半打半退，退出了武昌城，最后武昌被湘军收复。

胡林翼这下终于名正言顺地成为了湖北巡抚，可以在武昌办公了，受到破坏的官僚系统，也慢慢恢复了，应该可以进行战后重建以及规划接下来的战争，可以进入这种实质性的工作。但是在做这些事情以前，还有一个棘手的问题，等待他去处理。处理不好的话，恢复经济，继续战斗，就根本没办法进行。这个问题是一个历史痼疾，很多清代的官员，高级官员，因为处理不好这个事情，身败名裂，甚至被夺去生命。这是个什么问题呢？这就是同城督抚互相争斗。

三、巡抚的特别手段

1. 督抚同城：和总督搞好关系

什么叫同城督抚呢？我们看清代的职官就知道，全国有四个城市，每个城市里面有两位老大。闽浙总督和福建巡抚，都驻扎在福州。两广总督和广东巡抚，都驻扎在广州。云贵总督和云南巡抚，都驻扎在昆明。湖广总督和湖北巡抚，都驻扎在武昌。在这四座城市里，有一个巡抚，还有一个总督，有两位老大，总督是从一品，巡抚是正二品。按照官阶来说，总督比巡抚高，按照辖区来说，一般总督都会管理两个省，甚至还有管三个省的，比如两江总督。所以从辖区来看，总督比巡抚管的地方要大。可是实际上呢，总督并不能说就是巡抚的上级，也从来没有哪个巡抚，认为自己是总督的下属。因为清代的官制有一个很奇特的地方，它允许总督、巡抚、布政使、按察使，同一个省里面的地方高级官员，不需要遵循下级向上级报告一层层转报这样的制度，他都可以直接向皇帝递交奏折，所谈的事情没有范围，你想谈什么就谈什么，你想谈这个地方上的人事，可以；谈财政，可以；举报，也可以。那么表面上，大家有级别的差异，其实不然。对于北京，对于皇帝来说，这也算一种扁平化管理。因为最重要的话语权上，是平等的，总督、巡抚，你当然可以对布政使、按察使发号施令，但是他可以在皇帝面前告你的状，你要有什么把柄给他拿着的话，中央就会派人来查，所以就很混乱。大家的权力都差不多，而矛盾最集中的，就是总督和巡抚这两个人。

湖广总督和湖南巡抚，闽浙总督和浙江巡抚，两广总督和广西巡抚，云贵总督和贵州巡抚，这个倒是冲突不大，甚至这四个地方，总督对于非驻在地省份的事情，采取的是放任尽量不管的态度。湖广总督就很少过问湖南的事情，当然这个主要的问题，就是交通、通信也不是很方便，他只对驻在省的事务有兴趣。那么一个总督，一个巡抚，要管同一个省的事情，要是没有一点分工，那确实会乱。那么按照官方的文件，督抚是有分工的，一般是说总督偏重于军事，巡抚主要的工作则是察吏治民。察吏就是管理好官吏，治民就是收税啊，处理各种案件诉讼啊。可是我们要知道，毕竟在清代历史上，两百多年，虽然发生的内乱也不少，但是像太平天国这样大规模的战争，还是不经常发生的，也就是说，和平年代还是比战争年代的时间要长。那么既然是和平时期，你说这个总督哪有什么军务可管，你不能让他闲着呀，他那么一个高级官位，自然就会插手本省的人事啊、财政啊这些事情。如果这个总督他只是因为有事业心，人品也端正，他要插手去管这些事情，因此跟巡抚发生冲突，这个叫什么呢？这个叫“勤于王事不避嫌怨”，为了公家的事情，我不顾我们人际关系会不会紧张，我要去管。但是这个总督要是有私心，有杂念、贪财，或者别的心思，那他去管这个事情，就有假公济私的嫌疑在里面。那巡抚怎么应对总督呢？也没有一个正式的文件，从来没有，说总督你就管这么几项，巡抚你管这么几项，你们要互相如何如何。没有这样的文件，不仅是巡抚、总督自己，不能清楚地知道自己应该干什么，吏部，中央管官的那个部，也没有说清楚过。于是，清代历史上，同城督抚发生争斗，就屡见不鲜。

嘉庆年间，两广总督那彦成和广东巡抚百龄，这两个人不和，那彦成就抓住一个把柄，告了百龄的御状，百龄就被下放到了一个清闲的职位上，成了闲散官。百龄走了之后，来了个孙玉庭继任巡抚，孙玉庭跟那彦成也搞不好关系，又告了那彦成一个御状，那彦成被遣戍新疆，就是被充军了。隔了一些年之后，百龄“败部复活”，他从北京又来到了广东。这个时候呢，他任两广总督，按道理孙玉庭帮他把仇人赶走了，他应该跟他和睦相处才对。哪知道他“恩将仇报”，又通过一些手段把孙玉庭给弄下去了。嘉庆年间，二十多年，广东的政坛就是如此，但是这三个人在清代历史上，都属于官声不错的官员，所以有人说呢，这叫“君子攻君子”。那么更常见的，用君子小人来划分，用这种道德色彩、传统色彩比较浓的标准来划分的话，以小人攻君子并取得成功，是更常见的现象。像湖北巡抚崇纶对湖广总督吴文镕下黑手，逼得吴文镕战死黄州。还有在咸（丰）同（治）间，云南发生回民起义，云南巡抚徐之铭通敌，利用各种各样的手段，杀害前任巡抚，杀害了现任总督，导致来接任的总督张亮基数次称病，根本不敢到昆明上任。这个督抚之争就比前面说的更恐怖。以后，两广总督瑞麟，先后赶走了两任广东巡抚，郭嵩焘、蒋益澧这两个人都是被他赶走的。后来，张之洞在湖广、两广总督任上，分别跟湖北巡抚谭继洵、广东巡抚倪文蔚处不好关系，也是斗得不可开交。总之，这个督抚同城，督抚不和是一个常见现象，是一个历史痼疾。

但是这么多年，督抚斗来斗去，作为中央政府，满朝文武，“圣明天子”他难道不知道地方上这种现象吗？他看那么多奏稿，看那么多钦差派下去处理这些纠纷的讯问笔录，看那些材料，他难道能不知道这种情况？他肯定知道，不但知道，可以有把握地说，在一个地方，设一个巡抚，不够，再给他加一个总督，这是故意这样做的。为什么要故意这样做呢？这里面有一个很微妙的原因。我们先设想，如果这个地方只有一个长官，最高长官，就是他一个人。不管他是巡抚，还是总督，像在四川，就只有四川总督，没有四川巡抚，在山东，就只有山东巡抚，上面没有总督可以管他，这样做，就比较符合行政的规律。如果一个地方只有一个长官，他处理各种事情，不管是民事、刑事还是军事，还是什么别的事情，他的效率会高一些，他的各种规划、战略的延续性，也会强一些，在执行的时候也更有保证一些，这是肯定的。这个道理，皇帝也明白，但是，他觉得有一个可能成为负面的因素，会抵消这种高效率。在那种负面的情况发生之后，这种高效率就没什么意义了。万一地方上那个最高长官，唯一的最高长官，他心怀不轨怎么办？他既能控制地方上的财政，又对人事任免有权力，还能掌握军事，那么这个人要是心怀不轨，轻一点，他会在执行政策的时候，和北京讨价还价。譬如说，这个收税的问题啊，譬如说，要紧急让他协饷啊，让他提供一些紧急的经济支援，或者说包括任免人员，他觉得你这个北京派来的人不合适，他完全有能力有方法拒绝你的任命。在各种事情上，他都有这个讨价还价的权力，如果事情再恶化，不能排除出现这么一个地方性的强人，称兵造反的可能。这种地方势力坐大之后称兵造反，这在中国历史上是经常见到的，所以，皇帝最担心的是出现这种情况。那么，我让你这个地方出现两个领导人，又不明确告诉你们，到底谁对谁有绝对的领导权，谁又有哪方面的权限，谁又不能干什么，我也不明确地告诉你们。就让你们两人在那争，我不要那个行政效率，我宁愿那个效率低一点，因为有两个人在那的话，就绝对不会出现一方坐大，你们每天互相监视，互相斗争，忙得不可开交，你根本没心思也没精力去想什么造反啦，对抗中央啊这些事情。所以设立同城督抚，是在一个君主专制的中央集权国家，像清朝这样，一种非常高明的手段。为了政治上的安全，为了不让地方上有人坐大，可以牺牲效率，这是督抚同城的外部原因，也是来自北京的原因。

第二个就是人性的原因，人与人斗，其乐无穷，这是很对的。因为有两个人拥有几乎同样的权力，让他们在同一个地区做事情，而他们所做的事情又几乎是重复的，那这两个人怎么会不斗呢？他就是私人感情再好，都是君子没有一点私心，他就单为了公事也会斗起来，因为意见不会总是一样嘛！不管贤与不肖，只要做了同城督抚，他们就会斗，不斗那是不正常的。在清代历史上很难看见不互相争斗的督抚，当然具体总督会赢，还是巡抚会赢，这个说不准。因为国家的法律，吏部的则例也没规定说，谁斗过了谁，就合不合法。它没有这个规定，就看各人的造化，各人的本事，巡抚本事大，你提的理由更充分，你拿的把柄更多，那么中央可以换总督、撤掉总督。同样如果总督有优势，那么中央也可以处罚这个巡抚。

那么这个督抚相斗，就是新上任的刚刚进入武昌城的湖北巡抚胡林翼首先要处理的问题，要思考的问题。杨霈是总督，但是在收复武昌之前他被罢免了，免职了，由荆州将军官文来接替他的总督位置。

一个新总督、一个新巡抚，在一个古老的规则里面相遇了，他们是斗，还是不斗，这就是一个问题。从两人过往的经历来看，胡林翼和官文是两种人，胡林翼是少年科甲，风流倜傥，然后立即转入家境破败，又到贵州去做了地方官，到湖北又经历了一两年的战争，可以说他既了解贵介公子，所谓高干子弟的生活，现在呢，他也了解民间疾苦，并且在经过战争的洗礼之后，他的心态也跟以前不一样，想去做一番事业。手段呢，则经过这么多年的训练，是越来越高明。那官文呢，经历就比他单纯一点，他是旗人，满洲正白旗，从内务府出身。内务府就相当于清代的皇家财务中心，它是单独的一个财务系统，直属于皇家的，在内务府做事的人，几乎没有不发财的。官文从内务府出身，可是现在又到湖北来做了总督，可见他也是想干点事的人，当然能力怎么样，这个不好说。两人又都是新任，一个新任总督，一个新任巡抚，在这个时候碰上了，互相瞧不起、看不惯也是正常的。因为第一是有惯性，历史上的督抚就是要斗的，他们心里也肯定知道这个道理。第二呢，从胡林翼这边来说，他可能更瞧不起官文。因为他觉得我是这么一个人，见多识广，历尽艰辛，现在要做一番事业，东征的事业。你呢，不过是一个没有什么本事，靠着父辈，靠着出身，混到这个总督位置的。现在又是战争期间，军事吏治你都不懂，你最好就靠边站。可是官文呢，他没有这个意思，官文其实就有一个爱好，就爱一点钱，他倒也不是要去干扰胡林翼。他自己授意幕府里的幕客去收钱，为什么要收钱呢？因为湖北刚刚恢复，有很多地方的职位都有空缺，主要讲的是知县这一级，知府包括低级一些很多职位都有空缺。那么来求官的人很多，当然所谓的求官，也是需要有候补资格的那种，不是像今天报纸说的买官卖官那么简单。它有一定的程序，只是在运用程序的时候，可以有一些调整，有一些修正，就是利用这么一些微妙的地方，把钱收上来，把人安排进去。胡林翼听到这个消息，大怒，他就想，在湖北这样一个凋敝残破刚刚饱经战火的省区，你一上任就收黑钱，太不像话了！我在北京不有朋友吗？我现在在这边不掌握了你这么些证据吗？我自己不本来就能够写得一手好奏折吗？我是奏折大手笔呀，我得参你一本！他就准备写一份奏折，举报官文的劣迹，也就是说，历史上常常见到的，督抚相斗在这个武昌又要上演了。

胡林翼在发送奏折之前，请他的幕僚阎敬铭看了一眼。阎敬铭是晚清重臣，将来的宰相，当然清代没有宰相，但是一个人如果是大学士，又是一个部的尚书的话，民间就称这种人为宰相。阎敬铭后来做到户部尚书，是大学士，所以我们可以说他将来是一个宰相。但这会儿呢，他是胡林翼的参谋、幕僚。阎敬铭一看了这份东西，很不客气，就直接说，我觉得你有病，大概是这意思。他为什么这样说胡林翼呢？胡林翼也不懂，他说这有什么不妥当的，我这上面不都写得清清楚楚？证据、证人、证词什么东西都有。阎敬铭说不是这个道理。我相信你，你这个折子一上去，官文就会撤掉。可是你为什么要去把官文斗走呢？斗走了他，难道湖北省就没有总督了吗？不还是会有一个总督？那你觉得会来什么样的总督？来一个公而忘私的，一心为国的，来一个这样的总督怎么样？胡林翼说来这样的人好呀，阎敬铭说，好，这个人不单公而忘私，一心为国，他能力还超强，你能做的事情，他都愿意做，那到时候来这么一个人，就得请你离开湖北。胡林翼一想，哎呀，是有这个可能。阎敬铭说，那不来这种，再来一种，来一种特别精于算计，跟人斗争极有经验，来这么一个怎么样？胡林翼说，那我也得腾出很多时间跟他斗，我就没办法治军治民了。阎敬铭说，是啊，那你觉得再来一个官文，你又得把他斗走。胡林翼说那总是斗也很累啊！阎敬铭这才告诉他，你真是不知道，你这份奏折要赶走的那个人，简直是你求都求不到的一个总督，你还要把他赶走？为什么要这样说呢？官文贪财，有这么一个毛病，贪小利，但是他也就这么一个毛病啊！他能力中下，对于你来说，这就不是毛病，那些事情就都得由你去干，他反正也干不好，他甚至都想不明白这里面这事情是怎么回事，那很多事情自然慢慢地会让你去干，他还会感谢你。然后呢，你做的事情，都挂他的名义，他能力很差，但是总得到表扬，他会更高兴。

然后在钱上面，阎敬铭是湖北的财政一把手，他银钱出入是最谨慎的，胡林翼都有很多次抱怨阎敬铭，管钱管得太紧，有几次胡林翼自己违反财务制度，阎敬铭差点就辞职，就是这么一个人。他在劝胡林翼的时候说，一年你就算从公款里，不管是公款还是什么别的款，你每一年给他那么几万十万两银子，又如何呢？他有了财，又有了名，你又对他适当地表示尊敬，那这个湖北省的事情，不就是你一个人在这做主了吗？督抚不也就不用去斗争了吗？这么一个求之不得的总督，你不好好珍惜，你要赶走他，你说你是不是有病？胡林翼听他这么一说，豁然开朗，立即把那个奏折毁掉，而且通过各种渠道向官文示好。当然这个是薛福成的记载，说阎敬铭劝胡林翼不要与官文斗争。薛福成是晚清著名的外交家，他出身于曾国藩幕府。

还有一种说法就跟这个不一样，这个说法来源于曾经在湖北担任军职，跟胡林翼关系很密切，跟湖北的官场，包括官文关系也很融洽的李云麟。他是怎么说的呢？他说一开始，胡林翼确实就是瞧不上官文。对官文呢，很没有礼貌，官文用的人，可能也就是前面讲的，官文督署里面卖官卖出去的那些位置，胡林翼总是会找理由，隔不了多久把那些人给撤掉。这个就让官文幕府里面的人很生气，说这个巡抚也太过分了，我们得想办法治一治他。然后有一回，胡林翼在外治军，不在武昌，但是武昌这边发饷发粮迟了一点，胡林翼就派亲兵拿着令箭，直接到督署大堂找官文要钱。我们要知道这个钱不是归总督管的，按程序来说不是在总督那里要，应该找布政使，或者找粮台的委员，找这些人要钱。像这种直接不给官文面子的做法，胡林翼以及胡林翼这一边的手下，做过不少次，官文的手下忍不住了，希望官文主动去跟巡抚斗。官文说你们这个说法不对，我问一下你们，你们觉得胡某（胡林翼）带兵打仗能力如何？你们能跟他比吗？幕府说作战还是巡抚厉害一点。他说那你们觉得我能跟胡某比吗？底下的人又说，那也还是比不上。他说既然这样，你把他斗走了，让我们去上战场啊？底下就没有接话。官文又说，我能力如何，比不上胡某，我当然是知道的，我能力这样，但是我位置还这么高，我天天坐在武昌城中安享清福，胡某呢，他是性情暴躁了点，或者不那么礼貌，但是他出生入死，在外面那么辛苦，我还去吹求他这些小节，还去跟他斗，这不是给自己找麻烦吗？这种说法就是反过来，意思是一样。前一种按薛福成说法是，胡林翼不去跟官文斗，愿意接纳这么一个总督，愿意跟这个总督共事。后一种说法就是，官文主动退让，成全胡林翼。

我认为，官文和胡林翼之间的关系，纯粹要看观察者站在哪一个立场。跟官文更亲近一点的，就会觉得他们俩的关系中，官文牺牲得更多。更相信胡林翼的人，会觉得这两人的关系中，胡林翼能够为了大节忍辱负重。《清史稿》倒是有一句话，评论官文和胡林翼的关系，它里面先说胡林翼的能力天下第一，在当时那么一个破败的湖北，经过他的建设成为中国当时最富强的，又有钱，又有军队，能够抵抗太平军的唯一的一个强省，他的能力当然没得说。但是它说官文，要是没有官文"虚己推诚"，胡林翼也做不成这一番事业。这句话很平淡，很平常，很朴实，但是说的确实是真理。胡林翼斗不斗官文，其实不是最重要的，因为阎敬铭已经把这个道理讲出来了，从他自己考虑，不斗官文为好，如果官文永远是个能力中下，只是贪一点财，对湖北的行政并没有太大野心的人的话，那这个人对胡林翼是个好事，所以说胡林翼斗不斗官文，不是最重要的。而是官文为什么不来跟胡林翼争斗，不管他是因为被胡林翼感动了，还是被胡林翼用什么别的方式给稳住了，或者是官文他自己，他就有这样一个与世无争的胸怀。不管是什么原因，官文不去斗胡林翼，才真正是湖北能够在战后迅速重建，湘军能够以武昌为基地，以及胡林翼最终建立大功的一个最重要的原因。

还有一种说法呢，是说胡林翼为了跟官文搞好关系，用了一招别人不敢用的，没用过的招。这一招叫"二奶路线"，二奶是官文的二奶，那个时候叫姨太太。当时在湖北做官，有一个叫庄卫祺的，他就写过一个回忆录。他说官中堂（官文）是天下第一有福人，举了两点。第一个呢，就说他能力那么不行，可是在同治中兴列功臣，他排在第一位，第二位才是曾国藩，至少在清代官方的文件上，他是排第一位的。天下第一大功，就他这么一个能力，而且他也没干太多的事情，就来这么大一个荣誉，所以这是有福。另外一个呢，他那个姨太太好，旺夫，说他的婚姻很圆满。他这个姨太太，原来是四川一个家庭里面的，一个很低下的仆人，辗转卖到湖北。因为当时官文在荆州那一带管的地区跟四川接壤，可能是这样过来的时候，不知道怎么阴差阳错两人就遇见了，然后他就把那个女的带入家中。一开始，也就是做下人的，后来就升为小妾作为姨太太，到后来官文正式的老婆死去了，他把这个姨太太给扶正。庄卫祺说他是天下第一有福人，为什么说他这个姨太太，也算他有福的证据之一呢？因为他认为，要没有这个姨太太，胡林翼要跟官文搞好关系，还有点难度，至少那个契机难以找到。这是怎么回事呢？就在官文升总督之后，这个姨太太有一回生日，生日来了她就想办酒。官文就说，你有什么酒好办的，你办酒最多也就是让你从四川来的几个亲戚到家里吃个饭而已。姨太太不高兴，说你就不能让你的满城文武来给我祝寿？官文就想你这个年纪祝什么寿，另外你毕竟是姨太太嘛，这个官场很严肃的，只能给各位夫人——正房去祝寿，我要说给姨太太祝寿，人家根本不会来。姨太太就闹，生气。官文这个人有个毛病就是特别怕老婆。他怕这个姨太太，一闹他就受不了，他说那我也不知道怎么办，我不能说你过生日，人家不会来，我没办法去责怪人家，我也不敢去强迫人家来参加我姨太太的生日宴，我要这样干，我明天就得收拾铺盖回家，这是严重违纪，我不敢。姨太太给他想了一个办法，说你写请柬写得模糊一点，让人家误会是你大老婆要过生日。官文一想，这到时候不知道怎么收场，但是他怕姨太太，只好说那行，先这样，我先发请柬，到时候来不来，来了之后是不是又走，或者又出乱子，你不要怪我。

总督发请柬，大家一看上面，一般都理解为是总督夫人的生日宴会，大家就都去。那一天很多人都来了，冠盖云集。可是有一位当时湖北的道员，他走到宴会厅门口发现了问题。因为古代的生日宴，最重要的一个装饰，就是宴会厅会列很多寿屏，就是请人家写寿文，写完之后呢刻在这个木块上，然后一块块木头就组织成一个屏风。比如说一篇文章分几块木刻好，做成一个屏，列在这个大堂上，列的这种寿文寿屏越多，就表示排场越大。当时有人走到厅前，一看寿文，原来是给官文姨太太祝寿，他就觉得受到侮辱了。因为这堂堂朝廷命官，怎么能给人家小妾去祝寿？他转头就走，很生气。陆续跟在他后面的几个看见了，也跟着出来。这会儿胡林翼刚进门，胡林翼看这还没开始，怎么就有人走了？胡林翼叫住他说，你怎么就走了？人家很气愤说，我们堂堂命官，不管他是谁，我不会给什么小妾来拜寿，太侮辱人了。胡林翼听他这么一说，把手一拍，竖起大拇指说有骨气，好。然后呢说完这句话，胡林翼昂首挺胸，继续朝着这个宴会厅走过去。别的官员就没有看明白巡抚这是什么意思，因为胡林翼往里面走，他这个意义很重大。因为吧，官员能够不去得罪总督，大家还是尽量不去得罪总督。今天是因为太过火了，太荒唐了，以为是给总督夫人祝寿，临了发现是姨太太，所以才生气。他不是对总督生气，他是对整个场景接受不了。但是看到胡林翼继续去，那难道巡抚的面子比道员小吗？巡抚就没有骨气吗，巡抚不知道给人家小妾去祝寿是不体面的事情吗？他也知道。现在巡抚去了，那我是不是还该往外走呢？走了之后，不仅仅是总督，连巡抚也得罪了，那在这官场上到底还混不混？是不是凭这一口气就不混了？当然这种想法是很龌龊的，你该走就应该走出去，这才是正道。但是那个官场更龌龊，很多人估计就都这么想的。看见胡林翼进去了，大家走到门口慢慢也就回来了，最终高朋满座，宾主尽欢。姨太太很高兴，后来通过下人得知当天发生的场景，她知道，原来是胡林翼给她挽回了面子，胡林翼要是来得晚一点，或者是胡林翼自己也走掉，那可以想象，当天几乎就不会有官员出现在那个场合。所以姨太太很感激胡林翼，胡林翼这边也趁热打铁，让自己的母亲收这个姨太太为干女，那么这是什么意思呢？这样一来，他和官文就变成兄弟了，因为你的老婆是我妈的干女，那你就是干女婿，咱们不是跟兄弟一样了吗？这个姨太太很喜欢这样做，见面都称他为胡哥哥，一说胡林翼就是胡哥哥。然后呢，有些什么事情官文跟她讲，我要怎么做，要想如何如何，姨太太就告诉他，你懂得什么，这些事你就让胡哥哥去做好了，我胡哥哥是天下第一等的人才，你不要做，你放手让他去做。

这个就是类似于野史的一个版本，只是传得很广，而且跟湖北有关的，当时在湖北军中，或者官府中任事的人，都曾经提到过官文的小妾，也提到过小妾对胡林翼有好感。那么我们也不妨将它，当作胡林翼去和睦总督去拉拢官文的一种手段。

2. 枭雄本色：人事财政一把抓

胡林翼在和总督的关系处理好之后，接下来就可以大展身手，拳打脚踢了。胡林翼做巡抚，以及他劝曾国藩、左宗棠等人独当一面，有一个八字方针叫作“包揽把持恢廓宏远”。包揽把持，用今天的话说就是权力绝对集中，恢廓宏远呢，就是做事情要看得远，看到大处，小的细节不必那么在意。他在巡抚任上，具体怎么落实这八个字？他有下面这几方面的做法。第一，在收复武昌之后，不久，又渐渐平息了湖北境内各地的匪患，地方上都安静下来。他除了恢复生产，恢复湖北境内的贸易，又提出一个要把武昌建设为湘军东征大本营，建设成为一个军事重镇的设想。

这个大本营有两个方面的内容，首先是人，他在武昌乃至湖北境内，要练一支大军队。旧有的士兵有那么一些，再新招募一批。但这支军队呢，他的设想中并不是让他们经常出去作战的，主要是训练，训练用来干什么呢？当后来，曾国藩也好，李续宾也好，其他将领也好，在湖北境外，譬如安徽、江西作战的时候，士兵在外征战久了，一个是身体会有伤病，一个是有一些阵亡的，需要补充兵源。有一些呢，还会有心理上的疾病，当然那个时候好像不怎么注意这些东西，也不公开拿出来讲，但是在军队里有一些士兵，因为见了这些惨酷的场面受到刺激，你不让他恢复一下，他就不适合继续作战。那么这些受伤的，有一些有心理阴影的，你应该都给换出来让他休息一阵，另外，那些战死的，军队中的名额就需要有人去填补。这部分人呢，胡林翼就想从武昌训练的士兵里面调过去。也就是说前线后方和武昌这个基地，定期不定期地，可以调换这些战斗人员。那么士兵就能够得到休息之乐，将领呢，就没有缺人的忧虑，这个是在人员方面。另外就是物资方面了，湖北要出钱，出粮食，要帮着购买枪炮，制造刀矛、帐篷所有这些东西，还要组织民夫。因为他们那个时候的军队，特别是湘军和绿营有一个很大不同。像绿营，每个营里面没有民夫这个名额，每到一地作战，都是临时雇用当地的农民，作为劳力。湘军呢，就不这样，他带一个营去作战的时候，有战斗人员，也有非战斗人员，就是那些民夫，跟着一块去，招募的时候也是一并招募。那么这些人呢，也需要武昌这边做一些招募，提供这些人。这就是他要把武昌建设为湘军大本营，建设为军事重镇的一个设想。他是巡抚嘛，他现在要做到这一点，让整个城市、整个省会的各方面的工作，都向军事上倾斜，都为湘军在外作战提供服务，用今天的话讲，他就改变了这个城市的职能，当然这是战争期间，需要他作为一省最高长官的魄力，才能做到这一点。

但是“包揽把持”说的还不是这个，最主要的不是这个，而是他要求皇帝给他在湖北绝对的控制权。控制什么呢？一个是人，一个是钱。在控制人方面，他具体的做法是，不需要控制湖北的每一个官员，他并不需要这整个官僚系统都由他一个人来决定任免，决定怎么运作，那也忙不过来，就算给你这个权力，表面上你能很爽，但是其实你做不了，最终其实你也控制不了，胡林翼认识到这一点。他要求的呢，首要就是这个州县的人选，应该由他决定。州县就是知县，直隶州知州就是最基层一级的官员，这些人的任免要由他来决定。往常按照清代的制度，每个省知县级别这样的官员，包括知府，他的任免，特别是派遣，在一个省内，是由布政使决定的。每年北京就会分很多人，中了进士或者官吏的升迁调转途中，被分为知县、知府，之后把这些人分发到各省。省里面等这些人来了，就看哪个地方有职位，有的话我就在北京分来的人里面，挑选一个让他前去上任，如果职位不够，来选的人多，那么让这些人在这等一等，先做些别的事情，或者帮着在省会做一些事情，或者帮着有些道员下去巡查之类的。因为没有职务嘛，你就不能有实缺，这就叫候补。每年每个省都会来这么一批人员，那么让谁去哪个县，去哪个府上任，一般来讲这是布政使的权力，当然布政使也不能随便去定，他要根据吏部的有关规定，叫作吏部则例。按照那个规定上面的条件，在这些候补的人中一一比较，谁最合适就让谁去。

但是胡林翼认为这样行不通了，因为以前的这种做法，表面上很规矩很公正，但是实际上，布政使他往往因为一些外在的压力，或者诱惑，在确定人员的时候上下其手，在表面上还是说，你看我这是依照这个吏部的各项规定。因为吏部的规定太多了，你针对某个你已经定下的人，在吏部则例中选一些条件，其他的人就会不符合这个条件。同样的你要中意另外一个人，你又从吏部则例中选一些另外的条件，那么这个人合适，其他人又不合适。所以说表面上，他是按照这个文件精神，按照有关规定在这里挑选人才，其实这个人都是被他预定好了的，这种情况屡见不鲜。胡林翼发现了这一点，他认为这个方法不好，以后分发到省的人员，都应该由他来考察，他跟他谈过话之后，觉得这个人适合干什么，他就让他去干什么，不适合，那么不管你这个人来之前，给了谁多少好处费，跟谁的关系铁，是谁的亲戚，他都不管，就不会让你继续在这候补，在省里待着。在此之前有些不合格的人，如果已经到任的，那么他毫不犹豫毫不留情，让这些人下岗。他要求的是这个权力，但是这个职位以上，知府、道员这些，以及在各个衙门里面具体办事的那些人员，他说这些人我不要管，我不管他们，这个就归你布政使去搞定。你怎么搞定呢？你有吏部则例嘛，你就让他们按资排辈循序渐进。这些人按资排辈是应当的，因为在整个行政流程中，这些岗位上的人反正是要经过这些阶段，一步一步往上升，当然再升也升不了太高，但是他有一个特点，他熟悉这些办事的程序，创造性可能差一点，操守可能也差一点，但是你要让这个行政机器运作起来，就不能缺少这些人。他说这些人我不管，你主要是按资格，让他这样循序渐进就可以了，只要他不做太出格的事情，我不会管他们。这个你布政使司管就行，我要管的就是最基层的亲民官，就是州县。其实呢，他这么做就是把布政使在用人方面最大的权力剥夺了。刚才讲了这些人在以往都是由布政使来决定任免的，现在巡抚插了一杠子说，这个你不要管，那布政使的权力就被他剥夺，这叫包揽把持。你把布政使的权力揽过来了嘛，那个人事任免最重要的权力被你把持，这是包揽把持的一个体现。

第二个就是钱，钱也是布政使一个很重要的权力，一省的财政，一般是由布政使来统筹的，收多少税发多少薪水，项目工程要怎么调用这些资金，这都是布政使来做的。胡林翼说现在，当然他也不是说以后不让布政使做这个，厘金盐税，及其他军事上的资金，就采用粮台制，就是军队里面有一个后勤中心，然后不仅仅是跟军事有关的资金，要进入这个后勤中心，甚至这个省一级财政，正常的平时的这些收支，都要根据这个后勤中心的情况，根据军队的情况来考虑使用，也就是说布政使手里没有钱了，连账都不用做了。因为他的粮台有主管，粮台不但会把军队的账做好，还会帮你把本省的账也一并做好。你有些钱不见了的话，如果没有军队方面的信息，你布政使也做不好这个账，因此无形中，他就把一省的财政权，移到了整个湖北军队的粮台里面。当然他那个粮台的主管，不是胡林翼来做，他当时是让户部让中央调人来管理这个粮台，但是那个人是他指派的，那个人虽然有可能在北京任官，或者在其他省做官，但是他指名要这个人，让他来管理我的粮台。也就是说湖北省，如果我们把它看作一个大型的组织，像企业结构一样，那么湖北省的 CFO（首席财务官），就到了他的粮台，布政使原来算是湖北省的 CFO，但是现在就不行了。这么一总结，胡林翼等于就把湖北的布政使给废掉了。

胡林翼在湖北的做法，被总结为“抓两头”，一头就是他要管住人，尤其是在省会，在湖北省最高一级的官吏里面，只能由他一个人说了算。布政使没有权力，按察使没有权力，有一点点权力，就是那些日常的工作，不是很微妙很重要的工作，你们去做，其他重要的人事任免，关键位置人事任免、资金使用，这都由巡抚一个人说了算。一个省最高只有这么几个官，总督、巡抚、布政使、按察使。现在总督对他言听计从，布政使、按察使有的听他的话，有的不听他的话，听他的话就可以继续待下去，不听他的话他就有办法请你离开。这是胡林翼在湖北主政时的做法。另外就是死死抓住那个钱袋子，他这么做就是为了训练维持一支强大的军队，完成东征的事业。正因为他没有什么私心，所以才敢说，我用人，你们怀疑我有私情，用谁不用谁，你们可以去怀疑，我不用管，我不理你们，我甘愿受你们的这个埋怨，但是我不改变我的做法。我用钱，有时候那种方式可能违背了你们所能理解的国家正常的行政财政制度，我也不管。我只要有办法让它用到实处，用到有用的地方就行了。最终考核我，看我这些做法好不好，就看这支军队如何，就看战绩如何，就看这个武昌乃至湖北，是不是能够发挥一个湘军大本营——湘军最重要的基地，以及一个军事重镇的这么一个作用，其他的我在所不计。他说我不害怕，这种最脏的事情最讨人厌的事情，全部都让我来做。这是他跟手下，跟将领，跟那些官员说的。他有一句形容词，形容自己这样做，就像一条"稿荐"。稿荐是什么呢，就是草席，我就像一床草席，破草席铺在地上，你们在上面拉屎拉尿、踩踏践踏啊，都无所谓，我就这样。他这种做法在实行过程中，其实还是比较顺利的。因为这个战争延续了这么多年，六七年了，也一直不能消灭太平天国，然后除了太平天国，中原各地的捻军，西北西南的回民起义，包括各地方都有的地方性的所谓土匪肇乱，事态越来越不乐观。北京中央政府呢，也就不再那么强调要严格的中央集权，他对地方上自主运用一些权力，特别是官声比较好、能力比较强的那些地方大员，要求在人事财政权上有更多的自主性，他慢慢也就能接受了。这个是作为中央政府的一个态度，当然这反映了一个现实，就是中央没有那么大的能力能够控制得了。特别在南方，国家正规军队几乎都被打没了，就算留下很多有这些军队的人员在，它的战斗力几乎也可以忽略，特别是围攻南京的江南江北大营，几次崩溃全军覆没。那两个大营消耗的国库资金，占的比例是最大的，反而跟他们比起来，像胡林翼、曾国藩湘军这一块，能够拿到的国家资源，根本没法跟江南江北两个大营相提并论。你既然给这些地方的支持那么少，那这些地方要生存下去，要继续斗争下去，他不得不自己想一些办法，那么这些办法有可能就会违反你早先定下的规矩。虽然他违反了规矩，可是他在这个特殊时期能取得好的成果，那作为中央，作为皇帝一方，就应该体谅到这一点。所以这是一个现实，在这个现实情况的背景下，才会出现清廷对胡林翼，包括湖南骆秉章，对于他们的自主权越来越大，采取了睁一只眼闭一只眼的态度，放任不管，让他们慢慢地去做。也正是这样，胡林翼敏锐地察觉到，现在的情形跟以往不一样，所以他就大胆地说要包揽把持。需要解释一下这个词，在他以前的时代，作为对一个官员的评价，这是一个负面评价，而且是很不好的负面评价。他现在把它作为一个正面的姿态，不单自己说自己要包揽把持，对曾国藩、左宗棠，还有一些别的地方大员，他都劝他们要包揽把持。最有趣的是劝曾国藩，他说你啊就是太拘谨，你要包揽把持。曾国藩呢，就一直没有给他一个很肯定的回答，当然这可能是曾国藩比较小心。尽管后来曾国藩做事，第二次出山之后，他也有横下一条心要包揽把持的时候，可是他没有像胡林翼这样大声疾呼，我要包揽把持，我要权力集中，他没有。

3. 胡林翼派红包

不管怎么样，在接下来五年中，胡林翼的这个包揽把持效果很好，湖北的军队越来越强，他帮助安徽收复了失地，他跟湖南一道，在长江两岸，让湘军得以向东推进，效果很好。第二个，在具体的财政增加收入方面，胡林翼取得的效果也很好，他一入手就让当年湖北全省财政收入达到三百多万两。要知道这是刚刚把湖北的省会收复，刚刚让整个省从战乱中解脱出来的情形下，他拿到的这么一个数字。而且这个数字呢，是自有湖北建省以来，到当时为止，取得的最高的年收入。一年的总收入三百多万两，那么他这么高的收入，肯定不是当年的田税、地丁银这些钱收上来的数目。这主要来自于两个大头，一个是盐课，因为以前湖北都用淮盐，但是现在东边，几乎都是太平军的势力范围，盐过来得越来越少，那么湖北人还是照样要吃盐，那盐就从四川运过来。最开始呢，都是私盐，因为以前四川的盐，是不许运到湖北销售的。因为清代执行的是，盐是要专卖的，由政府指定某地卖给某地。在这个过程中，经手的商户也是由政府指定的，每个人每年有多大的份额，也是政府指定的。你们这几个商户，每年交多少税，交多少钱给政府，也都是固定的。现在淮盐运不到湖北，但是北京又没有直接命令说，是不是让广东盐或者是四川盐运过来，在这个命令没有下来之前，民众照样要吃盐，所以就近先把四川的盐运到了湖北，可是作为政府的收入，如果是私人偷偷地运盐的话，那政府就收不到钱啦。因此胡林翼在川鄂交界的地方，以及其他一些运盐的要道，运输的必经之路上设了征税的站卡，这叫盐课。盐课在这个三百多万两的年收入里面，占了百分之六十左右。另外一个，就是当时大家都用的厘金，这个就不用详细介绍，跟湖南有一些区别，就是湖北一开始的厘金是值百抽二，也就是百分之二，货物总值的百分之二，比湖南的要高一个点。关于这些事情，建议有很多，特别是具体实施的一些方针，都是左宗棠给他提供的建议。胡林翼先跟左宗棠，为了这种财政收入上的事情，有过很频繁的通信。他曾经甚至想在上任巡抚之后，干脆把左宗棠从湖南调到湖北，但是骆秉章不愿意放人，左宗棠自己呢，也不太想到湖北这边来，因此作罢。

当然胡林翼取得这么高的收入，跟他任用的人才也有关。在当时湖北省内管理财政的有两个人。这个财政啊，一个是要有收入，第二个是要管好支出，而往往能把钱搞进来的人，他不太会花钱，而能够省着有效率地花钱的人，他这个创收能力呢，又往往差一点。所以他有两个人，一个是周开锡，就是管收钱的人，管创收的人，另外一个是阎敬铭，就是管支出的人。创收，无非就是有效地管理好刚才说的厘卡、盐卡，以及其他各项收入，这个比较容易理解。胡林翼也跟他相处得很融洽，因为他跟胡林翼的交道，一般就是这样的，我在那个地方管的收钱的卡，或者什么地方有问题了，那胡林翼就赶紧派人去处理。这个日常工作，他跟周开锡就这么一点比较容易解决，因为周开锡有自己的办法，通过在厘盐这种税里面，实现让收入最大化，利润最大化。但是管钱的阎敬铭就经常跟胡林翼发生冲突，因为阎敬铭这个人非常严谨，绝对对事不对人。他是胡林翼"奏调"，这在古代叫奏调，今天我们说聘请，胡林翼专门聘请他到湖北，为自己管理军事以及行政上的支出。阎敬铭来了之后，那我就只管这个账，我就不管胡林翼你跟我如何如何，至少在这个谈到怎么花钱的问题上，我会定下一套规矩，我先跟你商量，你同意了，咱们以后就按这个规矩办。因为我要保证，让你的这个钱不能乱花出去，最好是一分钱也不要乱花。这样就有些问题了。

譬如，胡林翼有一个习惯，他到军队里去视察，对于这种比较大的统领，像多隆阿、都兴阿、舒保这些是旗营的，另外像鲍超、彭玉麟、杨岳斌以及唐训方之类的他湖北军队系统里面这些人，一见面他首先递上的，就是一个五百两的红包。也没什么别的名目，就是因为他去了，最近辛苦了，那就给上这么一个。过年，每人都是一千两。这个也有他的道理在里面，他为什么要到军队里去视察，去探望，那肯定是这支部队最近战斗得比较累，很苦很惨，或者是当时的处境比较郁闷。为了整个战局，他才会到这个部队里去，所以他拿这个钱是安慰这个统领。过年在传统中国是最重要的一个日子，那个时候就是对你一年的工作表示感谢。可是要知道这么大手笔的花钱，这个钱你怎么入账啊，胡林翼他不可能私人拿这个钱，他也拿不出这个钱。这肯定是公款啊，可是，这是给私人的，因为将领有自己的工资，有自己的办公经费，有自己的军费的。你这笔钱，用他们的话说，你"作何开销"呢？你给他写一个什么名目呢？阎敬铭就为这种事情伤透了脑筋。当然你说他不会做假账，那肯定是假的。越是高级的财务经理人越是官员，他越是假账做得最好的，这是肯定的。可是他不愿意做假账。

有一次，就快过年了，胡林翼说赶紧给我准备一万五千两现银，我现在要离开省会，到下面各个营去拜年了，去视察了。阎敬铭回信说我没有，胡林翼知道他有，但是胡林翼不敢发怒，虽然这个人是他的下属。他知道人家说不给他，是因为讨厌他这种行为，他作为一个财政官员，他不想这样做。胡林翼就给他回了一封很长的信，那信里面，从阎敬铭没有来湖北之前，他对他就是如何的思慕，到阎敬铭来了湖北之后，他觉得心里是怎样的开心，然后平时相处中，阎敬铭有的时候说的话，他说我都记得，包括自己的这些事情，他也一一做了反省，他最后说，你说的都对，道理上都对，我呢也全明白，但是，你就让我耍一个无赖，你说行不行？没办法，这个事情，我明天要是不能拿到这个钱出去的话，我回来都成问题。军队毕竟跟文官系统不一样，就是有一个耍赖的特点，可以说呢，他就嬉皮笑脸，跟小孩一样。阎敬铭是一个很严肃的人，被他这样搞也很无奈，但是阎敬铭也不是说不通情理的人，他当然知道这个军队是怎么回事，他只是说我这一份工，我这个范围内，跟你这样搞不合适。因为我们要知道，在后来，阎敬铭做了户部尚书，慈禧太后要修颐和园，要在宫内搞一些兴作，要从他户部拿钱，都拿不到，所以我们就可以理解，这个时候他为什么这样抠门，逼着胡林翼嬉皮笑脸，耍无赖，千辛万苦，一会哭，一会笑，才把这个钱拿到手。这个是最突出的一次，因为在说了没钱之后，阎敬铭还讲了一句，你要再逼我，我就辞职，所以胡林翼才写了一封那么长的信。胡林翼不想让他辞职，又想让他破坏自己的规矩，强人所难。阎敬铭这一辈子管钱，可能也就在胡林翼那里，被破了金身，自己坏了自己规矩。像这些钱之外，还有每月孝敬给总督官文的钱，当然这一个呢，是阎敬铭他自己提的主意，所以这个账呢，估计阎敬铭早就在某个名目里面安排好了，这个不用担心。

另外一个呢就是日常生活，我们又要拿胡林翼、左宗棠和曾国藩这三位湘军大佬的生活来作比较。曾国藩的生活比较简朴，他有时候简朴到吃也不吃好的，穿也不穿好的，这就搞得在他身边的那些人很难受。你想他是统帅，他请大家吃饭都是一些白的绿的，没有什么肉，没有什么油。但是，他又喜欢跟大家一块吃饭，那你每天跟他吃饭，就很难受对不对？不吃也不好，你想统帅想跟你们一块吃饭，你还不吃，不是不给人家面子吗？可是你给人家面子，你就饿了肚子。这个很多人都反映过，李鸿章就抱怨过，包括曾国藩的朋友欧阳兆熊也抱怨过，王闿运不算他的幕客，到他营里面去了几天也受不了，说那个饭菜真是太难吃了。然后他穿着呢，都是这种粗布褂子啊什么的，最土、最难看、料子最差的那种东西。那他底下的幕府里面，很有一些年少有才的人。那年轻人，他穿着有时候就要注意一点，讲究一点，但是你跟统帅在一块，他穿一件很普通甚至比较差的布褂，你穿这个绫罗绸缎光彩夺目，你也会觉得这样着装不太好，你搞得曾国藩像你仆人一样。那么大家只好尽量多穿一些粗布衣服，那就让大家，让那些讲究穿着的年轻人，觉得很难受很憋闷。吃不好穿不好，这是曾国藩。当然曾国藩营中宴客或比较隆重的时候，是有海鲜的，也有鱼翅、燕窝，但是不是很常见。

比曾国藩还恐怖的就是左宗棠。左宗棠在后来已经是浙江巡抚、闽浙总督了，有一回，他驻扎在衢州，有一个人就拜访他，冬天的夜里，左宗棠要请他吃晚饭，他见左宗棠就坐在一个夹帐中，里面穿件布衣，外面一件羊皮袄。他再往那桌上一看，每人一碗饭，几块白肉。白肉，就是佐料很少，随便炒了几下的几块肉。我想呢，在湖南这边最多是辣椒炒肉，但是当时在衢州，在江浙那一带，说不定很难找到辣椒什么的，可能就是拿一些别的什么东西，随便炒了几块肉，肉还不太多，另外就是一碗鸡蛋汤。就这两个东西，左宗棠就可以用来待客。

相对于这两个人，胡林翼就不一样了，在湖北跟在他身边工作了很久的一个人，在回忆录里面就这样写，说胡林翼的营中，三天就要安排一场宴会，当然不是大宴会，是小宴会，饮食精美。饮食精美，一般来讲，在那会内陆省就是要有海鲜，有鱼翅、燕窝这些东西。酒，也要有好酒，这才叫饮食精美。因为这样，外面就谣传，说这个巡抚生活太奢侈了，军队的粮台每天得给他五十两银子，才能维持他的开销。这个工作人员就说，当然这个五十两银子一天，也是太夸张了，没那么多。但是胡林翼讲究饮食讲究排场，那确实比曾左要强。

第四章　湘军名将：李续宾、多隆阿与鲍超

一、全能将才李圣人

1. 三十岁前：全能将才

胡林翼包揽把持，为的是让他“恢廓宏远”的计划能够成功。他是湖北巡抚，但是他要做的事情，他的理想并不只是把湖北搞好，而是要平定东南，那么平定东南就得有一个很大的计划。胡林翼在后来——过了两年之后——跟曾国藩等人定下一个四路进军之策，就是在长江的南北两岸，各安排两支部队，先是长江沿岸南边北边各一支往东出发；然后南边还有一支，从湖南经过江西进入皖南，再取江苏、浙江，把太平天国的后方夺去；在长江北岸，还有一支沿着湖北、河南的交界往东边进发，这个就是要肃清皖北，然后再到达江苏。当然中间是长江水道，就是水师，这就是四路进兵之策。那么要实现这个战略，就先得消除途中的障碍，先是长江南岸，九江你要拿下，不拿下九江，一是江面不通畅，第二整个江西乃至皖南就总是有后顾之忧。长江北岸最大的障碍是安庆，安庆也在江边，江面的下游你不搞定，安庆长江水面也不通畅，安徽省大部分地区也会受到安庆的辐射。你不搞定安庆，甚至没有办法围攻南京。将来湘军的计划实施基本上就是按照这个四路进兵的战略来执行的。九江也拿下了，安庆也拿下了，之后李鸿章到了江苏，左宗棠到了浙江，李续宜、唐训方等人在皖北取得了好的成绩，让太平军活动的范围越来越小，最终围攻南京，战而胜之、攻而克之。也就是说后来的湘军征战史，基本上就是按照胡林翼的计划实现完

成的，但是你能定一个大的计划，你也有监督执行的能力，还能筹到很多钱，你还需要有能够给你具体实施每一次战役的优秀的将领。

我们讲过很多次，塔齐布是名将，罗泽南是名将，但是这两人在这个“恢廓宏远”的计划中还没有来得及展现他们的能力，就过早地逝世了，塔齐布是病死的，罗泽南是战死的。在这两人之后，湘军有一位年轻的将领出来支撑了危局，实现了四路进兵东征途中的第一次大胜利，他攻克了九江，在攻克九江后没多久，他再渡江而北到了安徽，在安徽先经过一段势如破竹的进程之后，因为孤军深入、过分轻敌，也因为后援支持不够，全军覆没。他创造了湘军的一个高潮，但是旋即又让湘军陷入了一个低谷，这个人就是李续宾。

胡林翼喜欢给人戴高帽子，在湖北的时候他手下有两员大将，一位是李续宾，一位是多隆阿。他称李续宾为“圣人”，多隆阿呢，是旗人，他称之为“八旗圣人”。被他称为圣人的就这么两位，这是同一阵营的评价。来自敌对阵营太平天国的名将英王陈玉成，曾经这样讲过，他说，我跟清军交战这么多年，真正让我觉得势均力敌，让我可以佩服的人，也就这么三位，一位是李续宾，第二位李孟群，第三位鲍超。当然这三位呢，李续宾的军队被陈玉成攻溃，李续宾因此自杀；李孟群更惨，被活捉；只有鲍超挺到了最后，他看到了陈玉成的败亡。不论是同一阵营还是敌对阵营，对李续宾的评价都很高，但他又是湘军一个巨大的悲剧主角，所以我们在这里有必要介绍一下李续宾的生平、战绩、性情和他的结局。

李续宾是湘乡人，他出身的家庭呢，用我们今天的话讲，是一个中产阶级家庭。他的父亲是一个贡生，家里比较有钱，喜欢舞文弄墨，乐善好施。他家里有五兄弟，李续宾排行第四，他三位兄长基本上都从事商业，这可能就让他的家更有钱。他和弟弟李续宜都是湘军的将领。李续宾出生不久，还不满周岁就能下地走路。后人给他写传记，就恭维他说，很早的时候我们就能看出李将军有龙行虎步的气概。这是一顶高帽子啊！李续宾虽然将来没有考取一个功名，就是没有通过科举高级考试，成为举人、进士，但是，他入学也比较早，五岁就在家塾里启蒙。他家的家塾叫作“将就书屋”，将就，得过且过。他读书的成绩虽然不算怎么好，但是他读的是有用的书，他读书有自己的方法，至少他从书本上学来的知识，对于将来他的作战是有很大帮助的。

十岁的李续宾，身高就跟成年人差不多，当然这个成年人是讲晚清湘乡那边的成年人，个子不会特别高。他后来，在湘军将领里面，算身高比较高的，身形也比较魁梧，加上他这个战绩比较优秀，所以就有些传言。有一次，有一位官员到北京，咸丰皇帝召见他，谈完正事，就问他，说这个李续宾很厉害，现在战事正紧，我还没办法让他到北京来见我，听说他身高九尺，是不是有这么一回事？清代一尺相当于现在的三十二厘米，九尺那就太吓人了，所以这肯定是传言之误。但是能够传成这样，可见他的身形还是很高大的。十一岁背东西，他就能负重一百斤，那个时候一百斤呢，相当于今天的六十公斤，一百二十斤。一个十一岁的小孩，能背一百二十斤，这可见他确实天赋异禀，从小身体就特别好，是一块将才，至少身体、体格上是一块好材料。然后，他少年时代的兴趣，都跟武学有关，十三岁就学骑马。我们知道在湖南这种丘陵地区，不要说一般人，就是那个时候在湖南的军队里，骑马骑得好的都少。第一个是马比较少，第二个呢，南方本地这些马，马种也不太好，估计就像现在公园里那些马，骑着就只能溜达，要真正用来上战场，或者去打猎，都不太合适。但是李续宾，因为他是中产阶级家庭，所以家里养了马，而且是好马。他十三岁学骑马，一直到四十岁。就这么一骑下来，骑术很精湛，后来曾国藩、胡林翼营中只要有了好马，都要请李续宾看一看做一个鉴定，看这个马到底是不是好马，包括有时候自己的坐骑不太好，都会请李续宾选一些马拿过来。十五岁李续宾又学射箭，这个是因为他的一个同学喜欢射箭，他觉得有兴趣，也去学，很专注。人家用羽毛在他的眼前舞来舞去、拂来拂去，他眼皮都不眨一下。到了二十一岁，他学着打猎，自此以后几乎每年冬季都要出去打猎，据说总是所获甚多。会射箭，会骑马，去打猎的话，那自然比一般的人要强一点。

接下来二十几岁时，他又学医术，当然他学医术呢，重要的原因是父母年纪大了，如果自己懂一点，有些小病小痛可以自行处理，就不必请医生，请医生也很贵，而且这个医生是良医还是庸医，有的时候也难以分辨，这也是尽孝的一个手段。附带说一句，中国古代很多读书人都会一点医术，都喜欢看一些医书，大部分的情况都是为了父母。当父母年老之后，他们觉得身为人子要懂一点，即便达不到给父母开药的水平，至少一般的医生来开药，你能稍微看懂一点，明白医生指出的是什么病症，用的什么药，如果太过离谱你可以拒绝，就是说你有一定的分辨能力。这是中国古代读书人读医书的一个传统，李续宾也遵循这个传统。当然他读了医书，将来带兵之后，八年中他的部队从来没有发生过瘟疫。在那个时候，作战部队里面发生瘟疫是很常见的，像湘军里面几个巨头，曾国荃的军队、鲍超的军队就都发生过大范围的瘟疫，病死的人有的时候达到一支军队的三分之一，这几乎就让那支军队失去了战斗力。太平天国的军队也发生过很严重的瘟疫。当然那时候发生瘟疫，主要是跟战争太惨烈有关，死的人太多，卫生条件也不够好，这个流行病流行开来，就染发了瘟疫。但是李续宾呢，医术还可以，平时也很细心，注意调养士兵的身体，所以他的军中没有发生过瘟疫。

二十五岁那年，他又学习绘制地图，画了几百幅。那个时候，他画地图，也没有一个具体的目标，因为他真出来带兵，也是几年之后的事了，当时他也没这个迫切需要，可能就是一种兴趣爱好。他画的地图很精准，曾国藩曾经看过他的地图，说我手上这些官书啊，从紫禁城里面出来的地图，都没有你这个精准，没有你这个方便。可见他在地理学上的造诣也比较高，这一点跟左宗棠有些像。但是他做所有的这一切，并没有想到将来我想去当兵去作战，没有这样一个想法。他很多的时候还是希望能够去考试，考出一个好成绩，入一个学，中一个举，再来一个进士就更好了。他还是有这个想法的，但是他一直这么读啊，读到三十多岁，这个考试成绩还是不够好，就有点灰心。就因为这个仕途，你要读书，要考试，这个仕途看来是无望，那么就尽力发展自己的个人兴趣，射箭、骑马、打猎、画地图，还买了四十亩地，带着两个儿子、三个佣人耕种这些地。同时呢，开了一个鱼塘，另外还种植一些蔬菜、桑麻，他准备用这种方式来了此一生。可是那个时代呢，不能让他这么安闲。首先在湘乡、邵阳交界的地方，土匪很多，经常骚扰来往的行人，所以湘乡本地就组织团练，这还是道光二十几年。他家因为比较有钱，又有一定地位，这地方上要办什么事情，他父亲也热心，所以肯定就参与到这个团练里面来了。当然他父亲出钱，李续宾呢，这么一身好武艺，正好可以去磨炼一下，他就参与了这个团练，参与团练之后，捕杀了不少土匪。在太平军兴起之后，这个团练的重要性，特别是湘乡就更重要了。至于他和罗泽南、王鑫怎么举办团练，之前已经讲过了，在此就不多讲。

我们看李续宾三十多岁，也就是他真正出来带兵之前的人生，说他是一个书生不过分，说他出来之后是书生带兵也说得通，但是，他不是湘军里面一般的那种比较常见的，像刘蓉、李元度那些书生，那些不仅仅是书生，还是很有学问的学者、文学家。湘军里面这种书生，真正带兵去近距离跟敌人作战，几乎都是失败的。曾国藩、左宗棠、胡林翼他们是书生，他们也带兵，但是他们更多的是一种统帅身份，具体作战不是他们自己，他们作战的成绩也不好，经常为此闹情绪自杀。湘军里面真正能够支撑起这么一个庞大有力的军事组织的，是李续宾、塔齐布这样的将才。当然李续宾、罗泽南这些还读过书，像塔齐布、鲍超那种就完全不认字，根本不能叫书生。但是李续宾这种呢，是很基层，甚至成绩很差的书生，因为书生也要有一个资格，他并没有这个资格，他只是爱好读书而已。我们看他三十岁以前练的都是武学，都是跟行兵作战有关系的东西。如果说他三十年就是天天在家读书，不进行体育锻炼，不操练这些科目，一出山就能带一支军队，就能经常打胜仗，那几乎是不可能的。所以，我们说湘军是书生带兵，不要滥用这个词，至少在基层，在一线，书生带兵的成绩是不怎么好的。而只有像李续宾这样，从小身体就很强壮，然后自己又喜欢一些武艺上的东西，对与战争有关的事物和知识比较留心的人，那么虽然他出身农家，并不是军人家庭，一旦有机会，他以前的这个身体条件、知识储备就能用上了。反之你整天就是写文章、写诗、研究学问，突然有一天让你去带兵，你的成绩肯定不会好。对于前线来说，书生带兵绝对不是美谈，军人就是军人。

2. 岳州故事：有智有勇

湘乡知县让李续宾、罗泽南、王鑫组织团练，随后，巡抚骆秉章把他们招到长沙。第一个任务就是去支援南昌，他们总共带了一千二百人，由罗泽南和李续宾带队。罗泽南带的营叫中营，三百六十人；李续宾带的营叫右营，也是三百六十人。剩下那四百多人，李续宾称为“余勇”。余勇是李续宾的营制里面与别人不同的一种配置，余勇不用来单独作战，而是当正营，像中营、右营出战的时候，正营里面又会分哨，每个哨配多少个余勇一块上去作战，这是他的一个独特的营制。他们一千二百人到南昌，这是李续宾第一次真正的作战，打了败仗。一个人第一次带领几百人上千人，去生死拼杀，第一次如果不失败的话，那就太神奇了。所以像李续宾这样的人也会失败，一遇即溃。当然这不能怪他，士兵也是湘乡农家子弟，刚从湘乡县城出来，一生还没有离开过家，一下到了江西这么远的地方，突然又碰到太平军，对面就是刀枪剑戟、开炮开枪，一遇到这场面，四散奔逃也是很正常的。李续宾稍微挽回了些面子，就是等人家把他这两个营杀得溃散的时候，他还能组织一百六十个人，等太平军撤退的时候，跑到他们那个队伍的尾部，追杀了几十个人，稍微报了一下仇，当然总体来说呢，还是失败了。湘军这次被杀了一百六十人，其中有几个是罗泽南的弟子，也是李续宾的好朋友。回到湘乡之后，很多人退出湘军，因为他们以前是做团练的湘乡人，那时候团练还算有起色的，外县外乡的人一般不敢到湘乡做什么坏事，但是出去之后，一作战，发现不是做团练捕土匪那么容易，原来我们还有可能被敌人杀死，有些人因此就打起了退堂鼓。但是，李续宾以及他的右营并没有因此退却，在失败中吸取一些教训，在接下来大大小小的战役中越战越强、越战越勇，甚至于因为李续宾的一些智谋，越战越有趣。下面就选一些李续宾在作战中有意思的事情作一个介绍。

就在援助南昌失败后不久，咸丰四年（1854）六月，李续宾、罗泽南、塔齐布在岳阳，当时叫岳州，打了一场很漂亮的仗。在湘军军营内，人家称这一次战役叫岳州故事，那是一个什么样的故事呢？当时他们是三营人，刚才介绍了李续宾、罗泽南每营只有三百六十人，塔齐布一部呢，人多一点，不止一个营，他带了两营人，加起来也不到两千人，可是在岳州附近一个地方，与之对敌的太平军有五六千人，人数远远多于他们，而且眼看着就要向他们发动总攻。开始他们三个人讨论，罗泽南就说我们躲到岳阳城里面去，因为当时太平军也没有控制岳阳城。但是岳阳城不好防守，并不是一个易守难攻的地方，所以李续宾说我们不要到那个地方去，上一次王鑫在里面就被围住了，差点丧生，我们不要去那里。罗泽南说那怎么办呢？那我们就撤吧。李续宾说，往长沙一撤，那还得了，被人追击那不很惨嘛！罗泽南就问了，那你有什么好办法？李续宾说我想到一招，先提前两天在当地街上张贴告示说，长沙的援军两日内就到岳州了，民众不要慌，援军到来之后，就可以击败太平军。他这个就是故弄玄虚，当时的民众比较相信这个，甚至还有打前站的，准备柴草，为了迎接长沙来的援军，其实没有。但是你一张告示，是吓不退太平军的，你还得拿出一些更具体的东西，让太平军相信你们真的有援军。两天后，也就是告示说的两天后援军必至。这个夜晚，李续宾从自己营内三百六十人中抽出三百人，每个人都点着火把，通明透亮，三百人拿着火把，进入塔齐布的营中。如果是间谍的话，他就会看见突然不知道从哪来的一支军队。点着火把就进了塔齐布的营，之后，赶紧熄灭火把，然后塔齐布这边再派出五百人，又从别的地方绕了一圈，到一个很显眼的地点。八百人再把火把点着，又很耀眼地走进塔齐布的营。那间谍观察，就发现又来了一支军队，这支军队比前面那支军队还多，又进了塔齐布的营。进去之后又立即把火把熄灭，从别的方向又绕出一支。用前面的方法，大概几百人，就这样弄了三支军队，制造了一个假象。就说一夜之间，人家一数的话，三百八百再加后面几百接近两千，那岂不一下就来了两千人的一支大军？太平军就很害怕。

这个夜晚这么一折腾就过去了，到早上，塔齐布的营中开始增修土墙。因为你来了军队，在这个营边你要立新营，尽管现在没有真的来军队，但是也要做一个样子。在塔齐布的营边又建了一座新营，当然里面是空的。这一下太平军就相信了，真是来了援军啊，那来了援军的话怎么办？赶紧趁他们援军脚未立稳，我们去冲击他。太平军这样想也是对的，因为前面等了这么些天，太平军没有主动发起攻击，是因为先去攻人家，人家有工事有营房在那，你去攻击他叫攻坚，比较麻烦。现在人家的援军刚到，乱嚷嚷的，这个时候你突然去冲击他，叫有机可乘。等他立足稳了，四千人加起来，那压力就大了，那个时候可能湘军就会来反攻我们，所以太平军就去冲击他们。李续宾要的就是这个效果，前几天太平军一直不来进攻，他们就很着急，但是他们人数比较少，地形也不是那么有利，让他先去挑战太平军，他也觉得没把握，他就是要用这种疑兵，制造假象，引得太平军来主动进攻他们。太平军果然就来了。

那么就是按照湘军惯常的阵法，有迎头接战的、有两边冲击的，还有伏兵绕到后面攻击敌人尾部的，在迎头冲击的斜后方也有伏兵。他们用这个战法跟太平军作战，太平军就被打败了。当然打败了，有一个重要的前提又是李续宾。虽然说这个计谋很好，但是具体接战，敌人开枪近身搏斗，互相砍，士兵害不害怕，这是一个很大的问题，你计谋再好，没有敢于作战、善于作战的士兵也不行。因此李续宾冲在最前面，当士兵发现敌方来势汹汹，害怕的时候，他干脆往地上一坐，席地而坐，表示自己一点都不担心不害怕，你们给我冲给我杀就行。然后呢，太平军作战有一个特点，特别在早期，就是湘军当时的一个情报官总结出来的三条：第一条叫“声”，第二条叫“色”，第三条叫“奔走”，用今天的话叫跑，即声、色、跑。“声”，声音，万人齐呼杀妖。太平军认为清军都是妖，清妖，所以一作战几万人齐声高呼杀妖，冲锋的时候，喊声震天动地，能够震慑敌军。第二个是“色”，太平军的服装、头巾只有红黄两色，这种颜色很耀眼，几万人穿戴着这些东西在战场上，也能够震慑敌方。第三个“奔走”，主要是说要跟着一面旗去奔走。太平军这一点训练得很不错，因此我们要分析一下太平军的组成。

如果说太平军有一支十万人的军队，那么里面真正能够作战的，会作战的，有作战经验，甚至是有武器的，我说的武器是枪，就是那种火枪，或者比较锐利坚硬的刀、矛这些，其他什么锄头棒子那些，随手抄一个东西那不叫武器，真正有战斗力的最多不会超过一万人。这也是为什么我们看很多记载湘军与太平军作战的，湘军这边死几百人，也是很难接受的一个成绩，而太平军那边，总是被斩首几千上万。有的史学家就说这是湘军夸大战绩，其实不是的。太平军一支十万人的军队，至多不会超过一万人有战斗力，其他的百分之八九十都是被裹挟进来的平民，是一般的老百姓，临时训练几天就让他们上战场，而且往往是这些不会作战的，让他们冲在最前面。那么湘军这一边，包括一些别的清军，碰到这些人，那不就冲上来给你送死的吗？所以你的杀伤力自然比他高，可是真说你能伤得了多少真正的太平军的核心战士，这就很难说。所以说湘军士兵一开始，见着对方人这么多，也是挺害怕的。但是李续宾鼓励他们，冲上去砍就行了，杀就行了，慢慢地，士兵也不那么害怕了。

可是太平军有百分之九十是一般平民，如果你不训练他，那在战场上也会自找苦吃。他万一在战场上乱跑怎么办？那不就把自己的阵形都冲乱了么？所以太平军平时训练这些平民就是一招——跟着旗走。譬如几千人甚至万人，这些都不是真正用来作战的，那么前面有一个挥旗的，你们这些人就认准这面旗，这面旗在哪你就跟着在哪，在这个过程中还要排好队。一般单线走或者是双线走，单线就是一个人一排，双线就是两个人一排，你就跟着这个旗走，跟不上旗的，走着走着出列的，当场就被太平军的教官处死，累得走不动的也会被处死。就因为这个严酷的训练，所以太平军在早期，特别在湖南这边，他们的那个战法是很吓人的。虽然他不是真正的战士，但是几面旗一挥起来，旗后就跟着一队人，怎么冲都冲不破，而且很有规矩，严格执行他们的纪律，这也会让敌军看着害怕。所以当时李续宾就看见了，在一个高岗上，有一个指挥官，正在挥舞一面旗帜，底下有几面别的旗帜，好像在呼应那个旗帜，一会在这一会在那，然后旗帜后面跟着很多队人。他感觉得把那个指挥旗给夺掉。李续宾就一个人带着十几个清兵，爬上那个高岗，干掉了那个挥旗的。这样指挥旗一没有了，太平军就乱了，队伍也不成型了。这下罗泽南、塔齐布赶紧就率人冲进去，大胜！

李续宾行军还有一个讲究，兵法上不是有一句叫穷寇莫追吗？李续宾作战没有不追穷寇的，都是追到底。这个是有道理的。我们分析下，为什么不追穷寇呢？怕他反抗吗？怕他最后因为这个困境，突然有一股精神力量，让他的潜力全部发挥出来？我觉得不是这样的。真作战的时候，穷寇可以去追，李续宾就是这样追的。当然要看情况，第一，你去追他，军纪要特别好，不要在追的过程中，去捡地上的东西，去搜刮财物，你的目标就是追击敌人，能多杀一个是一个，能多抓一些是一些。第二，你在追的同时，不能孤军，还要有接应。你最好还要知道，前方是否有埋伏，这样就叫剿。你可以去剿灭敌人，不是光去追。还有一些别的因素，我们在将来讲他具体作战的时候再介绍。反正对于穷寇，李续宾是一定要追的，他不相信穷寇莫追的道理。他这么一去追的话，罗泽南的中营就进入了敌人的营内，那这下就好了，里面的军械、粮草、财物全归了中营。李续宾右营回来之后，士兵就埋怨了，说我们辛辛苦苦去追，也就杀了一些人，杀了一些敌军，这好东西都让中营拿了。李续宾就说不要着急，我们这样一追，我们功牌多呀，功牌就是保举，因为作战最勇猛肯定是我这一营了，保举上去，部里面就会发下执照——保举单，那我这个营里面就很多啊！这样我们把三百块功牌给罗泽南中营，让他换点粮食给我们怎么样？因为他这个军队作战勇猛，总是能胜利，得军功的机会多，军功章挂满了，也没什么用，干脆换粮食。三百块军牌换了两千袋粮食，就这一回。当时这个故事一传开，他们湘军内就有一个谚语，叫作什么呢？"中营银子，左营旗子，右营顶子"。中营是罗泽南的营，这个营的士兵有个特点——爱财。左营是王鑫的营。罗泽南的旗是红旗，李续宾的旗是白旗，单色的旗，王鑫的旗最鲜艳，是五色布的旗。五色旗，所以左营的特点是旗子。右营是李续宾的营，顶子，就是那个清代官帽上的装饰。顶子用的材料越高级，那个翎毛越珍贵、越多，就表示官位越高。那么右营顶子，意思就是右营里面有战功的多，将来出来的将领、高官也多。这就是一个谚语的来历。

罗泽南和李续宾这两人，严格地讲不是师生关系。李续宾并没有拜罗泽南为师，他弟弟李续宜是跟罗泽南读书的，李续宾并没有，通常总说罗泽南率领弟子王鑫、李续宾，这李续宾一定要把他撇清，他是送弟弟李续宜去罗泽南那里读书。当然他很尊敬罗泽南，罗泽南在他家乡也是他的长辈，这个没有问题，但是他不是罗泽南的弟子。那么不是他的弟子，出来带兵之后，他与罗泽南各领一营，各当一面，就有一些竞争。也许这两个人自己不会竞争，但是两营的士兵，跟这两个人有关的其他人，会有一些想法。至少我们现在看李续宾的年谱，这个年谱主要是他的弟子以及他的亲人一起合作编的，那里面就喜欢讲一些罗、李两人优劣如何，做一些这样的对比，一般都会评价，说李续宾更强一些。譬如说旗子，罗泽南红旗，李续宾白旗。白旗的威望越来越高，对于太平军来说。因为他作战勇猛，所以出战的时候，太平军也学乖了，见到白旗就躲，见到红旗就冲上去杀。有一回士兵就开玩笑，向两位统帅提一个建议。这回出战，我们把两边营的旗给换一下，李续宾拿红旗，罗泽南拿白旗。就这么上战场，一开始有些太平军也按老招数躲避白旗，双方接战，这一动手没多久，太平军又都躲避红旗，直接冲向白旗。这个故事说明李续宾的手下作战，确实要比其他的营，比罗泽南他们营的能力要强。在湘军内部换旗，以前也介绍过，有过几次，像左宗棠借用鲍超的黑膏旗，像王鑫的五色旗，也曾经被江西当地的官员用过，但是像罗泽南、李续宾这样换旗，换了旗之后还不管用的，这倒是没有听说过。

这是李续宾刚开始作战的情形，随着时间往后，战役更加频繁，李续宾的指挥才能、军事才能也越来越出色。

有一回追敌到湖北的百花洲，他算一支孤军，后面是有援军，但是离得比较远，这个百花洲，是从湖南进入湖北境内并不很远的一个地方。同时又有一支敌军在这跟踪他，在他的东边，离他总是保持这么个二三十里的距离。有一天行军到黄昏，那时候是闰六月，天气很热，士兵吃过饭就要睡觉，都把草席铺在干裂的田地上。李续宾饭后散步回来，立即下令不许睡在这里，要睡在高岗上。为什么要睡在高处呢？而且那个高的地方，太阳晒过了，刚黄昏还挺热，再说人也很累了。有的人就不愿意，李续宾碰到不愿意的士兵，就拿鞭子抽。士兵们没办法只好睡上去，一个个怨声载道。睡到半夜，风雨大作，他们黄昏那会睡的那个田地，积水深至三尺，这一下士兵就佩服他了，大家佩服他能够预报天气。但是这还不算绝的，两天后李续宾命令移营，往西边移三十里。但是移营三十里，刚下过暴雨，路上全是烂泥，你本来在高处睡得好好的，安营扎寨挺好的，现在在烂泥中，又去行军三十里，是不是太折腾了一点？也有很多人不愿意，李续宾严厉督责一定得移。移了三十里，又有一处比较高的地势，稍微干一点，他们就在那个地方扎营。次日追兵就来了，因为追兵觉得你这好像躲着他嘛，本来隔你就那么二十多里，你现在又移个三十多里，人家觉得你害怕他，加上追兵也有一些援军加入，人数比较多，气势汹汹地就冲过来了。士兵有点害怕，说你看，我们刚才不动可能人家还不会追，我们一移人家就来了，暴露了目标。李续宾说我就是要移到这，暴露目标让他们来追。为什么让他们追呢？你想啊烂泥路虽然不好走，但我们已经休息一夜了。而他们原先隔我二十里，现在加上这个三十里，他们连着走了五十里烂泥路，一路走来非常辛苦，我们趁这个机会给他们迎头一击，你们说胜负如何？大家一听有道理。分作两队，从高处冲下，敌军还立足未稳，就被打了个落花流水。

3. 无情军令，有情将军

李续宾的军中军令很严。譬如说死罪：敌军未接近营垒，就敢出击者，有功亦杀。就是说你违反了这条命令，就算立了战功也是斩首。而敌军逼近营垒，有个什么标准呢？就是敌军正在那突破壕沟的时候，要到那个点你才能出去攻击，这是一条规定。第二条，任何人，只要是营中的人，平时去砍柴也好干什么也好，你敢把人家坟墓上的树给砍掉，就斩首！当然这一条是中国的一个传统。因为坟墓上的树，这个是代表着一种孝，以及对祖宗的思念敬仰。每个人家里都有坟都有亲人，每个人的情感一样，你士兵再如何，也不能把那个树给砍下来。所以李续宾有这么一条规定。当然其他还有些军令，看一看他的营制就知道。譬如不许赌博，不许强奸，不许吸大烟之类，这些都是斩首项目，但是前面这两条比较奇怪，跟别的不太一样。当然如果不是在军令范围内，就是平时小小的过失，那么李续宾从来不会在公开场合去责备他，总是把这个人叫到身边，好好跟他聊一聊，这叫“扬善于公庭，规过于私室”。这个也是大多数会做领导的人懂得的一个道理，是安抚人心的一种好的做法。其中也有一回失控了的，就是李续宾的营，简直就像士兵要造反。

那是咸丰四年（1854）十二月，湘军水师被太平军打成两截，一个是内湖一个是外江，紧接着，曾国藩的座船也被太平军焚毁。当时呢，曾国藩有一个朋友，也是他的幕客，刘蓉，湘乡人，曾国藩老乡，他说我们应该趁着除夕进攻太平军，因为他们刚打了胜仗，应该会在除夕那一晚庆祝，我们出其不意去攻击他。听上去呢，这个建议还是不错，只是他当时对敌军了解不够透彻，不够仔细。太平军没有除夕，太平天国用的这个日历是天历，他们自己制的一套历法，跟中国传统用的这个农历是不一样的。他们过的新年，是我们现在的元旦，跟农历的除夕新年是不一样的，所以你在这一天去攻击太平军，太平军没庆祝，出其不意就落空了。这还是次要的，更重要的是那会的湘军士兵，刚出征没多久，还有一些在农村的习惯，对于这个农历除夕看得很重要，觉得这么一天你也让我们去作战，都不同意。最开始呢，曾国藩是想让罗泽南的中营去执行任务，配合水师。但是水师提出建议，说中营战斗力不行，我们还是要右营去。李续宾说我这个士兵啊，不愿意在除夕那天出战，当然李续宾当时也不知道太平军不过除夕，他只是从自己本身乃至军队士气来考虑。但是刘蓉很坚持，曾国藩也被他说动了，也坚持，三个湘乡人呢，就产生了矛盾。最后考虑了三天，李续宾觉得还是没办法，刘蓉虽然不是他的上级，不是统帅，但是他提出建议，曾国藩接受了，曾国藩是钦差大臣，代表皇帝和朝廷，虽然大家是老乡，但是在军队里面还是要执行命令，就勉强答应了，回到营里跟士兵们做思想工作。士兵当然不愿意去，直接拒绝，几乎没有人同意。但是李续宾对士兵好啊，军令也严明，强迫他们去，士兵就偷偷地搞了一次地下活动，互相串通，商量说，这个刘蓉太可气了，他以为他有什么妙计，搞得我们这一天不能休息，我们一定要打个败仗，堵住他的嘴，让他知道，这不是什么好计谋，这是馊主意。这个呢，李续宾不知道。

等到除夕那一天，作战了。据当时亲身参与了这一次作战的一个士兵回忆，他说当天我们出了营门六七里，就一哄而散，四处奔逃，反正也没个目的地，我们就是要散，不去跟太平军相遇。湖口的太平军，看到湘军营内突然出队，很警惕，但是看他们行军行了几里地，突然又四处跑开了，没明白怎么回事，不知道这是一种什么战法，很纳闷，但是不敢追，直到后来看到他们越跑越散，不像作战的样子，这才发动起来狂追。李续宾没料到有这么一出戏，带着士兵出来走着走着，士兵都不见了，就剩下他一个人，然后那边太平军追过来了，没有办法，只得赶紧跑。他这次作战，又没有非要誓死报国，不成功则成仁，那个情绪还没酝酿出来。还没有接战，两边根本还没动手，人就不见了，这很奇怪，有点像如今互联网上很流行的一个恶作剧，大家先一天在网上约好，穿上同样的服装戴着同样的装饰，跑到某个地点，或者是一个快餐店，或者某个公共广场，突然一声令下，几百人一下就不见了，这种无厘头的行为。这天这个湘军啊，就有点像这个行为。这种行为在互联网上叫“快闪”，湘军也快闪了一回。唯独李续宾不知道，但是他也来不及多思考了，人家太平军已经出兵了，跑啊。幸亏他的马好，他一直骑的都是良驹，自己的骑术也很好，好不容易跑开了，躲到一间空着的民房，一个人枯坐了一夜。估计那一夜都没有想清楚到底是怎么回事，平时指挥那么如意的士兵，今天这是怎么了？给我摆了一道。当天士兵虽然这样一哄而散，却没有受到损失，连一个受伤的都没有，他们就是要用这种方式，表达他们的抗议，甚至不是抗议，而是用这种方式讽刺嘲笑刘蓉那种不讲人情又不懂军事的书生。士兵在黄昏上灯之后，陆陆续续全部回营。可是回到营内发现大事不好，主帅不见了，李续宾没有回来，这下士兵就觉得这个事情不太妙了。所以第二天一大早，右营的官兵全部涌到曾国藩的帐内，跑到他的办公室要人，说就是你这出的瞎主意，乱指挥，我们的主帅不见了。士兵对李续宾很有感情，非常爱戴他，一旦发现他不见了，就要将怒火发泄到曾国藩身上。

当时的场面很混乱，那么多湘乡人，讲着湘乡话，骂曾国藩的娘，拍他的桌子。曾国藩坐在桌子后面，很多士兵就站在那质问他，找他要人。曾国藩也没办法，那会湘军还是很有一些草野气，不像后来组织越来越庞大，等级观念越来越强。那时候咸丰四五年，大家知道曾大人曾老爷，你是一个官，但是呢，我们还刚从农村出来，我们前一阵还在那锄地呢，现在你把我们李大人搞得不见了，我们得找你。他们没有想到，在军队里这样叫犯上作乱，这在将来是会受到严惩的。但是当时，他们还是一个很朴实的农民心态。就这样闹，闹了大半天。李续宾在那间民房待了一夜，直到第二天黄昏，看着太平军搜查人员慢慢走了，他才回营。正是他的士兵，追着曾国藩要人的时候，李续宾回来了。李续宾一回来，士兵立即不闹了，都后悔不该开这样的玩笑，差点让主帅丧命。用当时记录这一场景的人的话说，士兵见到李续宾回来“如婴儿之投慈母”，就像几天没见着母亲的小孩一样，看到妈妈回来了很高兴。这个故事并不是说，李续宾的军营可以胡来，他的军令是很严明的，这个故事可能更说明了湘军一直以来引以为傲的一个传统，就是在军营之中，统帅和士兵的关系，就像父兄子弟一般。士兵们这么一闹，就像任何一个正常的家庭里面一样，小孩闹别扭总是会出现的，无伤大雅，李续宾的军营也就闹过这么一回。湘军很多部队，士兵闹，拒绝作战，甚至攻击主帅，不说是经常发生，也能说是绝不罕见，包括曾国荃的部队、鲍超的部队、胡林翼的部队、曾国藩的部队，都发生过因为缺饷、欠饷而闹发的纠纷，甚至叛变。所有湘军部队中，唯一没有因为欠饷而发生兵变的，也就李续宾和杨载福的部队。这种事例既说明了他们的军令很严，更说明了主帅与士兵感情很深，不会仅仅因为最近钱比较少，咱们就要闹。所以说要总结李续宾带的军队的话，可以说那是无情的军令、有情的将军。这就是李续宾的右营的一个传统。

当然，一个将军除了会作战会带兵，还有一个更重要的能力，你还得能弄到钱，就是军饷。曾国藩、胡林翼，包括将来的左宗棠、李鸿章，在他们都能独当一面的时候，整个军队的军饷就由他们来操持，具体作战就由将领负责。但是李续宾，在咸丰四五年的时候，尤其在江西的时候，还没有一个人能够在他身边说，兵饷的事你找我，你只管作战，没有这么一个人。在江西，曾国藩都找不着钱，何况李续宾呢。罗泽南向当时江西巡抚陈启迈要钱，要了三回，每次都是徒手而回，回到营里罗泽南骂人，骂陈启迈、骂其他江西官，还骂些别的东西，很生气。李续宾在边上就听着他骂，也不加入，他就在那想，想了一会，轻声说别骂了，我想到一个办法。罗泽南问有什么办法，李续宾说咱们可以这样，这个捐局啊，人家捐了钱给他，他就答应给人家一个功名，然后呢，他把这个钱收到了，做一个统计表，发到北京，由户部、吏部勘验之后，再从北京发下来执照。也就是几品功啊，你捐款了之后，发来这么一个执照，再分发给那些捐款的人。在这个过程中，执照没有下来，捐局会先发一张实收券，就是收条，表示收了你这么多钱，你是用来捐什么东西，回头呢，等那个部照——部里的执照下来，你就拿这个实收券领这个部照。这是捐局的套路。那咱们现在是不是也能印一批这个东西，我们印一批，在江西收钱。罗泽南说你疯啦，你收了这些钱，将来没有部照，难道你再去印一批部照啊？这还得了！李续宾说没有没有，那犯法的事嘛，我们不做。我们把这个实收券印出来，换成钱以后，我们也做一个表，我们把这个表，当然交给江西巡抚是不行的了，江西巡抚自己用这个东西收钱，他肯定不允许你湘军这样公开搞，你岂不分了他的财源嘛？李续宾说我们把这个东西交给胡林翼嘛！他现在是湖北巡抚，我现在缺军饷，我把这个东西交给他，过一阵我这边再打一些胜仗，然后他把这个东西报到中央，由他把部照领下来发给我们不就行了吗？罗泽南一听，说这个主意倒是可以。我们先预售一下这个实收券，虽然没有预售证。就用这个办法，不到一个月，李续宾就筹集了五千两银子。他把这个事情跟胡林翼一说，胡林翼哈哈一笑说真绝，这个主意真是高明，回头就把这个部照也给他办下来了。这个是李续宾筹款的能力，另外在巧智方面，还有很多很有趣的故事。

当时湖南的船家运一些煤、纸、豆子、麦子到湖北去卖，把货卸掉卖完之后，回来的船就太轻了，容易遭受风浪，容易倾覆。李续宾当时在湖北帮助胡林翼攻打武昌，了解到这种情况，他就在汉阳买了一座山，用这座山来帮助这些船家。怎么帮呢？船家卸了货之后，就到他买的这座山上去取土，把这个土呢压到船上，这个船的重量就够了。再回湖南的时候，经过洞庭湖，这个风浪也就没那么可怕了。这是他想的一个好主意。

李续宾日常的饮食生活，是非常节俭的，跟曾国藩有一比，跟左宗棠有一比。从军前，两餐加起来每天四两肉、三杯酒，从来就是这么多，剩下就是米饭、蔬菜。因为传统中国，一天一般来说只吃两餐，四两肉就够了，两顿饭平时从来没有海鲜什么的，连鸡肉都吃得少。直到后来从军了，他父亲说你现在耗的精力太多，要补充一点营养，他才隔那么一段时间，杀一只鸡来吃。有一回，咸丰六年（1856），他过生日，胡林翼就预先跟他讲，我要来祝寿。他想胡林翼平时饮食比较讲究，自己吃得差一点还行，胡林翼讲究，就赶紧叫人去买了三片鱼翅、一块鱼肚，还买了一些别的菜。胡林翼呢，也突然想到，可能我一说去吃饭，李续宾又弄得很排场，这不合乎他的风格。赶紧传话过来说，不要搞排场，你就随便一点，平时你自己吃什么就做什么。李续宾也很老实，回头就把这个鱼翅寄回湘乡，等胡林翼来了照样是鸡肉、几杯酒、一点小菜，他平生就买过一回海鲜，就是这一回。但是，他每天三杯酒，这不是他的酒量，他的酒量其实很大。他在湘乡的时候，有一回跟他哥到别人家里去祝寿，人家就请他哥俩陪酒，从中午喝到晚上，第二天有别的人到那个办寿筵的家里去，上午了，发现他还在那喝，面色不变，这个酒量惊人。回家呢，他妈就告诫他说，你这么喝不好，伤身体，以后喝个三杯五杯就行了。他从那个时候就立誓，再饮酒怎么也不超过三杯。这一年第三次收复武昌，罗泽南当然是大功，但是他已经逝世了，后续的事业由李续宾来完成。胡林翼知道他只喝三杯，但是呢，这么大一件事情，他怎么也得向他表示感谢。当然胡林翼聪明，他说我还是不让你破戒，喝三杯。胡林翼就叫人拿出三个杯子，一看那不叫杯子，那叫巨碗，每个碗差不多能装一斤多酒，也就是说三杯酒就是三斤高粱酒。胡林翼特意买的好酒，说这个你一定要喝，为什么呢？三杯酒有含义的，祝酒词他都想好了。第一杯为天子谢，代表皇帝向你表示感谢，这个当然不是空口，他不敢胡乱代表，武汉克复的奏报递上去，皇帝肯定会表彰。第二杯为武汉生灵谢，为武汉的老百姓表示感谢。第三杯呢，就是我胡林翼和湖北的文武全体官员，向你表示感谢。李续宾一看这么大一个酒杯，表面上不破戒，实际上是破戒的，哈哈一笑。但是他肯定也是很久没喝过这么多酒了，自从戒酒以来，当场就喝掉了这三斤酒。喝完之后没完，前面不是介绍过，他就是穷寇要追吗？喝完之后随便再吃点菜，当夜立即去追剿从武昌逃出来的太平军。胡林翼就劝他，你这会太累了，休息一下，明天再去。他说不行，我一路上都设下了埋伏，就在他们逃跑路上截杀，你如果让他们慢慢逃了，这叫养虎为患，将来反而是难了之事，不如眼前事眼前了，先去追杀。喝完酒就去干这个事，晚上战绩又很丰盛。

讲了李续宾这么多好话，也有人说他的坏话。曾国藩创立湘军，有一个最大的愿望，就是希望湘军的将领之间，湘军的各个部队之间，一定不要像绿营那样，败不相救，胜则攘功。同样在战场，我们是友军，我看见你被打败了，我不去救你；同样是一支部队里面的将领，如果打了胜仗，就都去争那个功劳。曾国藩不希望湘军出现那样的习气。当然这只是他不希望，湘军里面还是出现过这种习气，很不幸的呢，就是连李续宾身上也发生过这种事情。同样有一个湘乡人叫蒋益澧，是湘军名将，罗泽南的学生。有一回在鲁家港，湖北的一个地方，抵抗石达开的时候，开始他们两人就在罗泽南面前争论过一回，关于具体怎么作战，李续宾就直接说："芗泉汝何从？"芗泉你到底怎么办？芗泉是蒋益澧的字，意思就说待会作战，你听老罗的还是听我的。因为李续宾和罗泽南，在战略上总是有分歧。蒋益澧也很生气，你这逼着我，不让我下台，便反问他一句："迪庵你意如何？"迪庵是李续宾的号。就这么一闹，没有结果，不欢而散。接下来作战，蒋益澧被围得很急，就派人找李续宾，说你赶紧派一些人来支援一下，李续宾说我这里很忙，没办法，你告诉蒋将军，要走要守随便他，我没有空来救他。蒋益澧听到这样的回答，大怒。因为他们以前湘乡的军队，大家一块出来的时候，看到对方有难还是都会去救援的。力所能及的情况下，肯定第一时间是会去救的。蒋益澧受到这样的刺激，大怒，什么叫想守想走随便我，我走了那还得了，那不就颜面扫地？他登上营中的瞭望塔，把一只大鼓弄上去，登上去之后让人把梯子撤了，说我今天就在这上面擂鼓为大家助威，抵得住就抵住，抵不住你们想跑你们就跑，反正我就在这上面。这样一下就激励了他的士兵，蒋益澧这一仗就撑下来了。但是不管他撑没撑下来，李续宾在友军危难的时候，自己又可以去救他的情况下，不施以援手，应该是要受到谴责的。

只是，这个故事是王闿运《湘军志》里面讲的，而从王闿运的著作里面看，似乎对李续宾、李续宜这两兄弟都没有一个好的评价。李续宾战功赫赫，但是，我们去统计《湘军志》里面讲到李续宾的地方，会发现讲他胜利的时候，花的笔墨用的字数远远少于讲李续宾这个败不相救及他将来的三河之役被杀，这些负面消息的字数。至于对李续宜，那就几乎全是讽刺批评的话，几乎没有好话，甚至说李续宜根本就不会打仗，在安庆之战，整天是看到太平军在哪他就躲，太平军在东他就往西躲，太平军在南他就往北躲，太平军在长江北岸，他就躲到长江南岸，把他说成这么一个人。那么为什么王闿运的《湘军志》对李家兄弟有这么多微词呢？据有人传述，王闿运当年游湖北的时候，各个营都去拜访主帅，曾、胡这种营肯定也要去拜访，都向他送礼，都有馈遗，也就是说都送一笔钱给他。唯独去李续宾营，别说送钱，李续宾连见都不愿意见他。所以呢，他可能吃了这么一个闭门羹，对李续宾印象不好，因此，公报私仇，在个人的著述里面就用了这个春秋笔法泄私愤。当然这是双方都有话说的一个题，具体真相如何也不好讲，只是，李续宾的战绩不需要靠《湘军志》这部书才能流传下来，他的治军有方，他的战功烜赫，在当时曾、胡、左这些人的书信里面都有，书信比奏稿要真实。在其他一些人的书信里面，也能见着李续宾的功劳。这些材料将来就汇成了李续宾的传记、年谱，我们可以通过这些发现李续宾作为一名名将不同于他人的地方。接下来我们要讲的是，李续宾平生最大的功劳——攻克九江。

4. 攻克九江

咸丰三年（1853），太平军就占领了九江以及湖口。九江与湖口的地理位置，就是天生一对，互为犄角。九江在长江南岸，东边是鄱阳湖，湖口就在鄱阳湖的东岸。这两个城市，你攻湖口，九江可以渡湖去救；你攻九江，九江可以从它的小东门出来，一出来就是鄱阳湖，可以从湖口获得救济。九江的守将是太平天国前半期的名将林启容，他觉得单有一个湖口作为九江的保障还不够。于是他派兵渡过长江，在长江北岸小池口、梅家洲，又分别设下重兵，特别是小池口还建了一座城。所谓城呢，其实就是一个大型工事。在九江、湖口有一万五千人，小池口有五千人，然后在九江、湖口之间，又派五千人守住一些关键的要道。为了九江一座城市，太平军就派了两万五千精锐部队。在具体的工事方面，九江的西边是一条南北向的河流，林启容就沿着这条河修建高墙，伴着这条河挖壕沟，挡住从西边来的敌人。九江南面是一个很大的湖，这个湖中间有一个坝，太平军就绕着这个湖边设立了很多的防御工事，上面都列了炮，铸成这么一个坚固的防守。

从咸丰三年到咸丰七年（1857），林启容经过了几次清军以及湘军的攻击，特别是湘军的塔齐布攻九江不克，病死在城下。罗泽南在九江城下也攻过一阵，攻不下，之后再到湖北去，最后战死在湖北。可以说九江在这个时候对湘军来说，简直就是眼中刺，不仅仅是战略上的意义，对于很多湘军将士来说，它已经有了情感上的刺激。我们知道湖南是被控制得比较好的，湘军以及清政府控制湖南，还比较安定。在那个时候，江西虽说太平军总是去游击作战，但是他的政府军队，他的一些力量还是能保持住。而九江呢，就在江西境内，湖南从这边越过省境，到江西去九江也不是太远。而如果从湖北那边，从长江的水道过去就更近了，那么它有点像一座孤城。——但是就这么一座城市，连续攻打了四年，丝毫不动。那么这就要分析，林启容为什么守城守得这么好？

我想就不应该仅仅从双方的攻城守城的技术层面，单纯的军事方面来讲。整个中国历史上，特别是从战国一直到清代，攻城守城技巧方面有很大的发展，但是它的本质并没有太多的改变。就是从兵法上或者从具体的战略上，攻与守应该遵循什么样的原则。什么地方可以守？什么样的城市应该去攻？守应该注意哪些？攻又需要掌握哪些？这些原则其实很长一段时间都没有变动过，主要的问题跟当时的中国并没有引进那种威力非常大的枪炮以及其他机械有关。我们就具体讲一讲，太平天国战争时期，攻城与守城是一个什么样的关系，或者说攻城的要诀。

第一，什么样的城你才应该去攻打它？这个判断的原则，曾国藩曾经有很精辟的评论。他说我们现在面对的这个叛乱者，分两种，一种游走飙掠，就是居无定所，抢了就跑，打了就跑，神出鬼没的，他说这个叫流贼、流寇。他说的是捻军，就是没有具体的固定的根据地或者大本营，作战是流动作战，也没有一个具体的目标，你说捻军他到底想干什么，或者说他要在哪个地方建立根据地，或者说他到底要往哪个方向行军，没有。他就有个大致的范围，这个范围就是华北、华中。平原比较适合骑马，适合快速移动，就是有这么一些地形的地区就是他们活动的范围，当然这是一个很大的范围，跨越几个省。曾国藩说这叫“流贼”，对于“流贼”，我们不要主动去攻击他。当然这不仅仅是他一个人的见识，这对于清代很多人来说，他们都吸取了明代军队跟李自成作战的一些教训。因为李自成在明末清初的时候，他那支农民起义军，战法确实有一点让人琢磨不定。但是明军当时就没有很清醒地意识到这一点，贸然去追击。快速行军、流动作战，对于一支起义军来说，和对于一支官军来说，双方的成本、双方的心态是完全不一样的。农民起义军可能觉得，这个途中很刺激很好玩，官军反而有时觉得很累，这样的日子不知道何时到头，所以双方的士气会产生很大的变化。在补给上面，起义军到哪，他的粮食、财产可以抢到哪，这叫“因粮于敌”，或者他也会得到民众的支持。但是官军呢，主要是靠官饷，靠行政划拨，那么接济的时间是不是能够及时，数量够不够，有的时候行军太急速的话，跟不跟得上，也是一个大问题。所以明军呢，几乎就是被李自成，以及其他的一些起义军给拖垮的。当初爱新觉罗家族能够进入中原，他们当时的首领，包括他们后人去总结他们那段历史，他们喜欢讲，这个明啊，不是被我们清国灭掉，它是“亡于流寇”，就是说是给李自成他们整垮的。正是因为有这个教训，在清代跟军事有关的一些人员，他们都有一个对“流寇”，对于这种以飙掠为主的叛乱，这种敌军的比较清醒的认识。这就是曾国藩总结的，我们面临的敌人，第一种是这种，那么对这种“贼流，我不能与之俱流”，也就是说我不能去追击他，甚至都不需要去主动攻击他。我只要不断缩小他的活动范围，例如你现在主力渡过了黄河，到了北边，那好，我赶紧在黄河边上沿着黄河岸建立高墙，这边是大型部队，任何人都不能通过黄河。也就是说，我现在让你的活动范围，限于黄河以北，很多时候你就会往山东去，我就慢慢地将你往那个半岛上赶，然后每赶一步我也不去攻击你，就不断地缩小我的包围圈，把防线布好。因为捻军，并不能就地生产，以抢劫为生，那么你抢来抢去，东西少了，难民跑得差不多了，你的生存就出问题，这个时候你就会主动突围，也就是说你会来求战。你来求战，那主动性就掌握在我手里，这时候我才好去一举击溃呀，或者怎么样。因为以前官军求捻军来打一仗，你最好别跑了，你停住站住，捻军不听他的，就是到处跑。现在曾国藩的计划，对付捻军这种敌人，先不要求着他去作战，只是让他跑的路越跑越窄，让他觉得人生的路越走越窄。让他走到那条路上，最终他会主动跳出来跟我作战，因为清军并不怕跟他们作战。这是一种，那么对付这种人，对于这种军队，你就没必要去攻城，没必要去求战，你只要把你自己的事情做好，也就是把你的防御一步一步做好。你表面上根本没有跟他作战，但是他一步一步、一天一天就在那慢慢地“枯死”。这是围棋上一个术语，就是说你的势力范围在很大、很强的情况下，人家来一些那种兵力到处游荡，你都不用理他，你走别的地方，在别的地方行棋，他就自然慢慢死掉。

第二种呢，就是太平天国这样的。他有国号，有国都，有独立的制度，有自己的意识形态，有自己的行政体系、军事系统。那么对于这一种，曾国藩认为你一定要攻城，当然最后的目标，就是要打下他的国都，按他说的叫“伪都”。当然你能够接近他的国都之前，在前往国都的道路上，就有一些关键的城池，你就需要去克复，九江、安庆、苏州，类似这样的城市，你一定要把这些城市打下来，你是不能绕过这些城市去直接打南京的。因为他这些城与城之间互相有联络，每一座城市，它可以向周围辐射他的力量。同时，这种城市有一种共同进退的作用。譬如太平军有了九江，那么他可以自由深入你们湘军或者清军的腹地，往西可以攻击湖南，往南可以扫荡江西，渡江则对于湖北来说是一支奇兵。反之，湘军拿下了九江，那么至少在长江南岸，湘军要往东前进，这是一个很好的保障，没有后顾之忧，退一步说，你有九江在手，就是不思进取，仅仅防止太平军从浙江、江苏那一带过来，对江西和湖南进行侵犯，都是一个很有力的防护武器。所以曾国藩认为，对于太平天国这种“建号之贼”“窃号之贼”，你一定要去攻城，一定要拿下他们掌握的城池，主动去跟他们作战，步步紧逼，针锋相对，最好是每一步都能掌握先机。那么有这个原则，九江就一定要攻。

李续宾搞定了武昌，接下来他就去攻打九江，是必然的事情。这在整个湘军看来，也是必然的事情。在整个清政府看来，这也是下一步一定要做的事情。林启容也知道这一点，双方都知道要在这个城池上决一死战。但是在攻城的具体方面，还有第二条原则，就是能攻甚至就能攻下来，但是你能不能守。是说你自己攻下来这座城池之后，能不能守得住。当然九江攻下来之后是守住了，攻下九江之后，李续宾渡江，一月之内，连克太湖、潜山、舒城、桐城四座城市。可是没多久，这四座城市又被太平军夺走了。这就是说做了无用功，而且你在攻城的时候还死了不少精锐，而太平军夺回去的时候，他是趁势为之，反而不太费力。也就是说这一得一失之间你亏大了，主要的问题是攻下了之后你没办法守。这个问题稍后再谈，至少太平军夺下了九江。

九江有林启容这样的人在那守着，还守得挺好。那么他守得这么好你去攻他，围城攻城，你就得注意你的方法，一座城池围着他挖一道长壕、深壕，然后布下几万军队，这叫围城。可是这样的围城，如果仅仅就是这么一时一地看来，那是城里人危险呢，还是围住他们的人危险呢？林启容早就知道他这座城市总有被围的一天，他的守兵有那么多，所以他积蓄的物资也很丰富，同时派重兵分驻两处，一个是在对岸的小池口，一个是连着鄱阳湖的梅家洲，城里面守城的士兵只有一万五。但是守住这两个地方，保证他的接济线的有一万来人，所以他从长江、鄱阳湖获得的接济也能够源源不断，因此他能够守四年。他还希望守更长的时间。第二个呢，太平军掌握了安庆。太平军就算从南京直接发兵过来，甚至从浙江等地发兵过来支援九江，当时的清军也挡不住。我们前面介绍了湘军夺回武昌，古隆贤、石达开转战数百里甚至千里，过来支援武昌，若不是李续宾等人当时的作战很成功，都不一定能挡住他的援军。那么对于太平军来说支援九江，比支援武昌更容易，更近。你几万人孤零零地围着这么一座城，这个城里面的人呢，有吃有喝有武器，又有那么高的城墙，接济还源源不断，你却还得时刻担心，他的朋友从后面来攻击你。所以说这个危险的人呢，不是被围的人，而是这个围城的人。

那么你怎么去突破这个困境呢？就得有一个“势围”和“力围”的区别。你首先要做到势围，势围要成功。什么叫势围呢？第一你自己的力量要强大到一定程度，你的人力要够，围城毕竟需要那么多人去看住防地、分工合作，需要一支很大的军队，这是肯定的。第二呢，你的补给应该很充分，然后随着情况的变化，你需要有一些后续力量随时待命。再者，你要控制敌方对这座城池的援助。控制敌方对这座城池的援助有这么些办法。第一你直接在前来援助这座城市的战略要道上布下重兵，让人家不能接近，当然这个是最笨的办法，也是几乎不可能实现的办法。因为把一个城视为地图上一个点的话，人家可以从各个方向过来救援。你如果在那些关键的道上，都布有重兵、精兵的话，那你攻城的军队肯定又不行。因为不管是太平军还是湘军，没有哪方拥有这样的人员储备，所以这个方法呢，其实是不行的。那么你怎么控制呢？你不控制的话你就不能围城，这个办法其实古人已经教给我们了，叫围魏救赵。我在别的地方对你施加压力，譬如我在安庆对你施加压力，譬如我在南京，当时清军还围着南京，我在南京给你施加压力，对于你在江苏、浙江、江西活动的部队，施加很大的压力，并且长时间地保持这种压力，那么他们自顾不暇，就不可能来援助九江。我围住南京，围住安庆，追击你的这些游动部队，然后就可以让我九江的围军轻松一点，不用那么担心太平军的援军，这是围魏救赵的一种应用。你把这一点做到了，就是确保城里面的人，不会受到外面的接济，你自己的军队，也不怕受到敌军援军的冲击，那么你就可以认真地开展围城的工作。

围城的工作，其实说大的方面就是那么几项。你首先要断绝这个城市和外界的联系，挖一道又长又深又宽的壕沟，这是很有必要的。因为有这个壕沟的话，敌军出城不管是逃跑还是发动攻击，都要越过那个障碍，就很麻烦。那个时候呢，你在营盘内，壕沟一般会在自己的枪炮射程以内，他要越过壕沟的时候，等于就是提供了人肉枪靶。所以一般来讲，这样的壕沟一挖成，那座城市单纯由内而往外冲，是很难冲出来的，除非有外援来夹击这个围城的军队，否则的话呢，有这样的壕沟，有人看着，基本上可以确信已经围住了这座城市。当然在这个挖壕的过程中，城里面的士兵会来骚扰你，会来跟你作战。那么这个时候呢，你需要压制他，当然这个是应该能够做到的。因为毕竟是你来攻人家的城，如果在近战这种战役上你都打不过人家，你就没有资格攻城了。你连一条壕沟都建不好，你怎么攻城？当然挖好壕沟，你还不能主动攻下城，只能困住他，接下来要干的是准备枪炮。在这个时候，还不像后来的淮军攻苏州，包括曾国荃将来攻南京。这是咸丰八年（1858），炮还不是那么好，进口的大炮很少，所以光靠炮轰，很难对九江这样的城墙，以及防御工事，造成很大的破坏。所以呢，主要攻城的方法还是得用老一套的东西，叫地道。地道在整个太平天国战争时期叫作首尾呼应。太平军在广西起义，然后北上经过湖南，他们的地道兵，主要是来自于湖南郴州的矿工，这些矿工跟着他们在长沙，用地道攻击过，但是没有成功。用地道攻击武昌成功了，攻击江西，攻击安庆，最终攻击南京，都成功了。所以说这个地道战攻城，一开始就是太平军的法宝。但是结局呢，湘军攻下南京用的也是地道战。而据说湘军攻城的那个地道的工程人员，也是湖南的矿工。所以地道战在太平天国时期，可以说是有始有终，双方使用的专业人才也差不多。

但是挖地道也不一定保证就能成功，因为有防地道的方法，最简单的就是听，这个在《墨子》里面就讲过，以后大家也一直用这种方式来防备地道。沿着城墙根，每隔一定距离就挖一个大坑，一般会选用一个瞎子，因为他的听觉好，坐在里面。但其实呢，一般常用的做法是用一组士兵轮流蹲守、蹲坑来听这个挖地道的声音。如果听到感觉了，大概确认从哪个方向挖过来，那么城里面的人，也会从城里面挖一条地道出去，通过判断，一直挖到那个地道上面，两个地道就通了。通了之后，要不就往里边灌水，淹死敌军的工程兵，要不就熏毒烟，毒死敌军，要不就直接肉搏，因为这个敌军挖地道的一般还是工程兵，战斗能力不是那么强。这就是地道攻城与防守，基本上就是这么一回事。你可以攻，他也有办法防，如果只有攻没办法防，或者怎么样攻都能防住，那就不叫战争了。还有一项重要工作，就是要扫清城墙外的敌垒。像刚才我们介绍的太平军，在西边沿河挖的壕，竖的墙，做的炮台，在南边绕湖设立的战垒和炮台，这些一定都得先肃清。先要把这些营垒夺下来，才能开始攻城。之后呢，枪炮、弹药储备和后续，都得准备好。只有在势围布局成功之后，才可以开始力围。如果把这些城墙外的敌垒都扫清了，地道也能够不断地在那挖了，然后准备一些炮，严格控制敌军往城外逃窜。把这些准备工作做好了，围兵士气，通过在城下这么一两个月的时间，也不断地郁积，慢慢地你调整到一个很好状态，憋不住了就想去攻城，这个时候就可以开始攻城了。攻城确实比较吸引人，一旦发动攻城，如果有前面这么多的准备工作，都做得比较好的话，几乎就是攻无不克。但是从这个意义上出发，攻城一旦开始了，其实也就是大戏已经落幕。在这种层面上的攻城更像做生意签合同，最后有个签约仪式，有个酒会，表面上那个酒会食品最丰富，节目最精彩，大家心情都很高兴很愉快，但是其实最精彩的绝对是在之前，大家磋商这个合同，争夺一些权益，在那些时候才是最精彩的，签合同这个仪式只不过是一个必须履行的手续。攻城其实就是这样的，如果没有前面说的那些条件，攻城是不会成功的，即算成功，也是旋得旋失，翻云覆雨。你根本不知道你得到的是什么，而你又将失去什么。那种莽夫，低水准的将领，就会去瞎攻一座城市。所以我们仔细计算一下，湘军从开始谋划攻这座城开始，李续宾攻打九江就用了一年多时间，将来曾国荃攻安庆也是一年多时间。而每攻一座这样的城市，不仅仅是在这个城下，围着这座城的那位将军，在操心费力，在湖北的胡林翼，在湖南的左宗棠，这会在老家的曾国藩，他们也无时无刻不关心这个事情，并为这个事情有钱出钱，有力出力，有兵出兵，当然包括这个江西本地的巡抚，包括一些其他的清军，也会为这个攻城做出他的贡献。所以说在这样的比较完备比较周密的筹划下，有一个很好的执行者，有李续宾这样的人的情况下，像九江这样的城市，只要发动，只要他下令开始攻城，拿下的速度就是很快的。但是我们要关注的一定是他前面的这些准备工作。

当然湘军完成势围，不仅仅是湘军做了很多工作，跟太平天国在这段时期发生内乱，发生“王杀王”的惨剧，也有很大的关系。因为太平天国的朝廷乱了之后，就没有充分地利用安庆、九江这两座前敌城市的效力，没有使劲发挥他们的效力，在北岸没有进一步向湖北进军，在南岸没有向湖南、江西去更进一步地进军。湘军也得到了这么一个好机会。同时，这一次来攻九江的是李续宾，前面两位塔齐布、罗泽南，跟李续宾比较起来，塔齐布逊其智，就是塔齐布的智谋、思虑不及李续宾，罗泽南逊其勇，罗泽南在激励士气、具体的战斗方面不及李续宾。李续宾在智勇方面，都比两位前辈更胜一筹。所以他来攻九江，取得成功，在人事上是有他的道理的。

那么他具体的操作步骤，是从咸丰七年（1857）八月开始。我们前面讲了，攻九江不仅仅是攻九江这个城，九江在长江对岸和东边的鄱阳湖边上，有两个牵制力量，一个小池口一个湖口，不先打掉小池口和湖口，就没办法围城。那么在当时，李续宾先进攻小池口。当然在开始进攻的时候，已经打退过很多次来自江苏、浙江的援兵。因为林启容知道李续宾攻下武昌后，湘军下一步就是来对付自己了，所以，他立即就向南京求援。可是他援兵的效果不怎么样，都被击退。所以李续宾攻击小池口的时候，可以专心致志，不用太担心这个时候会有别的人出来搅局。八月六日，李续宾建在小池口边上的攻击工事完工。一个什么工事呢？因为小池口是太平军自己建的一座城，主要以木石结构为主，它就比不上那种完全用砖头、巨石做的城墙。李续宾就在他那个小池口城边上，垒起一座高台，几乎跟这个小池口城一样高，上面列了十九门大炮，连续轰击八天，打得那个里面天昏地暗，什么东西都打坏了。这样的火力压制下，小池口城里面的人或死或伤，粮食啊、火药啊，包括做饭的炊具啊，都被轰得七零八落，生产资料、生活资料几乎都炸得一干二净，最终小池口就这样攻了下来。

攻完小池口，立即要攻湖口，攻湖口就没这么容易。湖口是一座城市，而且可以通水路。我们前面介绍过了，咸丰四年（1854）年底，湘军的水师被太平军打成两截，一截内湖一截外江，湖口就在这个最关键的位置上。它控制着长江与鄱阳湖接口的地方，所以你攻击湖口，一味地猛攻是拿不下的。湖口也像前面介绍过的田家镇半壁山一样，有横江铁索、铁锚，船很难到达城墙下面。一到下面，城上就会向下扔火筒，用炮轰。那么李续宾不能直接去攻击湖口，他只能偷偷做准备，这是需要智谋的。

湖口边上有一座山，叫石钟山。石钟山对于湖口来说，有居高临下之势。李续宾就先埋下伏兵突击石钟山。因为石钟山也有太平军驻守，是战略要地。但是李续宾的大军，就先放风出去说，下一步我要攻打宿松。从战略上说，湖北军队打完小池口，再去攻占太湖潜山，然后东进去攻打安庆，这是很有可能的。像宿松是在攻打安庆路上的地方，也很重要。所以李续宾先说，我要去打宿松，而且带着一支几千人大军渡江，故意做得很明显。但是过了江之后，就偷偷地沿江往下游走了几十里，然后在江边等待。等待什么呢？等待从武昌过来的杨载福的水师。夜里杨载福的水师到了。李续宾这几千人，偷偷又渡一次江，重新回到了南岸。回到南岸之后，他在石钟山的伏兵已经安排在那里，湖口的边上几个地方也有伏兵安排就位。但是，他说伏兵什么时候才动，一定要看到我和杨载福出现在湖口城下的水面，你们才发动进攻，否则绝不要动。这又是一个计谋。因为一旦他们能够突破水面那些铁链、铁锚的阻碍，出现在湖口城下，那么湖口的防军，立即会被他们所牵制，都会聚集在临水面的城墙那一块。到那时候，你突然从其他方向，用炮、用地道，用别的方式来攻打湖口，这个时候敌军就会乱，不知道怎么回事，不知道怎么一下就被包围攻击成这样。他一乱，你就好乱中取胜。所以李续宾说，我没有出现在城下的江面，你们就不要进攻。但是怎么到达那边城墙下，也是一个难题。湘军的水师一到那，被那个铁链挡住，另外还有铁锚在江中，一碰到铁锚这个船底就破了。而且前面的船，因为铁链或什么东西堵住了，后面的船刹不住，就都挤到一块互相碰撞，这个形势很危急，然后太平军沿岸还有炮，城墙上也有炮。这个时候水师就有些很勇敢的士兵，跳到岸上去拉纤，各个船上都有，拉住船，让它不乱碰，或者避免碰到自己的船，或者避免碰到锚。这时候岸上的太平军防军，就用长矛去戳这些人。有的被戳死，有的一边躲一边拉。这个时候，太平军的注意力几乎都在水面了，预先安排好的陆军，就开始干扰湖口城外，发动攻击，清除掉一批守军。也就是说，现在湘军的主要问题是在水面上，你怎么把那铁链给钳断、熔断？跟田家镇那种战法是一样的，反正死伤不少，终于突破了这个障碍，李续宾和杨载福出现在湖口城外水面。按照原计划，石钟山等地的湘军发动了总攻，炮弹从天而降，湖口的守军根本没料到，刚才还是水面，以为湘军要从水面来发动炮攻，或者总攻，把兵力和一些装备，都移到那一面，哪知道湘军真正的进攻是从陆上发动的。激战之后，湖口被拿下。

现在，小池口和湖口都被拿下。小池口拿下的意义就是太平军从长江得到接济的通路断掉了。湖口被拿下的意义，第一是太平军从鄱阳湖得到接济的这条路断了；第二，湘军的内湖、外江水师相隔差不多有三年，终于再次聚首，重新合二为一。

湖口是咸丰七年（1857）九月打下的，打下之后就像我们前面所说的，李续宾就可以围九江了。挖壕、肃清外围的营垒、布置各种各样的工事，一直到明年的二月，才正式发动对九江的进攻。到这个时候，林启容不太好过了，九江城里不太好过了，粮食、军械都比较缺。为了多维持一阵，在九江城内，林启容命令士兵和民众，在这个空闲的土地上种麦子。种了麦子呢，就用草和麦子合起来做饼，大家以这个充饥。这个消息传到城外，李续宾赞扬他，说能够守四年多，已经很难了，现在在这样的困境下，还有这一招，还能做麦饼、草麦饼，是个人才。李续宾对这种敌军将领总是有惺惺相惜之意，爱才，爱他能守城。所以，就射书城内，招降林启容。林启容也很有礼貌，他亲自到城头来作答，他说谢谢好意，厚谊心领，但是，“自知不赦”，他说我知道我是免不了一死，你决定不了我的生死，我就算投降，也会被处死，因为这个罪太重，所以我们还是接着往下看吧。“自知不赦”这个词是清方的记载，包括将来说安庆叶芸来，苏州李秀成，都曾经被招降。但是李秀成自己在自述里面也用过这样的词，说你们都可以投降，但是我作为主帅，不是说我不愿意投降，而是说我投降也是个死，还不如不投降，先顽抗一阵。这种说法，我觉得可能有违太平军统帅当时的本意，因为事实上，太平军里也有投降的将领，像韦俊，像后来的程学启，包括将来苏州杀降那一些，如果不是因为一些别的事情条件谈不拢的话，那些人并不会死。

既然不肯投降，那就只好继续攻城了。三月，李续宾建了个很高的炮台，类似于攻击小池口一样，用大炮轰击。但是这一回轰击，不是想单靠这个大炮就把城墙轰塌，也轰不塌。他用炮去做掩护，在城下面挖地道，挖地道也被破了很多次。要补充说明一下，这个地道战想靠一条地道就能挖成功是很难的。一般要连续挖，同时挖几条。这条被破了，那条还在继续。不断地这样做，而且你得有炮声，昼夜不息，工程兵在工作的时候，外面枪炮大作，城内的人想通过听声音听地里的声音，就有很大的困难。所以最终还是挖成了一条，填上一万五千斤火药。同时，先安排一些士兵在这个城墙附近的土坡，挖好一个类似于“藏经洞”那样的小洞，先躲在里面，到时候火药爆炸的时候，就不会伤着。安排这些人干什么呢？为的是城墙一有缺口了，你就要赶紧抢攻进去，不要让敌人临时修筑工事，把这个城墙口子给补起来。四月六日那天，地雷爆发，城墙塌了一百多丈，湘军杀入城中。得到这个消息之后，城中的守军，有人就杀死了林启容，估计是所谓将功赎罪，要拿来向湘军请赏。结果湘军对九江实行了屠城，杀掉一万七千多人，据说还“拔出”了几千良民。

湘军大规模屠城这是第一回，用湘军自己的话讲呢，因为在这个九江城下，损兵折将太多，两位名将，塔齐布、罗泽南因为攻打九江去世，因此从上到下都怀着强烈的愤怒、怨恨，所以才会屠城。将来的安庆也是屠城。南京倒是没有屠城这一说。因为南京那个时候围得太久了，而且湘军在南京下面虽然围的时间长，但是兵将的折损，以及对全军士气的影响，或者打击，没有像九江和安庆这样大。围南京的时候，更像猫捉老鼠，有一种愉悦感。但是九江、安庆这两座城是血战得来，所以出现了屠城。屠城是一件很可悲的事情，不管他是湘军，还是太平军，我们现在看来，都是一国之人，都是同胞。只是呢，我们稍微要介绍一下他为什么会屠城？这是恨到极点。在此之前，是悲伤到极点。因为死了那么多人，在这种情绪下，一个军队有可能发生这样的事情，而且屠城不一定是统帅下令。因为湘军也像传统中国的军队一样，有一条可以说是不成文法，就是所有的军队克城之后，三日内"不受军令"，就是士兵干什么都可以，那三天之内，是不受军令约束的，抢钱、强奸、杀人、放火都可以做。因为对于湘军来说，这些事情在平时是违反军令的，几乎都是死罪。但是这三天可以，三天一过，再有这种行为，那就是军法处置。所以像屠城这种，有的时候不需要统帅下令，也可以变成一种自发的集体屠戮的行为，战争就是这样可悲。

攻下九江，李续宾凯旋武昌，受到非常热烈的、隆重的欢迎。这个时候，他自己也被加了巡抚衔，总督官文和巡抚胡林翼两人一块郊迎，就是在城外一个地点迎接他进城。进了城之后，胡林翼把自己的官署让出来，让李续宾就住在那里，作为下榻的地方。同时北京皇帝那边给他赐了一个黄马褂。他以前在军中穿着跟士兵差不多，但是这黄马褂一下来，你得穿一下，表示尊敬，表示谢意，表示一种荣耀。你就不能穿在以前的那种粗布衣衫上面，得加在正式的官袍上。当然这种事情，胡林翼会帮他做。胡林翼叫人到市面上去给他买袍料做了一袭蓝袍。所谓蓝袍，就是清代的官服，袍子是一样的，但不同的官位，配不同图案的补子。穿上官服，把帽子戴上，朝珠挂上，这就是一套官员的服装。袍子是胡林翼送给他的，补子是朝廷给你的帽子呢，也是胡林翼给他准备的。但是李续宾身材太高大，袍料不够，最后用了相当于两个人的袍料，才合成一件官服。他个头这么大，北京御赐的黄马褂，穿在身上也小了。他当时很高兴，就在军中穿着，接受将士的祝贺。但是那个东西太小了，穿在身上就很滑稽，不严肃。有人建议是不是把它改一下改大一点？李续宾说，你这是荒唐，这东西也能自己做吗？这东西是不能自己做的，都得由北京内务府宫中织造，但是呢，他赶紧收起来，也没有再穿过了，因为确实太难看了，这是一个小插曲。黄马褂很小很轻，但是穿在身上之后，李续宾感受到很大的压力。用今天的话讲，叫作一种过度的责任感，超乎作为一个军事指挥人员的责任感。这话怎么讲呢？我们来介绍一下他后来的进止，就知道了。

5. 三河之战：名将之死

打下了九江，顺理成章，李续宾就应该去打安庆。一个在南岸，一个在北岸。如果南岸的拔掉了，再把北岸的拔掉，整个长江就打通了，然后两岸进兵也没有障碍了。李续宾就是这样想的，稍事休息，全军休整一个多月之后，就准备向安庆进军。他这个计划也得到了各方的认同，这个各方主要指湖北胡林翼的认同，曾国藩的认同，左宗棠的认同，包括北京在刚上奏折的时候也表示欣慰。可是局势变了，浙江、皖北突然都发生了事情。浙江的清军溃退，皖北庐州又失守，这是安徽省会第二次失守。安徽的省会原来在安庆，安庆被太平军占领，又定庐州为省会，庐州就是今天的合肥。现在庐州又失守了。

北京这边就下了一道命令说，李续宾，你先别去打安庆，赶紧去救庐州，因为庐州是省会，现在很重要。更重要的是，北京政府认为庐州是战略要地，可以防止太平军“北窜”，就是防止他们北上。当时清朝政府军的精锐重兵，其实都以防北为主，僧格林沁、胜保这两个都是钦差大臣，他们就防任何军队往北。另外具体到安徽、河南这一带，特别皖北这一带，翁同书、袁甲三也是手握重兵，一个目的，重北轻南，总害怕太平军来攻战北京，打到清朝的首都，他们害怕这个。南方呢，毕竟隔得远一点，而且对于旗兵来说，他也不习惯在南方作战。在这个背景下，皇帝就下旨给李续宾，你不要往东边走，你赶紧北上去救庐州，那这一下李续宾就碰到麻烦了。如果说就事论事的话，他就应该抗旨。其实不是叫抗旨，而是说在这种军事调度方面，你有好的理由，你是可以跟皇帝商量，乃至讨价还价的。因为任何一个国家的领导人，都知道军事是不能“遥制”的。隔那么远，特别在古代通讯交通不发达的情况下，具体到一座城市，一场战役，没有哪个皇帝会遥控，你得这么打，你得从这从那，一般不会这样讲。讨论的问题都是一种战略，或者是一种比较。譬如说你现在去打安庆更着急，还是先援庐州更着急，你去打安庆，你的准备如何？这种准备的情况下，能不能去援助庐州？双方可以就这些问题讨论。

那么我们看李续宾现在的情况，第一，他初期向安庆进军，只是要扫清到达安庆的道路，那么一路上，也就是太湖、潜山、宿松，将来到那附近青草塥之内，这么一些不算很大的城市，先把这些地方扫清，所以他带的人不是很多，只有八千人。而且他这边打的都是小城，你要是往庐州去，首先是路远，五百多里。他从这边往太湖、潜山每次进军都是几十里，最多一百里。他可以慢慢打过去，他打下一座城，湖北那边就会派人来接防，步步为营，这样就很稳当。但是往庐州过去，你这么一支八千人的军队，就是深入敌后。因为那全是太平军的势力范围，特别是你到庐州之前，有桐城、舒城这一些，现在都在太平军手里。你先得攻克两座城市，然后才能到庐州城下。庐州城下，还有一个三河，太平军重兵防卫。这就是说除了人少之外，还有“道远中阻”这两个问题。再一个问题，你这样去叫作顾前不顾后。你不断地往前，打下的每一座城市，你需要抽调人员去防守。你抽调得太多，继续前进、战斗的人就少，你抽调的人太少，这座城市又容易被太平军攻击，被太平军重新夺过去，这是一个矛盾。一般来讲不会放太多，那不会放太多你的后路就很危险。前面等待你的是一座坚城，还有源源不断的敌方的援兵。你每靠那个坚城近一步，你的后路、退路就要少一步，所有的援军，如果要调的话都得从湖北调过来，所以后路很危险。还有一个更重要的隐患，就是正在这个时候，胡林翼的母亲死了，那么胡林翼就得回老家益阳去守制，他的巡抚就要出缺，那么他回去之后，谁来湖北主持事务，谁来保障李续宾这支远征军的后勤，谁来调度援军，谁来根据战场上的具体情况临机应变，都是很大的问题。当然胡林翼走了之后，湖北的指挥官自然就是官文了，官文这个人，他作为后勤部长，作为这个调度中心主任，是很不称职的。前面我不是说过可以抗旨吗，就是说李续宾不要管皇帝怎么讲，北京怎么讲，乃至皖北的那几个钦差大臣怎么讲，我还是照样去打我的安庆。皖北失守，你们那个有重兵把守的庐州失守，可以去收复庐州嘛，你不需要湘军派一支人马过去。全国划分为几个战区的话，那么湘军这个长江沿岸的战区，是往东走的。你驻扎在华北平原、山东地区的那些军队，是防止太平军往北上的。其他江苏、浙江包括福建、广东那些军队，你要防止太平军崩溃之后四处逃散。其实这么几个战区的任务，就应当是这样的，湘军去往皖北那边作战并不合适。曾国藩有一个很深的体会，他在写给李续宾的信中还特别叮嘱一点，他说桐城有一座大山，在附近，我往年经过这里，山以北一看就是这种北方的景色，山以南呢，还是江南的风光；这个地方士兵去了之后，一定要小心，有可能不服水土。他的意思就是南北界线大致就在这一块，南方军队去北方作战，确实有问题。第一，肯定就是水土、饮食、气候，这不适应，特别是对于湘军这种农家出身的士兵。第二呢，北方是骑战，以骑战为多，南方更多是步兵，以及配合水师。就这两个理由，李续宾完全有理由拒绝去救庐州。

官文最开始跟他是这么说的，他说我也赞同你，你按计划去安庆，放心去，尽管胡林翼不在，我还照样支持你，皇帝要是怪下来，“有过文自当之”，有什么问题我来给你担着。可就在这话说完没多久，负责皖北军务的钦差大臣胜保就上奏折告了李续宾一状，说他“赴援迟缓”，就是说他有意拖延，圣旨派他去援庐州，他迟迟不动身。这个呢，就需要辩争。官文是湖广总督，也是钦差大臣，也负责军务，李续宾是湖北的军队统帅，归官文管，至少名义上是。现在安徽战区皖北那一带的人，一个钦差大臣责备你手下的统帅，你应该站出来跟他说话，而且理由很充分，就像我们前面说的那么多困难，你一一列出来。但是呢，官文害怕胜保，他不敢去辩论。根据当时的问题，你上一个奏折，跟胜保辩论，皇帝可能就会要求胜保，说李续宾不赴援有他的原因，你胜保如果还有别的新的情况、情报，或者什么别的材料，你也可以拿上来再来一封奏折。皇帝或者这个军机大臣，也就是看你们这个奏折互相说的道理，谁的道理更好，谁的证据更有利，一般就做一个判断，下达这么一个裁决。如果说这一方提出来一个东西，你那个省没有回应，那么北京就会默认，提出问题的人他讲的道理，以及建议的措施是对的。然后就会直接把意见提炼一下，形成一道圣旨，来催促你那个不回应的省份的长官。李续宾这回就碰到官文这样的人，官文不敢回应胜保，那么接下来催促李续宾赴援庐州的圣旨，据说当时连着几天就来了十道，催得非常急。

在这里要插叙一下，为什么官文那么怕胜保？胜保这个人，不只官文怕，整个湘军集团在那个时候都有点害怕他。当然他也不是什么三头六臂，说害怕他，是觉得这个人没办法跟他好好说话。胜保是满洲人，也是文职出身，他是举人，在做京官的时候，也曾经像曾国藩一样上过一道奏折，非常严厉地批评咸丰皇帝。但是他那个批评，文章的功力不如曾国藩，太直白了一点，有点像指着鼻子骂，所以因为措辞不雅，叫作“乖谬”，措辞乖谬，受到了降职的处分。后来太平军、捻军起事，他就从一个在京的文官，不断地升迁，最后成了掌握一支大军的钦差大臣。根据胡林翼、曾国藩等人对他的评价，他这个人的战绩，乏善可陈。他在安徽的军队虽然多，但是他之所以能够立足那么久，有一个最重要的原因，就是他跟一位当时在那个地区非常著名、势力非常大的灰色人物苗沛霖拉近了关系。苗沛霖是团练出身，但是他一会是土匪，一会是捻军，一会又跟太平军有往来，一会他又接受招安，反复无常。当时整个皖北地区，被苗沛霖搅得是乱七八糟。甚至可以这样说，清方的官员，有兵权的官员，谁能够拉拢到苗沛霖，谁的军队就能够在那个地方待下去。因为苗沛霖不仅仅是一个通常意义上的土匪，他控制了很多山寨，很多圩堡，很多民众，向他们收税，等于说他是代行政府职能的人。他通过这种方式，养着一支很大的军队，当然他也保证那些人的安全。他会跟清军作战，跟其他甚至太平军之类的，也会去作战，有一点“国中国”的意思，所以一般的招降，官位太低的招降，苗沛霖根本看不起。当时胜保是钦差大臣，他的官衔是侍郎，相当于今天副部级。他招降苗沛霖，苗沛霖表面上同意，但是既不穿官袍，也不戴官帽，回信给胜保，还只是称他为“克斋先生”——克斋是胜保的字，他称先生，就是表示平等论交，我们还不是上下级的关系。也就是说这个所谓招降不招降，就是说说而已。也就因为这一点，胡林翼说，胜保不是去“降贼”，他是“为贼所降”，他不是去招降别人，他是向别人投降。果然，最后胜保的下场，就是因为苗沛霖最后又反了，他受此牵连被慈禧下令处死，罪名是养虎为患。

胜保为什么让湘军集团的人那么头疼？他这个人年纪很轻就是钦差，他根本瞧不起什么团练，什么湘军。不要说湘军，他连官文都瞧不起。湖北军有一位大将叫多隆阿，胜保要调多隆阿去北京，按照正常的程序，应该写一个文件给官文，说我这边需要多隆阿这样的军队，这边有些事情需要他来帮忙。然后最好你还有一个奏折，奏调。胜保不是这样，他直接用令箭调多隆阿。他的意思是，我是钦差大臣啊，我代表的是皇帝，在我这个军事管辖范围之内，我的战区之内，我要调谁来作战，谁就应该来，他就用令箭调多隆阿。在后来，他也调过其他人，他要调鲍超，要调李续宜。湘军的人一听说要调到他那儿去，从将领到士兵，没有一个人愿意去的，曾国藩他们也不可能让去。曾国藩自己也说过，我绝不会让鲍超去接受胜保的“摧残”，你放心，我不会让你的这支部队北上的。胜保瞧不起在南方作战的这些军队，以及他们的领导人。官文就是这么害怕他，所以胜保一说李续宾你得赶紧去救庐州，官文就不敢跟他争。本来官文说，就连皇帝，我都要跟他争一争，可是胜保来这么一个奏折，他就不敢争。我们可以想象，要是胡林翼在任上，可能就不会这样。

七月十四号，李续宾发兵往安庆，也差不多就在这个同时，庐州失陷。于是八月四号，李续宾接到圣旨，让他改道去援助庐州。李续宾就回奏说，我正好开到太湖城下，太湖是一座小城，先把太湖攻克了，届时再按具体情况如何定进止。哪知道这个奏折一上去又惹了事，接着连续下来十道圣旨都催他往庐州，克复太湖之后，就要立即往庐州。这下就没有办法了。太湖和潜山两座城离得很近，又都不是很坚固的城市，李续宾倒也没花很大的力气就把这两座城先攻下来了。攻下来之后，圣旨催他赴援，官文又不能给他撑腰，那么他就只能去庐州。当然在这个时候，他不是单独的一支军队，还有多隆阿的军队在协助他，但多隆阿就不愿意去庐州，在接下来的行军中，多隆阿中途与他分兵，自己直接往安庆去了，留下李续宾继续往庐州前进。前面讲了，胜保用令箭调多隆阿，多隆阿对胜保深恶痛绝，所以他根本不会往那边去。李续宾何尝不能这样呢？其实也可以，但是呢，多隆阿有一个领导都兴阿，可以直接上奏为他撑腰。李续宾他现在能依靠的官文，却是靠不住的，官文只会安慰他，说北京那些人他们不懂地势。这些道理都会讲，但是真要官文出来说话的时候，他就避开了，所以李续宾只能往庐州而去。

粗粗一看，李续宾往庐州的一路上，作战还是很顺利的，三十二天的时间，进军四五百里，连续攻下四座城市，太湖、潜山这两座小一点，接下来桐城、舒城这两座就算重镇了。说顺利，是说战果还可以，但是毕竟是攻坚城，所以精锐死伤也比较惨重。攻下四座城市之后，到了舒城，舒城距离庐州一百二十里。中间要经过三河，三河距舒城五十里，太平军在这个地方布下了重兵。三河的南岸有七座营垒，北岸有两座，同时还有一个人工建造的城池，类似于小池口一样的布置，九垒一城。先得攻下这些工事，然后才能往庐州进军。前面介绍过了，李续宾只有八千人，他每攻下一座城市，总得派一些人驻防那个城市。一个是做军事上的准备，另外还需要安抚民众。那么太湖、潜山驻守的人可以少一点，但桐城是一座大城，而且对于后来往庐州进军，它可以作为整个军队的临时基地，或者大本营。所以在桐城，李续宾留下了三千人，让赵克彰率领他们驻守。八千人的军队，一下分去三千人，剩下五千多人。而前面是坚固的城池，还有源源不断赶来的太平军，这五千人肯定是不够的。李续宾当然知道这一点，所以他给官文写信，让他将在湖北的萧庆衍一军速速派来。他的计划是这样的，赵克彰是他的一个很得力的副手，让他带三千人驻扎在桐城，还有一个得力的助手叫李续焘，李续焘的部队也有两三千人，让他跟着自己到三河，然后萧庆衍从湖北赶到桐城接防，赵克彰率领那三千人到前线，在经过一段攻战之后，李续焘再带着一些伤兵回桐城，然后萧庆衍将自己从湖北带来的，已经在桐城休息了一阵之后的军队，再带到前线来，又可以换下赵克彰，就可以轮流替换。这样的话，士兵得到了休息，又不断地有生力军可以补充，同时他总是保持有三千多人的一支军队在自己的后方，战事需要的话，随时可以调出来，这就是李续宾的计划。

这个计划，是环环相扣，但是这个轮换的三个人赵、李、萧，得都出现在桐城，出现在战地，才有可能实现。他给官文写信，请他速派萧庆衍军过来。也不知道是怎么回事，官文拿到这封信，说李九这不是开玩笑吗？——李续宾字如九，当时官文也好，还有其他的很多士兵，都误会了，以为这九是代表他在家中的排行。所以官文就称他为李九，平时见面可能就称九兄啊之类，其他士兵就称他九大人，这是一个误会。官文觉得他这一路上，一个月的时间，就攻下四座城，所向无敌，还缺我湖北这点军队啊。当然他有个小算盘，认为李续宾去了之后，湖北显得不那么安全，万一太平军来攻击湖北怎么办呢？他觉得身边留一些军队比较好，所以就没有派萧庆衍过去。这样一来，李续宾原来计划的轮换制就实现不了，他就只能留三千人在桐城，自己带五千多人去三河。在这种情况下，等于是主动犯了兵家大忌。

我们读咸丰期间，特别是咸丰六七年开始，曾国藩、胡林翼他们的奏稿，特别是书信，信中讨论军事问题，讲得最多的就是“主客”，曾国藩强调我军一定要为主，尽量不要做客。什么叫主客呢？主客是对交战双方的一种描述，譬如守城的，布防完整地守护这个城池的，这支军队就为主，前来攻城的就是客。野战的时候，两支军队先到战地的为主，后到的为客。在同一个战场扎营的，背山面水居于高处，占据有力地形，那他就是主，与他为敌的，在这个战场找不到这么好的地方扎营的，他就是客。主对于客是有优势的，他要不就是有地理形势上的优势，要不就有时间上的优势。譬如他先到战地，他就可以好整以暇，从容应敌，先立营、先布置伏兵、先做饭，后来的仓促赶到，有的时候阵脚还未稳，就受到攻击。所以，曾、胡都强调并告诫手下的这些将领，要做主不要做客。碰到一个局或者一个形势，如果你这支军队进去，肯定成为客的话，那么这个战场我先不进去，我先在别的地方做一些调整，我宁愿不进去，也不去做客，因为做客的失败概率太大了。

我们再看李续宾，他数百里驱驰往庐州，这已经就是做客了。当然太平军占领庐州也不久，布防肯定不如九江、安庆那么牢固，所以去冲击它一下还情有可原。但是像三河，三河的地理形势，决定了李续宾一到这个地方，就只有做客的份了。三河的地理状况，首先跟它得名有关，是由两条河——界河和马槽河，汇成一条南河流入巢湖。这三条河是东西向，往北就是庐州，你要越过这条河，前面整个地区地势平坦，无险可据。我们讲像立营最好的是背山面水，然后还要稍微处于一个比较高的地势，为什么呢？先不说去攻击别人，至少别人来攻你就有难度。但是在三河，这个地势平坦的地方无险可据，这也是为什么太平军在河的北岸，他除了营垒之外，还要建一座人工城市的原因，因为他可以居高临下，这就是有一个后天的军事上、地理上的优势。地势平坦之外，三河圩堤纵横。圩是什么东西呢？就是江淮地区地势低洼的地方，要建一些防水的堤坝。它那个地平面比别的地方低，你不建圩，有时发水灾，水就会灌进来。这种东西多了之后，就不适合作战。障碍物太多，特别不适合于训练有素的军队作战。那么从时间上看，太平军先在这驻足，是主，李续宾为客。太平军先有营垒，还建了城，那太平军又为主，李续宾后到为客。从这个地势上，太平军建一座城就已经有居高临下之势，为主，李续宾来了之后要“仰攻”，你又为客。人数上，虽然有一支援军，三千人在桐城，但是太平军的援军，陈玉成、李秀成，源源不断赶到这个战地，你的后援、后路，也快被人家给遮住了，这个主客之分，李续宾又占了下风。

九月二十九日，五千多人从舒城行军到了三河。到三河第一件事，就是赶紧扎营，第二天把营总算扎好了，在这个地方绝对要扎营，而且要扎得非常的坚固才行。教科书上规定的一切扎营的方法、程序都得用上，营外要有壕沟、墙子、梅花桩之类，但是你弄好了这个，也避免不了被包围的命运。到了三河，太平军南岸的军队，就放弃了南岸，四座营垒的太平军，急忙就渡河逃到了北边。拿了四个现成的营垒，当然李续宾还是很高兴，拿了这四个营垒，自己的营也建好之后，立即就在南岸，向其他三个营垒，发动了进攻，很快就将北岸的太平军营垒全部打破。十月二号，李续宾就屯兵北岸，专心来打太平军自建的那座城。然后呢，步步为营往前面打，但就是这点不好，你总是要分兵。军队过了北岸，你得提防人家抄你的后路，南岸的那些营垒，你就得屯一些兵。他让李续焘在南岸屯兵，作为他的后续，防后路。十月三日，太平军的第一批精锐部队援军，陈玉成的七千多人，到了三河助战，同时李秀成率领的更多的军队，也即将赶到三河。我们要知道，陈玉成、李秀成这两个人，在太平天国后期，都是军事天才一样的年轻将领。他们很重视刚得到的庐州，因为被湘军拿下了九江，九江不在自己的控制范围之内，他们再想去长江南岸活动，就不太现实，所以在北岸，他们一定要巩固庐州这个战果。因此非常重视湘军来进攻庐州，特别是李续宾现在已经是名满天下，所以这次到三河来跟李续宾决战，太平军派出最精锐的部队，数量也极大。这个数量到底有多大？李续宾这边不满六千人，这几乎是定论，但是太平军那边，总共加起来有多少人，一直有争议。综合很多人的意见，大致说太平军的人数，应该在十万到三十万之间。有的人说，只有十万甚至十万不到，有的说有二十几万、三十多万，总之人数比湘军多得多，这是肯定的。

湘军连攻了两天，没有攻下，这个时候太平军的援军几乎就已经到齐了。李续宾这边也有谍报，知道形势对自己很不利，现在每过一分钟，就离被包围的命运更近一步。在数千人对数万、十万、十数万人的情况下，如果被包围，你能固守的只是营盘而已，你并没有一座那么坚固的工事，被包围会十分危险。这个时候，李续宾的幕府中就有人建议，现在我们还是退回舒城或者桐城，如果硬碰硬，在三河这个地方跟太平军决战，不是一个好的选择。李续宾就说，“贼能战，我亦能战”，他能打，我也能打。这个话，听上去是很勇敢，很有志气，可是怎么听怎么都不像李续宾这样深谙战法的人该说的话。当然这个话是他的年谱，人家记录的，具体他当时是怎样一个心态，是不是真这样讲的，不知道。但是他飞书要求驻守在桐城的赵克彰那三千人赶紧来三河援助，赵克彰没有接受这个命令，待在桐城不动，这个绝对是三河之战的一个大问题。因为如果那三千人来了，整个军队又恢复到出征初期的八千人规模，如果能把营扎好，把防御工事都布好的话，不说坚持太久，以李续宾他带的军队这种战斗力以及经验，坚持十几天甚至一个月，是很有可能的。因为这个是有例可查的，后来曾国荃也是一万多人的军队，在南京城下驻扎，李秀成、李世贤带着号称二十万的军队围攻，连续猛攻四十多天。那会双方的枪炮比咸丰八年（1858）的要先进，差点被攻破，但是曾国荃还是坚持过来了。在李续宾三河战役时期，冷兵器使用比例更大的时候，如果赵克彰率桐城的人过来一同坚守，或许能支撑一段时间。而桐城的兵一动，就给了湖北一个更猛烈的信号，官文你不要开玩笑了，赶紧要萧庆衍，甚至一些别的军队，过来赴援。但是赵克彰不动，抗令不来赴援，这个很奇怪。赵克彰是李续宾的爱将，主帅在危难之中，你怎么能不去赴援呢？后来赵克彰受到审讯，很可惜找不到这个询问笔录，不能了解他是在什么样的心态下拒绝这道命令的。只有胡林翼在三河战役之后，写给别人的一封信里，披露了一个情节。他说湘军，特别是赵克彰这一支，在攻破桐城之后，士兵忙于抢劫，忙于把东西换成钱，忙于把钱寄回去，忙于自己享乐，士气就受到了很大的影响。留在桐城的将士，根本没感受到在三河的将士所感受的那些情感，他们沉浸在喜悦之中，所以胡林翼总结，说赵克彰的军队抗令，不仅仅是赵克彰本人的问题，可能是那三千人不想去，觉得累了，得多休息两天再去，可能有这个原因。反正不管什么原因，这三千人没有来，然后隔了一天，李续宾就被全部包围了。

太平军的战法，有一种叫作“包营为营”，很让湘军的特务部门感到惊讶。所谓特务部门，就是湘军派去的采访所、间谍，综合各方面的消息，然后写成报告，递交给曾国藩、胡林翼，叫“贼情汇纂”，上面就介绍了“包营为营”。他说太平军的战法有意思，清军与这个贼军相遇，一般呢，先是你立一些营，我立一些营，双方对垒嘛。但是只要太平军那边有援军过来，人数多的援军一过来他就不这样了，他就不断地以你的营盘为圆心，飞快地建好很多座营垒，但是并不完全给你包住，他会留一条道，让你感觉可以从这条道出去，同时太平军会设两支或两支以上的伏兵，你要通过这条路，两边的营垒会对你进行劫杀，你好不容易冲过层层劫杀，冲出重围，就有两支或者两支以上的精锐伏兵在等着你。这种包营为营，并不是说他把你围住，就一定要去攻击你，他是要让你跑，让你主动来求战。因为这种营垒的话，一般来讲不会坚守太久，不像城池里面的补给，可以储存很久。就在八号这一天，陈玉成、李秀成的部队全部到齐，用包营为营的战法围住了李续宾的军队，里外三十层，连营五十里，可以想象一下，这是一个什么样的盛况。湘军与太平军最近的营垒之间不过十里，只有几里地，双方在这个土墙之后都可以望见，謦欬相闻。

十月九日，李续宾下令夜里突围。那我们现在就要回头想“贼能战，我亦能战”那句话了，为什么不在那个时候，没有被包围的时候，撤回舒城或者桐城呢？那个时候你能与太平军作战，但是你被包围住了，你突围这就不是作战了，很明显就跟“我亦能战”这四个字有冲突。也许是李续宾判断失误，没料到太平军会来那么多人，这的确有可能是在他意料之外的。李秀成在他自述里面讲，他当年参与这一战，跟陈玉成两个人，也没有约得太准，只是说在三河那里碰头，跟湘军做一决战，但是他强调的是，行军的速度一定要快，这一点可能是导致李续宾判断失误的一个原因，没想到太平军的援军来得这么快，这么多。

我们看他有几天的时间，他三号过河，八号就全部被围住，他五号还在攻城呢，那个时候援军还没有来，不到三日就被围成这样了。被包围的次日，他就号令全军突围，可能他也有些慌了。但是很不凑巧，九日夜里一直到十日的黎明，三河地区涌起了大雾，湘军这边的回忆录，太平军李秀成那边的回忆录，讲起那一夜的大雾，除了刀光剑影血肉横飞之外，还有些细节，有一些搞笑的成分。湘军士兵在作战的素质上，当然高于太平军，所以有雾或者在夜里，湘军就会要求以口号列阵。什么叫以口号列阵？就是对口令，发现对方，觉得人影憧憧，这边就会问一声什么口令，那边回答对了，就相安无事，如果没有回答对，那么就立即进行厮杀。每一夜的口令都不一样，甚至有的时候上半夜下半夜，也会发生变动。问口令的要大声，回答口令的要细声，因为你回答的时候声音大了，可能间谍也听过去了，这叫以口号列阵。那么有这么一个训练，湘军就算在夜里，在雾里，他也容易辨别敌我。所以有的时候湘军士兵出去作了大半天战，然后回来要吃饭了，误入太平军的营垒。如果回到湘军营垒，一进去之后，肯定有人会问一个口令，他到这边发现没问，或者问的口令不是那么回事，他就知道走错了，走错了没有办法，只好先在里面大砍大杀，这是湘军。也有些太平军，在那冲来冲去，冲到湘军营里。也有两军，或者一些小部队，就并排这样走，相隔几步，甚至人靠着人，都不知道跟敌军往同一个方向行军。据说一两尺、两三尺开外，还是白天，看不清人的面目，只听到马蹄的声音和枪炮声。有追击敌军的，追着追着，敌军可能往边上一躲闪，追了很远追空了的。然后这个敌军继续走，追兵发现不对，回头再来，然后双方又碰上，反正在大雾之中，阴差阳错的事情太多了。就在十月九日，湘军就在这个大雾之中左冲右突，从黎明冲到黄昏，都没冲出包围圈。原因也很简单，一个是雾太大，二是太平军的人太多，这个重围很难冲破。冲到黄昏回到中军帐，大家又在开会讨论到底该怎么办，大伙建议，不要再以成建制部队的战法往外冲了，可以采取一点化装啊，乔装啊，偷偷摸摸的方式，至少先把主帅弄出去。他们用的词叫“天下不可一日无公”，确实也是对的，李续宾在当时确实是一个非常重要的军事主帅。可是李续宾不接受，他说“吾义当死”，我要是没把这个事情做成功，我肯定要去死，你们呢，倒是可以用各种便宜方式，能怎么逃就怎么逃。因为这会作为一个整体军队再去冲，目标太大，要是分散了，扮作难民啊，扮作别的各种各样的形式，就会好跑一点。李续宾说你们可以，我不行，到最后他身边只剩下六百多人——当然不是说其他四千多人，这会都已经阵亡。没有，只是被隔断了，他的中营内只剩下六百多人。这些人齐声说，那我们也跟着你一块算了，我们也不会跑。李续宾讲了一句，那好，我们努力杀贼，不要白死了，杀一个平一个，杀两个赚一个，就是这么个意思。他的意思就是要死得像一个军人，你要赚一点，你要多杀几个敌人。但是这些对话都是伏笔，这个伏笔是为什么而伏呢？我们先讲完这个具体的故事。

这时候，太平军觉得，湘军突围了一天，应该也累了，那好，就开始对他们的营垒实行炮轰，幸亏帐篷啊之类的东西，因为雨水雾大已经湿了，所以没有引起火灾。但是也把这个营里面的，不管是生产材料，还是生活物资都炸得干干净净，也没东西做饭了，也没有能用的枪，武器也受到破坏。唯一剩一点火药还留在那，可是有火药又没有炮丸，没有外面装火药的那个铁壳，没办法，就用那个破碗啊，破锅，用这些东西，勉勉强强把火药塞在里面，当然肯定就没有太大杀伤力了。这个时候营垒就待不住了，几百人你不能不冲了，李续宾决定大家往外冲。在冲之前，有一个事情他不知道，在南岸驻守的李续焘，听说北岸来了那么多太平军，当晚就跑回桐城了。所以在这次三河之役，一个赵克彰抗令不来援救，一个李续焘没有奉命就逃离阵地，这两个在后来都受到军事审判。

李续宾决定冲了，先写了一封遗书，请他一个幕友带着，说带着这个东西，你待会就不要跟着我们冲锋了，赶紧换个衣服，我们冲的时候吸引敌人注意力，你赶紧找个路回去。可是幕友在路上曾经落水，这封遗书就掉了，不见了。李续宾把皇帝给他的朱批奏折取出来，对着北方磕头，把这些奏折烧掉。这第一是保密，第二也非常重要，特别是在古代，皇帝的亲笔，有很尊贵的意义，这个东西不能落入太平军之手。他知道很难冲出去，所以他把这些事情都做完，然后所谓仗剑怒马，率领六百多人，直往敌人最多的地方冲去。为什么要往敌人最多的地方冲去呢？是不是这样就死得快点？其实不是，这是战法。因为太平军围湘军用这种包营的战法，士兵都出来列阵，要作战，要攻营，你去冲击他人少的，看似薄弱的环节，其实反而不利。因为你去冲击他那个人少的地方，都是骑马冲，主要以骑兵开头，对方人少，第一，他好躲闪，第二呢，他挥动武器，不管是射击，还是用长矛大刀，他都更方便。但是那个地方如果人多，你这么冲过去，冲击力够大的话，他就会乱，就会跑。一跑起来，就容易带动别的地方的太平军，不知道这里怎么回事，怎么就都跑了，那么很多人是这样的，看到友军突然往回跑，那么肯定前面有特别可怕的事情，自己也会跑，这样一传染下去，有可能整个军队就会乱掉。至少在短时间内都会乱跑，那么在这个时候就很有可能突破他的包围，这也就是为什么李续宾的六百人，要往人数最多的地方冲。但是，这毕竟是陈玉成、李秀成的军队，他们的军队没那么容易被突破，战到十月十号的亥正，也就是晚上十点，李续宾战死，时年四十一岁。跟随他的六百多人全部战死，剩下的士兵在将领的率领下，在残存的旧垒上，坚守了两昼夜，最后也是全部战死。还有一批几百人左右，这个统计不是很准，被俘虏，在押解途中反抗，然后又被全部杀害。也就是说接近六千人的这一支部队，几乎无一生还。而且很多都是主动求战，不战死不已，除了那些送信的带遗书的，这些有他自己使命的，包括掩埋李续宾尸体，在掩埋地方做记号的这些人，他们要跑出来。

这就是三河之役，发生在咸丰八年（1858）十月十日夜里。不久舒城、桐城、潜山、太湖，都被太平军夺回去，湖北告警。胡林翼听到这个消息，立即从益阳回到湖北主持战事，那两位临战退缩的将领，赵克彰、李续焘，他们都是湘乡人，都是李续宾的同乡，甚至是邻居，或是同族兄弟，当时胡林翼准备要军法从事，也就是说要给他们定一个死罪。但是李续宾的父亲，写了一封信给湖北督府，说这两个人当然是不足取，但是他们都有父母，父母都是高年，就住在我的隔壁，要是听到他们儿子被斩首了，那估计他们家的老头老太也活不下去。我觉得我的儿子已经这样了，没必要为了这些已经发生的事情，再去让别人家又受到这种打击。所以是不是，我来做一个担保，你给他们一个机会，他们要再这样，你拿我是问，但是这一次，你不要定他们死罪。虽然这种死罪不是他能够挽回的，但是胡林翼还是把这个意思，向北京做了一个汇报。咸丰皇帝是非常喜欢，甚至有一点崇拜李续宾的，现在李续宾战死了，他的父亲既然有这么宽广的胸怀，提出这么一个要求，他也答应了，最后赵克彰、李续焘没有定死罪。

还有一个要补充的。也就是前面说有伏笔，什么伏笔呢？就是，李续宾到底怎么死的？他是战死的吗？李秀成说他是自缢而死，但是在清方奏旨里面，都是说他战死。而过几年，曾国藩与人通信，却直接讲了李续宾是自杀身亡。其实，从当时去收殓他的尸体，就能看出这一点。

他的弟弟李续宜，到三河去收尸，他按照传统做法，把尸体装在灵柩里面，运回湘乡去安葬。那么，运回去之后，父母兄弟应该开棺看一看，举行遗体告别仪式，亲族、朋友、乡人，也应该瞻仰。但是，李续宜在回家之前，甚至还没离开安徽，就把棺材钉死了。然后，他给父亲写信说，已经彻底检查过了，这肯定是我哥的尸体，没问题，但是从安徽回湖南，路程不近，用时不短，我怕不处理的话，尸体可能会腐烂，所以，就密封了。

这样说，固然也说得通。但这样密封回到湘乡，没有一个人看到过，那么，我们可不可以怀疑棺材里面的尸体不是李续宾呢？

此外，如果是自缢而死，那么，与被枪炮刀剑致死，创伤的痕迹是绝对不一样的。李秀成说得那么肯定，说李续宾是自缢而死，也是可信度很高的。他是当天在战场的敌军主帅，他是肯定看过李续宾尸体的。从这一点来说，他的话应该更有说服力。

综合这些材料，我们可以认为，李续宾自杀而死的可能性更大。若是这样，那么，前面介绍的一些细节，可能就不那么准确了。但是，我们现在能看到的，关于三河之战，只有这些材料，没有别的材料，所以只能用这样的方式来叙述。不过，李续宾作为一位名将，作为一位很有特点甚至可以说很感人的名将，不论他是战死还是自杀，其实都无损于他的光辉。

二、多隆阿与鲍超

我们在讲安庆的战事之前，先得介绍一下，陈玉成在湖北、安徽这一带，跟湖北的两位将领多隆阿与鲍超碰撞的一些精彩的战事。同时也要讲一讲多隆阿与鲍超两人之间争夺指挥权的事情，更要讲一讲胡林翼与曾国藩，因为各自支持多、鲍中间的一方，而产生矛盾的事情。

这些事情为什么要讲一讲呢，因为在未来的战争过程中，多隆阿与鲍超的动向，深刻地影响了湘军对太平军行动的反应，而这两个人的动向，特别是鲍超的动向，这两个人的归宿，特别是鲍超的归宿，又深刻影响了太平军在长江南岸征战的结果。所以我们先看一看多、鲍二人在鄂皖边境如何与陈玉成对抗。

1. 多隆阿新贵

在湖北的军队里面，情况又发生了一个新的变化。这个变化，用《湘军志》的话讲，叫“多隆阿新贵重，诸将不乐出其下”。多隆阿因为湖北肃清之功，被升为副都统，原来他的上级都兴阿，现在回家养病，然后北京又给下一道圣旨，湖北全军由多隆阿来统领。这下问题就来了。多隆阿、鲍超、李续宜、唐训方，以及其他几位将领，平时都是由都兴阿来领导。都兴阿这个人，性格比较随和，表面上他是大家的领导，但实际上，他比较吸纳各人的意见，更多的时候把领导权就直接交给胡林翼，胡林翼写信发令去指挥就可以了。所以这几位名将都是他的下属，跟他之间没有太多的冲突。现在都兴阿去养病了，多隆阿要当统领，那大家就不服了。以前都是同事，平级，现在你一个人上去了，要指挥我们。在一般的组织里面，都是一种比较尴尬，难以令人接受的情景。何况这是在军队。

所以这个命令一下，李续宜立即提出，一是要回家养伤，第二是家中双亲年老，要回去看望。你想，这会儿李续宜他哥刚战死在三河，按道理要忙着复仇才对，可听到多隆阿被提拔了，很不爽，回湘乡养病去了。胡林翼怎么劝也劝不回。还有一位，本来也可以成为这个湖北军队中的一支强大力量的，就是曾国荃，他打完吉安，也顺道到湖北，探望一下胡林翼，然后再准备回家。胡林翼见到他就想留他在湖北，曾国荃一听最近这个新情况，多隆阿当了统领，那他也赶紧走掉，坚决不愿意留在湖北。尽管没多久，在多隆阿的问题解决之后，他又回来攻打安庆了，但是在这个节骨眼上，他不愿意趟这浑水。鲍超更加难受，他难受不仅仅是因为人家升了官自己没有升，而是他跟多隆阿之间早有矛盾，不仅仅是官位，从军事战斗上，从个人作战的勇气上，他都不服多隆阿。因此他也萌生了退意。其他唐训方、金国琛等一批将领，虽然说他们并没有觉得自己可以跟多隆阿平起平坐，但是他们也不喜欢这个人做自己的领导，所以也是议论纷纷。

多隆阿也不是聋子，这些话全部都传到他耳朵里面了。他觉得这个统领很难做啊，所以他也称病不出，不上任。这一来就急坏了胡林翼，因为这么一个任命，搞的这些将领一点都不和睦，团结的气氛被破坏了，胡林翼一筹莫展。

多隆阿和鲍超，到底有什么样的恩怨，导致这个命令出来之后，像鲍超这样的人，几乎天生就是为战争而生的人，怎么也不愿意在军队待下去？

多隆阿，字礼堂，他是蒙古人，从小家中贫困，十八岁考取了“马甲”。什么叫马甲呢？就是清代制度规定，八旗壮丁（满洲八旗、蒙古八旗、汉军八旗，凡这三种都算八旗壮丁）年过十六岁的，就可以去考试，只要通过了骑马步战射箭这些科目，那么就可以选拔为步甲或者马甲。这个“甲”就是披甲为兵的意思，步甲就是步兵，马甲就是骑兵。所以多隆阿十八岁做了骑兵。僧格林沁当时去关外挑选马队，他就应募，加入了僧格林沁的部队，去到中原作战。到咸丰五年（1855），又调入都兴阿的麾下，屡建奇功。咸丰七年（1857）七月，因为湖北全境肃清，也就是说湖北境内没有叛乱的军队，以这么个理由，他就被提拔为副都统。这是多隆阿的简历。

鲍超，字春霆，四川人。他这个字是胡林翼给他取的，春霆，就是春雷，希望他像春雷一样有力量，能够爆发。他的军队叫“霆军”，取“如雷如霆”的意思。他幼年时，家境也很贫困，十七岁那年进入绿营当兵。但是在四川那个地方，在营里混也很惨，工资很低，又没有什么别的收入，几乎难以生存。所以当道光末年，听说湖南这边要镇压李元发起义，当时从四川也调了绿营的军队，鲍超就自告奋勇跟着军队到了湖南。哪知道一到湖南，叛乱就被平息了，一下他就失业了。但是他不愿意回家，他想留在湖南。可留在湖南又有个问题，生计问题，怎么生活呢？幸好他当时认识了驻扎长沙绿营里面的一个人，叫雷脱皮，脱皮估计是当时的人给他取的一个外号。雷脱皮跟他关系好，挺哥们义气的。他说你这也不是办法，我给你介绍一个工作吧。其实还不叫工作，介绍一门生意给你做。什么生意呢，每天去湘江挑水，卖给军队。因为雷脱皮跟军队里面管后勤的人关系可以，每天去挑上那么几趟，能给一钱银子，那这一算，一个月有三两。他在四川做抚标兵还没有这么多收入，所以鲍超很高兴，就在湘江边挑水卖给军队。可是，随着太平军从广西一直打到湖南，军队里面这些正常秩序就被打破了，有的军队调动频繁，就不在原地了，鲍超挑水生意做不下去了。生意做不下去，但是有战事了，鲍超也不担心，他就投入了湘军。

鲍超在湘军里面，一开始就是这种基层士兵，先入了水师。他的直接上级是黄翼升，大统领是杨载福，将来都是湘军名帅。到咸丰六年（1856），他在长江边上救了胡林翼一命，这个时候他又离开了水师，进入陆军。并且胡林翼让他去湖南招募一支三千人的军队，组成霆军，也就是说，他由基层士官，一跃而成为一军之帅。

接下来就是作战了，还别说，虽然鲍超以前没有做将领，没有率领过这么多人打仗，但是自霆军成立以来，他就没有尝过败绩。而且——可以把未来的事情也讲一讲——不管是与太平军，还是与捻军作战，霆军从来没有打过败仗。湘军里面所有的部队，除了鲍超的霆军，都没有这个战绩，这是最难得的一个。

多、鲍两人的简历就介绍到这，我们比较一下，发现这两个人有很相似的地方：都是出身于贫困家庭，很早就加入了军队，都从基层士兵做起，一直做到将军、统帅。唯一不太一样的地方，就是两人的年纪不一样，到这一年（1857），多隆阿四十二岁，鲍超三十一岁。如果说选军队的统帅，根据“四十曰强而仕”这句古话，那么就要选多隆阿，因为他年纪大一点，会稳重一点，周到一点，顾全大局一点。胡林翼或者也有这样的考虑。但是选军队的统帅，指挥作战的能力，对战局的判断，现场灵机应变，这才最应该拿来考核，是最重要的项目。鲍超就是在这些方面，对多隆阿不服气。所以他尽管比人家年轻十岁，官阶也没有多隆阿高，他这时只是总兵，人家是副都统，资历也比多隆阿差，但是他还是不服气。鲍超不服气是有底气的，他的底气，就是前不久刚结束的亿生寺之战。

2. 鲍超：一战成名亿生寺

咸丰七年（1857）六月，陈玉成率五万大军来冲击湖北的黄梅。黄梅这个地方很重要，从安徽进入湖北，这个地方是一道关卡。如果把黄梅破了，那往西边，黄州、武昌，指日可待。所以当陈玉成大敌来侵的时候，湖北这边由都兴阿率领多隆阿与鲍超去抵抗，另外还有一些其他的援助部队。但是，当时湘军的精锐不在湖北，都由李续宾领着在江西攻打九江。都兴阿这一支军队，用来抵抗陈玉成，一个是不够精锐，第二个人数也偏少，加起来不过四千人左右，其中有三千是霆军，都是陆军，步兵，另外就是多隆阿的骑兵。

都兴阿在经历了初期几个小战役之后，发现陈玉成太厉害了，连折本方几员大将，几支小的部队成建制的被陈玉成给剿灭了。当时他们都驻扎在黄梅的亿生寺附近。都兴阿就说，我们撤退到长江边保护水师，同时也可以扼要驻防。——他不会说自己是撤退，他说我们换一种打法，去跟水师在一块，可实际上这就是撤退：把黄梅那条大道让出来，你躲在长江边上，陈玉成他到长江边上找你干吗呀，人家的目标是要打到武昌去；再说，湘军的水师此时正在全力支援李续宾攻打九江，也没工夫跟你去抵抗陈玉成。

底下将领开会，有几个营官同意了，只有鲍超不同意。鲍超说，这哪能退呢，我们怎么也得把这个重要的关卡给守住啊，这退了之后局势不堪设想。

鲍超说我不退，公开违抗统帅的命令。当然这是鲍超的血性的一面，可是也能看出来，都兴阿这人，虽然是一个平庸的统帅，但是他并不刚愎自用。要换成别的人，你还敢违令，虽然说不一定能斩了你，但是至少可以剥夺了你的兵权，或者去告你的状。都兴阿没有，他说，你要作战，那你留在这儿，我还是先把一些辎重啊军粮啊转移到江边，做你的后援。多隆阿当时就比较犹豫，一开始他也是想撤退，听从主帅的号令，可听鲍超这么一说，他又有些犹豫。将领之间最怕的就是被人说你胆子小，懦弱。尽管这是主帅的命令，说撤退，可是鲍超跳出来说他不撤退，那么多隆阿就要考虑考虑了，是走还是留。

鲍超看出他的犹豫，就对他讲了这么一句话，说马队只有几百人，作战呢，“不敷应用”。那么你别去作战，你就殿后，看我霆字营的人，有谁作战的时候敢往后跑，你就在后面执行军法。也就是说，你就给我做宪兵，来弹压战场的秩序，作战你不用参加，在马上看我怎么打仗就行了。这种话，反正听上去，不知道多隆阿心中是什么样的滋味。你说他不尊重你，他也挺尊重你，但是你说他尊敬你吧，你又感觉这个话里面，好像就是个调戏自己的意思。几百骑兵“不敷应用”，不能这样讲。骑兵如果有几百人，你去冲击步兵的话，威力是非常大的。因此鲍超这样讲多隆阿，说你只有几百骑兵，那你留在后面，看我打。多隆阿心里也有点难受，可是难受归难受，毕竟他们接下来的任务是要攻垒，确实多隆阿也帮不上忙，他就只有在边上看的份。

当时陈玉成也亲临前线，在战场边上的黄腊山上，做了指挥部，先期将鲍超的营团团围住。就是前面介绍过的包营围营之法。然后，在包营围营之中，设了五座高垒，也就是五座碉堡，要用这个东西控制你出逃。因为他知道湘军的冲击力也比较强，光靠一般的围法，围住他们的营，一不小心还能被他们冲出来。但是有五座高垒的话，居高临下进行打击，那么压制效果会更好。鲍超要突围，要对陈玉成施以迎头痛击，要硬碰硬，就得把这五座高垒给拿下。高垒是当时常用的一道工事，有两到三层，几丈高。里面能屯下二三百人，墙上有炮眼，有枪眼。从顶上可以往下滚木头石头火筒，所以要拿下这高垒就比较难。

鲍超从军队中挑出精锐，分为五队，手下的营官哨官比较得力的，每人领一队，自己也领一队。指着最高的那一座，说，这个由我来攻，其他四座你们随便挑，每个队挑一座。就这样出去分头攻垒。这是霆军作战的一个风格。

鲍超治军没有太多的规模，但是最重要的有一条，就是每逢作战，营官、哨官、什长，从基层头目到高级将领，都要奋勇争先。当然他的意思并不是说这个营作战，营官要冲到最前面，那是拍战争片，这样才突出英雄主义。霆军作战，派出去的军队都往战场上去，鲍超就站在一个方便观察的地形，拿出望远镜观察局势。那些营官，都站在他边上，干什么呢？鲍超就看，凡是在作战中不勇猛，畏缩，甚至逃跑的，鲍超就告诉身边的人，说你营里有谁跑了，营官就要赶紧进入战地，或者是亲手，或者是通过什长或者哨官，当场就要对逃兵军法从事。霆军作战，每次都是这样，养成习惯了。所以霆军的士兵没有什么后退的，后退肯定就是死了，往前走还不一定死呢。士兵已经形成了这样一种价值观。

但是这一次，情况危急，再拿着望远镜看来不及了，你要冲击人家的高垒。所以鲍超分为五队，自领一队往前冲。冲出去之后，确实难以攻下高垒，其他四队也“十荡十决”，不能得手，就僵持住了。僵持就意味着霆军的伤亡越来越大。伤亡大到什么程度，其实大家可以想象，像《上甘岭》那种电影，就一个碉堡在那里，这么多人去攻碉堡，但是根本近不了身。或者近前呢，也是被撂倒。当然那时太平军的火力并没有那么猛，但是也是能够让来犯之敌死伤惨重。《上甘岭》里面出现了黄继光，所以攻碉堡的问题可以解决，霆军有没有黄继光呢？当然霆军的黄继光不是光堵枪眼，还得攻进去，要拿下这个碉堡才行。有一位，这个人叫余大胜。当时他是在鲍超这一队，鲍超这队攻了几次也不行。鲍超说这怎么办呢，他自己还受伤了，很生气，准备不惜一切代价，全队往前冲，也就是那种自杀式打法。余大胜拦住了他，因为余大胜有一特长，跑步攀岩比别的士兵要厉害，他说让我先试一试。他用的什么办法呢？

那个时候的枪炮火力不像后来那么密集，所以人要冲到碉堡下还是有可能的。只是那会的炮眼枪眼比较高，甚至要超过两人立起来那么高，所以他要带两个兄弟，一块跑到堡垒下，“梯肩而入”，就是踩着别人的肩膀，从炮眼中钻进去。钻进去之后，要非常利索的，手刃开炮的太平军战士，再然后，要赶紧登顶，跑到最上一层碉堡里面，从上面扔下绳索，帮助其他士兵上去。在把绳索安排好以后，还要负责与过来的太平军战士近身肉搏。这就是余大胜要完成的整个规定动作。他还不负众望，以这样的方式进入了这个敌垒，并且扔下了绳索，霆军其他士兵上去了之后直接开大门，然后连鲍超也进去了。

这下，进去之后，石碉里面的太平军肯定就投降了。鲍超当时做的第一件事，赶紧沿着垒墙，树立了十几面军旗，这军旗的意思，第一，就是告诉其他四队，我又夺了锦标，大家五队来比赛，我先成功了。第二，用来摧毁太平军的斗志，你们最高的垒都被我们夺下来了，再顽抗下去，没有好结果。一个是增加己方的士气，一个是消灭敌人的斗志。可以想象，在那天昏地暗之中，一个高垒上，突然树立起十几面军旗，而这个军旗白色的底子，上面除了三颗黑丸，别无他物。在这种场景下看到这种旗子，应该有一种肃杀的感觉，对于其他四队来说，愧愤交并，羞愧的是连主帅都上去了，我们这还没攻下，然后羞愧转为对太平军守军的愤怒。而太平军的军心也确实动摇了。所以没有用太长的时间，其他几垒也都先后被攻下。

失去了几座坚固的营垒，太平军就乱了。因为前文已经提到过，太平军如果有五万大军的话，里面真正能作战的不会超过四千人，其他的以乌合之众为多。这样的队伍构成，排阵、行军还行，但是到具体作战、近身肉搏，就容易乱阵脚。所以当这几垒被占领之后，整个太平军一方，小奔引发大奔，一溃激成全溃，全都往后方跑。陈玉成在指挥部亲眼看到这一幕，很失望。据后来的鲍超军中谍报，说陈玉成在战后开检讨会，就说了一句，说湖北军中现在出了一个鲍超，以前还不知道这个人厉害，以后要小心他。

最后清军大获全胜，这就是亿生寺之战。在这一战，我们看到的都是霆军如何如何，难道多隆阿真就站在一边观看比赛吗，怎么说他也是一代名将啊！

上面的描述，取材于陈昌撰写的《霆军纪略》。陈昌是鲍超的老乡，他这本书，用今天的话讲，可以算“鲍超将军口述实录”。有很多材料，很多细节，在当时的人书信笔记中是找不到的，都是鲍超在家里接受他的访问讲给他听的。这一战鲍超给他讲得很详细，但是我们会有一个疑问，鲍超在回忆这一战的时候，是不是有吹牛的成分，把自己说得那么英勇，提都没有提多隆阿。这么重要、这么辉煌的一战，难道多隆阿真就躲在边上吗？所以我们要多方来取证，来看一看这个事情到底是怎么回事。

多隆阿后来战死在陕西，来不及搞一份口述实录，只有他的一个部下雷正绾给他编了一份年谱，叫《多忠勇公勤劳录》，光绪元年（1875）编的。要强调的是，这个年谱可信度很高，雷正绾是他的部下，而这一战，当时雷正绾也参与了。可是我们读这本书，就会大吃一惊。亿生寺一战发生在咸丰七年（1857）七月初一日，可是在年谱里面，“七月初一”这四个字都没有，也就是说那一天根本没有记载。如果你光看多隆阿的年谱，你就不知道会有这么一次战役。这问题就来了。当然，从陈玉成来攻湖北，到退出，这个年谱里面有记载。它距离七月初一最近的一个日期，是五月二十四日，里面记载说敌军来攻，越来越多，我们每一天都很紧张，“列队相持”，每天都是高度戒备。——其实也就是被太平军不断包围的过程。接下来又讲了几项，像多、鲍联手摸黑去偷袭啊，这么些小战役。但是七月初一这一场仗，没有记载。最后有一个总结，就说“将军恐”，都兴阿害怕，下令全军撤退，然后另外一支军队因为不慎引发营内的火药爆炸，主将王国材被炸死。恰在这个时候——他也没说到底退还是没退——九江那边派出水师来援助，然后水陆并进，冲破敌军的包围，将敌人打走。

那么这个记载，就和前面讲的完全是两码事。两位这么重要的将领，参与这么重要的一次战役，事后的记录，竟然大相径庭。这未免太奇怪了。如果只有这两份材料，我们还是没有办法断定事实的真相。我们可以说，陈昌也好雷正绾也好，这两人就是鲍超和多隆阿的代言人，各执一词。我们如果找不到更可信更持平的第三份证据，就无法判断当天的事实真相如何。今天我们讲，碰到难题，要相信组织，当时这两人也有组织，还有个领导，叫胡林翼。胡林翼在战后有奏折，奏报这场战役，我们去看看胡林翼怎么写的，也许能够解开这个疑团。

胡林翼的奏折是这样讲的。描述战场上的分工时，说霆军去攻垒，多隆阿的马队去搜杀边上那些村落民舍中的伏贼，因为太平军总是喜欢在民舍中安排伏兵，这一看，多隆阿就参战了。虽然他没有攻垒，但是他至少参战了，并不像鲍超回忆所说的，多隆阿就站在边上看着。可是胡林翼这个奏折，用了春秋笔法，不动声色之间已经下了褒贬。我们看末尾这几句，“（马步各军）大获全胜，前后斩馘以万计，为楚军罕见之奇捷……据都兴阿查明，谋勇兼全，首先登垒，战功懋著各员弁，声请随折先行保奖前来。其鲍超一员，连日血战，率同亲兵累尸登垒，身腿受伤，仍不少却，尤为忠勇罕匹”。

你看这个里面讲的，“（马步各军）大获全胜”，这是开头，就说骑兵步兵都参战了。多隆阿是率领骑兵，鲍超率领步兵，可是到最后，这个声明保举、奖赏，声明功劳最大的，只有鲍超一个名字，根本没提到多隆阿。刚才讲春秋笔法，体现在什么地方呢？当时的奏折，主要是报告主要的战况，战绩最卓著的那一两个人，名字不会太多，随着这个奏折，还有一个“附片”，“附片”就是列名单，本次战役有谁作战勇猛，受了什么伤，打下了什么地方，应该给他最高的奖赏；又有谁作战如何，应该给他一个次一点的奖赏；又如何如何……名单就这样一级一级列。那么最高奖赏中一名满洲骑兵，他隶属于都兴阿的麾下，他的战功不是亿生寺之战，而其他四名，全部是霆军士兵，都是在亿生寺这一战立的功。这已经可以看出，不仅是鲍超在这次战斗中获得了最高的个人奖，霆军也获得了一个集体奖。多隆阿以及他的骑兵队，根本没有上保单。很明显，胡林翼提到骑兵参战，提到多隆阿的名字，只是给他留一份面子，不细看的话，就以为他也参战了，但是你看看保单，就知道真相如何。

两年以后，又出现一份新的证据，让我们完全可以确信，亿生寺之战，多隆阿根本没有参与。什么证据呢？这是曾国藩写给胡林翼的一封信，里面就直接说，亿生寺之役，其实马队不在场。那么我们已经明白事情的真相，鲍超血战突围，打败陈玉成。多隆阿呢，不管他是畏惧还是什么原因，反正没有参战。可是胡林翼写的奏折又不能不提到他，这就有一个原因，作为统帅，要率领这么多将领，让他们为了一个共同的目标，进行长期的艰苦的工作，并让这个工作持续发展，那么统帅就要有很多技巧。有一条就是写奏折，特别是跟战况有关系的这种奏折，要非常小心。曾国藩就曾经感叹，说，“近日各将领，专看折奏中出语之轻重，以权其效力之多寡”，就是说将领越来越聪明，越来越现实，每次统帅上了奏折之后，他会把折稿拿过来看一眼，看这个统帅怎么描述当时参战的各个部队，我出了五分力，你说我出了六分，那我高兴；我出了十分力，你却写的我只出了九分力，那我很气愤；我跟另外一个人同样出了八分力，你写我还是写八分力，但是你写他写出了九分，那我也不高兴。我一高兴，下次作战我出力就更多更大，我一不高兴，下次我就悠着点。所以曾国藩、胡林翼他们很敏感，注意到了这一点，因此写奏折的时候十分小心。就拿亿生寺战役来讲，多隆阿根本没有参战，我不说去批评他，我不写他可以吧，实事求是嘛。当然不行，你要这样的话，就如曾国藩所说的，他下次就悠着点了，就影响到你整个的战略。所以他没有参战，你也要写“（马步各军）大获全胜”，你也要提到他，还不能说他的任何一句坏话。按道理，友军在那个战场上浴血奋战，你这边骑在马上看电影，这是应该受到谴责的行为。可是胡林翼不敢谴责，不仅不敢谴责，还要把你的名字写上去。虽然没有褒奖，但是至少在这个官方记录中，留下了一笔。

根据比对这些材料，我们可以下一个结论，亿生寺之战，多隆阿根本没有参与，这纯粹是鲍超力挽狂澜的个人表演。正因为这样一战，鲍超一下拥有了两个心理优势，第一是对陈玉成的心理优势，他不那么害怕陈玉成了，而陈玉成，活动范围总是在安徽、湖北两省，鲍超对他建立了心理优势，对于未来的作战大有帮助；第二个呢，他对多隆阿也建立了心理优势，他觉得被胡林翼称为“八旗圣人”、称为湖北名将，这么一个高职位的八旗将军，也就那样。真在战场上，也不令人佩服。

对鲍超来说，就有这么一个心理上的变化，所以现在要挑选多隆阿做统帅，让鲍超受他的指挥，鲍超就很不乐意。

3. 谁做统领

在这个争执的过程中，胡林翼觉得应该让多隆阿去当统帅。曾国藩认为不必这样。当然曾国藩说的不必这样，不是说不让多隆阿当统领，要让鲍超当。他是另外一个意思，当时他还特别举了一个例子，很有趣味。

我们知道有一句话，“宝剑赠烈士，红粉赠佳人”，还有一句话，叫“自古美人如名将，不许人间见白头”，再有一句话，叫“士为知己者死，女为悦己者容”。你看这三句话，都有一个共同的地方，就是将战士、将军，与美人、女子相提并论。那么将士和女子之间，有什么共同的特性，不管是写诗写文章还是日常的比喻，都要把这两类人联系到一块？曾国藩就发现了这一点，而且他发现这一点用在现在这个时候最恰当不过。他告诉胡林翼说，“不忌不足以为骁将，不妒不足以为美人”，这个没有什么可怪的；又说，“在下则护翼之，等夷则排挤之”，这是“为将常态，亦无足怪也”。“不忌不足以为骁将，不妒不足以为美人”，什么意思呢？如果一个将领，看到别人的军队打了胜仗领了奖赏，而自己因为作战失利或者作战平庸，奖赏没那么高，表扬没那么多，他心里不感到妒忌、气愤，那么这个人不是一个好将领。如果一个将领发现其他部队军饷更多，后勤补给来得更及时，甚至统帅跟那个将领平时喝酒的次数，都要比我多一点，如果这个将领不为此感到气愤恼怒，那么他也不是一个好将领。也就是说，在第一线作战的将领，他就是要有这种争胜之心，不仅仅是跟敌人争胜，与同事也要有这种夺魁之心，要有这种志向，不能甘居人后，不能有什么平常心。在战争一线上有平常心的话，那不如说就是有一颗平庸的心。为了这些事情，会妒忌、会抓狂，这样的将领才是一个好将领。当然他是拿这个跟“不妒不足以为美人”来比较，说美人争妍斗丽，而且她在追求美的道路上不断前进，也需要跟其他人比较，在竞争中不断前进。这句比较好理解。

他接下来说的“在下则护翼之，等夷则排挤之，为将常态，亦无足怪也”，这句话怎么理解呢？刚才讲的将领要妒忌，要为一些不平等的待遇生气，要跟其他的部队争强斗狠。但是一个好的将领对于手下那是绝对爱护的，古今中外，几乎所有有战斗力的军队，精锐的部队，经常打胜仗的部队，他的军营内部的关系是非常亲密，甚至可以说让人为之感动的。总结起来就是，“一营之内如父子兄弟”。所以一个好的将领，对于手下是爱护、保护，这叫“在下则护翼之”。但是，一个好的将领还要能够把手下由士兵带为军官，再让他由军官升为将领。因为你战斗力强嘛，所以你底下的这些士兵，往上升官的机会也很多，经常打胜仗，你的将士就可以得到提拔。战功特别卓著的，个人能力又比较强的，就有可能独当一面，另立山头。例如，多隆阿和鲍超就是这种人，以前他们只是士兵，在这个过程中有很多所谓领导，但是最后他也成为一个大的领导。那么以前他人生路途上，曾经是他的长官的人，现在都跟他平级了。这是他们两个人，那么他们自己也要面对手下有这样的升迁之路，他的手下如果也升上来，或者以前平级的甚至还升得比自己高了，那么这个时候，以前的那种像亲情一样的情感就没有了。“等夷则排挤之”，就是这个道理。

鲍超最开始练军的时候，胡林翼跟他讲过“整军之法”，日常训练之法，你要多到多隆阿的营内看一看，向他请教。那个时候鲍超还是一颗新星，没有太露峥嵘，所以多隆阿对他态度很好，两人关系很融洽。但随着霆军战绩越来越好，鲍超的官越升越高，在军内的地位越来越重要，多隆阿跟他之间不免就有了芥蒂，甚至可直接说“排挤之”。当然“在下则护翼”“等夷则排挤”，只是一种描述，一种现实存在，无所谓好坏。曾国藩只是敏锐地认识到这一点，他并不对此有什么评价。他并没有因此说，多隆阿更好或者鲍超更好，或者应该由多隆阿统领，或者应该由鲍超统领。他没有这个意思，他只是描述湘军内部将领之间存在的这种紧张的关系。这种关系不是因为一个事情，因为一个时间，因为一个地点而发生，它是永恒存在的。不仅仅在湘军，甚至可以说在所有的军队系统中，这都是永恒存在的。这是一个事实，它不需要被改变，你认识到这个事实就可以了。这是曾国藩想表达的意思。

但是胡林翼不能这样光获得一个理论上的认识就行，当务之急是确定谁做统领。其实他也认识到，像最开始讲的，“多隆阿新贵重，诸将不乐出其下”，休病的休病，要走的要走。胡林翼知道如果自己将命令发下去，会出现什么样的场景，自己能不能善后，他没有把握。所以连续写了几封信，跟曾国藩讨论这个问题，曾国藩回答他的话，前面讲过一个，他用这个美人名将相比。但是胡林翼不满意这种回答，认为太虚，给我具体的建议，你跟我选一个。曾国藩就给他回信，还是没有告诉他应该选谁，曾国藩只是讲，多隆阿战功不如鲍超，最近他还喜欢管闲事，什么闲事呢，民间一些民事纠纷，一些经济问题导致所谓的“争讼”，多隆阿喜欢去管这些，然后又喜欢侮辱读书人，大军所到之地，对当地的读书人很不尊敬。他说看得出来，多隆阿这个人“气局狭小”，志向也不够高大，可以将少，不能将多。也就是说，可以带一支军队，带他自己手下那些就行了，让他统领一支大军就会有问题。鲍超呢，他就没有讲，因为鲍超一开始就在他的军中，他对鲍超的印象比多隆阿好多了，所以他就不讲对鲍超有什么看法。他接下来就讲，现在这个军中有多鲍两人，争强斗胜，其实是个好事，你一天不宣布谁做统领，他们两人就会暗地里攥着劲，要竞争，为了这个统领的位置。你呢，反而收到“赛胜之果”。什么叫赛胜呢，两人互相争胜，争得越激烈，他们发挥的能力就会越大，取得的效果就越好，那么你做主帅的，你从他们身上得到的岂不也更多吗？

这就像我们今天常讲的，要在竞争中合作。曾国藩打的就是这个如意算盘。但是，这又确实是一厢情愿，难以操作。为什么呢？我们可以用曾国藩自己举的例子，给他发挥一下。他不说名将如美人吗，将领如女子吗，那我们就设想，在他们当时的社会环境下，一个人有一妻二妾，一个大老婆两个小老婆，然后这大老婆死了，那么接下来你就得将其中的一个小老婆扶正。我们假设，这两个小老婆德行容貌言语女红，都非常接近，难分伯仲，很难挑选。那你是不是没法决定了呢？那不行，肯定会乱，就是抽签你也要抽一个出来。曾国藩的意思，就是没必要，我现在就让“大妻”的位空缺，让你们良性竞争，竞聘上岗，谁表现得好我就让谁上去。可是更多的情况，我们可以设想，家庭中如果出现这种情况，二妾不会搞什么良性竞争，出现的情况绝对是恶性吵闹。恶性吵闹的意思，不是真的每天都大吵大闹，而是钩心斗角，各出奇招、高招、阴招。那男主人每天会为这些事情烦死，家无宁日，这才是实际会出现的情况。

所以曾国藩这个建议不太可行。当时，他虽然喜欢举这些例子，但他对这种事情并没有认识，就是说对这个家庭中怎么与这么多女人相处，他没有认识，因为当时他还只是有一个老婆而已，没有经历过这种生活。胡林翼不一样，这个时候已经是一妻三妾了，他绝对认识到，名将也好美人也好，你不将他们等级次序安排好的话，绝对会乱。所以，他不接受曾国藩这一套说辞，于是回信说，我下决心，要选多隆阿。当然他主要的一个原因，是因为多隆阿已经奉旨，成为湖北全军的统领；第二个，多隆阿在军中的资历比鲍超强。因为这两条，胡林翼觉得，尽管鲍超是他一手提拔上来的一个爱将，战功也确实不错，但是为了全军的和睦，他觉得鲍超上来的话可能更不能服众，年纪太轻，资历太浅。这是胡林翼最看重的，他觉得在这个复杂的军队系统里面，选多隆阿更合适。而且还有一点，他觉得这样更避嫌，谁都知道鲍超救过他的命，练军也是由他一手支持，他如果现在选鲍超做统领，就有任用私人的嫌疑。他在信末尾说，这个事情，“克己以待人，屈我以伸人”，做起来自己也觉得难受，但是还得去做，哪怕命令下达之后，鲍超接受不了，万一要求退出军队，我也会坚持这个决定。

这样一讲，曾国藩就没办法跟他继续讨论下去了，劝都劝不及。命令一下，果不出所料，鲍超就走了，刚打完他的人生中迄今最辉煌的一战，紧接着接到这么一个不愉快的消息，鲍超一怒之下，灰心丧气之余就走了。没走太远，他表面上说要回四川休假，在这个途中他去了宿松，到曾国藩营内看望恩师，因为曾国藩是他第一个老大嘛。曾国藩一看他来了，赶紧把他留住，说先在营里多住几天，每天陪着他。我们要知道，曾国藩的生活是很有节制的，每天有规定的日课，什么时间起床，什么时间吃饭，什么时间接待宾客，什么时间下棋，什么时间批阅公牍，什么时间写信，什么时间读书，什么时间睡觉，几乎每天都这样。但这次因为鲍超来了，又处在这么一个紧急的时刻，他连续几天打乱了自己正常的时间安排，陪着鲍超吃饭啊喝酒啊，跟他彻夜长谈，讲笑话，带着他到各处看。从营内其他地方，跟鲍超有关系的人，都请过来一块陪客。他的意思，就是现在也想不出别的办法，因为胡林翼那边已经定了，但是他又不愿意鲍超离开，他知道鲍超的作用太大，他一离开的话，霆军也就散了，那等于就是湘军壮士断臂。没有任何原因就自己砍下一条胳膊，那损失太惨重了。所以他先让鲍超在这待着，劝他回去，可鲍超不愿意回去。在这期间，曾国藩也连续给胡林翼写信，说鲍超到了我这，情绪很低落，你是不是收回成命，再慎重想一想。胡林翼则是去一次信就拒绝他一次，眼看着就要留不住了。

在咸丰九年（1859）十一月十七日，胡林翼一封军情紧急的密函送到了曾国藩营中：太平军大部队近期即将在太湖、潜山之间发动攻击。这个时候很危险，因为当时湖北军正在围攻太湖和潜山，想把这两颗钉子拔掉，从此打通通往安徽的道路。可是攻了很久也没拿下，主要的原因是，前面李续宾在三河战败之后，整个湖北军的士气比较低落，加之精锐尽失，补充兵源、训练新兵又花时间。所以两座小城，挡在湖北边境之外的重要的军事重地，迟迟没有拿下。现在不仅没有拿下，陈玉成又率大军要来攻击围师，情况就非常紧急。

我们知道亿生寺之战，是因为有鲍超才挡住了陈玉成，这一次如果没有鲍超，就靠多隆阿一人——这时另一员大将李续宜还在湘乡休假——多隆阿是以马队见长，对于扎营布寨，如果还有山地的话，他是并不擅长的。如果没有鲍超，可以说湖北就没有陆军。没有陆军，怎么能跟太平军抗争呢？所以情况很紧急。

可是胡林翼也没把信发给鲍超，他就发给曾国藩，也没说让曾国藩催鲍超去。曾国藩日记上记载，当天深夜，他正在读《左传》，接到胡林翼的军报，连夜去找鲍超，鲍超说，第二天（我）回湖北。日记很简略，鲍超听到这个消息，有什么表情，还说了些什么话，都没有记载。反正我们知道的就是，虽然负气出走，但是一听到湖北有难，听到胡林翼有难，鲍超二话不说，回到了军营。尽管这个时候，他的领导已经变成了他非常不愿意看见的多隆阿。

三、小池驿之战：将将和

“将相和”是中国历史上的佳话。将相不能和的话，这个国家就会出问题。那么在湖北，将相呢，也就是文官武官之间的协调，也存在一些问题。

胡林翼，可以说他是文官的首领，同时他也有管理这些武将的权限。那么在湖北文武之间并没有太多直接的接触，所有文官系统的事情都由胡林翼代表，去和将领交涉，将领并不需要直接去跟官僚系统打交道。所以在湖北，将相的矛盾不是很突出，但是将领之间，就会出现很多问题。所以，人家说胡林翼在湖北各项功绩之中，有一项，叫作和睦诸将，就是让各位将领之间的关系更加协调一点。他没办法让这些将领都真正成为朋友，但是他会用一些办法，通过各种各样的手段，让他们至少在作战中，能够互相尊重互相配合。

1. 孤军深入小池驿

这一次陈玉成再度“访问”湖北，他的目的何在、战略如何？这是胡林翼首先要分析的。他是直接在太湖、潜山之间发动进攻，还是越岭而西，绕到湖北的后方进行纵深的攻击，还是有什么其他的招？这也是胡林翼需要首先考虑的。

当然胡林翼也不敢确信他到底会从哪路进兵，为了防范各种可能性，又要注意重点的战略要地，胡林翼就定下了一个周到的、在有些布置方面出人意料的防守计划。他的想法就是，该围住太湖的这个守军，继续围困，该在太湖、潜山之间扎营，破坏太湖、潜山两城太平军之间联系的军队，也要继续待在那里，然后在湖北境内设一支备援的军队，在英山、霍山之间的天堂（地名），埋伏一支万人大军，这支大军等陈玉成进入战区之后，再下山进行包抄攻击。有了这几支军队，胡林翼觉得足以抵挡陈玉成的大军，他就把这个计划告诉曾国藩。曾国藩第二次出山以来，十分小心谨慎，一听到主动去邀击太平军，或者进行这种大规模的战事，他就有些害怕担心。他觉得李续宾战死没有多久，胡林翼这边军心还不是十分稳定，还有前面这些将领人选的问题，自己虽然有那么一万人的军队在他的掌控之下，可是并没有真正能率队出战的所谓骁将。他就劝胡林翼，“全军为上”，这个时候能够不被太平军击破自己已有的防御，不被太平军打败杀伤自己这方的将士，就已经可以满足了。太湖、潜山的包围暂时可以撤掉，在湖北境内进行防守。也就是说，先不要进入安徽，这是曾国藩的看法。两人对战事的理解，差别就太大了。一个是要主动出击，布下包围，跟陈玉成来一场大战，省得半年一小警、一年一大警，不断地被他骚扰。按照胡林翼的说法，不如趁此机会来一场“擒狗之役”。

什么叫擒狗之役？这是湘军对太平军英王陈玉成的人身攻击。陈玉成个头中下，肤色很白，两只眼睛下面各有一颗黑斑，嘴很大，所以湘军就给他取了一个外号，叫四眼狗。与其作战呢，就总是称为擒狗或者是打狗。胡林翼想趁此机会，做一场擒狗之役，他也是被他骚扰烦了。可是曾国藩不同意，他说今年冬天，就过个平安年算了，等明年，李续宜、萧启江都从湘乡过来了，咱们再做打算。

那么这两个人对战局的看法相差这么大，到底谁的判断要正确一点呢？胡林翼并不是一个冒进的人，他喜欢说什么包揽把持，恢廓宏远，那是行政上战略上的布置。战术上，他绝对是小心翼翼的，认为可以主动邀击陈玉成，可以大获胜仗，胡林翼确实有他独到的一招，那就是刚才介绍过的英山、霍山、太湖、潜山，这四个地方之间有群山峻岭，“万山丛薄”。在群山之巅，有一块平地，很大的地方，叫天堂，驻守一万人绰绰有余。这个天堂有什么好处呢？第一，如果陈玉成不经潜山、太湖，而想从山里面绕道进入湖北，或者从后方攻击湘军，或者直接往湖北纵深去攻打武昌，那么在天堂有一支军队就可以半路拦截他；第二，如果先占领了这个要地，太平军想从下往上仰攻，那几乎不可能得手。这是从防守这个层面上讲，天堂驻兵绝对有效果。另外更重要的，在这深山老林驻扎一支万人大军，光用来防守岂不太浪费了，胡林翼想的是等陈玉成进入潜山、太湖之间的战区，天堂驻军自东南下山去冲击太平军，可以收到奇效。在这一段时间，胡林翼信里面提到过很多次天堂，以及这支奇兵，他在告诉曾国藩这个战略之前，已经派了有四千多人上去了，接下来还会有六千多人上去。对于胡林翼来说，已经是箭在弦上。这个计划就得这样实行，不然又得把先派上去的军队撤下来。曾国藩呢，听说他有这么一支奇兵，觉得这个设想也不错，但还是不同意。——天堂那个地方好驻军，直到现在依然能看到湘军驻军的痕迹，还有垒墙、残垣，扎营的一些器械留在那。——尽管有这么好的计划，曾国藩从理性上也能认识到，他也不傻，知道如果按这个方式来操作，应该胜算比较大。可是在感情上，他还是惊弓之鸟，所以不愿意接受这个计划。当然胡林翼是湖北统帅，战事又发生在湖北边境，作为他的好朋友曾国藩，一时半会理解不了，那你不搭理他，自己去干不就行了？不行，这会胡林翼手下的人太少，他要找曾国藩借六千人，曾国藩在宿松，他那个地方没有战事，一万多人在那里休养生息了很久，状态都挺不错。你借出六千支援胡林翼这一战，不是什么大不了的事，可是曾国藩害怕，谨慎过头，他为了用实际行动表示他死也不赞成胡林翼这个计划，干脆拒绝援兵。他的意思是，我不给你这六千人，你这计划就实行不了；实行不了，就得按我原来给你建议的，咱们今年过一个平安年，明年等李续宜、萧启江过来，我们再从长计议。

曾国藩经常讲一句话，叫“临事而惧”，这是孔子教导他的弟子子路的一句话。什么叫临事而惧呢？无论做什么事情，先要怀着一种十分谨慎、谨慎到害怕的心理去做，曾国藩是这样理解的；然后把它扩充，每次作战都要有一颗惧心。为此，王闿运就批评过他，王闿运说，临事而惧是没错，圣人讲的嘛，但是军不可惧。军队的士气、统帅的志气，要向上，要更积极、奔放一点，太多畏惧不是好事。孔子教子路说，你要临事而惧，不是说子路你什么事情都要谨慎，谨慎到害怕你才能做好；而是子路这个人个性太勇猛，太嚣张，孔子是针对他个人的这个特点来说的，说你要沉稳一点，安静一点，甚至要怀着一颗敬畏之心去做事。并不是说出兵打仗，也总是要这样子。王闿运的这个批评是对的，孔子这句话确实不是说作战行军也要怀着这样一种心理，而只是针对子路个性上的一些弱点，因材施教。曾国藩将它扩充为自己的军事战略的一部分，就有些过头了。而且，“临事而惧”后面还有四个字——好谋而成，就是《孙子兵法》里面讲的“多算胜，少算不胜”。胡林翼已经“好谋”过了，什么兵围城，什么兵备援，什么兵埋伏，各种方案都考虑得清清楚楚；然后军队的调动也有条不紊地正在进行，现在就缺六千人作为援助。你曾国藩突然讲要“临事而惧”，你这让胡林翼怎么办，岂不就让胡林翼突然置身一个很危险的境地吗？但是这会曾国藩不进油盐，就是固执，拒绝胡林翼的要求。可是人算不如天算，哪怕曾国藩不算，也有老天爷来教育他。

多隆阿做了统帅，他在鲍超归营后没几天，就自作主张，下达了一个令人骇异的命令。什么命令呢？他将鲍超调往太湖、潜山中间的小池驿。为什么这个命令令人害怕、惊讶呢？因为当时的形势是这样，唐训方有三千人围住太湖，多隆阿从湖北这边也渐渐向太湖调动，太湖城以东是潜山城，这一会没有围兵。太湖和潜山之间，其实不适合孤军深入，而在这个时候，陈玉成的大军已经在路上，很快就要到这里，他是用主动进攻之势来的，胡林翼的意见是，要待到陈玉成的大军到了太湖、潜山之间，将两城联系起来，准备向湖北进军的时候，各路人马才一拥而出，去攻击陈玉成。你现在突然让鲍超驻扎在潜山、太湖之间，让他夹在两支敌军之间，紧接着陈玉成的大军又会过来，这不是调他去一个肯定要被包围的地方吗？当然多隆阿这样考虑，也不是说就让鲍超去送死，他是想在潜山、太湖之间，扎上一个坚实的营垒。那么将来太平军大军到这个地方之后，不管如何作战，总是有一个有利的位置已经被我方得到。他的意思是这样的，可是对于霆军来讲，确实太凶险了。而且从当时人际关系上看，鲍超因为不满多隆阿升为统帅出走了几天，现在刚一回来，你就派他孤军深入，又是在就快过年的时候，天雪路滑，扎营也不方便。不仅仅是不方便，小池驿那个地方还没有营盘，得重新扎一座营盘；而且为了应对太平军的冲击，营盘的工事要修筑得非常坚固。在冰天雪地里，给你几天的时间，让你将营盘扎好，这本来就是很难的事情。所以大家有些看法。

对多隆阿的这条命令，曾国藩很生气，胡林翼也很生气，鲍超生不生气不知道，只知道他闻命即行，不多言语。他可能对这个命令有看法，但是他没有表露。上一次亿生寺之战，他就违抗命令反击敌军，这一次他没有违抗命令，看上去两次不一样，其实，不管是违抗命令还是听从命令，他要表现的都是他的勇敢，不愿意被人视为懦夫。上次让他退兵他不退，表示了勇敢，这次让他孤军深入，可以说是进入死地，他也二话不说，也是一种勇敢。都关乎他个人的勇气，他的荣誉，以及霆军的荣誉。在军队中要立足，荣誉二字绝不是虚的，血汗染成了这二字。但是你没有这两个字，就无法立足。所以尽管鲍超或许觉得这个命令跟整个战略有冲突，对自己这一支部队来说也有不公平的地方，但是他不申诉，闻令即行。除了荣誉之外，这也体现鲍超作为军人的素质。有一句话是讽刺某一种军人的，叫“既不能命，又不受令”。“既不能命”，是说他做不了统帅，或者是因为能力问题，或者是因为别的原因没做成统帅，反正就是不能下命令。可是你做不成统帅，你的上面有统帅，他给你下命令，你又不能执行。那么在军队中，如果一个命令不能得到很顺畅的实施执行，那就会出大问题。所以在不能命的情况下，你要受令。倘若既不能命，又不受令，那这个人就是毫不可取，作为军人就是没有素质。

鲍超的素质很高，所以受令而去，不多一句言语。胡林翼很生气，可是也没办法。第一，多隆阿做统帅是他批准的，第二，人家做统帅后第一条重要命令就是这个，将在外君命有所不受，军情紧急，不受遥制。这些道理，胡林翼全都知道，也不能过分地指责他这样做有什么不妥，因为他是统帅，这么一条具体的命令，外人是不能跟他去讨论的。所以胡林翼只能用一个比较委婉的方式，含蓄地表达了自己对多隆阿的批评。他借着多隆阿来信中的一句话——多隆阿来信中这样说，“前则厝火积薪，绝无疑虑，今则临渴掘井，未免张皇”，批评人家不动脑子、张皇失措，批评谁呢？批评鲍超、唐训方，就是批评刚转为他手下的那些将领，意思是就只有我多隆阿才从容应对，布置有方。当然多隆阿是个粗人，这么文雅的损人的话，他是写不出来的。——所以胡林翼就写信告诉他，说“为大将之道，以肯救人固大局为上”，不宜过度炫耀自己的特长，尤其不应该指摘他人的短处。你来信这么指责鲍超、唐训方他们，但根据我的观察，他们也都是训练有素，经历丰富的将领，不至于张皇失措，毫无纪律。我想啊，你这封信有可能是你底下的师爷代笔，所以措辞就不那么准确，希望你看到我的信后，给他们讲几句，警告他们一下，这样的语句，不要出现在未来的信里面。胡林翼就通过这个方式，含蓄地批评了一下，但是丝毫没有提到多隆阿下达的命令，有什么不妥当的地方。

曾国藩呢，除了对多隆阿的这个命令感到失望，甚至愤怒以外，不得不面临另外一个选择。什么选择呢？就是前面他拒绝向胡林翼提供六千人的部队，这下他得重新考虑了，因为太湖城外有唐训方一军三千人，多隆阿现在派鲍超驻扎小池驿，然后他自己也随后赶到，那么太湖里面的太平军有六千人左右，他们肯定会找机会去攻击唐训方，因为唐训方的军队训字营，并非一支劲旅，敲敲边鼓还可以，独当一面大有问题。若是训字营不支，多隆阿肯定又得从小池驿转回头，到太湖去援救；而多隆阿一走，太平军的援军——陈玉成的大部队，那个时候肯定已经到了，绝对会死死围住霆军。霆军的处境就会非常危险。那么现在如果有一支军队，能够跟训字营并肩作战，也就是说即算多隆阿到了小池驿，训字营受到攻击，多隆阿也就不用回援。而他不用回援，和鲍超合在一块，一支步兵一支骑兵，又都是劲旅，合起来五六千人，那么陈玉成想困死他们俩，还是很有难度的。可是这支去支援训字营的援军，从哪来呢？胡林翼手上没有兵了，那么你曾国藩这有一万人，前面胡林翼要借六千人，就是干这个用的。所以曾国藩没办法，主动写信说情况又变了，我只好派六千人过来，你拿去用吧。胡林翼回信表示感激，曾国藩就苦笑，回了一封信，里面有一句话：此次又是我输了。

什么叫又是我输了？咱们都知道，曾国藩有门绝学，叫作“挺经”。说是有十八条挺经，但是流传下来的只有一条，是他的孙女婿吴永从李鸿章那里听来的。

话说村里有个老头，一天，家中来了客人，老头命儿子出去买些酒菜，款待客人。可是儿子出门后迟迟不归，他很纳闷，亲自出去看看，到底咋回事儿。一看，原来儿子与一个货郎在田埂上对峙。货郎挑着担子，儿子提着篮子，田埂很窄，只能容一人过身，二人皆不相让，谁也过不了，在那耗着。老头上前，说，货郎哥哥，吾家来了稀客，正等吾儿篮中的酒菜待客，你是不是让一让？货郎不乐意，说，村东有桩生意，我着急去做，令郎是不是让一让？双方都有道理，咋办呢？老头计上心头，说，货郎哥哥，不如这样，我下到田中，替你接下担子，你侧侧身，让吾儿过去，我再将担子还你，如何？货郎一听，没辙了。老头岁数这么大，怎忍心让他下田？只好说，罢了罢了，我退我退，让令郎先过吧。

此即所谓挺经。货郎挺，儿子挺，都不如老头一挺。老头这一挺厉害。表面上示弱，做出不挺的样子，其实，最挺的就是他。传统中国，最讲尊老，货郎若顺着老头的话，让老头下到田中接他的担子，落一个欺老的恶名，以后，这村的生意，甭做了。因此，老头一挺，货郎受不住。有人评价挺经说，大约就是“将欲取之，必先予之”的战术。照这个案例来看，说得挺准。

而胡、曾因调兵之事挺了起来，形成僵局，终因形势大变，胡能挺住，曾挺不住，以此，曾国藩说，我输了。他这台词的底本，就是挺经。

2. 黑暗中的笑声

在霆军受到太平军连续猛攻之后，多隆阿命令唐训方，跟着自己进入小池驿。多隆阿的计划是，各人选出一支精锐部队，进驻鲍超的左营；原来驻守左营的将士，因为连日激战，伤兵不少，那么这些人全部移入鲍超的中营去休息，由多隆阿的士兵接防。然后自己呢，在左营边新立一营，帮助他抵抗左侧的攻击。训字营就在霆营的右边扎营。这个是一个高难度的军事动作，就是两支军队突然冲入重围，在冲入之后呢？首先是在霆军的左营换防，这有一些难度，但不及接下来，两支军队一边作战，一边要给自己建一个新的营垒。

湘军的营规是说，每到一地，营垒修建要“一时完成”，就是一个时辰，相当于现在的两个钟头。两个钟头就要把营垒全部搭建起来，防御工事建造起来。像多隆阿、唐训方的军队冲到重围里面，立营的速度要更快才行。

多隆阿军进去之后，不到一个时辰就把营驿建好了，可是营垒只有四尺，就是最外面那堵墙，还刚筑到四尺高，根本挡不住子弹，挡不住人家的冲击。两个多小时过去了，多隆阿那边有了八尺墙，训字营这边还只有一半。而慢慢地，围兵越来越多，没有时间再去筑营了。那这个时候怎么办呢？只有跑了。所以训字营冲入包围之后，根本就没办法在霆军右边将新营扎起来，扎了四尺墙，又只能从原路跑回去。

可是跑回去，跟当初进来的心情不一样，进来时太平军不知道突然有两支军队要冲进重围，在里面扎营，思想准备不是很充分；现在你冲进来，没扎好营，又退回去，那这时候就被人追着打。所以就一路上很狼狈，死伤也特别惨重。好不容易，唐训方这个营还是逃出了重围，只是这个事情被写入记载湘军历史的书里面，就显得脸上很没有光彩。所以在不久以后，唐训方主动向胡林翼提出：我不带兵了，我宁愿你给我一个文职，我以后就做文职，不带兵了。当时胡林翼和曾国藩讨论这个事情，也是用一种比较鄙夷的口气，说打仗打不好，就想去做官，这个人没什么志气，也没什么前途。

多隆阿这边扎下营之后，这一下，鲍超的军队的士气就起来了。当然更重要的是，骑兵和步兵能够配合在一块，这个实力就不一样了，对于防守，或者对于向外攻击，都是如虎添翼。但是在讲他们如虎添翼，怎么冲出去，怎么在战斗中又重新修补了以前的感情裂痕之前，我们还是要讲一讲，鲍超在这几天，是怎么培育士气，然后又发生了一件什么样的趣事。鲍超被陈玉成围攻，在这期间，有很多凶险，有恶战，有血泪，但是也有笑声。这个笑声发自于霆军，而且发生在黑暗里，可以称为“黑暗中的笑声”。

我们先讲一讲这个“黑暗”。当时不管是湘军的名将，还是太平军的名将，在扎营、不出兵的情况下，一到夜里，对自己这一方的要求就是两个字，一个是“黑”，一个是“静”。一座营或者一座城池，在夜里，外人看上去，就像那座营那座城池没有一个人一样，安安静静。没有灯光，没有声响，也很难从外部看到里面有人走动。这就是双方名将做防御性扎营或者守城的一种要求。像湘军内部，在夜里不许点灯，不许走更，只能走筹。打更就是要敲梆子，提示大家时间，但是那个东西有声音，所以被禁止，就用走筹的方式代替。走筹就是拿一面牌子，传视一下，那个牌子写着现在是什么时间，一更二更，拿一个牌子给大家看，这叫走筹。太平军像陈玉成这种善于作战的将领，也是用这个方式。

这种方式有什么好处呢？按照曾国藩的讲法，叫做“己无声，而后可以听人之声；己无形，而后可以伺人之形”。自己没有声音，这样你就便于听到对方的声音；自己没有形迹，人家看不出你在干吗，那么你在暗中就能观察到人家在干什么。双方都有一个共识，如果作战的时候，对方一座营盘或者一座城池，晚上通明透亮，士兵显得很威武，走来走去巡视，那么这些将帅就知道对方肯定有问题。要不呢，他是一种疑兵，当然这还要通过其他方面去观察，这到底是不是疑兵，类似于空城计那样，把我自己都暴露出来，吸引你来攻击。还有一种情况，可能就是统帅、将领不懂得兵法，“中有不足”，就是内在有他不足的地方，可能是心虚或者是怎么样，觉得害怕，有困难，想用这种方式把围军吓走，不能吓走至少让你不敢来进攻。像在江西攻抚州的时候，抚州的太平军守将，就是用这种方式。当时攻打一方的湘军将领是李元度，他回来就向曾国藩报告，说太平军军纪军容，一丝不苟，看来是名将，这个城难以攻下。曾国藩微微一笑，说你就是着了他的道，你以为你看到的就是他实际的样子，其实他是中有不足，才在外形上显现出这么一个样子来迷惑你，顺便也安慰他自己。像这种，你找着他的毛病，放手去攻击就对了。

那么我们就可以想象，当时湘军三千多人，被太平军数万人包围，双方都扎了很多的营盘，在太湖和潜山之间的小池驿，方圆几公里，全是营盘。在白天看上去那就是人头攒动，有运东西的，有在营盘里操练的，如果没处于交战的情况下，就几乎是这样。白天你看着很热闹。但是一到夜里，双方都不出声、不点灯，一片死寂，只隐隐约约看见，好像有些帐篷啊墙啊，但是你看不到人，也听不到人声。双方都有名将嘛，都懂得这一套。

正是因为双方的战术纪律执行得都太好了，有一天晚上，就发生了一件很搞笑的事情。

太平军驻扎那么多人，要补充粮食，他的运粮队就往各个营盘去送粮。夜里太黑了，又没有什么标志性建筑，没有指示牌，一不小心，这个运粮队就送到了霆军这一边。当然如果是平常的话，要是误入敌营，那就没有什么好说的，直接把你干掉就行了。那一天的夜里，正好是鲍超亲自去巡营，巡到这个地方，听到墙外有人悄悄地问，这是不是英王的营盘？士兵刚要准备冲出去，鲍超就示意，不要动，然后再示意手下说一声“是”。那边一听，就说，赶紧开门，我这边送粮来了。鲍超就赶紧做了一番布置，然后把营门一开，一个一个放进来，进来一个就直接撂倒。

送粮的发现，怎么粮进去了，人都不出来？所以害怕了，就不往里送了，赶紧跑。也挺冤枉的，刚才说是到中营，接下来这么一跑，这么一绕，又绕到了霆军的左营。又往里问，这到底是不是英王的营盘？这个时候，鲍超已经传令全军了，当然也是那种悄无声息的走筹的方式传令，意思就是，今晚不管什么地方，只要是送粮的，全部粮收下来，人拉到营里给他干掉。到左营一问，这边早已经收到命令，也说“是，往里送吧”。营门一打开，又是有进无出，这送粮的又急了，一下进去这么多人，突然又都不回来了。赶紧又跑，绕了大半天，以为这总算找到自己的队伍了，见到一营又问，里面又说“是”。之后这一下又进去一个小队，又全部都没出来。原来那是霆军的右营，也就是三个营被他送遍了。

当晚统计，霆军共收得太平军的粮食三百二十多石，本来被围困了这么多天，粮食眼见不够吃，现在突然送上这么一份厚礼，霆军的将领怎么能不高兴？所以当时估计天快要亮了，这个时候不妨想象一下，在小池驿这么艰苦凶险的战斗之中，突然出现这么一幕，那个小池驿霆军营盘的上空，是不是会回荡一阵黑暗中的笑声？大家真的很高兴。

这个事情，听起来有点像故事会，但是它是真事。它是鲍超亲口告诉自己的传记作者的。

3. 鲍超将领之道

湘军里面，曾国藩喜欢开玩笑，胡林翼其实也挺喜欢开玩笑。双方都有一些很妙的比喻，尽管这些比喻有时候听上去比较俗，甚至是粗俗，但是仔细一想，这些比喻啊，妙不可言。胡林翼就有一个比喻，他就用猪脬来比喻一个将领如何提升、保持自己军中的士气。他怎么说的呢？他说，“孺子之戏猪脬，贯以气而缚以绳，当其盛时，千锤不破，一针之隙，全脬皆消。兵事以气为主，兵勇之气，殆如孺子猪脬之气，此中盈虚消息之故，及蓄养之法，节宣之法，提唱之法，忍耐之法，惟大将能知之”。

意思就是说，小孩子玩猪脬，把它先吹起来，在开口处扎一道绳子，就像今天的气球一样，但是由于猪脬本身材料的原因，你怎么去挤压它，让它变形，都不会破。它弹性特别好，“千锤不破”，你越强，它就可以往里缩，你一退让，猪脬体积就又膨胀。但是，就是这么难以破坏的一件东西，你一不小心，一针之隙，只要有一个像针头那么大的小洞，或者就是被刺了一针，那这个猪脬也就泄气了。

这个比喻就是说，猪脬里面的，被绳子扎起来的一直活动于里面的那些气，就是士气。士气正盛的时候，千锤不破，敌人挡不住，万夫莫开，怎么样形容都好。可是不管是来自外界的原因，还是本身军队里的原因，一不小心，士气可能就泄掉了。譬如，外界的原因，作战的时候，突然有一支骑兵，而且是精锐，从你意想不到的地方冲出来，战斗力特别强，那么这时候，士气就会受影响。内部，比如突然死掉了主帅，或者内部突然产生一个什么矛盾，处理得不得当，或者一项倒行逆施的命令，这都有可能让士气受到影响，甚至全部消失。胡林翼在写给被围困的鲍超的信里面，提到这个比喻，他还有更现实的意思，就是说，第一，你要想办法让士兵不泄气，第二，切勿轻易出队，在这期间，尽量少去做一些主动出击。但是一旦要出击，你也不要手软。你先把士气慢慢提升，维系到一个水平，眼看着这股士气转化为怒气，不让它宣泄。你再在考虑周全的情况下，发出主动出击，甚至是突出重围的命令。

这就是胡林翼告诉鲍超的，鲍超可能讲不出这么好的比喻，但是他对于士气、战争，虽然言语说不了这么好，却有很深刻的理解。他小时候不认字，但是爱听人家讲《三国演义》，每当讲到双方作战，他就会一边听一边发表评论。所以大家说，从小就看得出鲍超有军事方面的天才。当时这些武将里面，不仅仅是湘军这边，据湘军的特务组织的人写的报告，太平军的兵法有很大一部分也是从《三国》《水浒》里面看来的。但是湘军很鄙视他们，说我们都是正规的兵书、教材啊，我们有军事院校、军事培养体系，我们都是很正规的，谁从《三国演义》那种草莽小说里去学打仗呢，那能汲取什么营养。所以蠡贼就是蠡贼。后来发现，看《三国演义》的太平军还真厉害，然后湘军这一边，像鲍超这种将领，根本不会看兵法这个东西，有一回追穷寇，连追六十里，孤军深入，别人劝他，说你这是兵家大忌——确实是兵家大忌，追到前面如果人家反扑，后面又有人来抄你的后路，你不是变成被夹击了吗？——多危险，李续宾怎么死的？就是这么死的。可是鲍超说，我不知道兵法，我只知道兵势，就知道在这一刻，追，没问题。可以说这有点像所谓动物的直觉、本能。如果他很早读到“穷寇莫追”这句话，如果这句话能深深影响他，他也许当时就不会追，可是他追了之后，结果很好，全歼残敌。本来跟在他后面要抄他后路的，见他这么凶猛，自己就撤退了。

惯常的宣传都是说湘军的将领“上马杀敌，下马读书”。读什么书呢？《论语》《孟子》，以及其他别的书。这样的将领确实有，胡林翼是这样，罗泽南是这样，李续宾也是这样，不少。但是像鲍超这样，下马之后读《三国演义》的也不少，而且打起仗来挺厉害。湘军和太平军都有这种治“三国演义”之学的将领。

鲍超既然是从《三国演义》学的用兵之道，那么他在鼓舞士气的时候，他的做法，粗粗一看，就有一些说部的气味。胡林翼告诉他，培养士气，不要轻于出击，等到约定的日期，一鼓作气冲出去，在这之前就得慢慢忍耐。士兵有的时候都快忍不住了，说天天被太平军压制在这个地方，这样下去岂不要等死啊。鲍超不动声色，只要他们每天养伤的养伤，出操的出操，警戒的警戒，该干吗干吗。直到有一天，霆军外出砍柴的几名士兵，被太平军抓住了。这一天，鲍超才有一些举动。什么举动呢？他听到报告有士兵失踪了之后，下了一个命令：晚上全军聚餐。大家也不明白为什么，战友被抓去了，主帅说要聚餐。当然有饭吃是好事啊，而且聚餐就要比平时吃的好得多，有酒有肉。晚饭时间到了，大家开吃，一边吃一边还有音乐。什么音乐？不是什么军乐队——鲍超，他的营规跟曾国藩定的那一套不太一样，他不太遵守那些东西。譬如，随军不许有戏班，但是霆军就有，锣鼓管箫二胡啊这些戏班，更多的是黄梅戏班。——所以吃饭的时候，可以奏乐，吃到差不多，音乐变了，由开始比较喜庆热闹的音乐，一变而为丝管之声，估计就一个二胡一个箫，就是这种音乐。听上去比较的低沉，伤心，甚至是肃杀。这个气息不是那么好，慢慢的由有点喜乐到哀乐的意思。这会鲍超就起来，冷冷地说了一句，诸位想想，几位战友去砍柴被抓走了，你们猜他们这会在干吗呢？人家说，那不是死了，就是还在那关着呢。鲍超就问，死了，那大概是怎么样个死法呢，是被砍死呢，被戳死呢，被绞死呢，还是被枪炮轰死呢，或者还有什么别的死法？士兵听到这，就都说不出话了。鲍超就又问了，咱们先别管那几位怎么死，我们现在想想自己有一个什么样的死法。问完这些死法，鲍超还问一句再加一句，大家觉得哪个死法爽一点？一下子全营鸦雀无声。大家明白，今天晚上为什么要吃这顿饭了，也隐约知道明天早上要干什么了。就在这鸦雀无声之中，突然就有一位士兵冲到前面哭喊，很激动，说怎么死都行，我现在就想去死了，但是我不能白死，我就要冲出去跟太平军作战，战死了我也值，何况我还不一定死啊。他这一哭喊，又带动了更多的士兵，表面上好像场面失控了，士兵主动要求出击了。但是，这就是鲍超要的效果。

情绪调动起来了，他就可以很好地进行布置了。士兵全部都抱着去死的这种决心，根本就没想说我们就是要求生。“求生”跟“求死”是两回事，鲍超的霆军有的时候有一种特点，就是求死。当然求死不是自己往对方的刀剑上去挤，自己把自己戳死，不是那样，求死就是根本忘了死有多么可怕，忘了生有什么值得留恋。所以鲍超才有一些类似于刚才这种技巧，去调动士兵的积极性。

晚宴之后，大家稍微休息一下，然后各营布置，在夜里偷偷摸摸，安安静静，细细碎碎把各种军械准备好。因为这个日子，正好就是与天堂之兵、山内之兵，与多隆阿马队，与太湖的后援部队约好，三路共同出击的日子。

正月十号这一天，湘军发动反攻，分为西路、中路、东路，向小池驿的太平军反攻。鲍超负责西路，多隆阿是中路，随时策应，西路所当是太平军最强的一支部队。交锋之后，多隆阿发现鲍超所当的是最强的，立即全军加入西路，一块去冲击敌营。那么有马队有步兵，又是湖北军中最强悍的两支部队，他们一合作，所以很快就把太平军的西面精锐给冲破了。这时山内天堂之兵一万多人也下来了。这个才是真正致命的打击，因为从里往外冲，力量够猛的话，你可以冲破冲乱敌人的队形，让他的布置失去效力。可是太平军毕竟还是有那么多人，他可以不断地继续调兵，因为他没有后顾之忧，他就围着你中间使劲揍你就行了。可是现在一支大军突然从山上下来，这一下太平军就感觉很恐怖了。自己后面突然冲出这么大一支军队，所以太平军在这一役，大败而归。

胡林翼在捷报里面报告了这一次的战况，说总共杀敌有两万多人，踏平的敌军营垒有一百多座，焚烧了战篷、“贼馆”数百部。——所谓馆，就是太平军日常生活的一种组织方式，男的在一块，女的在一块，居住的地方就叫馆。当然在小池驿这个地方，所谓馆就是太平军侵占的这些民宅，用它作为休息生活的地方。——接着，胡林翼说，这是建军以来从未有过的大胜利。从野战来说，不是从攻城来说，这一战确实是湘军建军以来从未有过的大胜利。

4. 战后休息

小池驿之战之后，双方在接下来几个月的时间内，就没有交手。在湖北这一边，虽然通过小池驿，将将和算是达成了，但是心中的芥蒂也不是这么容易消除的。在战场上生死与共，尽弃前嫌，可是打完了之后，不管是鲍超还是多隆阿，还是其他人，回想起来还是有一些不那么如意的地方。

这个时候，因为淮北军情紧张，清廷就命都兴阿率军去淮北。所以多隆阿在小池驿之战只做了一个临时的统帅。这里面还有一个故事，在小池驿之后，有一天胡林翼的一句话，传到多隆阿耳中，惹得多隆阿非常气愤。什么话呢？当时曾国藩和胡林翼争辩，是不是应该让多隆阿做统帅，尽管最后胡林翼坚持自己的意见，可是他有一句补充，说就算多隆阿做了统帅，将来形势变化，不需要这么一个统帅的话，一笔勾销就可以了。也就是说他又体现了这个好用权术的一面，表面上这么推崇多隆阿，不惜将自己的爱将降格为多隆阿的下属，但是他早就想好了退路，小池驿这一战需要一个统帅，就让多隆阿来做，但是接下来安庆之战，不需要他做，他就不用做了。

多隆阿听了这句话，觉得很受伤，被利用了。其实我们看前面的故事，多隆阿还是很尽责的。至少在小池驿一战，他的态度比前面的亿生寺之战，完全不一样。他既坚定地下令，然后又能在关键时刻冲到前线，去援救鲍超，共同生死，不避嫌怨。多隆阿其实做了一个合格的统帅，可是这一仗刚打完，他就发现原来胡林翼并没有长期让他做整个湖北军队指挥官的意思，也有一些灰心，愤怒，所以他干脆提议，说我不做统帅也可以，我自己要有一支一万人的军队，供我指挥。

鲍超呢，他受伤了，当然不是很重，请了病假。还有一个原因，就是回家结亲。这是两个表面的原因，请了三个月假。但是背后的因素，除了有一点点暂时想离开军队，离开这个不太愉快的地方，还有一个，我想是更重要的原因，富贵不归故乡，如锦衣夜行。出来快十年了，还没有回过家，现在回去就是鲍将军了，好好地办几桌喜宴，大宴亲朋这种事情，肯定是抑制不住的一种冲动。这种心情，胡林翼肯定会理解，而且你不理解也得理解。一张一弛文武之道，他得休息一下了。从咸丰五年（1855）开始，鲍超率领一支军队打到现在，几乎没有休息过。临行，胡林翼赠给他三千两银子，告诉他这不是什么军费，也不是什么工资，就是你拿去花，我送给你的。

李续宜呢，在湘乡，本来早就应该过来的，可是一直也没过来。那么湖北这边，暂时也没有什么可作战的人了。多隆阿统领的一万人军队，他还要重新训练啊，也不能急于作战。鲍超走了，李续宜还没有来。这会，就干脆休息。

太平军那边，也比较配合。前面介绍过，他们去虚攻杭州，解天京之围，主要的精力都用在江南。所以在接下来的几个月也没有往安徽、湖北这边来行动。

之后不久，曾国藩署理两江总督。这个时候，他和胡林翼，以及退出湖南政界的左宗棠，新从北京归来的李鸿章，其他还有彭玉麟、杨载福、李元度、刘蓉，各路人马，或凑在一起，或通过书信往来，探讨下一步到底如何走。这也需要一些时间。

所以在小池驿之战之后的几个月，双方没有战事，但是双方都在精心谋划，下一步该怎么走。

第五章　湘军的困境与机遇

一、军事困顿

三河之战失败了，湘军的精锐几乎可以说全军覆没。胡林翼当时还在家守制——他母亲逝世了——闻讯，不得不“夺情”“起复”。曾国藩则在早些时候，接到了让他再次出山的诏旨。两人作为领袖，在三河战败之后重回军营，都算是仓促亮相。

在将领方面，可用的人，只有水师较为齐整。在陆军方面，则以湖北的几位将领为主。一是多隆阿，他率领的骑兵，战力仍在。还有一个，是后起之秀鲍超——他就是前此在长江边上，将溃败之后差点遇难的胡林翼搭救出来的人。胡林翼非常欣赏他，拨给他几千两银子，命他到长沙去招募一支军队。这支军队回到湖北以后，鲍超加以训练，在比较短的时间内，练成一支精兵。这就是“霆军”。为什么叫霆军？因为，鲍超字春霆。这个字，也是胡林翼赠给鲍超的，取“如雷如霆”之义。再一个，则是李续宾的残部，交由其弟李续宜统领。这三个人，就是陆军的主干。

此外，曾国藩手下能用的，是他弟弟曾国荃。曾国荃也练了一支部队，此前，援助江西，打了一个胜仗，将吉安夺回。这支部队，因此命名为“吉字营”。王鑫病卒，他的部下，调归王开化与张运兰统领，其时，也都由曾国藩调遣。

这是军队的一些情况。

1. 曾国藩、胡林翼再次出山

曾国藩现在是再次出山，但是，他仍然面临以前的老问题，就是没有一个实际的权力。他于咸丰八年（1858）六月三日接到圣旨，命他出山。这道圣旨，还是没有解决他的“名分”问题，没有承诺给他什么样的具体权力，只让他赶紧上路，招集旧部，与骆秉章、胡林翼等两湖统帅商讨大计。曾国藩这次呢，很乖，不像上次在江西那样，“讨价还价”。经过一年多在湘乡老家反省——像很多传统中国的士大夫一样，曾国藩在守制期间，居丧读礼，涵泳大道——他说，经过反省，发现自己并没有什么真本领，不像那会儿在江西，觉得自己这也行，那也行，只是运气不好，只是上面给的权力太小，没能办成大事。这回出山，我不认为我有多大的本事，也不认为我就一定能扭转局面，我就是有一份力干一份活，努力做事，不再要求别的东西。也就是说，皇帝不给名分，不给实权，没关系，我不在乎。

可是，光有一颗忠心、一腔热血，仍然没法解决当务之急。没有实权，没有在地方上行政、用人、赋税、指挥的权力，曾国藩与他的部队，就仍然是客寄他省。以前碰到什么问题，将来还有可能碰到这些问题，以前在江西栽了，将来说不定会在别的省栽了。这是实际的困难，不是靠谦虚几句就能解决的。加上他这次出山，具体往哪个方向出兵，也是问题。北京一会儿让他援助浙江，一会让他援助四川，一会又让他援助安徽，在差不多一年时间内，就没有给他定下来到底往哪个方向。所以，曾国藩出山之后就在江西、湖北、安徽交界这些地方，游来荡去，没做什么正经事情。这怪不得他，他不敢也不能乱动。往浙江那一路，要经过江西，要经过皖南，几乎都是山区，路很不好走。他手下的军队，虽从王鑫留下的老湘营调拨过来，但磨合期太短，毕竟不能驾驭自如。而他的主力，也就是曾国荃的“吉字营”，这时也指望不上，因为，曾国荃打下吉安，就回湘乡休假去了——曾国荃有这么一个习惯，打下一座城市，就要回家休假，再招一批新人，过一段时间才回到大营。未来，他打下安庆，也回去休了一趟假。于是，一是因为路不好走，二是因为主力不在身边，曾国藩的兵力比较单薄，也就不敢贸然往浙江去。

何况，刚准备去浙江，朝廷又来函相商，说，曾国藩是不是可以去四川？听说要往四川，曾国藩更害怕了。在目前这个阶段，四川没有湘军驻扎，当地的局势也很混乱，四川总督好不好相处尚不知道。因此，曾国藩一害怕，也就含含糊糊，不敢明确奏复。因此，这一年，他就在江西、安徽、湖北交界地区，就在长江两岸，游来荡去，没个定准。

当然，他出山的速度很快，六月三日接旨，七日就出发，三天后就到了长沙。他的表现，咸丰皇帝看在眼里，很高兴，赞扬他"闻命即行"，忠勇之心值得嘉奖。潜台词就是：老曾你不像上次那样闹情绪，你进步了，好。也可以说，君臣之间，一年多后再碰头，双方的芥蒂隔阂消除了不少。这是曾国藩这方面的情况。

胡林翼在益阳老家，还没来得及安葬母亲，就听到三河溃败的消息，十分震惊，伤心以至绝望。可再怎么情绪激动，定一定心神，就得考虑下一步怎么办，就得考虑重回湖北主持大局的问题。

然而，胡林翼得注意舆论影响。官员在守制期间，因为情况紧急，不得不终止守制、出来做事，这叫"夺情起复"，是很严肃的事情，操办起来一定要慎重。首先，自己提出终制的要求是不妥当的。不管形势多么危急，不管地位有多重要，自己说终制，都是不对的，都是会被人骂"不孝"的。因此，他只能委托湖北总督官文，请他上一个奏折，说情形危急，胡林翼不出，大局不可收拾，恳请皇帝下旨，命胡林翼出山。官文是胡林翼的铁哥们，当然配合他，依计而行。于是，皇帝下旨，说军情紧急，命胡林翼夺情起复。之后，胡林翼奉旨出山。他出来后，定了两条规矩：一，不张盖。所谓盖，就是指巡抚出行，仪仗队中那些遮阳伞、回避牌之类的东西。他说，这些仪仗统统废除。二，不进署，就是不到巡抚衙门里面办公。为什么这么做呢？还是怕人说他不孝。因为，住在舒适的官署，出行则前呼后拥，这都是豪华的享受，对于有孝在身的人来说，是不适宜的。若胡林翼贪图这些享受，就会有人说，哼，这哪里是不得已的夺情起复，明明是自己舍不得官位，舍不得排场。胡林翼定下不张盖不入署的规矩，就是为了防人之口。

不在衙门办公，那在哪儿办公呢？胡林翼选择移住黄州。黄州在湖北东部，与安徽接壤。在黄州有一个好处，因为胡林翼本来就要向安徽进军，如今移住黄州，算是亲临前线。决策指挥，都比在武昌更便捷。在黄州，胡林翼定了一个三路进兵之策，本来准备立即实施，大举东进，可是，发生一件意外的事，耽搁了进军。这一耽搁，几乎耗去一年的时间。什么事呢？原来，恰在此时，石达开率军迅猛地打入湖南，围住了宝庆，以此，“湖南、北大震”，将领士兵都顾不上东征，得回头料理了石达开再说。

宝庆的攻守，有这么重大的战略意义吗？战略，不好说；意义，却很重大。原来，宝庆离湘乡很近，几乎湘军所有重要的统帅、将领、士兵，他们的家都在这两个地方。如果说，将士在外作战，最终老家却被石达开端了，连亲人的安全都无法保证，那还有什么意义？因此，石达开打到湖南，围住宝庆，一下子，全省就紧急动员。首先，在外作战的精兵，几乎都撤回湖南来对抗石达开，集结了七万多人。其次，所有的钱几乎都拿来支持这场战争。当时湖南的省库，有六十多万两银子，已经不少了，而因为这个突发事件，又在民间发动募捐，短短几天就募到十多万两。兵强马壮，银足粮丰，足以一战了吧？可还觉得不稳，还觉得没把握，又向邻省呼吁，请官文、胡林翼将在湖北参战的湘军调一部分回来。最后，调过来一万五千人，这一万五千人每月得花六万两银子，亦由湖北提供。如此一来，双方实力对比，明显湘军占了优势，最终把石达开打走，自然是顺理成章的事。只是这件事情引发了湖北、湖南两省之间的矛盾。

胡林翼是湖南人，但是，作为湖北的长官，他对湖南的做法很不以为然。当然，他发牢骚必须注意分寸。譬如，跟布政使谈到这个事情，他抱怨甚至讽刺湖南。他说，这么多钱，这么多兵，还觉得不够，还害怕，还找我们湖北要人要钱，真是胆小如鼠啊。确实，迄今为止，从来没有哪次战争，湘军一次性集结几万人的军队，跟敌人作战，从来没有出现过这样的大战。况且，这不过是宝庆保卫战而已，宝庆毕竟不是九江、武昌那样的“名城”，地域没那么大，战略意义也没那么大。再说，石达开也没有一个完美的计划，他不过是漫无目的的“流贼”，稀里糊涂，误打误撞，并非不得宝庆不甘心，要赶走他，方法多得很。由此，胡林翼认为，湖南省对这个事情反应过度了。

这是他跟湖北布政使说这事的口吻。但是，他跟总督官文说这个事，调子变了。他说，派兵去援救湖南，是所谓“救邻，美名也，盛德也”，是一桩大好事，非做不可。湖北帮了湖南这一次，将来要是湖北出什么事情，湖南一定会出人出钱，不遗余力，感恩回报。再者，湖北现在没有战事，李续宜这个时候也在湘乡休养，我们把军队派过去，他可以就近指挥，战役结束，他再带兵回湖北，既可以保证湖北军队受到恰当的指挥，又可以让李续宜淡忘丧兄之痛。一举数得，这事挺好。

同一件事情，胡林翼的表态完全不一样。这既反映了湖北官场对湖南处理这次事件的看法，也反映了胡林翼作为“夹心人”，在处理两省之间有利益冲突的事件的时候，他的矛盾心理。

只是，宝庆之战打了几个月，加上战前筹备、战毕善后的时间，差不多有十个月，这就耽误了胡林翼在黄州定下的东征大计。

2. 机会来了：江南大营崩溃

按理，自三河失败，湘军就应该重整人马，向太平军复仇。胡林翼说过，一定要复仇，他安慰李续宜说，令兄死得太惨，我们一定要为他复仇。可是，因为宝庆的突发事件，耽搁了几乎一年。待到事情平息，又碰到新问题。

胡林翼原来设想，自己在黄州坐镇，维持湖北作为东征大本营的地位，前方则由曾国藩做统帅，率军东进。他给曾国藩做后勤，帮助他轮换士兵，提供军饷，并从湖北军中拨出精锐部队，供曾国藩调遣，让国藩没有后顾之忧。这是他的设想。

可是，曾国藩虽然已经奉命出山，再次做了“钦差大臣”，却没有实际权力，这一路走过去，就凶险得紧。胡林翼就想，怎么也得想出办法，让曾国藩当上巡抚乃至总督，一定得让曾国藩有一个实际的职务，否则很多事情就不好办。仅任军事统帅，曾国藩自己没有怨言，胡林翼却认为很不可行。往东去，是江西、安徽，再往前，到江苏、浙江，不论是曾国藩还是胡林翼，都不能妥善解决地方上的事情，那么，军队也好，军饷也好，放到那些地方，都是一种浪费。因此，思来想去，迟迟没有开展东征。

为难之时，终于出现了“奇迹”。什么奇迹呢？江南大营——围困南京的清军大营——崩溃了，在咸丰十年（1860）的春天，全军溃败，主帅张国梁战死，和春自杀，两江总督何桂清逃亡（后来被抓到北京正法）。如此一来，整个东南的形势翻天覆地，大变样。清方在此地区的军事、政治体系全面崩溃，太平军获得了绝对优势。本来，这不是一件好事，但是，胡林翼及同志们通信谈到此事，无不眉飞色舞，私底下庆幸发生了“奇迹”。此话怎讲呢？当时，作为与太平军对抗的主要军事集团，江南大营是一块，北方僧格林沁是一块，胜保是一块，湘军是一块，各方互不买账，没事就井水不犯河水，有事则不免函奏交驰互相攻击。互不买账有很多原因，而最重要的原因是，各方为了生存，必须争夺总量有限的资源——也就是由朝廷分配的军饷。江南大营靡费了那么多军饷，浪费了那么多的时间，却没有什么成绩，湘军领袖们对此早就痛恨不已。现在，江南大营被打垮，可想而知，恢复东南的重任，就名正言顺地落到湘军头上，而前此为江南大营所独享的资源——不仅军饷，还有政治权力——也会移交给湘军。以前，湘军大佬们虽然总说东征东征，但在北京看来，已经有这么大一支军队围住了南京，那么，资源、政策，当然是向这支军队倾斜，而对于湘军的支持，不得不放在第二位。在江南大营没有崩溃之前，就是这么个情况。现在，大营崩溃了，以前那些优惠政策，就不得不用到湘军身上，因为，现在离南京最近，同时又是最具实力的军队就是湘军了。所以，胡林翼及其同志幸灾乐祸，很高兴听到这个消息。

也就在这时候，胡林翼、曾国藩才真正开始“运作”东征。怎么运作呢？就是要通过各种关系——就近有官文，远一点则是北京的奥援——让大家异口同声向皇帝建议，再不重用曾国藩，就会失去时机，就会没办法收拾大局。什么叫重用呢？就是不能再光让他做有名无实的钦差大臣了，得给他一个具体的职位，而这个职位甚至已经可以确定，那就是两江总督。大营崩溃了，江南糜烂了，两江总督跑了，那么，这个出缺的总督，就应该让曾国藩来担任。因为，两江的辖区是江苏、江西与安徽，而目前湘军即将开展军事活动，其范围正在这三个省，而曾国藩恰好是未来在这三个省指挥军事的统帅。那么，让他担任两江总督，实在是再合适不过了。

有了江南大营崩溃的契机，胡林翼才能开始运作，才敢建议让曾国藩担任两江总督。当然，真正说话起作用的人，还不是胡林翼，胡林翼没有那么大的能量。说话有用的，是另外一个人，这个人是在北京的一个政治集团的领袖。这个集团，当时被称为“肃党”。遗憾的是，肃党与湘军的关系，并没有太可靠的很直接的材料来说明，我们只能从当时人的日记、笔记、诗文集等资料中寻找线索。我们需要发挥想象力，去建构肃党对湘军的影响。

二、肃党与湘军

1. 肃顺其人

先介绍一下肃党，肃党这个“肃”，指肃顺。他是满洲人，字裕庭，是郑亲王第六子，郑亲王是清代开国以来所谓“世袭罔替”的几个亲王之一。肃顺不是长子，所以他做不了亲王，他哥端华继承了爵位，但是，肃顺的能力比他哥可强多了。据说，肃顺在少年时代，极具无赖气质，当然，这个“无赖”，不是说他做多大坏事，只是说他没什么远大志向，好喝酒，讲义气，交朋友，挥霍无度。后来，挥霍得差不多了，不去找一点正事干，生活不下去，于是，利用皇亲国戚的身份，从零开始，从基层做起，慢慢往上做，做到侍卫这一级。及至咸丰皇帝登基，作为御前侍卫，肃顺有机会跟皇帝接触，打过几次照面，皇帝对他印象不错。据见过肃顺的人说，他不但“美姿容”，还讲究穿着，是一副好衣架子，穿戴起来，“一顾盼间，风采照人”，很帅，很有气质。皇帝也是年轻人，看到亲戚中有这么一个气质上佳的小伙子，很高兴，大力培养。于是，肃顺就由侍卫往上升官，到咸丰七八年间，升到尚书，做了御前大臣。此时，肃顺就成为一个说话有用的人。

在清代满人中，从低阶侍卫往上做到大官的人不少，譬如，和珅就是这样升上来的。肃顺跟和珅很像，都是“不学有术”。他们不是读书人，没有很大的学问，但是特聪明，办事能力特强。和珅，是因为《论语》里面的一句话，跟乾隆皇帝进行了良性互动，由此青云直上。据说是宫里不见了东西，底下人报上来，乾隆很生气，说，这事怎么办呢？和珅在边上听见了，他就回了一句，说“虎兕出于柙”。皇帝一听，觉着，咦，小伙子说得不错呀。这句话出自《论语》，意思是说，凶猛的野兽逃出了笼子。该怎么办呢？这是“典守者之职也”，也就是说，看守的人有问题，要处罚就处罚看守。因此，乾隆说，掉了东西，抓不抓贼不是最重要的，重要的是明确责任。谁管这件东西，不见了，我就得处罚他。和珅就凭这个建议，让乾隆皇帝觉得，一向粗鄙无文的低级侍卫，竟能出现这么一人，不错，太有才了，素质很高！此后，遂留意和珅的言行，多方了解他，直到确信他是个人才，最终加以提拔，予以重用。

至于肃顺，这么风雅的故事，倒没在他身上发生。不仅仅是他的问题，咸丰皇帝的学问与智商，比起乾隆帝差远了，再来个和珅，还不一定能欣赏呢。肃顺学问差点，但是真有才干，对他，咱们不唯文凭论。他不仅有才，还有气魄，有抱负，这点比和珅强。在户部尚书任上，咸丰八年（1858），他办了一件大案，办得很不错，可见一斑。

他办的这桩案，也是清代历史上有名的科场案。所谓科场案，就是在科举考试中因舞弊而引发的案件。在顺治、康熙年间，执政者喜欢主动兴起科场案，通过发动科场案，去调查去抓人，逮捕杀害很多汉族考生以至考官。这么做，有政治上的意义。当时满族刚进入中原，要通过这种扬刀立威的方式，去震慑汉族士大夫和读书人。因为汉人最重视科名，觉得读书了不起嘛，学而优则仕就更了不起嘛，而这一切都要通过科举，于是，清廷就严密监视科举，但凡发现有人舞弊，就非常严格甚至严酷地处理。当时，一场考试能杀几十个人，可以剥夺全省考生的考试资格，可以减少某些地区的学额，很残酷，考场真是战场。这是清代执政者对汉族读书人软硬兼施的手段之一种。当然，为了驯服汉族读书人，清廷用了很多招，也不是一味的摧残，也有很多怀柔的套路。这个就不仔细介绍，只对科场案的渊源背景做一个简略说明。

清代前期科场案是这个样子，后来，隔了很多年，就没有再掀起大案了。尽管舞弊现象不能杜绝，甚至死灰复燃，愈演愈烈，但是再没有人因此被杀，直到咸丰八年（1858）。这年被杀的人不止一个，其中有考生，也有考官，但给时人带来强烈刺激、给后人带来深刻印象的，是被杀的人中有一位军机处领班大臣，也就是俗话所说的宰相。换作今天的话语，可以说，因为高考出现弊案，总理涉案，因而被判了死刑，这绝对是惊天动地的事情，不得了。被杀的宰相是谁呢？介绍他之前，先得讲恭亲王。

当时，恭亲王退出军机处。恭王跟咸丰皇帝的关系很微妙，皇帝对恭王又爱又恨。他们是兄弟，咸丰帝的妈死得早，由恭王的母亲抚养成人，因此，这两兄弟的感情很好。但是，后来宣宗选择了文宗做皇帝，恭王有些失望。有一回，恭王之母病了，咸丰皇帝去探望，老太太向里躺在床上，以为是恭王过来问安，她就说了一句，你别找我抱怨了，能给你的都给你了，你还要怎样呢。意思就是说，你别再想皇位了。皇帝一听，没出声，走了。据说兄弟之间的芥蒂，就由此产生了。再后来，老太太死了，按道理，她作为皇贵妃，又是当今皇帝的养母，“丧仪”应该很隆重才对。所以恭王就开了一个礼仪单，说该怎么办这些仪式啊，应该赐予哪些祭品啊，奏请皇帝批复。哪知道皇帝划掉很多项目，不批这个预算，最后，追悼会办得比一般皇贵妃还要简陋。恭王就明白怎么回事了。没多久，他又因为一桩小事，退出了军机处，归家赋闲，算是退出政坛。

恭王退出之后，接替他担任军机处领班大臣的人，是柏葰。他是一位资格很老、声望很高的蒙古人。咸丰八年（1858），他被派担任顺天乡试主考官。顺天，就是北京。这个差使，对于柏葰这种级别的高官来说，是一件小事。作为主考官的荣誉，对他来说，已经不值得花多大力气去追求。但是，他没想到，这个事情为他招来了杀身之祸。

当年考试，有个考生叫罗鸿禩，这人考中了一个副榜。乡试有正榜副榜，正榜是已经录取，副榜则是没有录取，但有资格去国子监肄业，就是说，虽然不能考中举人，但成绩还可以，可以到国子监去学习。罗鸿禩中了副榜，他不满意，他想做举人。他就想了一招，去贿赂柏葰的家人靳祥。罗鸿禩找到靳祥，说，你给我想个办法，把我弄到正榜。柏葰当时年纪比较大，精力不怎么样，很多事让靳祥帮他做，譬如，柏葰阅卷后，整理卷宗分档存放这些事就让靳祥去做。靳祥利用这个机会，找到罗鸿禩的卷子，把他的卷子和已经列入正榜的一份卷子，对调了一下。于是，罗鸿禩的卷子就存到正榜那一档，不出意外的话，他就成了举人。

可是，我们知道，清代科举考试，阅卷存档之后，还会有官员进行抽查，这叫“磨勘”。很不幸，罗鸿禩的卷子被挑中了，磨勘官一看，文笔低劣，别字很多，绝非正榜水平。但是，磨勘官一看阅卷者是柏葰，是他推荐入正榜的，不免有些犹豫。万一这是当朝宰相属意之人的卷子，被自己挑出来废了，以后宰相给自己穿小鞋，打击报复，那咋吃得消？于是，磨勘官不敢直接说这个卷子不够格，不敢当场提出来。可心下又不服气，于是，回去之后，偷偷把这个事情告诉了一位御史。御史，可以风闻言事，本职工作就是揭露弊端，这位御史忠于职守，转天就把这事给捅了出来。皇帝一听，在科场出现这么严重的舞弊案件——他说的严重，现在还只是说阅卷出现了失误。他自己也把这个卷子调上来看了一遍，这么差劲的卷子怎么能够中举呢，怎么能让他通过考试呢？那不行，派肃顺和另外一个人监考，把罗鸿禩叫来，让他单独考一回，皇帝亲自命题，文题叫“不亦乐乎”，诗题叫“鹦鹉前头不敢言”。可怜这个罗鸿禩，他哪能考得出来，再加这么一惊吓，就是正常考得好的人，突然说皇帝给你命个题，弄两监考官在你面前，让你一个人考一回，都有可能发挥失常。所以这一次罗鸿禩就更失常了，本来水平不怎样，做出一份惨不忍睹的试卷。咸丰皇帝一看更怒了，下令派出肃顺，再派出其他几位“纪委”的官员，将整个考试进行全面调查。这么一来，问题就越查越多了。靳祥就被查出来了，罗鸿禩怎么通关节这个事情。另外呢，里面有做枪替的，还有其中一个副考官程廷桂的儿子，一共查出十几件案子，那这一下就不得了了。听到要查柏葰，靳祥自杀了，但是他自杀还是不能掩护他的主人。肃顺把这些东西都整理好之后，递交一份意见书，按律至少有三个人是要斩首的，是死罪。柏葰，因为虽然是你家人做的，但是这个事情跟你做的也区别不大——前面也介绍过，科举考试阅卷的监考官主考官他们都在内帘，绝对不可能跟外界有什么沟通的，如果有沟通那就是很大的罪。作为主考，你的家丁竟然跟考生进行这样的交易，所以肯定要处理。所以柏葰死罪。罗鸿禩，不用说也是。程廷桂的儿子，也是。咸丰一看这个结果很气愤，但是说领班军机大臣就因为这个案件要给处死，觉得是不是严酷了点。肃顺坚持说这没有什么严酷的，一律当斩，按照法律办，没有什么情感可言。他说你这个皇帝，要做好皇帝，你就得这样，没办法。所以最后咸丰帝也是挥泪批准了这个死刑。柏葰就这样被杀掉了。

关于这个案子，有一些评价。一个比较主流的说法，肃顺就是借这个案子清除了——不能叫政敌——自己往更高一级迈进的一些障碍。可是你不管他动机如何，咱们中国人看历史的时候，首先不去看这个事情实际的效果，而是喜欢去分析这个人：是奸臣，那不管他做什么事情，动机就不好，好事也不算他做的；是忠臣，那么他做的事情，就算做坏了做得过分了，因为他动机是好的，就可以原谅。其实这都不行的，不能这样去看事情。不管你是什么臣，既然违反了科举考试——科举考试在传统中国政治结构里、社会生活里处于一个非常重要的地位，甚至可以说保证了古代阶级之间正常流动，它具有这么一种意义，所以它是很重要的一个东西。——你破坏了它，那么依照法律进行严惩，哪怕是死刑，这也没什么可抱怨的。即算肃顺是奸臣，何况还不好这样说他。所以《清史稿》要表扬肃顺，说尽管他有这个嫌疑，清除异己，但是科场案经他这么一办之后，一直到光绪年间，这么几十年来，考官也好考生也好，都“懔懔然皆知守法”，不敢在科举考试中乱搞。害怕呀，前车之鉴就在那里，在科场里面，你乱搞就可能被杀头。所以这是一个好事情，澄清了考场的风气。这是肃顺办的一件很有名的事情。

这跟湘军没有太多的关系，说这个故事，只是证明肃顺，一个是他办事的能力很强，第二个呢，他对咸丰皇帝有很大的影响力。作为近臣，他的幕府，在当时也是一个群英荟萃的所在，像郭嵩焘、尹耕云、王闿运，这些人都是他的幕府中人。他同时跟江西的陈孚恩也有很好的关系。他跟很多的汉族士大夫，不管是一般的读书人，还是高官，都有比较好的关系。他有一句名言，叫作咱们旗人都是混蛋，懂得什么呀，汉人那是不能得罪的，他那支笔厉害得很。在日常行为中，他对同族的人、对旗人要求严厉甚至苛刻，反而很尊敬汉族的读书人，他自己虽然没有读过多少书，但他很尊敬他们。对旗人的生计、旗人整体的政策上，他强烈建议，要取消对旗人的一些优待和补贴，要让旗人自立，不能总是坐吃山空。因为他提出过很多这样的建议，所以旗人对他的印象很不好，大家很讨厌他。

肃顺尊重汉族读书人，他的门下有一个幕僚团，叫作“肃门五子”，这五个人，据说就是他的智囊团。肃门五子，王闿运是之一。另外有一个江西人叫高心夔，高心夔又是这个五子中的翘首，肃顺对他最好。好到什么程度呢？好到肃顺为了他，在考试里面帮助他作弊。他刚因为科场案把别人脑袋砍了，第二年又冒着这种危险，帮助高心夔，想让他在考试中成功。高心夔在咸丰九年（1859），参加殿试的时候，那个考试要写诗，叫作试帖诗，写诗呢，就要押韵，规定那首诗是文字韵，而高心夔写着写着，就写成了元字韵，那韵一错，诗写得再好也是列入四等，意思就是说今年你就没戏了。他本来是已经考中了进士，会试已经成功了，进入到殿试了。殿试呢，也不用考得多好，只要字没有写错，韵呢，也对了，文章勉强能看，基本上就会给你一个进士出身。但是，他这个韵押错了，高心夔这一届就没戏了。

再明年，有个恩科，高心夔又来参加，又都不错，会试通过了，又进入了殿试。肃顺说，今年不要再出错了。甚至肃顺提早都把诗题弄到手，这个诗题呢，典故还算比较生僻，肃顺就想让高心夔今年雪耻，最好能做一个状元，所以预先把这个题目透露给高心夔，让他好好记住好好做。在考试的过程中，肃顺知道题目给了高心夔，高心夔肯定答得快，肃顺是监考收卷官，他就在那观察，一看高心夔好像把题目做完了，他不等时间到，就说收卷。人家还没有写完呢，或者人家还没有誊稿呢，草稿还没有誊上，他不管，把人家的卷子都抢过来收卷。你说要是就高心夔一个人，题目又做得快，字又写得好，卷子又誊清了，那你们这些诗没写完的呀，写到一半的呀，或者怎么样的，肯定就比不过他。那么自然殿试第一，就应该是高心夔了。所以肃顺就犯了很多规，为了高心夔。可等他把试卷一收上来，就发现出大问题了。什么问题呢，这一回规定的韵是元字韵，可是高心夔把它误入到真字韵，又写错了韵。这前面说过，韵一错呀，你再如何优秀，都不列入成绩，又是四等。

肃顺叹息说，命啊，这就是命啊。没办法啊，看来高心夔今生就是没有这个进士命。同在幕府不是还有王闿运吗，王闿运专门为这件事，撰写了一副对联来调侃高心夔，叫作“平生双四等，该死十三元”。这元字韵该死啊，害死高心夔了。肃顺虽然是违规，但是能看得出他爱才心切，高心夔确实也有才，高心夔的诗文，在当时地位很高。可是他科场的命不好，所以最终也就做到一个知县，浮沉大半生。

2. 肃顺与湘军

肃顺平生没有到过湖南，现在也找不到他是否和曾国藩、胡林翼这些人有交往的记录。那他对湘军的将领统帅，到底是一种什么样的观感，我们只能通过一些别的事情来了解。如前面介绍过的这个“樊燮案”，在北京讨论如何营救左宗棠的时候，据说肃顺是出了主意的，他说你们得先找一个御史上一份奏折，说左宗棠有冤情，我呢，等到咸丰皇帝向我咨询的时候，就好替左宗棠讲两句好话。

另外一个呢，肃门五子中，除了高心夔是江西人，其他四位全是湖南人，还有郭嵩焘，也是他的幕府上宾。这些人跟湘军元老之间的关系，非常的密切，说不定肃顺对湘军的了解，就是通过他们给他讲述。

而同时他去帮助湘军这些元老，为他们说一些好话，为他们做一些谋划，应该也是通过王闿运这些人，传达给胡林翼、曾国藩，这都是有可能的。就像曾国藩在江南大营崩溃后，没多久，就那么几天，北京一道圣旨，命曾国藩任两江总督。这个呢，胡林翼起了一定的作用，他让官文密折上奏，请皇帝起用曾国藩。但是在北京，像尹耕云、陈庆镛，这些人都曾经上过奏折，或者直接说或者暗示，要求应该让曾国藩担任两江总督。就在这些奏折上去不久，咸丰皇帝就同意了。那么在整个过程中，尹耕云有封奏折很有名，而尹耕云呢，也是肃顺身边的人，我们可以猜想一下，这些递上去的奏折，讲的都是同一个内容，或多或少，应该有肃顺的作用在里面。

然而肃顺，他的结局比较惨。咸丰十一年（1861），咸丰皇帝去世之后，他就被慈禧和恭亲王联手推翻了，并且杀害了。这就是晚清史上有名的辛酉政变，也叫祺祥政变。他为什么会得罪慈禧，慈禧为什么一定要干掉他，这个话题头绪很多，但有一个远因，是当咸丰帝病重的时候，肃顺就跟他提了一个建议，说主少母壮——因为咸丰帝只有一个儿子，就是慈禧生的，咸丰帝担心，自己去世后，儿子又这么小，大权很有可能就落到太后慈禧手里。——你要当机立断，要向汉武帝学习，像汉武帝毫不犹豫地把太子的母亲钩弋夫人杀掉，先把慈禧干掉。这样你百年之后，太子就算年纪再小，国家的大权也不会落入太后手中。

咸丰也想到这一点，可是他下不了手，他就换了另外两种方案，想以此来制约慈禧。哪两个替代的方案呢？一个是他临死的时候，圈定了八位大臣，让他们辅佐幼帝，也就是后来的同治皇帝，这就叫顾命八大臣。肃顺也在里面，其实也就是以肃顺为主的八个大臣。第二个，是说他有一道密诏给他的皇后慈安，说你只要发现将来慈禧不利于国，贪权，你就可以拿出这道密诏赐死慈禧。但是据说后来慈安病了，慈禧为她割肉疗伤，感动了慈安，慈安一激动就把这个密诏拿来，当面就把这个东西烧毁了。

当时咸丰皇帝因为英法联军侵入北京，逃难到了热河，他死了之后，灵柩从热河运回北京，刚回北京，慈禧和恭亲王就联手发动政变，逮捕了肃顺等人。肃顺被处死，他一个哥哥和另外一个亲王，作为八大臣之一，被赐自尽。所以肃顺下场比较悲惨。

那么我们刚才讲了，肃顺和湘军的关系这么密切，尽管很隐秘，没有太多的证据，但我们可以从他被捕乃至死后，湘军这些人员的一些说法，来推测他们之间的关系。在慈禧还没有逮捕肃顺之前，北京就掀起过一场辩论，就是说两位太后是不是应该垂帘听政。那时候，曾国藩在安徽驻军，王闿运在北京，他们知道这场讨论暗藏杀机，你如果不支持垂帘听政，那么就表明你就是慈禧的敌人。可是肃顺当然是不支持了，他是顾命八大臣之首，有所谓先皇遗诏，要辅佐同治到十八岁成人，才将行政权交还给皇帝，你现在垂帘听政，也就是说把顾命大臣的权力交给太后，他肯定不会赞同。可是在北京，僧格林沁、胜保他们，跟肃顺的关系又不太好。前面讲了肃顺跟旗人关系不那么好，在这种情况下，有人要出来支持肃顺，你这个人得有一支军队，得有威信，既有实力又在百官中口碑要好，曾国藩就是这种人。所以王闿运写一封信给曾国藩，劝他打着勤王的名义，调一支湘军去北京申明祖制，就是申明女人不得干政，防止出现垂帘听政的局面。

这是王闿运当时心生一计，但是曾国藩收到这封信之后，没有回信。王闿运很失望，最后肃顺被慈禧他们斗败，王闿运对曾国藩颇有怨言。那曾国藩自己，对这事是如何考虑的？肃顺在被慈禧干掉之后，在政治主流话语里面，就是“逆臣叛贼”，就是“阴谋篡位”，慈禧给他栽了很多赃，说他伪造遗诏，说咸丰给顾命八大臣那个遗诏是假的，说他觊觎皇位，平时在家偷偷穿龙袍之类的。到了同治年间，那已经是太平天国都灭掉好几年了，曾国藩有一回跟他的幕客吴汝纶聊天，聊到咸丰末年英法联军那段事情，吴汝纶就记载说，曾国藩叹了一口气，说世间哪有什么真正的是非，你看当年导致英法联军入侵，明明是僧格林沁操作失败，所谓逃往热河，也是僧格林沁首先建议，最后呢，都把这个错误栽到肃顺头上。世间哪有真是非？连连叹气。要知道，肃顺在这个时候，在整个官方话语里面，还是一个反贼，有篡位之嫌的奸臣，当然曾国藩也说得很含蓄，天下哪有真是非。

从这些细节可以想象出来，肃顺乃至肃党跟湘军的关系。肃顺被抓了之后，肯定要抄家，往来书信是抄家的重点。要看肃顺跟什么人交往，平时都谈一些什么，这肯定是慈禧很关心的。同时，有人还建议要穷治肃党，要根据他家里面抄出来的书信，把跟肃顺有关联、关系密切的这些人，一网打尽。好像中国的传统政治就是这么操作的，斩草除根嘛。可是慈禧、恭亲王，这时候他们俩都很年轻，不管他们后来如何，至少他们在咸丰、同治这个时代，表现出来的政治智慧是让人赞赏的。慈禧就说，没有什么肃党，你这个提建议的人，这样说很不对，主要是肃顺，以他为主的这么几个人有问题，他没有什么肃党。你不要说什么去搞一个党禁，搞一个大案出来，没有意义。这个事情，就偃旗息鼓了。于是查治肃党的事情就停止了。

那么肃府里面查出来的书信，查出来的一些证据里面，会不会有一些影响曾、胡，影响湘军，影响其他一些人的东西呢？应该是有的。举一个例子，在与太平军作战期间，一开始清廷曾经派出了李星垣，也是湘乡人，他在任上病死了，他当时也是一个大官。他有一个儿子叫李桓，后来在江西按察使、江西粮道任上做了很久。李桓虽然是湘乡人，但是这个人很奇怪，他跟江西官场关系更好，跟湘军关系不怎么样。他对曾国藩印象也一般，对左宗棠、彭玉麟……都没什么好感，当然他不是故意要作对，他是有自己行政、财政这方面的原则，因为他不喜欢湘军的财务系统，觉得湘军的财务系统会破坏地方的财政收支平衡。他很讨厌这些，他是一个循规蹈矩的人。因为这些，跟湘军很多人发生矛盾，他把在江西做官那么多年的事迹写了一个笔记，里面有一次就谈到了肃顺——江西有一个武官，要去北京陛见，但那武官缺钱，路费不够，李桓就借给了他一笔钱。这个人去了之后，在北京写了一封信回来，说肃中堂（肃顺）很重视有才能的人士，第一是各省来京参加考试的举人，只要有才华的，肃顺都会跟他见面；一旦兴味相投，他就希望对方能跟着他，作为他的智囊，作为他的顾问。第二是各省的官员，中高级官员有才能的，肃顺都愿意接纳。所以那个武官就说，我在这边也通过一个渠道，把您推荐给肃顺，你只要写一封信，套套近乎，说些客气话，这根线就能搭上。

李桓呢，高干子弟嘛，很傲气。他就拒绝了，他说我就还得靠自己做官，慢慢一步步做上去，我不愿意去北京找这么一个奥援，我不要这根线。他后来又写道，幸亏我当时没有同意，不然肃顺被抓抄家，那我的信不就被抄出来，我也变成肃党了，那就太冤枉了。

从这个例子，就说明肃顺被抄家之后，跟他有过联系的人，肯定都是胆战心惊的。像李桓，还没有跟他有只字之交，但是都为此而庆幸。那么跟肃顺有交往的肯定害怕。可是慈禧和恭王两个人，有他们的政治智慧，他们知道国家的局势，在目前战乱期间，再去利用这些党争，去打击这些人，以此来给自己立威，是没什么意义的事情。现在主要任务还是对抗太平军，所以就没有深查肃顺这个案子。

很有可能，湘军包括曾、胡这些人，不一定是他们的亲笔信或者什么东西，他们肯定有一些跟肃顺交往的痕迹，只是这些慈禧都视而不见。因为这也不仅仅是她个人的胸怀，而是肃顺，既然是那么有影响力的一个高级官员，他自然会跟各方面的人打交道，不管是私事还是公事。不能说跟他打交道就是肃党，他要是不跟这些人打交道，那才是怪事。

介绍完这些背景之后，咸丰十年（1860）四月，曾国藩受命署理两江总督，节制军务。这就给湘军的东征吃下了一颗定心丸。胡林翼的计划就可以实现，他在湖北负责后勤，曾国藩在前线指挥军事，接下来就有四路进军之策，就有安庆争夺战，就有精彩的围魏救赵等一些战事。但是曾国藩能够担任两江总督，是具有决定性意义的，如果他没有这个职位，没有这个实权，单靠胡林翼一个人，也是无法完成东征的。

三、太平军、湘军的战略博弈

1. 围魏救赵：李秀成轻取杭州

围魏救赵，就是孙膑使用的兵法，用了两次，都是对庞涓用的。第一次，庞涓中计，第二次，用同样的办法，逼得庞涓自杀了。司马迁的《史记》就说，“孙膑以此名显天下，世传其兵法”。就是说这一招，围魏救赵，很精彩、很重要、很有效果。两军对垒、两国相争，很多时候都用得上这一招。湘军与太平军围绕安庆这个城市，就用了这一招。

咸丰十年（1860）二月份，太平天国忠王李秀成从芜湖出兵突袭杭州。杭州很重要，江南大营的后勤支援，特别是军饷，有很大一部分都依赖浙江的财政收入。杭州是浙江的省会，所以李秀成袭击杭州，江南大营就受到震动，要赶紧派兵去援助。但是李秀成只带了几千人，他先绕道湖州，然后突然出现在杭州城。开始江南大营也想象不到，因为那会江南大营正在猛攻南京。你李秀成不去救南京，反而跑到杭州，没想到你有这么一招。当然李秀成去杭州，他预先跟陈玉成商量好了，陈玉成也没有立即回去救南京，他先到安徽做了些骚扰，在湖北、安徽边境打了些仗。所以当时，江南大营就不好判断，这两个人到底是在这干什么，以为他们只是故弄玄虚，想吸引一下江南大营的注意力，那我江南大营就不管那么多，我先猛攻南京再说；你去安徽，去湖北，有胡林翼、有湘军对付你。但是没想到，李秀成速度飞快，几天之内就到了杭州城下。

杭州守城的巡抚罗遵殿，是从湖北调过来的，他原来是胡林翼的得力手下，绝对的清官，操守非常好。可是就是不会作战，对军事没什么感觉。李秀成一来，他竟然先派兵去出战，去挑战李秀成。一般来讲，人家来围城，你先看看情况，人家是准备立即攻打城市呢，还是准备长期围困。你赶紧增修防御工事，把城墙该加厚的加厚，该加高的加高，周围的一些民房，有可能被敌人利用来攻城的，你就赶紧将它烧掉。你做这些工作才是正确的。李秀成刚一到，他就派一支部队出去挑战。且不说你的军队能不能打赢，就算打得赢也没必要嘛。因为没有这种战法，罗遵殿头脑发热这么一弄之后，因吊桥年久失修马蹄打滑，他的主将陷到缝隙之中，一下掉到河里淹死了。又过了几日，这个时候他有一个探报，知道太平军人数不多，他还开放城门让百姓到城外的南屏山烧香，烧完香返回城里，这个时候太平军就混了很多人进去。混进去之后，兵士们一声喊，里应外合，就把杭州城一两座城门控制了。罗遵殿这下慌了，二话不说就自杀了。

这真是很奇怪的一个事情。李秀成自己后来都说，没想到这么轻松，就把杭州给拿下了。这一下江南大营就急了，这是他们的财富中心啊，被太平军控制了，江南大营将来的后续资金什么的，各方面的支持都会出问题。所以赶紧派一支军队，数万人，来救杭州。可是李秀成根本就不是想要杭州，他就待了一两天，然后立即退兵。当然他知道清军的援兵到了城外不远的地方，才决定退兵，在城墙上遍立太平天国的旗帜，搞了一些稻草人穿上军装放在那。这个是太平军常用的兵少退兵之策。退兵，不能撒腿就跑，这是不行的，被人一追就出事了。你要设些疑兵放在那里，悄悄地走掉。这个策略很见效，清军在外面围了一天，不敢攻。李秀成走了一天之后，城里人出来告诉清军说，太平军走了，他们才敢进去。就这么浪费一天的时间，可是还不够，清军进去很高兴，说你看我们一来，这么迅速就收复了杭州，第一这是一项功绩，可以向北京报告请赏，第二可以抢一些东西。克复城池了嘛，那我们就得抢点东西。他们耀武扬威对着杭州百姓，口口声声地说，要不是我们这么快就克复了杭州，你们现在还陷入贼中，所以我们现在找你要点东西，你们就得给。就这样骚扰了十天。太平军进去根本还没干什么，因为它就是个战术动作，但是这些清兵进去了，确实发了一笔横财。

先在城外等了一天，进城之后又骚扰了十天，等到江南大营危急的消息传过来，他们再想去救，就来不及了。因为李秀成的军队早就已经到了南京城外，这个时候，跟他早有约定的陈玉成的部队，也从安徽渡江而来。这两支军队神出鬼没一夹击，江南大营就这么崩溃了。

那么这是一个很漂亮的围魏救赵的典型案例。曾国藩都表扬说，虚攻杭州，到杭州去虚晃一下，然后来解南京之围，这是“贼中得意之笔”。

2. 太平天国：天京御前会议

江南大营被太平军击溃后第三天，太平天国的精英就在南京

（天京）召开了一次御前会议，由天王洪秀全主持，讨论将来的战略。战略只有一个核心话题，就是怎么解安庆之围。安庆太重要了，湘军拿下安庆就可以直接面对南京，安庆是南京的屏障，第一，它是陆地上的一个屏障；第二，它是水路上很重要的一个据点。因为南京是面临长江的，不拿下安庆，那湘军不管是攻城还是接济围城的军队，都会遇到安庆这个障碍。安庆对于整个安徽省中部，对于太平军向西进发，也有很重要的意义。也就是说，对双方来讲，安庆都是一个绝对重要的城市。安庆在谁的手里，这场战争胜利的天平就会向哪一边倾斜。

太平军召开御前会议，参与的人，有干王洪仁玕，忠王李秀成，还有英王陈玉成。大家讨论的就是怎么给安庆解围。陈玉成就想出一招很直接的，说那我就率兵去进攻围军，把他们围军打败就行了。这一招其实没什么太多的用，因为湘军围安庆，是围得非常谨慎的。粗略地分，有四种军队都用来围安庆。一种是围城兵，有曾国荃，将来曾国荃就是围城的军队，围在城下；第二支叫备兵，万一城里突围，或者因为别的事情防守面积增大，需要增加兵力，就需要有备兵，那么鲍超是这种备兵，湖北还可以另外派出备兵；第三种叫遏援军，遏制敌方的援军，也有这么一支部队，李续宜、多隆阿；另外，还要有一支游击军，随时听候调遣，对此胡林翼也有安排。所以在这种情况下，表面上围住安庆的，就那么一万多两万人，其实各路兵加起来有四五万，尽管他们并没有全部放在安庆城下。这种围法比江南大营那种屯重兵于城下，就要灵活得多，也要稳妥得多。表面上看，军队没有那么多，这里一支那里一支，如果敌军敢于去攻击围师的话，这些军队立马就会赶赴战地。所以陈玉成要去直接攻击安庆的围军，不是一个好的建议。李秀成、洪仁玕就不太同意，他们俩提出一个什么样的建议呢？他们俩提出的是，要派出两支大军，先不管安庆，一支在长江北岸，沿着长江北岸向武昌进军，一支在长江南岸，经过皖南、江西，渡江在武昌与北岸军会师。也就是说，这两支军队的目标就是武昌。为什么要这样做呢？武昌是湘军的大本营，是所有安庆围师的补给中心，武昌的重要性再怎么提也不过分。那么既然这么重要，太平军一路上打过去攻击武昌，自然湘军要来救援武昌，但是你的兵力有限，一旦回来救援武昌，安庆之围自然就解掉了。

在这个南北两岸进军武昌的同时，北岸的军队在路上，可以联络捻军，可以联络苗沛霖那样的土豪，可以联络他们。南岸可以获得江西安徽，一路上可以获得一些财力财富，这叫一石多鸟。甚至有可能的话，他还可以扰动湘军的真正老巢湖南，那个时候也许会收获为安庆解围更大的战果。这是李秀成、洪仁玕的一个方案。毫无疑问，就是围魏救赵。对于传统的中国军事家来讲，很多时候，围魏救赵是想也不用想就能用的招。只是要怎么执行，怎么做得逼真，像李秀成去攻杭州一样。围魏，你围那个“魏”，要有实际的压力，去攻武昌，对武昌要有实际的压力，要让人家感觉，甚至你就是不要安庆，也要打下武昌。这样人家才会害怕，才会撤掉安庆来包围武昌。这也就意味着，你要出动最精锐的部队，不然湘军也不相信，你的围魏救赵就执行不了。所以说围魏救赵的计策，是很容易想的，只是在执行过程中，就会有很多问题，需要逐一解决。

胡林翼、曾国藩出兵之前也早讨论过，他们都认为对方要解安庆之围，除了直接来攻围师之外，最有可能的就是会用围魏救赵之计，就是会来进攻武昌。只是在人家没有开始执行这个计策之前，你也就不能开始做一些针对性的防御，不是不想而是不能，因为兵力将领，数量都是有限的。该驻扎军队的地方，该由合适的人去领导的地方很多，但是将士不足以应付。那么只有看对方先出手，你才能决定自己的调度，这是限于形势，没有办法。

所以胡林翼和曾国藩，虽然对此有预感，有一定的提前判断，可是他们也没有立即着手做一些防御的工作。加上李秀成、洪仁玕开完会之后，在真正实施围魏救赵之前，他们顺手扩大了对江南大营作战的战果，几乎把整个苏州地区打入自己的势力范围。江南大营崩溃了之后，像苏州、常州这些地方的防军，皆如惊弓之鸟。太平军所到之处，守军闻风而靡。所以很快苏州、杭州、松江这些地区，都被李秀成拿到手。太平天国在那地方，建了一个新的省叫苏福省，成为太平天国后期重要的财税来源。这片势力范围，以苏州最为重要，成为李秀成的根据地。而陈玉成的家属几乎都在安庆，所以对安庆最关心的是陈玉成。现在他手里又有庐州，所以他将来进兵去攻击武昌，他就走长江北岸。这是两个人分工。为什么要这样分工，是因为他们的根据地不一样。当然，要安定苏州，安定江苏，安定苏福省，也需要一段时间。所以他们两路进兵，围魏救赵真正实行也得等一阵。

前面说胡林翼、曾国藩预判到对方要这么干，可是限于形势不能先于布置，可是预判到，什么事都不干也不行，所以他们定下四路进兵之策，同时向安庆地区增兵。这就是在太平天国准备围魏救赵期间，湘军采取的对策。你要围魏来救赵，我现在反而要对“赵”施加更大的压力。当然湘军希望最好的结局是速战速决，很快就攻下安庆，等我攻下安庆之后，你再去攻击武昌就没有意义了，反而是深入我们的腹地。你只有在安庆还没有攻下之前，你去攻击武昌，才有军事上的重要性。

3. 上巴河会议：湘军的四路进军之策

太平天国开了一个御前会议，湘军也开了一个重要的会议，就是上巴河会议。

前面说了，曾国藩再次出山，差不多一年的时间，在江西、安徽、湖北交界这一带游游荡荡。一会在长江南岸，一会又跑到北岸，在武昌又待过几天，宿松、抚州、瑞昌，这些地方都待过，没有定去向，不知道下一步到底该怎么做才好。直到他和胡林翼在上巴河这个地方，连续开了几天会，进行热烈的讨论和细心的筹划之后，两个人才定下了四路进军之策。

当然不仅仅就是他们两个人，在这个会议上，有彭玉麟、杨载福这些很重要的将领。湘军在这时候的水陆合作已经越来越娴熟，几乎每到一处作战，陆军和水师都能互相照应。所以重要的会议，一定得有水师的统领参加。同时这个会议上还有一位新秀，就是李鸿章，他正式作为曾国藩的幕客，来参加这次会议。

胡林翼和李鸿章第一次见面，也是在这个会议。胡林翼见过李鸿章之后，非常欣赏他，说李鸿章面相、骨相奇佳，将来必然大贵。大家一般都说曾国藩会看相，有相术不传之秘，其实那个时代的人，以貌取人是一种风气。大家都喜欢研究一下，看一看，而且从外貌上去评判一个人，也是有很多道理的。不仅仅是一个人的相长得如何，五官如何配置，皮肤好不好，看相不仅是看这个，还要看一个人的精神，眼神，神态，讲话时的动作，整体行动起来，给人一个什么样的感觉。它有一定的道理，但是你非说，我就看你五官长得如何，就给你定一生，评你的命运，就太玄了点。

再说李鸿章早在北京就和曾国藩认识，曾国藩和李鸿章的父亲李文安是同年，也就是同一年考中的进士。所以那会呢，李文安带着李鸿章到曾国藩家拜访的时候，就让他好好向曾大人学习。也就是说，虽然不是那么认真拜曾国藩为师，但是可以说他们师生之间的缘分，早在北京时期就开始了。这一次，是李鸿章翰林散馆之后，分发一个道员，然后曾国藩就奏调李鸿章，让他不要上任，到自己的军营中来襄办军务。这样李鸿章才成为曾国藩幕府的一员。同时李鸿章的哥哥李瀚章，这时候也在曾国藩的幕府，负责报销总局，做跟财务有关的事情，是曾国藩的得力助手。

就这么些人，在上巴河连续开了几天会，最后形成的最大一个成果是四路进军之策。但是在会议里面，肯定还要讨论很多细节性的问题，譬如胡林翼肯定给曾国藩讲了很多做总督之后如何包揽把持，要有怎么样的宏伟计划，不要怕别人说闲话，该干则干，你就这么一路做下去。鼓励他，这肯定有。另外，这一路去打安庆，曾国荃还没过来，但是很快就要从湘乡出发了。因为他是曾国藩那支军队，真正的负责实际战斗、实际指挥的将领。曾国荃将来的位置如何安排，然后湖北那边，多隆阿鲍超他们两个人有矛盾，胡林翼站在多隆阿一边，尽管鲍超是他一手提拔的。曾国藩呢，就特别欣赏鲍超，那么这些事情都需要交换意见。因为大战即将开始，不把细节的问题解释清楚，待到战争发生的时候，再去纠缠于细节，就会显得很仓促。这也就是为什么这个会议要开那么多天。在船上开，天气很热，曾国藩有几天感觉特别难受，因为有癣症，天气热的时候就容易痒。正好开会这几天，又是夏秋之际，所以曾国藩一边挠痒痒，一边跟胡林翼讨论这个事情。

就在这么几天之后，定下了一个四路进军之策。哪四路呢？首先是最重要的最直接的，曾国藩这一路，由宿松去围安庆，由曾国荃负责围安庆。然后胡林翼一路，由英山、霍山，从山间出兵去攻击舒城。第三路，多隆阿、鲍超合作去攻桐城。第四路，由李续宜率领，从湖北、河南交界处进兵去攻击庐州。

四路里面，为什么是由这几个人走这四条路线，有些值得讲一讲的地方。曾国藩去攻安庆，这符合前面所讲的，胡林翼作为后勤中心负责人，曾国藩作为东征的指挥者，两个人互相合作，那么最前面最重要的障碍，应该由曾国藩以及他所率领的军队去负责。现在安庆就是这么一个地方，所以曾国藩只攻安庆，而胡林翼攻舒城，多、鲍去攻桐城，这是为收复庐州扫清障碍。以前说过三河之战之前，李续宾就是连克太湖、潜山、桐城、舒城，才到了三河准备去打庐州。那么这一次，就不能由单一的一支军队从南往北打上去，而由胡林翼以及多隆阿、鲍超，分别率两支军队先打下舒城、桐城，立稳脚跟。然后，李续宜完成他兄长未尽的遗志去打庐州，因为李续宾军队就是在去打庐州的路上被击溃的。所以最终让李续宜去打庐州。这就是所谓四路进军之策。

当然能定下策略，不表示就一定能执行好，在未来，我们检讨一下就能发现，曾国荃围安庆，做到了；李续宜去打庐州，几乎就没做到，虽然他后来也担任安徽巡抚，但是收复些城市不是李续宜的功劳；多隆阿与鲍超，原计划是要攻下桐城，但是他们在桐城的边都没有摸着的时候，就被陈玉成狠狠地压制住了，先跟陈玉成狠狠地交了几次手之后，他们的任务就变了，为了安庆围城的考虑，他们分别做了游击军和遏援军，原定的攻打舒城的任务就取消了；至于胡林翼这一路，他就是带了那么两三千人，手下也没有真正能独当一面的将领，所以他就驻扎在黄州，没有主动去攻打其他地方，因为他自己作战，他在这方面的能力是有欠缺的。

这就是湘军的四路进军之策，在后人的评价中，四路进军之策，讲得是光辉夺目。说曾胡联手，多么的运筹帷幄，决胜千里。但是真正执行得好，唯一对于将来的战局有影响的，也就是里面的围安庆一路。其他的几路，或者没有执行，或者想执行而力不足以执行。也就是说，这个计划单从构思上看是很不错的，可是从实际的执行效果检查，就没有像很多人评价的那么意义重大。当然，并不是指责曾、胡定这么宏伟的计划，自己不能实施，而是想指出，军事这种东西变幻莫测，瞬息万变，一切不以你的意志为转移，也不以敌军的意志为转移。

第六章　湘军的前途

一、湘军的前途

1. 胡林翼高瞻远瞩

曾国藩出任总督，得定一个工作计划。前面已经强调过，他第二次出山，务求持重，甚至是一切持重，越来越保守。所以他定的工作计划，有一个核心，一个纲领，叫作“以湖南北为兵之本，以江西为筹饷之本，待三省协防后，方行东征”。

“湖南北为兵之本”，就是说他作为两江总督，管的是江苏、江西、安徽，现在江苏大部分由太平军控制，安徽有一些地方被太平军控制，有一些地方是捻军、安徽的苗沛霖、李昭寿这些人控制。江西现在情况最好，几乎没有敌踪，只是不时有一些骚扰，那么目前主要的任务是要通过一些战争向江苏推进，最好的办法，一个是从淮安、扬州那些地方往江苏进，往南京去，一个是从浙江进兵，可是要做到这一点，需要军队。军队就不能用别的地方的，要用湖南北，其实主力都是湘军。

还有一个钱的问题，“以江西为筹饷之本”。我们也强调过很多次，能够筹饷才是湘军最终胜利的一个重要原因。以前曾国藩在江西这一带，做了那么多年的事情，最后灰溜溜回家，主要的原因是，他只有军队，但是对地方的财政没有管辖权，不能从地方拿钱。现在不一样了，江西是两江总督的辖地，那么江西的钱你就可以拿了。一个省的钱，主要分这么几部分，一个是减漕，就是往中央交的钱，当时在战区，这些钱几乎都可以截留用作军饷；还有就是厘金、捐输，在战争期间获取的这种特殊的财政收入，这些钱都可以拿。曾国藩做了两江总督，这些钱，他要拿是没有问题的，以前他作为客军在江西的时候，想拿拿不到。可是他太持重了，太胆小了，他自己主动建议，说我就要江西的厘金，我不要减漕。减漕是巡抚的，巡抚去支配那个钱。

"三省协防"，三省，是湖南、湖北、江西，这三个省连作一体，要尽量让这三省都能够抵御太平军的攻击，扎定脚跟，等这三省的防务布置好了之后，我们再往东去进军。

这就是曾国藩工作计划的两个要点，一个是什么情况下再东征，二是他现在拿多少钱。这个工作计划，胡林翼看了大摇其头，说这哪像一个总督说的话，赶紧连续给他写了几封信，说"吴督之任，以包揽把持，恢廓为用"。还是以前那一套，说要包揽把持，不要畏首畏尾，"盐、漕得人，何事不济"，江南财政收入的大端，一个是盐，一个是漕，把这两样控制住了，你还害怕没有钱吗？还怕没有军饷吗？"不患贫也"。说两江总督只要你敢干，胆大心细，放手去做，根本不要担心钱的问题。这个话还有题外之意，你看现在湖南、湖北缺钱吗？这两个省从富庶程度，从各种经济基础方面来说，远远比不上江南——你到那个地方去任长官了，你还怕没有钱吗？有了钱就有饷，有了饷，军队作战就更好。反过来，军队作战的方向，要向钱看，往富裕的地方去打。

为了讲明白这些道理，胡林翼提出了一些原则，一切军事行动都要遵守"拯其急而取其财"原则。"拯其急"，现在江浙那边，求援的书信往曾国藩这里络绎不绝，据说一两月之内，不管是当地的地方长官，还是当地在京的京官，跟曾国藩有一些交道的绅士朋友，还是一些关心国家大事的官员，都纷纷给他写信。一会说你赶紧来救苏州，一会说你赶紧来救湖州，一会说你赶紧去援助杭州，一会说不管你能不能救，你先要进入到浙江境内，一会又说你赶紧派军队去淮安、扬州。而在北京，各种官员写奏折讨论曾国藩到底该怎么办，到底先往哪个方向进军，有一百多封。反正那些要他去援助的地方千奇百怪，东南西北都有。胡林翼就说，你要在这些地方选，“拯其急”，这是一个条件。那种岌岌可危，已经被太平军占领了的地区，那就算了，你要去攻坚也没必要了。那种太平军正在攻打，或者明显的准备要攻打，同时在战略上有一定位置的这种地区要“拯其急”，要去。但是光有这个条件，还不足以让你出兵，还有一个条件叫“取其财”，那个地方要有钱。什么叫要有钱？杭州就有钱，原来曾经是江南大营饷源的一个重要来源；上海，海关收入、商业贸易的各种税费，有很多钱。像安徽、芜湖，运漕这些地方，可能现金不是很多，但是粮食很多，而且作为交通要道也很重要。胡林翼说，下一步就是要赶紧去攻占这些地方，得到这些地方，不仅是军事上的一个成就，更重要的是，你拿下那些地方，就能收入一大笔钱。这个钱，对于军队太重要了。

所以在这个原则下，你曾国藩下一步最应该干的，就是赶紧组织两支军队，一支去淮安、扬州之间，那个地区有钱，也很重要；一支去浙江，像苏州这些很富裕的地方，已经被太平军占领了，咱们就不去跟他争，但是杭州很重要，哪怕去的时候杭州已经被占领，那我们也要占领湖州。因为杭嘉湖三角平原这个地方，全部都很富裕，很值得去援救、去攻占。那么人选，淮扬之间你要派李鸿章去——李鸿章这会跟胡林翼是刚见面，为什么要派李鸿章去呢？第一，李鸿章是当时体制内的一个后起之秀，一个新锐，他刚从翰林院出来，至少这种身份能让很多官吏支持他。第二，他是合肥人，熟悉淮扬那一带，而且他在合肥还帮助他父亲练过团练，熟悉一些当地团练的首领，譬如刘铭传之类，将来成为淮军主力的，都是李鸿章的家乡以团练起家的人。所以李鸿章应该去淮扬，这是他的有利条件，熟悉地形、风土。去浙江，派李元度去，李元度已经有五千人了，现在在江西这一带，那么让他再募集五千人，合成万人大军往浙江。为什么一定要李元度去呢？因为李元度和现在的浙江巡抚王有龄关系很好，那么他带着军队过去，军队出力，地方出钱，配合就会好。这也是有鉴于曾国藩以前跟江西这些巡抚的关系不够好，空有一支军队，但得不到相应的支持的原因。这是胡林翼根据“拯其急而取其财”的原则，向曾国藩提的两个建议。然后，曾国藩身边得有军队，怎么安排呢？刘蓉，曾国藩从小到大的好朋友，让他募集六千人。左宗棠，刚因为樊燮案离开湖南官场，现在找到胡林翼营里，说我再不去做什么文官了，不做师爷了，我要学战，要独领一队，杀贼自效。左宗棠当时很灰心，说让我做一个营官都可以，给我五百人，我要从营官做起。胡林翼说那不行，你在湖南的时候都是调度几万大军、十几万大军的人。现在你做一个营官，谁敢指挥你？所以你得独领一军，也募集六千人。那么刘（蓉）左（宗棠）这一万多人，就跟着曾国藩。这是第二个大的建议。

第三个，除了军事调度之外，接下来就要想到，将来如果拿下了那些地方，从人事上我要怎么安排？就是要派出自己信任的人、用得上的人，去做那个地方的地方官。譬如江西，就应该让沈葆桢出来，做江西布政使；浙江，既然派李元度带军去打，那么就应该请皇帝批准李元度去做浙江布政使；李鸿章去淮扬，那么就要请皇帝批准让李鸿章做江苏布政使。他们是援军，但是不仅仅是一支军队而已，得给他们一个地方官的职衔，让军事、财政、人事都抓在手上。每一支派出去的军队的首领，都是一个“包揽把持，恢廓为用”的人。这样，湘军的军队派往东南，才能收到效果。

胡林翼不仅这样劝曾国藩，他还主动上了一封奏折，叫《敬举贤才力图补救疏》，要求将沈葆桢、李元度这些人，“畀以封疆藩臬之任，责令筹兵筹饷”，“刘蓉，左宗棠，请酌量任用”，“请旨饬下湖南抚臣，令其速在湖南募勇各六千人，以救江西浙江皖南之疆土”。这个奏折是很大胆的，一般的保举奏折，会将这个人才能如何、品行如何、名誉如何，大概能够胜任什么工作，讲一讲，具体安排他干什么，则是由皇帝自己决定。像胡林翼这样直接跟皇帝说，这个人如何如何，你得给他安排一个所谓封疆藩臬，至少要给他安排个布政使、按察使，那个人又如何如何，那么你应该让湖南给他出钱出人，让他筹练一支大军。这就等于是手把手教皇帝，教他画画，教他画未来的图景。一般来讲，奏折这样写是很犯忌讳的，可是胡林翼就是觉得，这种危急时刻，你不给皇帝提醒的话，他万一又弄个别的什么人担任那些地方的高级长官，这些人跟军队为难，到时候又发生曾国藩客寄江西那样的惨剧的话，就太不利于未来的作战了。所以他豁出去了，就直接用这样的方式，这不叫暗示了，简直是要求，你得给这些人安排这样的职位，否则他们无法顺利作战。

好像从胡林翼开了这个口以后，像李鸿章任江苏巡抚，左宗棠任浙江巡抚，包括李续宜接替胡林翼任湖北巡抚，未来的这种任命，几乎都跟胡林翼、曾国藩所想的一模一样。也就是说，湘军所到之处，不管是他们征战的地方，还是与湘军的后勤有关系的地方，譬如湖南、湖北，那些地方官员，绝对是湘军集团的核心人物，或者是跟湘军集团关系极密切的人。地方长官都是这些人担任，确实有很大的好处。对于湘军来说，一路上你只管作战，只管去打仗，就不用太操心粮饷问题。

归纳起来，胡林翼建议曾国藩的，就是几点：第一，拯其急，取其财；第二，兵饷要一家。胡林翼在一封信的末尾，就非常豪迈地展望未来，他说，“徽、宁犹完，布置粗定，当鼓行而前，与怀、桐之师，会于当涂，然后湖州军出于苏、常，扬州之马饮于江浦”。徽、宁，徽州和宁国，这是在皖南，这两个地方现在还在清军控制之中，那么，曾国藩现在要往东进，这两个地方就是出发点，要“鼓行而前”，“与怀、桐之师”（怀是怀宁，即安庆；桐是桐城），也就是围住安庆的部队，“会于当涂”，当涂是在安徽与江苏交界的地方，在长江岸边。当涂这个地方为什么很重要呢？因为你控制了这个地方，那么安庆城里太平军的所有来自于长江的接济，就可以被你切断，特别是切断长江这一截的支援之后，还能把宗元拿下，那么安庆就真的成了孤城。那将来要攻它，只要围得好，围的时间能超过半年，甚至就可以不攻自克。这是第一步。然后，“湖州军出于苏、常”，湖州军就是援助浙江的那支军队，目前计划是由李元度去，这支部队不仅可以安定浙江地区，还可以用它发起对苏州、常州的反攻。至于“扬州之马饮于江浦”，这就是说的李鸿章那支淮扬援军，当时是让李鸿章练马队，因为那个地区平原比丘陵多，适合骑兵作战，同时水道纵横，那么也需要一支水师，这也就是未来的淮扬水师。有马队有水师，那么你就“扬州之马饮于江浦”。

这个场景很诱人，描述了从北边、南边、西边三个方向对太平天国的首都南京（天京）施加压力。“扬州之马”，这是从北往南攻过来；湖州军，从南往北攻过去；至于徽、宁之师，也就是曾国藩自己这支部队，将来和安庆的围军会师于当涂，割断安庆与南京的联系，向东边进军。三支大军，逐步地对太平天国的根据地施加压力，一步一步让太平军的地盘变小，使太平军的活动力萎缩。

胡林翼觉得，曾国藩按照自己的那些想法那些原则去进行的话，未来就会是这样一幅图景。他说这些话，一点也没觉得有多么夸张，虽然这时的情况，离这个图景好像还差得很远。他说，“林翼虽孱病，不觉言之汗漫也，急脉缓受，大题小作，则或恐不济”。这时胡林翼正处于病中，我们知道，还有一年多一点点的时间，他就会逝世，他这时的病，一直到他死都没有断过。他说我虽然孱病，但是我这可不是说胡话，你不要以为我是在这夸张。“急脉缓受，大题小作”，这是他批评曾国藩，急症来了，你就得下猛药，赶紧把这个病情控制住；碰到大的题目，逆境也要挥洒一番，你不要缩手缩脚，不敢在这个大题目上做文章。你要真那样的话，这事情可就黄了。

我们现在来看这封信，胡林翼所说的这一切，特别是最后展望未来那一段，全都成为现实。他说的“拯其急而取其财”，最显著的例子就是李鸿章去上海。当时上海别的没有，就是有钱。李鸿章人还没到，上海那边的钱就到了湘军营里，甚至湘军连路费都省了，上海那边派了轮船，将李鸿章和他的士兵接过去。在此之前，上海已经发了无数道求救信，但是一天没看到钱，湘军这边就一天没有派人过去，当然这不是说死要钱不要脸，不是这个意思，如果那个地区不做出这种合作，没有钱的话，作战会失败的，所以湘军要去，得有两个条件，一是那个地方确实危急，二是你得出钱，或者那个地方会有钱。至于兵饷一家，我们看看未来的各种任用，几乎在湘军所到省份的巡抚、高级官员，全是湘军集团或者跟湘军集团有渊源、关系密切的人。

不管是湘军自己，还是清廷，都是按照胡林翼说的这两个原则行事。具体的图景，李元度没有去成浙江，但是左宗棠去了，他平定了浙江，“湖州军出于苏常”。淮扬呢，左宗棠确实没有往那边去，这是唯一失算的地方，因为淮扬那个地区太乱了。湘军的势力达于皖北，去跟苗沛霖作战，从徽宁“鼓行而前”，与淮桐之师会合，就是将来攻下安庆，这一点也被他说中了。攻下安庆之后就直接再往东，将长江江中的一些要塞清除，然后渡江至雨花台，开始围南京。这些场景，这些人事任命和安排，几乎都被胡林翼言中。

2. 曾国藩保守

但是，曾国藩这个时候，不敢信从。他不像李鸿章，李鸿章当年作为曾国藩营中的重要参谋，肯定也看到了这封信，他在给胡林翼的一封回信里面，谈到这个战略，说“天如佑我大清，当以公督两江……帅符则必推涤师，庶相得益彰”。意思是说，老天爷要是保佑大清国啊，一定得让您（胡林翼）去做两江总督，强调破例，才能敢于开创，不拘小节，只有这样的人才能做现在的两江总督，这个人一定是胡林翼。至于涤师（曾国藩），他还是带兵做统帅，但是他不要做两江总督，他不适合。这样的话，你们两个人配合起来，相得益彰。他这话，其实就是赞扬了胡林翼的计划，同时很含蓄地批评曾国藩的保守。

曾国藩不能像李鸿章那样接受胡林翼的意见，他还是按自己原定的计划慢慢往前走。走一走，看一看，停一停，再又看一看，走一走。准备筹备一支万人大军，慢慢由江西进入皖南，然后看一看浙江那边的消息，情况好，则往浙江去；情况不好，就在皖南待着。皖南要是有危险，尽量就退回江西。那么他手下现在还没有一万人，他就得向胡林翼借人。胡林翼也头疼，但是没办法，胡林翼对于友情看得也很重，尽管曾国藩不愿意接受他的建议，那么好的创意不接受，非得这么保守。现在还找我借人，而且还得借精锐部队。你借部队，又不用来进取，你就带着他们在皖南游荡。按道理，胡林翼真不该借，但是胡林翼胸怀很宽广，当然他对未来也有一定的预见性，他觉得在长江南岸，还是需要一支劲旅，而现在长江南岸确实没有一支拿得出手的军队，没有军队，也没有将领。左宗棠新练的军队，李元度更不用说，隔几个月我们将看到他全军崩溃，自己还跑掉了。张运兰，那不是大将之才。所以说现在长江南岸没有一支强大的军队，但是北岸在胡林翼的控制下，多隆阿、鲍超、李续宜，包括金国琛、余继昌，全是精兵强将。虽然大家说曾国藩是湘军第一人，但是这时他手下的湘军是最没有战斗力的，包括他弟弟曾国荃，也在北岸，在围攻安庆。所以胡林翼想来想去，还是给了曾国藩一支很精锐的部队，将鲍超的霆军六千人调给他。

对鲍超来说，一方面，曾国藩是他老师，他刚进入军队就进了曾国藩的军队，曾国藩对他的成长，套用综艺节目的话，叫“一路走来，呵护有加”。他跟胡林翼闹矛盾的时候，曾国藩那样地安慰他。另一方面，胡林翼对鲍超有知遇之恩，而且特别能够理解他。在交往的时候，鲍超觉得胡林翼比曾国藩更可亲。但是不管怎么比较，不管是在谁的手下，只要是这两个人，鲍超都没有什么怨言。也因为这一点，胡林翼让霆军六千人渡江南下，归于曾国藩的麾下。

那么，再凑一下张运兰的人，现在曾国藩也有一万人的规模了。只是这时，鲍超还在休假，张运兰还在湖南，光有人没有统帅也不行，所以实际情况是，曾国藩不能立即干什么，得在这边慢慢地行军。还有一个原因，曾国藩已经定下目标，安庆一天不攻下来，他就一天不往东边去，也就是说，安庆攻下来后，他才会大举东征。

二、祁门之劫

1. 曾国藩新官上任

咸丰十年（1860）六月，曾国藩率军抵达祁门，可是这时候，李元度、左宗棠、鲍超这些人，暂时都还没到。所以大家还要等两个月，大概在八月才能到齐，到齐之后才能有所动作。

这时曾国藩是两江总督了，要管一管地方上的事，在江西境内他也可以管。曾国藩以前没有做过地方官，在此之前，他读书考试，就到了北京，待过翰林院、刑部、礼部，从来没有做过亲民官。这时做了地方官，就有些手痒，想尝试一下，怎么做个好的地方官。他虽然没有做过，但是肯定听人讲过，自己也研究过，特别在史书里，历代的有名望、有成绩的这些地方官是怎么做的，他都知道。

祁门，皖南这个地方，饱受战争摧残。恢复民生，维持治安，讲求吏治，这应该是要首先着手的地方。但是具体怎么做？你先要了解这个地方，逐家逐户地去访问，这也来不及。曾国藩就想了一个办法，在公共地方搞了一个大的木柜，这就是今天说的意见箱，很多单位都有，他也搞了这么一个意见箱，就发布布告：凡是有关地方利弊，不管你是官吏还是平民，你都可以提建议。曾国藩的意思是每天看一看这里面的内容，就能够更好地了解这个地方的民意，有说得好的建议，我就采纳；有举报地方上官吏不法行为和民间冤情的，我要不自己处理，要不就交给地方官去办。

设想还是不错，可是实际做起来，完全不是那么回事。意见箱里都是什么内容呢？几乎全是互相告发的内容。因为规定可以匿名，那好，这里面的纸条，不是说这个人告发那个人，就是那个人攻击这个人。人身攻击的成分很多，捏造的也不少。可是这个就跟他的初衷不同，这些事情要去处理，那就会变成检察院的工作了。这肯定不可行，可是设立这个意见箱，收了那么多意见，你一件都不去处理，那也不对。可怎么去处理呢？堂堂总督，难道一上任就去跟知县、典史、判官这些人较劲吗？你岂不是扰乱了当地的正常秩序？所以很难办。没两天，这个意见箱里收到的到底是些什么内容，大家就有所耳闻。当地有一位老讼师，也就是经验很丰富的，专门为人作诉讼代理的这么一个人。人家就说，江督搞这么一个新事情，到底会如何发展呢，会不会来一个廉政风暴？老讼师摇摇头说，我打赌，第三天，这个意见箱就会撤掉。

果不其然，第三天，曾国藩说，把那个柜子给我弄回来，别搞了，这个东西搞不成。为什么做不成呢？就是前面讲的，大家没有什么建设性的意见，全是告发报复，人与人斗的那些东西。不管是对于行军，还是对于地方事务，没有什么帮助。万一不小心插手，说不定还做了别人的枪，因为你不了解这个地方，那些事情千头万绪，复杂得很。也就是说，曾国藩一开始就考虑欠周，把史书上写的亲民官查民风、查民隐，这些套路用上之后，发现不适合自己。以前那些人用这种方式，他是长期在这个地方做官，已经熟悉了这个地方的风俗，也了解这个地方的基本情况。然后人家提供这么一些线索，他去查办案件也好，处理冤情也好，才对工作有帮助。你这刚到一地，没有任何基层行政的经验，就想凭一己之力以及内心的道德感，去处理地方上的事务，而通过的又是这么一些包含许多私人意气的举报材料。你贸然行动的话，很有可能冤枉了好人，便宜了坏人。所以，曾国藩止步了，他发现不能做，不管人家说得多么悲惨，多么的天下奇冤，或者描述官吏多么的坏，现在不能插手，一插手说不定就出错。

搞意见箱，时机不成熟，所以他又想了想，收回了前面的承诺，暂时还是先治军，别管地方上的闲事。勇于改过是对的，但是当初这么一创意，就显得不够成熟。胡林翼在湖北做巡抚，那一上来是什么样的规模？前面讲过了，他一上来，就是要求所有的人事权都要归于自己，尽量派自己熟悉的已经检测过有能力的人去上任。他是要办事的人，暂时一些太过枝节的小事情，根本不用巡抚去做。你只把地方官的人选搞定，他们会帮你做事情，巡抚不用管那么细微的事情。这还是一省巡抚，你三省总督刚到辖地，就搞这么一些事情，所以跟胡林翼比较，显得就不太成熟。

把意见箱撤了之后，这不又没事干了吗？前面讲的，一个是他自己比较保守，第二个是底下的将领没有到齐，没有事干。其实还有一件事情，让曾国藩在皖南不能进行大的动作，这个在曾国藩的年谱里反映不出来，在胡林翼的年谱里也反映不出来。但是这两人在这段时间，连手端掉了一个大官，赶走了一个人，而为什么要赶走这个人呢，就是为了下一步的工作更好进行。但是在他们的年谱里，在一些传记里，很难看出来，因为这个事情是私下进行的，他们是通过书信交换意见，而且这种事情也很隐蔽。这是赤裸裸的官场斗争，在讲怎么斗之前，我们先介绍他们赶走的这个人是谁。

这个人叫张芾，其实他是曾国藩的朋友，还不仅仅是朋友，早年在北京做官的时候，他们还是同党。什么党呢？穆党，穆彰阿党。

穆彰阿这个人名誉很不好，多数人知道他，是他在鸦片战争中跟林则徐作对，林则徐是主战派，而穆彰阿是主和派，甚至投降派。主要就是因为这个事情，名誉很不好。但是这个人权势很大，道光一朝三十年，前十五年他是军机大臣，后十五年他是领班军机大臣，用通俗的话讲，就是宰相。穆彰阿的经历也很有意思，他一生中出任得最多的，就是各类考试的考官，乡试的，会试的，还有一些其他的像翰林考试，像玉牒馆、国史馆总裁。反正他当过那么多考官，他底下的考生，特别是录取的，都要叫他老师，所以他的弟子很多。曾国藩就是其中之一，张芾也是其中之一。张芾在穆党中，跟穆彰阿的关系可能更近，但是曾国藩受穆的提拔也很大，曾国藩三十七岁就做了侍郎，也就是副部级干部。他写信给家里，非常高兴，甚至有点沾沾自喜。他说三十七岁就官职二品，自清朝建立以来，在湖南我是第一个，这是祖宗积德、皇上恩典，我一定要珍惜。其实这跟穆彰阿器重他、帮助他，很有关系。可是穆彰阿比较倒霉，咸丰皇帝一上任，就把他给罢免了。罢免的原因，其实也没有讲得太清楚，只是说穆彰阿这个人坏，但是怎么坏呢？“暗而难知”，就是说，皇帝也讲不清他哪里坏，就是觉得这个人坏，不需要太明确的理由。那么穆彰阿就这么下去了，被革职察看，就是不许乱跑。咸丰五年（1855），朝廷缺军饷，又把他提溜出来，还有其他的一些大臣，主要是退休的，都抓到紫禁城开会。开什么会呢？大家报数字，朝廷缺军费，你们每人得捐多少。当时有十几个，最少都是几千两，穆彰阿就捐了一万两。这是皇帝对大臣的勒捐，不捐钱就不许回去。

等捐完了，皇帝向大家一一慰问。据说当时穆彰阿还号啕大哭，说国家太苦难了，皇帝也比较惨，要通过这种方式来筹集军费。没多久他就死了。穆彰阿死了，穆党里的那些人物，咸丰、同治两朝很多有名的、官做得高的这些人，比较著名的，曾国藩、张芾，还有劳崇光，何桂清——因为临阵脱逃刚被斩首的两江总督，他们之间的联系，也比较密切。而且曾国藩在穆彰阿死后多年，当他已经平定了太平天国，封侯拜相了，再回到北京，他偷偷地去穆家，探望他的后人，馈赠了一大笔钱表示感激、感恩。曾国藩一生中叫老师的人很多，但是如此郑重其事，念念不忘的，好像也就一个穆彰阿。

张芾和曾国藩，都是由穆彰阿提拔培养起来的高级官吏，张芾还是穆党非常核心的成员，咸丰二年（1852）出任江西巡抚，在穆党里面比曾国藩混得更好。那时曾国藩还在北京做侍郎，也不算一个很红火的差事。但是后来，张芾因为截留国税作军饷，触怒了皇帝，同时又因为一些其他的事情，譬如陈孚恩被罢职——陈孚恩是穆党的一员，也是后来肃党的一员，因为在朝廷上当面跟皇帝辩论，咸丰帝一生气，把他革职。——陈是江西人，跟张芾关系也很好，张芾就上奏为他辩解，结果殃及池鱼，把他也革职了。

张芾作战比较勇敢，革职了之后，他是陕西人，因为道路太远，战事连连回不了家乡，就侨居在浙江绍兴，在当地参与团练事业，办得有声有色，还打了些胜仗，所以又受到褒奖，后来慢慢越做越大，就被皇帝委任了一个钦差大臣，让他督办皖南军务。

皖南就是现在曾国藩驻军的地方，祁门、徽州这些重要的地方，都由张芾控制。张芾有一支一万多人的军队，他虽然不是皖南的地方官，但是皖南当时有点像三不管。安徽巡抚的重点工作是防止皖北不要陷入乱局，中部安庆被太平军控制，西部胡林翼这边湖北军经常过来援剿，只有皖南没人管，安徽巡抚既没精力也没能力来管。江西方面犯不着管这些，最多是防剿，只要把太平军抵挡在省界之外，不让他进入江西就行。两江总督，以前的何桂清，他也管不了。江苏那边那么多太平军，而且两江总督主要的任务是协助江南大营去围攻南京，皖南离他太远，他也照顾不过来。所以这个地方，就变成了张芾的势力范围。当地的税收，还有别的省的这些协饷，也都会给他一部分。那曾国藩现在要进来了，按道理张芾就得让出来，或者张芾就归你来率领。可是张芾也是钦差大臣，给他的任务就是督办皖南军务。皖南只有这么一块地，来了两位钦差，都有军队，那这一块地上的资源、收入到底给谁呢？两人多年以后相遇，老朋友见面分外眼红，说到底就是钱的问题。

曾国藩曾经跟张芾商量过，说要不你把你那支军队，重新淘汰一遍，把弱的懒的淘汰出去，重新换一批人，用湘军的营制饷章，组成一支类似于我们这样的军队，然后合为一块，你就类似于湘军其他将领，你也独领一支，但是受我节制。我负责你的军饷，但是皖南的收入，各省的协饷，统一由我来支配。就是说，你负责作战，就不要在这块地上收钱，官吏的升迁任命这些事情你也不要去管了。因为我毕竟是两江总督，这个是我的分内事，以前两江总督管不着，现在我在这里，你应该把我的辖地交还给我。本来严格地讲，我要这个辖地，你就得给我让开，我没有义务去维护你那支军队的开支，只是咱们关系这么好，而且现在的情况也特殊，我就把这块地拿下来，然后你的军队经过调整以后也还是保留。这是曾国藩的意见。

张芾不同意，张芾说我熟悉这块地方，我在这块地方作战这么多年了，你看我守徽州守得多好，我跟军队都有感情。你现在一来，我突然就要降格了，成为你这个湘军中的一支，接受你曾国藩指挥，然后地方上的事都不让我管，钱你也拿去。你说是说得漂亮，负责我这支军队，现在还保留一万多人，你哪天突然说军饷不够了，让我裁员，我不就得裁掉啊！而且这也是可以预见的，很多事情都是这样，你只要开始软了，后来就会不断地被弱化。张芾认识得很深刻，形势应该也会这样发展。所以他说，我不同意。

这就出了一个难题了，他是奉旨在身的，也是钦差，他不同意的话，你还不能跟他用强。可是你不用强，你不用一些手段，你的工作又无法进行。现在要你去援助浙江，你得往那边走，你整天在江西境内，江西巡抚看了你也烦，北京看你这样，也觉得别扭，要你去东征，你待在江西干吗？可是曾国藩也不能直接说前面有一个张芾，我就不能过去。

所以他就跟胡林翼商量，怎么解决这个僵局。胡林翼就讲，看来你跟他好好谈是没戏了，现在这个情况时间拖不起，我们北岸要攻安庆，南岸要做好准备，你再这么跟他耗下去也不行，没有别的路走，咱们只有出招把他弄走。

胡林翼就动用他在北京的一些关系。像这种事情，一般要找什么人呢，找御史，找对这个地方这个人有发言权的高级官吏，让他们旁敲侧击。譬如说让御史出一份奏折，说近来各地剿匪事业都进行得还不错，皖南，据我听到一些反映，说他们不剿匪，军队无纪律，扰民；经济上，这个军营里面账务也不太清楚，请皇帝调查。然后浙江那边，因为张芾用兵持重，不敢往浙江来援助，皖南现在还比较安静，不应该天天株守在那里。北京还有肃顺，我们不要忘了，这种消息他肯定会知道，然后曾国藩、胡林翼，在奏折里面偶尔讲一些皖南地区的负面评价，就这样中央与地方互动，这边一封奏折，到那年八月一号，张芾就被撤销钦差，调往北京另有任用。

也不是说对他有什么惩罚，就是说，很显然，清廷知道你张芾在这里妨碍了曾国藩，可是又找不出你有什么犯错的地方，找不出你不胜任这个钦差大臣的理由，其实你做得还可以。只是国家现在更该重视湘军，所以各种政策都会向湘军那边倾斜，凡是妨碍了曾国藩，妨碍了湘军的，我就给你拿开，请你让路。

这些在曾、胡的年谱里看不见，只有一句话：八月初一日，奉旨张芾撤销钦差，另有任用，调往北京。

通过了这么几个月的运作，曾国藩才往皖南挪进一步，这也就是他为什么迟迟没有进入安徽的一个不为人知的原因。

这就是曾国藩任两江总督之后，在处理人际关系上的一个比较大的举措。其实他们两个人，并没有什么个人矛盾，主要还是资源争夺，皖南的财税，那些厘金的收入。但是也有一个问题，张芾走了，留下的那一万人，给曾国藩造成了负担。你不敢轻易说裁军啊，没裁好的话，都做了土匪怎么办，全投了太平军怎么办？那等于皖南本来比较安静的地方，突然多出一支叛军，怎么办？裁军最大的问题，就是要钱，裁军的时候就不能欠钱了。平时在作战中，欠几个月的薪水什么的，还没问题，而且这也是一个常态。像湘军、淮军，一年十二个月，按道理要发十二个月的工资，但是往往能发出九个月就很不错了，有的只有八个月、七个月。那么剩下的钱全都记在账上，等到裁军的那一天全部付清。所以裁军的时候，你就得将所有的欠款发给士兵。所以这一万多人，曾国藩不敢裁，但是不裁呢，他们毕竟不是湘军，战斗力、规矩，各方面都不一样。重新去训练或者怎么样，也很费事。曾国藩手上已经有一支一万多人的军队了，暂时的情况下，他不需要增加太多。即算增加，湘军也倾向于回湖南募兵。他不希望这么随时随地任何人都可以参加他的军队。所以这一万人，一直是个问题。但是这个问题也解决不了，就一直这样拖着。既然不能裁军，军饷你就得负责一部分。这个时候负担也加重了，本来只要养一万人，现在要养两万人。这支两万多人的军队在他手里，行动起来就更缓慢了，加上又没有什么目标，这是曾国藩进入皖南，进入祁门之后的状况。

2. 祁门患难时

下面再说说祁门。现在当地政府的官方网站上面，是这么介绍的：这里群山环绕，森林覆盖率达到百分之八十以上，被称为“森林王国”。这个地方要是去旅游，甚至去探险，真是非常的不错，风景如画。可是你要驻军在这个地方，就有一个很大的问题。四面群山环抱，中间一块平地，在此地驻军，你怕不怕人家从山上冲下来攻击你？当然，四周有山，可以将它理解为屏障，挡住了敌人，可是这并不是那种不可逾越的雪山之类，敌方花一点时间，花一点精力，还是可以冲进来的。那一冲进来，居高临下，要从下往上攻击起来，就会有很大威胁。当然这只是一个地势问题，重要的是，这个驻扎的地理条件跟湘军的战法严重不符。湘军选择驻地有一个最重要的原则，就是要水陆相依，陆军要和水师形成配合。曾国藩一路上过来，宿松、湖口、建昌，这些地方全都是在水边，不是在长江边就是在鄱阳湖边，都可以跟水师相呼应。接济粮食、运送军械，乃至直接运送士兵，都可以借用水师。一有战事，只要保护住了通往水面的那条道路，几乎就能立于不败之地。

但祁门呢，附近只有一条小河，根本不足以承载水师这样的船队。最近的地方，离长江两百多里，行军的话要三四天才能走到，这还是非常急速的行军。按照湘军三四十里一天的速度，得五天，也就是不可能依靠水师。如果驻扎在祁门，第一没有好的接济，第二四面皆山，在这种情况下被大军包围，那曾国藩这支一万多人的军队，就成了瓮中之鳖，几乎没有生路。可是当初曾国藩为什么要驻扎在这里呢？他一直也没有过细的解释。他只是说到祁门的地理，对于作战不是很好，但是祁门东边不有个徽州吗，一座战略意义很重要的城市。湘军到祁门，接下来就要到徽州，或者不去徽州，但只要徽州能守得住，能挡住太平军，那他在祁门就没有后顾之忧。曾国藩是这样想的。他没有想到祁门这个地方可能成为战场，他只是把大本营设在这里。加上风景也好，心旷神怡，他在行军的路上，日记里都写了很多，就是一路上风景如画，特别烈日行军，中午坐在树荫下感觉非常舒服。

问题是，徽州是不是他所设想的那样，能很好地守住。徽州原来是张芾率军守卫的，现在张芾走了，留下那一万多人，曾国藩安排他们继续守卫徽州。可是他也不太放心，那时李元度从家乡募集了一支军队，正赶往这边，他就想，李元度来了，就安排他的部队作为祁门和徽州之间的一大障碍。过来之后就驻扎在徽州祁门之间，自己在中军营内还是比较安全，而且后面景德镇还有左宗棠的部队在路上，然后鲍超也快要来了，张运兰也要来了。所以现在虽然违背湘军的战法，曾国藩也并不害怕。

可是他算得再好，只要形势一变化，那些计算中的有利因素就全不见了，凸现出来的全是负面效果。徽州有一万人，张芾留下的军队，都驻守在徽州城外，靠东一面。八月七日，李元度领军到了祁门，十四日进入徽州城内，接管了徽州防务。因为没有统帅了，那一万人都不知道将来会怎么样，所以你让他们在这作战，怎么作战呢？当时太平军一来没有怎么打，那一万人就崩溃了。这下曾国藩就急了。按道理，李元度这时在徽州，虽然城外友军已经崩溃了，你守住这个城，太平军如果不攻城，绕过你直接去打祁门，那会冒很大的风险。祁门这边曾国藩的军队可以抵抗他，徽州城的守军有机会可以突袭他，而且湘军还有几支部队正从湖南、江西往这边赶，你守城能守上半个月，太平军胆敢在攻不下徽州的情况下，进入皖南腹地的话，那是自寻死路。这是一个很简单的战术问题，你只要守住这个城，不被攻下，根本不用害怕他围你。但是李元度这个人，书生领兵，不知道怎么突发奇想，听到张芾残留的一万多人崩溃的消息，他竟然出兵去截击太平军的部队。他自己本来只有三千人，二十五日这一天派出一千五百人去截击太平军，太平军本来巴不得你出来呢，你真要守在那个城里不出来，他还真不知道怎么办，既不敢前进，后退也不是办法，你还真把他难住了。这回太平军领军的是侍王李世贤，他是李秀成的弟弟，是一员名将。再说这个新募之军未经训练，加上面对的又是强敌，人数多，又善战，两军一接触，李元度的军队立马就崩溃了。不仅崩溃，城里的士兵也全慌了，不仅是士兵慌了，更糟的是，李元度发现形势不对，跑掉了。

曾国藩在祁门没有接到准确消息，只知道徽州陷落，然后具体怎么陷落的，主将到哪儿去了，他不知道。他开始以为李元度阵亡了，为此还痛哭一场，后来消息不断传来，告诉他李元度跑了，没阵亡，但是李元度又迟迟不到他的大营来报到，他又以为李元度是在路上被乱兵杀了，或者出了什么意外。曾国藩就以主将下落未明，写了奏折，同时，还表扬李元度，说他虽不擅于作战，但是一片忠心耿耿。所以咸丰皇帝还给他下批示，说那还是要赶紧找到李元度，要激励大家为朝廷尽忠。

李元度学问很好，当时也是很有名的诗人、学者。他躲了一阵后意识到不能再躲了，再这样躲下去，除非将来隐姓埋名，就等于世界上没有这个人了。否则你躲的时间越长，再次露脸就越尴尬。所以在外面躲了半个多月之后，李元度回到大营。当然这半个多月，花费也不小，一路上住店吃饭，战乱年代各种消费都高，李元度当时是带着一些军费跑的，把军费也花得差不多了。没钱了，就到了祁门找曾国藩。曾国藩就大怒了，更可气的是，李元度还不承认自己的错误，他说不是我军不行，而是敌军太厉害。也就是说，换谁来都守不住。把曾国藩气的，你三千军队，加上城里面的这些百姓，你如果不去开门浪战，不去乱搞，总不至于三天不到，城就被攻下来了嘛！湘军建军以来，守城守营也没见到这么不禁打的情况。所以曾国藩快气死了，说我实在忍不住了，虽然你是我的小兄弟、好朋友，这么多年来，特别是江西时代你那么帮助我，忠心耿耿、不离不弃，但是我实在受不了你这个做法，我要参奏你。这个参奏，如果写得够重，李元度有可能就被军法处置了。但是现在，最重要的不是怎么去处理李元度，最重要的是太平军继续西进，眼看离祁门就只有几十里了。朝发夕至，马上就到。

为什么这时会有一支太平军突然这样出来呢？先讲讲太平军的战略布局。太平军有一个宏大的围魏救赵计划：南岸部队由李秀成指挥，从皖南进入江西，再渡江而北进入湖北；北岸部队由陈玉成指挥，沿着安徽进入河南、湖北交界，然后南北军合围武昌。不管打不打得下武昌，反正要全力攻击湖北，攻击湘军的大本营、后勤基地、指挥中心，以此让湘军围困安庆的部队回去救武昌。为了不打草惊蛇，太平军故意要绕这么远的路，最终的目的就是解安庆之围。所以祁门、徽州这边的变故，就是太平军围魏救赵大计划的第一步。太平军并不是一定要夺下徽州，行军的目的地不是要攻占祁门，幸亏如此曾国藩才逃过一劫。

曾国藩这时候的困境，几乎没办法解除，他自己知道这一点，太平军大兵压境，突然从这个方向打过来，这个出乎他的意料。这支太平军是由李秀成率领的，李秀成的堂弟李世贤也跟着过来了。李秀成这一次从江苏绕过来，往江西进军，他并不是要来找曾国藩的麻烦，他在此之前听到湖北、江西有一些人要起义，先给他发了信，说请你到这边来领导我们，我们都准备好了，你一来，我们就加入太平军。他估算了一下，大概有五六万人，他就想这一路上过去，把这些人招入麾下，自己的队伍就壮大了。因为太平天国新设的苏福省，就苏州那一块，已经是他的地盘，如果能把江西、湖北这边也打通，有自己的势力，当然就可以壮大太平军的实力。所以他这次的主要目的，是要到江西腹地以及湖北去接兵，会经过徽州、祁门，徽州这么容易攻下，就顺手把徽州拿下。然后听说祁门山里面还有一支军队，他就想是不是也顺手去攻一下，但是他不知道，曾国藩的大营就在里面。任何人都会想到，如果他知道是曾国藩在那里，那他就算停止往湖北、江西往西走，也要在这个地方先把曾国藩给解决了。擒贼先擒王，曾国藩毕竟是湘军的领袖。如果能在这个地方捉住他，或者杀掉他，那接下来是个什么样的情况就说不好了。可是他不知道曾国藩在这里，所以就仓促地攻击了一下，最近的时候，离曾国藩的大营只有二三十里，也就是一抬腿就到了的距离。曾国藩很害怕，在此之前，他就把儿子曾纪泽赶紧从营中送到安庆，托曾国荃护送回湘乡。

接下来就是十月，军情一天比一天紧急。在曾国藩这边，李元度那一支军队没有了，张运兰刚回到营中，而且张运兰刚成军不久，本身的战斗力也不是很强，鲍超又不在曾国藩的身边，曾国藩派他去协助左宗棠了。左宗棠在景德镇那一带防剿，也是新成立的军队，在此之前他并没有太多的实际军事经验，这是他第一次率领军队作战，所以曾国藩派鲍超去协助。这样一来，曾国藩的祁门营中，就没有得力的军队，可是他又不敢随便撤动，不知道现在太平军到底在哪个地方，有没有埋伏，行军的方向如何，乱走乱动很有可能遇到危险。所以他不敢走，防守又不得力，那就只有坐以待毙。在最危险的时候，有半个月以上的时间，祁门与外界不通音信，完全断了联系。跟胡林翼联系不上，跟鲍超、左宗棠也联系不上，跟在岭外驻守的张运兰也联系不上，跟曾国荃也联系不上。那时候是祁门最恐怖的时候。据当时身在祁门的人说，曾国藩的幕府里有很多人惊慌失措，偷偷跑掉的不少，没跑的，有一个叫程桓生的，那个人胆子小，每天在曾国藩的办公室外面，蜷缩在角落里，一见人就说，看来只能死在一堆了，只能死在一堆了。喋喋不休，但是他也没走。走了的，像王闿运，前一阵他刚从北京过来，本来是到曾国藩的营中看一看，哪知道一来碰到这么个情况。据说王闿运也没主动说要走，曾国藩曾经派人说你们晚上去看一看，看王闿运在干什么。有人就回来汇报，说王先生晚上在那看书，一边喝酒一边看书，看《汉书》。曾国藩一听，就跟边上的人说，《汉书》对于王闿运来说，熟得不能再熟了，有必要在这个时候看什么《汉书》吗？他就是在做一个掩护，掩盖什么？掩盖他现在心绪很乱。所以我猜王闿运会走。曾国藩又让人查一查王闿运带来的随从在干什么。底下的人回来汇报，说王先生的随从在不远的地方准备了一条船——因为祁门附近有一条小河。曾国藩说，你看，我就猜对了。

王闿运确实是没等最危险的时候，就走掉了。王闿运后来写过一组诗，叫《祁门杂诗》，专门回忆到祁门曾国藩营内的一些观感。其中有一首是这样写的：“直惭携短剑，真为看山来。”书生带着短剑，这个装束，这个姿势，是要上沙场杀敌的。王闿运既然是到军营来，最初的想法肯定就是要参与到战争中去，当然不一定非要短兵相接，参与谋划也算作战。但实际情况是，一见情况危急，他就跑掉了，所以是“真为看山来”。他就是自我调侃，说本来是想去谋划一下军事，做一做参谋，最后自己胆小，中途跑掉了，等于就是去看了一下风景。

曾国藩针对王闿运这些人的情况，下了一道命令，就说凡是文职人员，你们这些人可以走，凡是愿意走的，每人发三个月薪水，等这边平定之后，你们再回来，我不怪你们。一般的记载，都说曾国藩下了这道命令，大家都很感动，要以死相报，都不走。其实呢，走了不少。像王闿运就是走了的，当然他有没有厚着脸皮领那三个月的薪水，或者领一些别的钱就不知道了。其他也有几个走的，都有记载。至于李鸿章，借着另外一个由头先走掉了，这个后面再讲。也就是说，曾国藩虽然用这一招，表面上是让大家走，其实是想留住大家，可是收效也不是很好。因为这明摆着的，太平军只要一攻进来，就会全军覆没，几乎没有可以应对的策略，几乎没有生还的机会，这是一个死地。

就在音信不通的十几天内，有一天曾国藩终于决定放弃了，他就在自己帐外派了一队亲兵，说如果太平军攻进来，你们不要管我，你们就去拼杀，能杀一个，你们就值了，杀两个，你们赚了，如果还能冲出重围，那更好了。他自己，遗书已经写好了，九月送他儿子回去的时候就带了一封类似于遗书的信，到十一月间，又写了一封遗书，放在身边。然后在前面放一张桌子，上面放一把佩刀，意思是只要太平军攻进来，我不能被生擒，曾国藩不会什么武功，也不会跟人家挥刀相向，那就准备拿这个刀自杀。据说天天坐在这个房间里，等待太平军的到来。幸好鲍超知道这个危急的情况后，带兵飞马赶到，联合张运兰在祁门、羊栈岭、卢村这些地方，击退了来犯的太平军。当时太平军是从东、西和北三个方向，步步包围，就缺南面，南面不好行军，鲍超他们就从南面突破。正如前面所说，太平军不知道曾国藩在这，一看鲍超他们冲过来，一败阵，李秀成就下令撤兵，继续按原计划往西边走，到江西、湖北去招兵。

曾国藩害怕到这种程度，他是误以为太平军就是冲他来的，其实不是，李秀成就是一路上看见有什么城池可以攻占的，有什么军队可以击败的，就顺便打一打。就这样，曾国藩总算逃过大难。

3. 要不要去北京勤王

在祁门危急的这段时间内，不止军事上的困难，还有另外一件事情，就是第二次鸦片战争也在这期间进行，北京那边的情况十分危急，所以北京当时向曾国藩、胡林翼求援，要求他们勤王，派出军队去北京，还点名要鲍超率人到北方。鲍超过去由谁指挥呢？由胜保。前面介绍过，胜保跟湘军的关系，不是说不融洽，简直是恶劣。他根本瞧不起湘军的人，他对官文的态度已经很不好了，胡林翼、曾国藩他根本不放在眼里，要是鲍超调到他的麾下，由他指挥，用胡林翼的话说，这叫送羊入虎口，鲍超一定会被他折磨至死。这是很有可能的，所以接到这道命令，曾、胡都很紧张，很为难。北京被英法联军攻击，皇帝处于危险之中，作为大臣，不要说有没有诏旨，应该是一听到这种情况，就全力赴急，要派军队去勤王。可是实际情况呢，曾国藩自己还被太平军围在祁门，要让鲍超立即北上，说不定勤不了王，自己先被别人擒住了。就算祁门的危难可以通过别的办法解决，鲍超去了，等于是送给胜保，就白白损失了一支精锐部队。可是不去呢，就是违抗圣旨。这还不算，北京要你勤王你不去，在官僚体系里的舆论，士大夫之间的舆论，在全国的舆论，你会处于被批判的地位。这一点曾国藩尤其看重，他很重视别人对他的评价。就在这种两难之中，还是要作出一个决定，而且不能使劲拖，救急如救火，那边都开战了。最后曾国藩和胡林翼两人通信十几次，胡林翼说，还是我带队上去，我去了之后让李续宜替着我，要不李续宜去，我给他做后勤。这边曾国藩说，那还是我去，我带着鲍超去。

胡林翼说要自己去，也言不由衷。这时陈玉成正在进攻安徽、湖北边境，联合了捻军，气势汹汹。胡林翼孤身一人，驻守太湖，幸亏李续宜能来回救援一下，也是自身难保。曾国藩这边如上所述，情形更危急。这两人不管是谁，其实都抽不开身去北京，可北京偏偏下圣旨让他们火速去勤王。对两个人来说，都是一种煎熬。那十几封信里面，每一封都是很多忠心耿耿的话，都说得很漂亮很悲壮。譬如，他们两人都说过，勤王只问怎么去，不应该问当不当去。你只讨论谁去的问题，而不是问是不是应该去、能不能去。去了能成功是好的，不能成功也是要去做的。就是说勤王这种事情，不要问成败利钝、生死存亡，你就要去做。

两个人互相拍胸脯，互相写信，可是没办法，他们实在抽不开身。如果第二次鸦片战争不是那么快就结束的话，再延续这么半年一年的话，那曾、胡这两人，互相通信、互相表忠心，但是谁也不往北京去，这个戏接下来该怎么演，就很难为他们设想。幸亏战争结束得快，很快就签订了《北京条约》，双方停战。在圆明园烧掉之后，虽然损失也很惨重，毕竟战争结束了。在结束之前，其实又有一道新的诏旨下来，咸丰皇帝肯定就想了想，让湘军从江西、皖南这种地方派一支军队上北京，路程也太远了，而且就派几千人，也不一定有多大的作用，毕竟在北京周边，有僧格林沁、胜保上十万的大军，都挡不住英法的军队，再来几千人的湘军又能如何呢？所以他一想，还是不要调动湘军，不然调到北方，起不了作用，反而因此影响了湘军在南方的作战。调动湘军来北京勤王，只有弊，没有利。等到不必勤王的诏旨一下，曾国藩、胡林翼这才真正地松了一口气。这个事情对他们精神上造成的困惑和压力，应该远远大于实际战争中被太平军围困所带来的困惑与压力。

最后是鲍超将曾国藩解救出来，虽然被解救出来，但是曾国藩在一段时间内仍然不愿意离开祁门，当然这一次不愿意离开祁门，就不是前面提到的那个理由，我守在祁门，前面有徽州，我可以慢慢向东推进。是什么新的理由呢，曾国藩觉得我作为主帅，选择了祁门作为驻营的地方，作为指挥中心，虽然很多人说这个地方不适合做指挥中心，事实也证明了，一被攻击，指挥中心就像瓮中之鳖，很危险。但是我要是就这么移营的话，放弃祁门，显得我不够持重，容易动摇。所以曾国藩继续留在祁门。

这又引来一番曾国藩跟其他人的书信往来，大家都劝他，你往江西退一退，或者你移到长江边上的东流，不要再待在祁门了，很危险。曾国荃、胡林翼、左宗棠，几乎所有的人都劝他。曾国藩说不行，我是两江总督，我应该往东边去，把我的辖地一片一片解放出来，我怎么能往后退呢。你让我退到江西，这怎么行呢？皇帝让我往东边去，我还能走着走着往后面退吗？让我到东流，那个地方临着长江，我又不是一定要作战，临着长江就好逃命，对不对？那人家会笑话我。反正他就把这些理由一一反驳，纯粹是犟劲上来了。这些反驳的理由，没什么道理。他的一名幕客欧阳兆熊，就跟他讲，你不要再说什么两江总督就该在哪，就该往前，怎么怎么样，现在两江总督的驻地，已经被太平军占领了很多年了，两江总督的办公地点也移了很多次了，以前两江总督何桂清常驻苏州，后来又说要去常州，办公地点移来移去。你是两江总督，你的地点也应该移来移去，你所到之处就是两江总督的办公地点，就是你的督署。你在祁门，那两江总督的督署就在祁门，你去东流，督署就到了东流。没人说你到了祁门，督署就永远在祁门。你现在纯粹是跟大家较劲，你觉得你在祁门被围了，面子上过不去，因为你对形势，对地理的判断错了，所以就是想向大家表示我不怕死。但是你一个总督光不怕死有什么用呢？现在当务之急，是长江北岸的情况那么危险，安庆之围会不会因此动摇，能不能围下去，这是你的当务之急。你要跟胡林翼两人合作，把这个事情做好，所以你到东流，离水近一点，不管是粮食接济，还是跟长江对岸通信，都要方便很多。比起你在祁门，不可同日而语。

欧阳兆熊这个人是曾国藩很好的朋友，曾国藩年轻时上京赶考，有一次差点病死在客栈里，就是他精心照料曾国藩，给他配药，给他瞧病，才让曾国藩缓过来，可以说有救命之恩。这会儿他就是以朋友身份——虽然惯称欧阳兆熊是他的幕客，但欧阳兆熊自己总是说，我不是曾国藩的幕客，我也不领工资，我就是他的朋友，到他的营中去看一看他。而我要是做了他的幕客，或者他手下的委员，那我说话就不自由。——把曾国藩狠狠地驳斥了一通。最后曾国藩想了想，再这样耗下去也没意思，所以他同意移营到了东流。

此外，关于曾国藩、胡林翼是否应该派兵勤王的问题，有一种仅供参考的说法。曾国藩找了李鸿章，说北京来了一道诏旨，让我派鲍超去勤王，怎么办？李鸿章说，根据我的观察，与英法的战争延续时间不会太长，没多久就会结束，犯不上派兵过去，不用去，敷衍一下就行了。曾国藩、胡林翼就听了他的这番话，敷衍皇帝，实际上没有派兵，最后的事态发展，果如李鸿章所料，很快《北京条约》签订了，北京的中外战争就结束了。

这个说法在事实上是靠不住的。我们知道，李元度在徽州失守，那是八月份的事情，然后他在外面躲避了十几天，回到大营，曾国藩把他骂了一通，非常气愤。但是李元度还不服气，为自己辩解，不承认错误，曾国藩更加生气，他要写一封奏折，参劾李元度，措辞很严厉，真要把这份奏折写出去的话，李元度将有性命之忧。当时为曾国藩起草奏折的，第一支笔就是李鸿章，李鸿章和李元度的关系还可以，但是也没好到一见李元度有什么问题，李鸿章就要拼身家性命去保护他的程度。可在这个事情上，李鸿章突然发飙，他说这个奏折我不能写，你这样对待李元度不公平。曾国藩觉得，犯不上这样啊，李元度这个事情我们都看见了，他自己不懂兵法，“浪战”，然后徽州失守，导致全局被动，现在还不认错，不处罚他怎么行呢。李鸿章也讲不出很好的反驳理由，但他就是说我不起草。曾国藩也生气了：那你不写，我自己写。李鸿章这时又加一句，那你真要写我就走了。曾国藩也实在受不了了，跟他讲了句，“听君之便”，你爱走不走。李鸿章就在这种情况下，离开了祁门，回到了南昌。

在他走了之后，北京要求调鲍超的命令才过来，也就是说，曾国藩再要找人商量，如何应付北京勤王的诏旨，他不会找李鸿章商量了。所以说，前面讲李鸿章给他出什么主意之类的，在时间上，不符合实际的情况。另外一点，李鸿章以他当时的素养，他对于中外战争，对于恭亲王在北京如何周旋，对于英国人法国人在外交上的一些技巧，他并没有很深刻的认识。尽管李鸿章在未来是搞洋务的大佬，但是那时的李鸿章，对此还是没有什么认识的。他对洋务的认识，要等到离开曾国藩、率领一支军队去上海，创建淮军，在上海与英国的军人，与英国的外交家有了接触之后，他才渐渐地培养了自己对洋务的见解。这也有证据，他刚到上海，跟曾国藩通信，曾国藩曾经问他，现在到了上海华洋杂处，跟这些洋人交往的时候，你有什么对策。李鸿章回信说，我没有什么，我就跟他们打痞子腔。这是李鸿章自己讲的。当时曾国藩就严厉地批评了他，这时是李鸿章已经去了上海，是初期他对外国人的见解。也可以用来说明，他在祁门，在江西这一段时间，不可能有那么准确的预测。也就是说李鸿章劝曾国藩，劝胡林翼敷衍去北京勤王的号召，是不太可能的。

三、胡林翼英年早逝

1. 武昌危急：胡林翼的烦恼

南岸的情况那么糟糕，那么尴尬，幸好渡过难关。北岸情况也很不好，在这同一个时间，胡林翼经受了巨大的压力。事态严重损害了他的健康，没多久他就逝世了。早在陈玉成在北岸大举进攻的时候，咸丰十年（1860）五月，胡林翼就提醒各位同事，一定要小心太平军用围魏救赵的方法，来为安庆解围。太平军用这种方法，当然也不止一次了。当年为了解九江之围，太平军猛攻湖北；最近的这一次，太平军虚攻杭州，然后打了一个回马枪，解掉天京之围。这都是太平军善于使用这种战法的绝佳例子。俗话说吃一堑长一智，太平军用了这么多次围魏救赵，胡林翼不能不心生警惕。所以这年五月，他在布置全局防守的时候，就这样讲，当时曾国荃正在围困安庆，胡林翼告诉他，太平军如果未来分出七八路兵，来骚扰安徽、湖北，这也不是不可能的。为什么要分七八路兵呢？就是要迷惑我们，让我们不知道他到底想干什么，太平军的力量，现在整个的形势，决定了他们有能力做到这一点，将来很有可能发生，这么多支军队一起来进攻安徽，进攻湖北，可是我们不要慌。安庆你继续围，因为围安庆，曾国荃已经没有后顾之忧。多隆阿、李续宜，两支军队各有万人，就是为了保护他在安庆的围师不受骚扰，这是第一；第二，我胡林翼也不慌，他就算有七八路，但是我在安徽、湖北边境，只要守住三个地方就够了，一个是大桥头，一个是霍山，霍山就是前面介绍过的天堂那个战略要地，一个就是黄州。天堂在安徽，大桥头在安徽、湖北边界，黄州就已经进入湖北境内。这三个地方为什么那么重要？防守住了的话，太平军从安徽这边就进不了湖北，那他就要绕道河南，从湖北北部进入湖北，然后去攻击武昌。但是从那条路线进军，第一是路途不怎么好走，第二是太平军就变成了孤军深入，即算进到湖北，也容易被围攻。所以胡林翼说，曾国荃你别慌，我也不慌，我就守住这三个地方。所以他当时的战略部署就是这样，曾国荃大概有一万五千人，围住安庆；多隆阿一万人，李续宜一万人，为曾国荃的围军保驾护航，胡林翼派了一万人守住刚刚讲的三处要地，他自己就将指挥中心从湖北黄州移到安徽太湖，离前线更近，指挥起来更方便。他的指挥中心人不多，有一千人，他觉得有这么几路布置，只要每个地方都能依计行事，太平军就是来七八万军队，分出七八支，各处来骚扰，也不能突破他的防守。

到了十月，陈玉成就第一次来救安庆了，他这一次就想试验一下，他会同捻军，直接在安庆、桐城之间寻求突破。这个地方恰好就是多隆阿、李续宜驻军的地方。多隆阿是有固定的营地，李续宜随时接应，两人的配合是一动一静。陈玉成先去攻击多隆阿，多隆阿的军队是很强的，陈玉成被他打败，随后李续宜又赶到，两人联手再次将陈玉成打败。从这呢，陈玉成就得到一个教训，直接去攻击安庆的围军，没什么效果，自己反而损失惨重。尽管知道胡林翼已经预防了他的围魏救赵之策，可是他还是不得不硬着头皮继续去执行，这就比较有趣。两个人都是明人不说暗话，好像陈玉成说，我就要用围魏救赵的计策，我现在要打湖北了，我要去攻打武昌，而拿下武昌，你就得撤安庆的围兵，你就得回来救武昌。胡林翼说，我就知道你想这么干，我现在在湖北、安徽附近布下重兵，碉堡建得又多又坚固，我就等着你来，我看你到底能不能打到武昌。当然他留着一句话没说，你就算打到武昌，我也不撤回安庆的围师。也就是他从根本上否定了围魏救赵的计策。那么真正较量的就不仅仅是智谋，不仅仅是战略，而是看双方的执行情况如何。

胡林翼做了防守，但是这个防守牢不牢固呢？陈玉成要攻击湖北，那你的冲击会不会有事先预计的力度，到底能不能达到那样的强度？这个才是未来援救安庆之役的看点。

咸丰十一年（1861）二月，距离上次直接攻打安庆外围没多久，陈玉成又联同捻军著名的首领龚瞎子（即龚得树），一起攻打湖北。余际昌是胡林翼手下的大将，他守卫的地方叫松子关，他原来在这一带作战过很多次，也曾经参与天堂骑兵之役，当时是天堂骑兵的一部分，从山上冲下来，大破陈玉成。可是这次他守松子关，也不知是轻敌，还是自己不能独当一面，反正很轻松就被陈玉成给突破了。他驻守的这个地方，就是胡林翼安排的湖北边境线上，所谓坚固防线的一个要点。他这一点被突破，作为防军的一万多人，立即陷入被动。紧接着太平军和捻军的联军，就攻破了英山，也是两省交界的一个要点。胡林翼在太湖，这个时候太平军攻破了英山、松子关，也就已经绕到他的身后。他的身后就是湖北。攻破英山之后，二月初七，陈玉成攻到了蕲水，打败了防军。第二天，陈玉成搞了一次“兵不厌诈”，让太平军换上了湘军的头巾、战袍，去攻打黄州，当天就把黄州拿下。当然这种计策之所以能成功，其实也是因为当时湖北人心惶惶、兵无斗志。我们讲过，湘军是有口令的，你光换了衣服，对不上口令，也没有用。就这么从蕲水直接赶到黄州，当天就把黄州拿下，这肯定是黄州守兵已经没有斗志了，人人惶恐，才出现这个情况。

黄州被拿下之后，武昌就等于没有防备了，长驱直入，一两天内太平军就可以屯兵在武昌城下。所以武昌大震，武昌的守兵不足三千人，按胡林翼的话讲就更夸张，“黄州以上无一兵一卒”，“黄州以上”就是武昌，他说武昌没有一兵一卒，这三千人虽然是说叫武昌防军，其实这肯定是没什么战斗力的队伍，或者是在武昌训练的，或者是养伤的，从前线轮换下来的，应该是这么一些人。因为整个湖北的精锐部队，全派到了安徽省，多隆阿、李续宜，这是一支精锐部队，另外一支鲍超，现在分给了曾国藩，在长江南岸。所以武昌的防守部队虽说有三千人，其实等于没有。这三千人绝对挡不住陈玉成这样的将领。这个道理，武昌城内的人都知道，所以人民就纷纷逃窜。因为武昌失陷过三回，武昌的市民对此记忆犹新。现在是咸丰十一年（1861），五年前，这个城市连着陷落了三次，刚恢复了一点，但是现在这个情况，那个噩梦一般的记忆又回来了。听说太平军占领了黄州，很多市民就开始逃难，这一逃引得官吏又逃了不少。还不仅仅是一般的官吏，直接属于胡林翼的军事系统的一些官吏，如粮台，军需总局，像这种关键的机构也跑了不少人。粮台的负责人是阎敬铭，阎敬铭一见局势变成这样，又气愤又羞愧又绝望，因此就自杀。幸好自杀未遂，胡林翼给他写信，说你也别气了，你当然也不懂军事，让你去防守也不行，要是没有机会，你也到城外去躲一躲。因为这时候，让胡林翼立即去救武昌，他还真救不了，要救就得将安庆那边的军队调过来。当然他后来调了李续宜回来，但是也就调了李续宜一支部队。湖广总督官文，胡林翼的兄弟，前几天他还在城里指挥防守，后来一见形势不对了，他自己也躲到城外，号称到城外去布防。这个到城外去布防，就有点像胡林翼初出茅庐刚到武昌时一样，也是在城外布防，不敢入城。因武昌城易攻难守，如果太平军真的来攻城了，武昌被攻陷过三次，这第四次也很有可能又会发生同样的事情。所以待在城外要安全一点。

当时胡林翼的妻子在武昌，从兄弟那边过继来的儿子也在武昌，听到这个情况，赶紧"下河"。曾经有人把"下河"理解为他们母子去自杀，这是错误的。"下河"是下到船上，但是没有开船，就待在那艘船上，在武昌边上，只等情况不好或者太平军开始攻击武昌，甚至武昌已经被攻陷，就赶紧坐船跑掉。

武昌就是这么个情况。更严重的是，胡林翼身边这一千人，绝大多数士兵的眷属都留在武昌，现在武昌变成一个不设防的城市，而胡林翼又拿不出援军去救助武昌，太湖营中立即怨声载道。虽然不一定敢指着胡林翼的鼻子骂他没有人性，不近人情，但是这些怨言，胡林翼还是能听到。人家的眷属在武昌，尽管他是很基层的士兵，他要发出这样的怨言，那也是情有可原的。你作为统帅，也不能去指责他。这么一来，军心就乱了。所以胡林翼没办法，仅有一千人，就从中拨出五百人，让他们去帮助防守武昌。其实能够想到，这五百人防守不了什么，他们更多的是去看看家眷如何，赶紧安顿一下家里。你要指望这五百人能防住武昌，是不可能的。

情况如此紧急，胡林翼一筹莫展。前面说了，他知道这是太平军的计策，可是这个计策越来越逼真，还是会对他造成压力。真把武昌拿下了，你身为湖北巡抚，既然驻兵在安徽，知道的以为你是督促安庆的战争，在那里督战；不知道的可以理解为你弃城逃命了。城在人在，城亡人亡，是地方长官的天职，在清代是有这样的规定，失守城池是一项重罪。你是湖北巡抚，武昌是湖北的首府，首府被攻打的时候，你不在城里，你明明有军队可以调控，从理论上说，安庆那一带的几万人精锐部队，你都可以调控，你不调动军队来防守武昌，你在安徽打什么安庆？人家如果以此来告你，你胡林翼受不住的。这是一个让他着急的地方。更着急的地方是，武昌真被太平军占下，而且太平军如果能守得住的话，再调一批兵力过来，如果李秀成也渡江到了湖北的话，太平军就可以中途变计，他不再是围魏救赵，他把武昌占领之后，将湖北的战果巩固下来，在湖北进行经营，就像对苏州一样，他这样做的话，安徽的曾国荃、多隆阿、李续宜，就变成孤魂野鬼了。因为湖北被太平军占领，并巩固下来，安庆支持一会，捻军再从北方下来的话，那安庆围军岂不是被反包围了？没有根据地了，湘军就变成孤军了。这个更让胡林翼感到害怕。本来人家跟你玩围魏救赵，突然玩到一定程度，人家不玩围魏救赵了，那你的下一步怎么办？

现在，胡林翼不知道接下来这个戏将如何上演，他不知道到底会如何发展，手头现在也没有可以应变的棋子，唯一的一招就是不得不调李续宜过来。按照他原来的设想，李续宜这支军队也是不能抽调的，就得让他在安庆边上待着，但现在情势危急，逼得他不得不调李续宜过来。这个时候，一定要趁太平军立足不稳，派一支精锐部队来攻击太平军，争取把他赶走，所以要调李续宜过来。但是李续宜过来也要时间，一路上他还要不断地面对各地的太平军，因为太平军从安徽打过来，一直打到武昌，在路上很多地方都留了军队。李续宜过来，一路上也要经受他们的骚扰，需要时间。

在这种焦急的过程中，胡林翼已经病了五个月了。他自己描述病状："面色如白纸，神采如槁木，两鼻孔日夜翕张，盖喘息粗而神明已竭也。"据说这是很严重的肺病的症状。当时他的幕府中有一个叫陈澜的，还有一个叫张曜孙的，对于医道都很精通，给他提的建议，除了吃药之外就是多休息。可是胡林翼这时哪能休息，休息不了啊。尽管他自己也明白这个道理，他说"生死之际，如倦极思得一睡"，就是太累了想睡觉。这是他每天在病痛中的感觉。但是将来他引申为生死，活着呢就是醒着，死去就是睡着了。他说倦极思睡，也就是说我现在太累了，我活得太累了，我还不如去死，死了我还能够舒服一点。他向左宗棠、曾国藩都表达了这个意思。跟左宗棠讲，“处烦恼之地，得隐逸之病”，“欲生不得，速死不能”。

他这个时候非常的悲观，一个是形势确实太危急了，第二个病得太重，而且这些都不仅仅是战争能解决的问题，更多的是精神上的压力。

当时，湖北籍的士兵，在湖北做官的，特别整个武昌城内的，都在骂他。你是巡抚，我们是你的手下，我们每天给你做这么多工作，你平时对待一般的官吏，又那么严格，要求很高。——胡林翼的性格也不是特别好，特别在咸丰十年、十一年之间，当他在黄州的时候，经常有新上任的官员，要到黄州去，听他训话，跟他见面后再回武昌。他在心绪不好的时候，这种官员来一个，他就痛骂一个。他自己有时候都觉得骂得不好意思了，就跟布政使说，这段时间你不要派官员来见面了，你就直接安排他们上任就行了，我最近脾气太不好了，连续骂了几个，事后我觉得很不好意思，可是我一见到他们，又忍不住。也就是他会把这些候补、新任官员当作出气筒，因为他骂别的人不好骂，将领不能骂，一骂就乱了；身边帮你做事的这些幕府的人，那更不能骂，都是读书人，敢这样骂的话，那身边就没有人了；跑前跑后的亲兵也不能骂，所以好不容易从武昌来几个人，他就骂。当然他也知道这样不对。可见他平时给他的手下，给武昌那些官员，造成了一个很严格的印象。当然他也是很有才能，大家也很佩服他，不佩服他一般就不会让他这样骂来骂去，被他骂了之后还要继续好好工作。可是这一回，武昌就这么一个空城，你既然不拿出措施来保卫这座城市，保卫我们这些官员，面临生死抉择的时候，大家就骂他了。这些话也传到了他的耳朵里，胡林翼只有苦笑，这种情况没办法解决。他就笑自己，笨棋不顾家。下围棋，笨，下得不好，一心一意去攻击别人，但是自己棋盘上的防守呢，做得很差。

2. 陈玉成的烦恼和李秀成的小算盘

当胡林翼感到几乎要绝望的时候，他不知道，陈玉成也有自己的烦恼，他也碰到了麻烦。太平军二月八号打下黄州，二月十二号，就有一个英国人找到了陈玉成，这个人是英国的外交官，叫巴夏礼。他和英国海军提督何伯一起来到武昌，何伯还带了几只军舰，就停泊在武昌城外的江面。巴夏礼去找陈玉成，主要的议题就是警告他不要进攻武昌，就算要进攻的话，武汉三镇里面的汉口，绝对不许打的。你可以打武昌，可以打汉阳，但是汉口，不能出现太平军的一兵一卒，否则你就损害了英国在华的商业利益，那你就是与英国为敌。陈玉成对此就有些害怕，从后来的事实来看，他应该是接受了这个意见，没有继续进攻武昌。当时他的大军有五万多人，真要去打武昌的话，破城指日可待。

那么大家就有疑问了，就一个英国人，说这么几句话，陈玉成就要把他预定的战略全部改变了吗？要回答这个问题，我们要讲一讲太平天国的外交。

太平天国和英国曾经签订过类似于今天所说的友好条约、互不侵犯条约，或者是中立条约。双方商定：太平军不会为难在中国境内的英国商人，也不会去进攻英国租界所在的地区，譬如上海。李秀成曾经尝试打过上海，但是最终也是因为上海有很多租界，外国人强烈抗议反对，甚至威胁要跟太平军开战，他最后也是半途而废。所以陈玉成听英国的外交官说，汉口有英国人的商业利益在里面，不能进攻，他就停止了进攻。这不仅仅是他个人的决定，这也受制于太平天国与英国签订的这种条约。但是英国对于交战双方并没有一定要维护谁、一定要打击谁的意思，他的官方态度保持中立，你们双方怎么打，这个我不管；同时跟双方还要做一点生意，卖一些军火，卖一些粮食，帮着做一做运输，做一做商品贸易。

譬如安庆，直到咸丰十年（1860）的四月，还能够得到英国商船的救济，就是往里面运粮食，当时封锁江面的是湘军的水师，杨载福就不知道该怎么办，也不敢贸然攻击，一打就出事了，万一惹出中外战争，那怎么办？所以他就向曾国藩报告，曾国藩听到这个情况也很头疼，围城最主要的就是断接济，粮食渐渐吃光了，这个城自然就守不住了，可是要是有人不断地往里面运粮食，那我在外面围就是白围了，围多久都没用。所以曾国藩很头疼，想了很久，想出两招，第一招是告诉杨载福，说你不要开炮，但是你死也不能让他们再把粮食运进去。毕竟他是商人嘛，他是来跟太平军做生意的，并不是太平军的友军，我们还是有办法对付他，你要对他行贿，就是你给他送礼，去拜访他，要很客气。而且，船上的粮食要不计成本予以收购，他说一石五两，你就按五两买下来，他说太平军愿意出十两，你就按十两一石给他买下来。把这些粮食全部收购，贵是贵了点，但是没办法，这是第一招。第二招，赶紧写信给北京，写给恭亲王，因为当时已经成立了总理各国事务衙门，专门处理外交事务，恭亲王就是这个衙门的一把手。曾国藩要恭王转告各国大使，此后严禁本国商人向安庆输送粮食。如果再有往安庆输送粮食的，湘军水师就会发动攻击，那个时候，对各国就不担负保护的责任了，那是你商人咎由自取。

第一招是权宜之计，四月间往安庆运粮食的商人，听说湘军有这样的条件，就答应了把粮食转售给湘军。第二招效果也不错，当然第二招能够取得这样的效果，跟第二次鸦片战争已经结束，中英、中法、中俄、中美签订了条约有很大的关系。这些条约，也是不平等条约的一种，主要的内容是多开几个通商口岸，其次赔偿军费。现在清政府控制的地方还是比太平天国要多，所以英国觉得跟清政府和好，更有利可图。再加上太平军控制的地方，严禁鸦片贸易。而清政府就承认这种贸易是合法的，当然没有官方非常正式的文件，但是各地对鸦片贸易抽税，这当然就是一种承认。

在第二次鸦片战争签订的《北京条约》里面，汉口是最新开放的一个通商口岸，因此巴夏礼、何伯到汉口，路上找到陈玉成，并向他劝说，不要进攻汉口，甚至是警告不要进攻汉口，原因就在这。

而陈玉成受制于太平天国的外交政策，不得不考虑英国朋友的意见，这才停止攻打武昌。除此之外，还有一个原因，武昌易攻难守，太平军能打下武昌，但是守不住。特别在现在，陈玉成没有把握在打下武昌之后能守住。第一，光打下武昌不行，要是一座孤城，你一进去，人家就围着你，那你就等于自己送上门去，做人家的靶子。你得控制了武昌府以及周边的一些地区之后，才好稳当地控制武昌。仓促之间，陈玉成也没有把握。第二，武昌的攻防，关键在于水师，太平军这时几乎已经没有水师了，它的水师已经被湘军摧毁得差不多了，也没有恢复水师的计划。包括太平军这一次进军，只有陆路行军，并没有水师，李秀成部队如果按原计划，通过江西然后渡江到湖北，跟他会合，说不定为了这么好的一个机会，攻打武昌也是可行的。只是陈玉成迟迟没听到南岸的消息，只好在武昌附近徘徊，思来想去不知道如何是好。就这样等待了一个多月，武昌周边的城市都打下了，唯独不敢打武昌。

前面说了，武昌危急还是让胡林翼、让湘军特别紧张，所以各路援军也源源不断地赶回来。像李续宜的军队，像湘军的水师也派了一部分，来防守武昌城外的江面，还有清军的马队，也从前线调了一批回来。时间越拖，就连武昌也不一定能打下来，所以在犹豫了很久之后，陈玉成决定留下三万人，驻守各座占领的城市以及在湖北活动，自己带两万人又回安庆，去看一看，撤掉李续宜之后是不是有机会打入安庆的包围圈。当陈玉成从湖北撤兵，再折返安庆的时候，李秀成的军队一路打来，也打到了长江岸边。

在咸丰十一年（1861）五月，李秀成渡江，很快从南面推进到武昌边上。可是李秀成也没有去进攻武昌，前面讲的陈玉成的顾虑，李秀成都有。而李秀成之所以不打武昌，还有一些他自己的原因。第一，从敌方来说，这会儿清军各路援军已经都到了湖北，有的在布防，有的在收复失地，有的扼要驻守，这个时候开战，对于李秀成来说有问题。他是从湖北、江西新招了一大批人马，这些人马多是当地土匪出身，未经军事训练，让这些人立即与精锐的敌军作战，胜算不大。第二，李秀成此行本来的目的只是为了招兵，招兵的同时还可以找一些钱，他主要是为人为财而来，他并没有做好真正去攻打武昌的准备。第三，他挂念苏州，那是他的根据地，他虽然还是天王洪秀全麾下的将领，但是现在毕竟有了一份自己的产业。他挂念苏州，希望在浙江取得更大的成果，一是浙江有财富，二是控制住浙江，对苏州又是一个好的屏障。所以他也急于赶回浙江，去攻打杭州，他的心思不在这边，他对安庆没有什么可留恋的。安庆是陈玉成最关心的地方。他们可能没有像湘军像曾国藩、胡林翼那样，十分深刻地认识到安庆的战略地位。李秀成对于安庆，乃至对苏州这些地方的取舍，关注的程度，更多出于个人的情感，或者个人的兴趣。因此他没有打武昌，他看陈玉成先已经撤兵了，所以待了没多久，他也率队伍原路返回。经过江西、皖南，回到江浙地区，专心致志去经营自己的一亩三分地。

对于这一次长途远征，南北逼近，一开始不得不佩服太平天国将相之间这种谋划的宏远，非常的有创意，包括他们这些人的能力。但是，在执行过程中，不得不批评，陈玉成、李秀成两个人都有错误。陈玉成的错误，就是没有当机立断，直接攻下武昌。但是他的错误似乎可以原谅，毕竟太平天国与英国之间，在当时没有翻脸，如果因为军事行动破坏了与英国的关系，对于太平天国来说，不是一件好事，英国毕竟是一个强大的敌人。更重要的是像前面所分析的，要是李秀成准时赶到，或者也很坚决地表示会师武昌，或许陈玉成更有信心去迎接一个未知的局面。也就是说他不听巴夏礼的，或者，我不打汉口，但一定去打武昌。如果这样的局面出现，湘军乃至整个清军，乃至整个东南局势，绝对会大不一样。可是李秀成没有这样做。正因为这一次战役，太平军的劳而无功，导致很多人在评价这两个人的时候，就存了褒贬，批评李秀成的更多。

批评李秀成，一个是他因为私心杂念太重，光顾着自己的苏福省，就没有想到安庆的地位那么重要，没有想到要好好地配合陈玉成去援救安庆。第二，也跟他最后被生擒露出投降的意思有关。当然具体到安庆之役的解围，我认为李秀成确实要负很大一部分责任，不管是他主观上的原因还是客观上的原因。他的失误很多，第一个失误，就是在祁门没有捉住曾国藩，半途而废，虽然他自己在被捕后说他当时不知道曾国藩在祁门。可是作为一代名将，情报工作没做好，一直到跟对方开战了，还不知道对方的统帅是谁，对于李秀成这种将领来说，那是很难想象的。你都不知道你的敌人是谁，就去作战，未免轻率了一点。所以不管他知道还是不知道，没有在祁门进一步地开展行动，这是他的失误。第二个，就是他没有及时渡江，当陈玉成在二三月间还在湖北的时候，李秀成依他行军的路程，绝对可以先行渡江，会师湖北。但是，我们讲了，表面上是南北并进，执行预定计划，其实他是因为湖北、江西有人给他私下写信，说我们这里有人有钱，想加入你的队伍，他是过来接受这些的。所以一路上这里要接一下，那里要接一下。包括咸丰十年（1860）末，他还要避开战事，要去过圣诞节，在那个关键时刻，正是陈玉成在湖北血战的时候，虽然隔着长江，但是我们不相信李秀成不知道一点江北的消息。但就在这样的情况下，他继续从容地去收钱，去招人，去度假，没有在适当的时间出现在适当的地点，做正确的事。这个也是应该批评的。如果他一直是这样的话，那么，剿灭湘军的最精锐部队的三河之役就不可能出现。他那个时候能够做得那么准确，其实这一回是比三河之役更关键的大型战役，他却失去了机会。在旁观者看来，是很可惜的，而对于太平天国来说，包括对他自己来说，简直是不可饶恕的。

3. 胡林翼之死

与攻克安庆同等重要的大事，是胡林翼之死。此前，咸丰十一年（1861）五月，胡林翼在太湖已经病得很重，各路人马纷纷劝他，不要再留在太湖。第一，战区里很危险；第二，当地医疗条件不好，不利疗养。大家劝他回武昌。那时候，湘军各路攻势都不错，各路湘军按部就班，各就各位。胡林翼作为总指挥，不在前线，回武昌休养，对大局无害。

因此，胡林翼决定回武昌。归程途中，曾国藩在一个叫香口的地方等他。曾国藩那时已经移营到了东流，在长江南岸，乃渡江而来，与胡林翼在北岸，停船三日，畅谈未来的大计。具体所谈，应该也就是攻克安庆之后，湘军再往东，怎么去打南京，怎么去援助江苏、浙江，就是这样一些问题。其时，胡林翼咯血很厉害，跟曾国藩在船上交谈，时不时就得停下来，手帕擦一擦血迹。曾国藩看见了，心疼得很。当时天气热，咱们知道曾国藩有一个癣症，越是天热，越发作得厉害。他在心疼林翼之余，还讲几句笑话为林翼宽心。他说，润兄咳个不止，我则挠个不停，相较之下，我更狼狈一点。

这是两人最后一次见面。胡林翼回到武昌，咯血的毛病就慢慢地消失了，但是咳嗽加重了。他当时已经休假，可是每天他还是忍不住想看一看各路的文书报告，看上一两行，咳嗽大作，看不下去。夜里要睡觉，刚一闭眼，就又咳嗽起来，咳得整夜都睡不着。他不禁感叹，“欲耽半夜之美睡亦不可得，而百年之美睡又不即至，吾命穷矣”。想睡个小半夜的觉睡不好，可是想长眠，也不可得，欲生不得欲死不能。这也是前面讲过的，他描述自己病情，就这么拖着。到了七月份，安庆克复的消息传来，不久咸丰皇帝在热河病逝的消息也传来。八月二十六日，胡林翼逝世了。

胡林翼病逝后，曾国藩就写了一封奏折，专门叙述他的功绩。主要是说两种功绩：一个是战功，这在当时的情况下是最重要的。首先是克复武昌，当时胡林翼自己是无兵无饷、无官无幕的情况下——前面介绍过，虽然他已经是巡抚，可是巡抚号令不出三十里，然后没有粮饷，要到自己家运一些粮食过来，才能勉强供给下面的军士，发不了钱，导致在奓山因为欠饷军队溃散。在那种情况下，他还是克复了武昌，这是他的第一项军功。接下来就是破九江，九江是李续宾破的，但是李续宾当时接受胡林翼的指挥，军队的粮饷、后援后勤的支持也来自湖北，所以这个也是胡林翼的功劳，这是东南一大转机。第三项，是最重要的也是最辉煌的，就是攻克安庆。就在克复安庆的第二天，曾国藩在写给北京的捷报里面就已经讲了，运筹帷幄、主持大局，第一功臣就是胡林翼。所以胡林翼的武功方面的事迹就有三条。

还有两条是“文治”方面的。曾国藩说，第一，人家只看到湖北一军将帅之间非常的和睦，情同骨肉，但是不一定知道这一切都是因为胡林翼在背后苦心调护。将帅之间要是不和的话，对于整体的战略就有很大的损害，而到今天能够克下安庆，取得这么大的战果，这么辉煌的胜利，就是因为各路将帅都听从安排，然后在具体的作战中能够互相支持。确实，不仅仅是安庆围城这一役，在整个防备太平军围魏救赵的战役中，湖北包括曾国藩手下的各路将帅，都是表现得不争胜败相救，都表现得很不错。这一切，他都归于胡林翼的功劳。第二，表扬胡林翼综合之才冠绝一时，做地方行政长官的才能，天下第一。具体的特点，当然就是善于发动财政改革，然后湖北一省的收入增加，让湖北官吏的面貌焕然一新。曾国藩说这是“每于理财之中，暗寓察吏之法”，就是把吏治和财政很好地结合起来，体现了他独步天下的才能。

这是曾国藩总结的胡林翼的三大战功，和两大在背后长期经营的事迹。正是因为胡林翼的这些努力，才将一个战乱之后残破不堪，人人都对这个省份失望，没有谁想去做湖北巡抚的湖北，改造成一个富强可宗的强省。

曾国藩的总结当然是很全面的，但是胡林翼这个人，才大如海，才能极高，就这样一个人，他还有求贤若渴，求才唯恐不及的一面，自己才大，但还是积极于求才。我觉得这是他得以成功，与他人相比较最不一样的地方。不是说别人不求才，而是胡林翼的求才之行，在当时远胜他人。而特别重要的是，他自己就是一个才能很高很大的人。比如李鸿章，李鸿章的才能，如果不是那么严谨地比较的话，我认为跟胡林翼有的一比，两人处理各种事情，处理各种关系的能力，都是非常强的，都敢于突破成规，在制度各方面敢于做一些创新，为了把事情做好，甚至可以不择手段。这两个人都有这样的特点。相比较呢，曾国藩还比不上这两个人。可是李鸿章之求才，和胡林翼之求才，是两码事。曾国藩在私底下说他最佩服胡林翼的，是胡林翼的“进德之猛”，就是进步的速度太快了，力度太大了，自己比不上；放到古今名人伟人之中，也很少见。当然他这句话说得很含蓄，说胡林翼在中年以前，尤其是在出任贵州的知府以前，他与胡林翼是两路人；哪知道在湘军这个大组织里面，两人互相切磋，互相接触增多之后，他发现胡林翼好像换了一个人，那些聪明那些才能依然在，但是胡林翼对人的态度，对一些事情的原则已经变了。这个是私底下曾国藩最佩服的。

我个人的感觉，胡林翼有枭雄的手段和才能，但是又有菩萨的心肠和情怀，才能特别大，理想特别远。我们看他的做派就知道，刚克复武昌，立即就去打九江，九江打完之后，就遇到陈玉成大举进攻湖北，喘息未定，刚把陈玉成打跑，又立即出动全部精锐围攻安庆。他若不是死得这么早的话，前面讲过，他一定也会要主持攻打南京，他做事情就是这么雷厉风行，只要觉得是对的，哪怕不是他的分内，不是他的本职，他也会去做。九江与安庆，都不是他的本职，他没有节制数省军务的授命，没有谁去要求他这样做。湖南一省之力去援助江西援助湖北，更多的是一种临时性的，湖南巡抚并没有说过一定要哪座城池，为了外省的一座陷落的城池，做多么多么长时间的庞大的计划，去收复它，没有哪个省的长官能像胡林翼这样做。

第七章　安庆之战

一、曾国荃打安庆

1. 降将韦俊：打枞阳

前面讲了陈玉成在北岸，围魏救赵之计失败，他在北岸攻击湖北的时候，并没能让湘军撤安庆之围；同时，在南岸的李秀成，对陈玉成攻击湖北、救安庆之围的支持也不坚决，最终太平军没能摇动安庆的围师。

从咸丰十一年（1861）五月开始，曾国荃率领的围师就开始大举发动对安庆的攻城。在当时来说，有两个很重要的战略位置需要首先克复，一个是安庆东边的枞阳，一个是安庆北面的菱湖，同时还有安庆守军在北门外设的几座营垒。帮助湘军搞定这两个地方的，都是太平天国的降将。所以安庆的克复，在一定意义上可以讲，是招降的功劳。

我们先看枞阳，枞阳是谁打下来的呢？是韦俊。韦俊在湘军水师的协助下，打下了枞阳。韦俊，咸丰八年（1858）投降湘军，他当时很年轻，三十出头，是太平天国北王韦昌辉的弟弟。他在韦家排行十二，所以在太平军中以及在广西桂平乡下，大家都称他为韦十二。可是后来他投降了，金田地方的老百姓就非常鄙视他，痛恨他，以后在讲以前的故事的时候，就不叫他韦十二，也不叫他韦俊，叫他反骨韦十二，因为投降了，反了。

韦俊是参加了金田起义的，太平军中很讲资格，从广西出来的，尤其是参加了金田起义的，这叫老兄弟。这些人的资格，就比一路上新加入的人资格要老，在太平军里面的待遇也更好。湘军以及清军，对这些人有个称呼，或者叫老贼，或者叫真贼。不管怎么叫，他们是太平天国的中坚力量。那些一路上进来的，包括在路上裹挟的，那些人摇动比较大，一会儿官军抓住了就投降了，作战也不会那么勇猛，不够全心全意。只有这些老兄弟，对于维持太平天国的政权，起的作用是非常大的。韦俊也是老兄弟之一，但是老兄弟之间矛盾多。我们都知道，天京发生内乱，洪秀全和北王韦昌辉两人联合起来，杀了东王，之后又在天京城内进行大清洗，据说总共杀掉了两万多人。后来大家都觉得他杀得太过分了，于是又把北王杀掉。之后翼王石达开又和天王洪秀全闹矛盾，石达开出走。这就是天京内乱大致的过程。这里面的是非，到现在都有很多不同的说法，即算在太平天国的内部也众说纷纭。开始说是东王杨秀清要搞阴谋篡位，那么北王不满他，然后天王联合北王把他杀了，如果这是事实真相的话，可是后来天王又给杨秀清平反了，所以这里面很复杂。

韦俊是韦昌辉的弟弟，在太平军第三次打下武昌的时候，就派他在武昌留守。他作战的一大特点就是能守，咱们看胡林翼联合罗泽南攻打武昌，结果罗泽南死在武昌城下，后来还有李续宾，这么多人齐心协力打了那么久，武昌城还是没打下来。最后是韦俊自己撤退，太平军让出武昌，当然这跟胡林翼他们的攻击也有很大的关系，但最终武昌是韦俊让出来的。韦俊当时让出武昌有一个很大的影响因素，就是他哥哥北王在天京内乱中被杀了，他怕自己受到牵连。但是石达开不计较这些，在洪秀全面前给他说好话，说韦俊跟他哥不一样，他哥搞阴谋诡计，韦俊比较单纯，而且他很善于作战，会守城，这个时候我们天京因为内乱，死了这么多人，不应该再去指摘他的毛病，不要再去追究，所以洪秀全依然对他委以重用。后来石达开也出走了，老臣凋零，在这个时候，特别是军事指挥方面，洪秀全任命了五位年轻的主将。五位主将分别是：陈玉成、李秀成、蒙德恩、李世贤、韦俊。按道理，这对韦俊是一个安慰，表示他的地位没有因为他哥哥政治上的失败而受到威胁。可是不知道洪秀全有意还是无意，这五位主将，前面四位都封了王，只有韦俊没有。韦俊的心里比较忐忑，人家都是五军主将，都是后起之秀，都比较年轻，三十几岁，凭什么我就没有封王？但是这个疑问，他只能埋在心里。前面说了，韦昌辉杀了杨秀清，韦俊是韦昌辉的弟弟，杨秀清还有个弟弟叫杨辅清，也在太平天国里面有一支军队，地位也高，后来杨秀清平反，杨辅清也崛起了。可是杨辅清这个人，跟他哥哥比，各方面的能力差远了。杨辅清在江西作战，韦俊守池州，韦俊对杨辅清总觉得有一些歉疚，因为自己的哥哥杀了他的哥哥，所以杨辅清那边只要有危险，只要有风吹草动，韦俊就会奋不顾身第一时间赶到，去救援他。可是杨辅清从不领他的情，好处虽然得着了，可是依然痛恨韦俊，明里暗里还是说他的坏话，当面也没什么好脸色。

韦俊一是没封上王，又觉得因哥哥造成的影响，所以他觉得待不下去，直到有一天，终于爆发了。他奉天王诏旨从江西要渡江，往北边渡江到安徽去会师，可那时陈玉成控制江面，不知什么原因就不让他过江。就因为这个，韦俊埋藏几年的这些情感都爆发了，决定投降湘军这一边。正好是要过江的时候，投降就是要就近，所以就投降到湘军水师杨载福的麾下。他这一投过来，在湘军内部就引起轰动。他是名将，以前跟湘军也有过纠葛，怎么就突然要投降呢？曾国藩、胡林翼就讨论了很久，杨载福呢，因为是他受降的，就跟韦俊聊过，所以他认为韦俊说得比较真挚，不像是伪降，他坚持说韦俊可用。曾国藩觉得最好不要用，他甚至讲过，要密切注视韦俊的军队，稍有不法，就立刻清除；也不要派他作战，不要用他。胡林翼就说，曾国藩说得有道理，但是杨载福的判断也应该不会错。——杨载福是一个很成熟的将帅，他和韦俊在战场上也纠缠了几年。——所以，最好杨载福督阵，要韦俊打一仗，咱们看一看。这才有了在湘军水师的协助下，韦俊去打枞阳。

对安庆来说，枞阳太重要了，不把枞阳拿到手，安庆就围不住。枞阳拿下了，安庆东边的路就不通了。西边是长江，路本来就已经不通，水道是湘军水师已经控制了的，所以先把东边拿下，慢慢地再把北边那些小通道一一铲除，这样就可以完成合围。韦俊带着他的部队浴血奋战，不达目的誓不罢休，而且他又知己知彼，所以血战之后，拿下了枞阳。这是一个有趣的现象。历史上不管什么时代，真正投降另一方的，他反过来打自己老东家的时候，就特别下得去手，而且他的潜能好像全部被激发了。历史上这种事情很多。所以韦俊这次攻克枞阳，也是类似的道理。胡林翼就有评价，说降人啊，轻利重名，刚投降过来的人，通常不在乎这些利益，他就重视自己的名誉，他所要的，是在新组织里的名誉，就是你们不能再瞧不起我，我要通过战争来让大家明白，我虽然是降人，但是我有价值，我的名誉可以通过战争来建立。因此降人重名轻利是有道理的。

前面就介绍过，韦俊善守，守武昌时可以抗拒胡林翼、抗拒湘军那么多次。守枞阳就还是交给韦俊，从这年三四月间拿下枞阳，一直到八月份攻克安庆，他经受了陈玉成的数次挑战，陈玉成派兵想夺回枞阳，但是都没有成功。就是说，韦俊投降，不仅带了一支精兵，而且带来了一座坚垒，枞阳就是一座坚垒。

2. 降将程学启

说完了东边，再要说一说北边。还是一位投降的将军，叫程学启，程学启比韦俊小两岁，也是三十出头。他不是广西人，也就不是老兄弟，他是咸丰三年（1853）加入太平军的。他是安徽桐城人，正好那个时候，太平军打安庆、庐州、桐城，整个安徽都被搅动了。他就加入了太平军，很受陈玉成的赏识，所以到后来，叶芸来守安庆的时候，陈玉成就推荐他帮助叶芸来。可是程学启跟叶芸来关系一点都不好，叶芸来在太平军中也是一位名将，善守，程学启未来是淮军的名将，善攻。这两个人，在安庆城内就处不好关系，最后叶芸来对他猜忌越来越深，就让他率兵驻守在安庆北门外，弄了几个营垒，明摆着就是让他做炮灰。如果湘军大举进攻，他就是第一道脆弱的防线，孤零零几个营垒，对面是湘军，背后是城墙。要是湘军对他发起进攻，很可能安庆城门都不会开，摆明了将来就是让他做炮灰。加之还有一些别的事情，程学启就决定投降湘军，利用在前线的机会，跟湘军搭上线。我们知道，当时湘军围困安庆的首领是曾国荃，他是曾国藩的弟弟，同时曾国藩的另外一个弟弟曾国葆，当时已经改名叫曾贞幹，因为过继给了曾国藩的叔叔，程学启就跟曾国葆接上了头，约定某月某日某时带兵来投，同时还要给安庆里面做好内应，估计要不就是杀叶芸来，要不就是开城门之类的。

有一天夜里，还没到约定的时间，程学启带着一千多人突然就跑到湘军的营地这边，隔着一条深壕，说要求过壕，进入湘军的营内。士兵就问，你这怎么回事？他就说你赶紧去叫曾大人（曾国葆）出来，我有事要跟他讲，现在事情暴露了，叶芸来已经知道我跟你们里应外合，他现在来追我了，今天晚上就已经开战了，追兵就在后面。这会详细情况说也说不清，但是我要告诉你，我是有诚意的，我带来的这一千多兵，就是我的精锐部队。你相信我的话呢，你就放我进来；你不信呢，你赶紧发炮打我，因为打我有一个好处，至少表示我不是投降，我们是敌人。反正你要赶紧做决定，不要误人误己。

曾国葆鞋都没穿好，跑到城上一听，再一看，二话不说，下令开门。程学启的部队进来之后都挺老实。接着，太平军追兵过来了，一看程学启都进去了，也不敢来攻湘军的营垒，也就走掉了。程学启因为这件事情，很感动，对曾国葆有知己之感。因为投降的人很多时候下场都很惨，原来那边骂他叛徒，新主子这边，又总是有各种各样的怀疑。现在这么一个突发事件，曾国葆毫不犹豫，坚定地相信他们之间的承诺，就放他进来。所以他由此有效死之心，愿意为湘军，尤其愿意为曾国葆效死。可是曾国葆的兄弟曾国荃，却不是这么想，他对降军充满怀疑，知道这个事情以后，对程学启下了命令说，你还是率领你原来这一千多人，我再给你补一点，补成四个营的样子，你带这些人驻扎在湘军长壕与安庆城墙之间，以挡前敌。将来攻城的时候，你的任务就是将安庆守军，原先在北门外安排的几个垒，也就是你自己的旧垒，把这几个旧垒给拔掉。你建几个新垒，正好挡住几个太平军的旧垒，没有我的命令，你不能入壕。

程学启想，这个不就跟我原来在太平军那边的待遇差不多嘛。反正就一支孤军，搁在湘军和太平军之间，一旦大战，就如惊涛中的一片树叶，一叶扁舟，不能掌控自己的命运。很伤心，当时也认了。刚投降嘛，光伤心是不行的，得有机会打出一场好仗，这样才能建立新的名誉。所以他也忍了。但是还有一个他不太知道的，就是曾国荃在这边湘军营中，专门安排了几门炮，叮嘱炮手，只要发现程学启的队伍在未接到命令的时候往湘军营这边来，你就给我开炮。程学启是后来才知道曾国荃的这个安排，这也就是为什么他虽然帮助湘军打下了安庆，立下了战功，可是一听说要到上海去组织一支新军队，由李鸿章指挥，他二话不说就跟李鸿章去了。在这边建立的一些新的各种各样的关系啊，包括待遇资格，这些东西他都不要了，宁愿跑到上海去加入那支新军。这是因为，程学启在湘军中受到了双重歧视：第一，地域歧视，在曾国荃的军队里面，湘乡籍对外籍的歧视，就是湘乡人歧视外面的人比较严重，程学启受不了，他是安徽人。第二个，出身歧视，他是降人。因为这双重歧视，一听说李鸿章要建淮军，他立马就跟着去了。

不管程学启后来如何选择，至少他在安庆之役中，驻守在北门外，遏制安庆守军的势力，起到了很好的作用。现在的情况是，安庆南面的长江全部被湘军控制，北面程学启投降过来了，那要完成合围，就只剩下一个地方，就是菱湖。菱湖在安庆的北面，陈玉成曾数次从桐城一带过来，冲击外围的湘军守军，他曾经冲到菱湖这个地方，在菱湖的北岸设了十三垒。为了配合这十三垒，叶芸来从城中出发，在菱湖的南岸又设了五垒，南岸的垒和北岸的垒之间，有一些小船，可以运一些粮食、军火，通通情报。

湘军要围城，自然不能允许这样。所以湘军水师抬了两个水师营的船进菱湖，就为了阻击太平军的水面交通。为了保护这些水师，湘军就在菱湖东岸修筑营垒。菱湖南北两岸的太平军一见，湘军想在这建根据地呢，不行，于是发动攻击。但是湘军在修营这种事情上还是训练有素，全军一半人出战，一半人筑垒，一昼夜间修好了营垒。修好之后，太平军菱湖的交通几乎就不通畅了。可是南北的垒还是在，所以湘军要继续进攻。这是安庆北门以外的形势。

3. 鲍超赤岗岭杀降

北门还有一个重要的地方，叫集贤关。陈玉成在集贤关附近一个叫赤岗岭的地方，设了四座垒，保持在陆地上跟安庆有联络。菱湖是水面交通，赤岗岭是陆路交通，湘军要合围这些垒，不管是水面的水边的还是陆地的都要一一攻克，否则就没办法攻城。所以四月下旬，鲍超、成大吉就开始攻赤岗岭的垒，曾国荃是围军，鲍超是游击之师，有什么难搞定的敌军，都由鲍超去搞定。

鲍超攻垒，设立十几座炮台，连轰十几天，同时，在轰了炮之后又去诱降。这四个垒本来也没什么好的防守办法，因为它完全是孤垒，四面几乎全是湘军，湘军要来就可以来，他们一没有粮草接济，二没有人员接济，陈玉成别的部队也救不了这四个垒。所以，鲍超去招降，其中有三个垒，三千人左右，就同意投降，放弃抵抗。但人家投降了，湘军一入敌垒，大举屠杀，杀掉二千八百人，几乎将三垒杀尽。这样子，最后剩下的这一垒，死不投降，血战到底。可是没有什么效果，终于在五月初二被攻下，主将刘玱林被擒，送到杨载福大营。刘玱林这个人在太平军中也是很有名气的，是陈玉成的爱将，手下也是精兵，安庆里面的人都很熟悉他。湘军最后把刘玱林拉到安庆城下，敲锣打鼓，招呼里面的太平军来看，当众将他肢解，也就是两军作战立威的意思：对方的名将被我擒到手，我当众给你们的守军看一看，抵抗就是这个下场，很野蛮。

赤岗岭四垒一破，菱湖的南北两岸十八垒也守不住了。曾国荃像围安庆一样也挖了一道长壕，把菱湖给包起来，让你光守着这个湖，守久了你也没东西吃，没有粮食。这样，南北两岸的守军都放弃营垒，往城里跑，有一部分跑进去了，有一部分在湖中的时候，被湘军水师一路截杀，也杀掉不少。这么一来，菱湖也被湘军全部拿下，完成了对安庆的合围。赤岗岭之战，菱湖之战，太平军的精锐总共死掉四千人，这个精锐就是前面介绍过的“老兄弟”，在曾、胡这一边被称为“老贼”。

湘军内部写信说，这几天仗打得好，一举歼灭四千余“老贼”，前所未有。就是在这么几天的战争中，集中歼灭这么多老资格的太平军战士，对于湘军来说也是难得的，建军以来这样的好成绩，还是很少见的。

4. 陈玉成的战术

对于陈玉成来说，就应该批评他了。像研究太平天国军事史的专家郦纯就说，当时陈玉成自己的兵力已经比较单薄了，这个时候更应该爱惜人才，爱惜兵力，你眼看着救不了安庆，就该全军撤退，留得青山在，不怕没柴烧，你就不应该在这里浪费时间和精力，特别是人力。像刘玱林，你派他带几千人在那设四个孤垒，最后被湘军剿灭，不白白消耗掉自己的有生力量吗？所以说他批评陈玉成这种做法是极端错误的，误人误己。单从军事上来讲，陈玉成留下刘玱林设四垒，在湘军重围之中，这肯定是一个错误。但是陈玉成也不是不懂兵法的人，他何尝不知道这样部署有问题呢？可是他为什么还要这样做？我猜想，有这么三个原因。

第一，给安庆守城的将士打气。意思是，我陈玉成不会放弃安庆，你们还是得继续守着，你看我这边又设了四个垒，四垒要是能发展壮大，跟城中就可以连成一起，共同突围。第二个，有四座垒在这里，就可以牵制湘军合围，湘军一天不合围，就一天不敢攻城，一天不敢攻城，那陈玉成就依然有机会。当然到现在为止，他的招几乎都用尽了，围魏救赵去打湖北，联合捻军来直接冲击曾国荃的外围，又打驻扎在桐城、安庆之间的多隆阿，招几乎都想尽了，可是每一招都失败了。第三个，实在不行要撤出一部分人的话，这不算有一条通道吗，至少有一个点在这里。

所以我想，有这么一些原因，陈玉成要设四垒于安庆城北。你说他眼睁睁看着刘玱林去死，这绝对不是他的本意。只是有这三个原因，要设垒，都有一个前提条件，就是设垒是暂时的。只有尽快冲破湘军的外围防线，从外面打出一条通路，联系上这四座垒，这样才能解决困境。如果光设了垒，自己又打不进去，那这四个垒就只能像前面介绍的，被一一攻破。所以陈玉成不是不懂兵法，而是他在当时那种绝望的情形下，稍微有些丧失理智，太想获得一个侥幸的成功。就是绝望中，还是拼命给自己留一点希望。

但是情感归情感，作战还是看实力，看整个形势。实力和形势在目前来说，对太平军都是不利的，因此安庆整个城被湘军全面围困，湘军即将开始攻城。陈玉成最后的一招，就是硬碰硬，用人海战术去冲击湘军的长壕。

5. 血战

到了咸丰十一年（1861）六月初，安庆城全面合围，湘军开始攻城。

攻城嘛，最重要的一招就是挖地道。其他的什么建一个高台，对着城里面轰击，或者往城上扔火弹，这些都是一种攻法。但是这些攻法呢，其实都是幌子，真正有效的方法，在那个时代就得靠地道。地道挖好了，往里面填炸药，炸药一点着了，城墙轰破，然后就去进攻。

当然，在这年七月的时候，程学启先把北门外的几个太平军营垒给攻破了，也就是说，安庆城外再无太平军，全是湘军，这样安庆就岌岌可危了。一是湘军的火力猛，士气高，二是安庆城内弹尽粮绝，最大的问题是没有吃的，粮食接济断了。陈玉成知道这个情况，可是他也无计可施，只有一个笨办法，当然对己军来说也是下策，他率领四万多人分成十余路，来进攻湘军的后壕。湘军有前后壕，前壕用来围城，后壕防止太平军来攻击自己的军队。陈玉成就想突破这个后壕，来打击湘军的营盘。四万多人分成十余路，这叫多设疑兵。我分成十路，你就得有十个地方的防守，但是其中只有一路，才是我的进攻重点，也就是西北路。怎么过壕呢？都是几丈宽几丈深的壕，壕边不远就是湘军的营墙，墙上就是枪眼炮眼，你要突破长壕，冲到壕边，第一，要跳过这个壕是不可能的，第二，你就算有办法慢慢往壕里面填东西，或者搭桥过来，在这个过程中，湘军的枪炮就发挥作用。在这种情况下过壕，等于就是活靶子。陈玉成知道这一点，你光让士兵去做靶子也不对，但是这个量变可以带来质变，我一两个靶子，十几个靶子，甚至上百个靶子，都会被你湘军打死，我要是一次就冲来两三千人，不顾生死，要突破长壕，那你打起来还是有一点问题，我只要有一支队伍过去了，能过到你墙下，突破一下，你这边就会乱掉。你这边一乱，我就有机可乘。

陈玉成的人海战术，就是想达到这个目的。太平军每个人抱着一捆柴草，蜂拥而至，跑到壕边就把这捆草往壕内一扔，扔完了赶紧又跑回去，再去搬另外一捆草。因为人多，几千人往壕内扔草，所以在一段距离的壕内，就被他们填平了。当然在填草的过程中，太平军死了不少人，因为这个营墙到长壕的距离，肯定是湘军的枪炮杀伤的范围，你一到壕边就有可能中枪中炮，所以死了不少人。壕填完了之后，太平军就开始冲锋，也是几百人上千人齐往前冲。对于湘军守营的人来说，这纯粹就是屠杀，一排一排的人冲过来，这边就只管放枪放炮。就这样冲了一昼夜，二十四小时，每隔两小时做一次冲锋，这是陈玉成定下的冲击方法。湘军当然有优势，士兵就躲在墙后面开枪开炮，可是人太多了，那时候又没有机关枪，打起来也比较费劲。所以曾国荃连夜又调了八百杆鸟枪，增强火力。太平军死在壕上的人太多了，往前冲几乎就都被打死在壕边，或者壕中，尸积如山。尸积如山，还不仅仅是看上去惨的问题，尸体堆积高了，太平军就没有进路了，所以陈玉成命令，尸体堆高了之后，赶紧把那最上面的尸体给扯下来，再踩着尸首往上冲。每一次都这样，湘军这边也疲了。总是这样冲，死的人一多，湘军士兵也有些感觉害怕了。虽然说是军人，但是看到敌军用这种方法，杀到后面也会有些手软，再加上比较疲惫，因此有几次就被一些太平军冲过了长壕，越冲越近，就要冲到墙前，就要突破了。

曾国荃这时候也十分紧张，一昼夜间十二次冲锋，不知道太平军到底有多少人，就在这么一个狭窄的地方，他可以死多少人，万一让你杀人都杀到弹尽粮绝了，你怎么办呢？所以曾国荃也很紧张，亲自督战。有时候冲到墙下的，用枪也不太好射击了，曾国荃就派出小队去冲杀，不能让他们到这个墙边来。在这个过程中，太平军已经全红了眼了，战友一下死那么多，所以太平军更勇猛，湘军的士兵倒有些害怕了。

眼看着有这么一两次，前去冲杀的湘军就快抵挡不住，就有往后退的，那曾国荃二话不说，当场手刃数名湘军士兵，用这种方法，把自己这边士兵的决心给他刺激出来。别光看着人家不怕死，你就害怕了，你要知道人家不怕死，万一冲进来了，那咱们会比他们死得还惨。所以曾国荃手刃了几名士兵之后，湘军就重新打起了精神，继续对着不断涌上来的太平军发炮打枪，继续屠杀。

冲锋十二次，太平军阵亡一万五千多人，平均两小时一拨，一拨冲上来就是一千多人。每次冲上来的，几乎全部死在壕中或者壕边。死掉之后，后面的士兵把尸体拖到一边，继续冲。曾国荃这边，伤亡就比较少，因为主要是射击，唯一花销比较多的，就是火药与铅子。在这个夺壕战中，用尽了近十七万斤火药，五十万斤铅子。

太平军的人海战术，死掉一万五千多人，还是没能取得突破，再这样下去士兵也不干了，明摆着送死，根本没希望的送死。所以陈玉成也不能再继续这么干下去，于是撤军。但这一次撤军，几乎就是告别了安庆，就是表示所有的计策招数都用完了，救不了安庆。他撤军之后，湘军就大举攻城了，终于在八月初一，用地道攻破安庆的北门，程学启率部先登，湘军一拥而入。安庆城中当时还有接近两万的守军，这时候都已经到了奄奄一息的地步，用曾国藩的话说，叫“饥极僵仆”，饿急了，人都跟僵尸一样，枯瘦如柴，风一吹就会倒。就这种士兵哪还能战斗？但是湘军不管这些，围城围了这么久，安庆以外，湖北、安徽，也死了不少人。尤其是两年前，李续宾六千子弟被太平军围歼，这个仇今天才真算给报上了。所以对这些饥极僵仆的士兵，湘军全部将其杀害，杀了两万多人。夸张的描述说法是，安庆的江面上满是尸体，江水为之不流。同时曾国荃也很恼怒，说坚守这么久，我倒要看看太平军到底是吃了什么，所以就剖腹，一看，青菜数根而已，没有一粒大米。当时的安庆全城没有一粒米，只有一个叫张朝爵的，他也是太平军，自己偷偷存了一些米，在安庆被攻破的时候逃掉了。

6. 曾国藩入驻安庆

八月初一，湘军攻克了安庆。八月初八，曾国藩就进入安庆。他是两江总督，安庆原来是安徽的首府，后来因为被太平军占领，这个首府就移到了庐州，现在安庆夺回了，两江总督本来就管着安徽省，所以他就赶紧入驻安庆，名正言顺地把自己的指挥中心以及后勤中心，都迁到这里。当然这跟胡林翼逝世有关，湖北作为湘军东征的基地的作用慢慢消失。一是因为胡林翼逝世，二是因为地理的关系，安庆更接近前线，对于控制东南局势更方便。因为这两个原因，从此安庆就成为湘军东征的指挥中心、后勤中心。

十月，曾国荃把安庆附近又收缴一遍，把太平军的残余部队或者消灭或者赶走，一些重要的城池也都收复了，之后他就回家休息。为什么又要回家呢？表面上的理由，就是回家增募六千人，为攻打南京做准备。可是我们要知道，曾国荃现在是一个大军的统帅，招兵这种事情，没必要要他亲自主持。实际的理由很简单，衣锦荣归，现在已经是名正言顺的九帅、九大人，回湘乡，请请客吃吃饭，见见朋友。湖南从巡抚到湘乡县的县令、官绅、老乡、族人，他一回去之后，各方面都有宴请，都要跟他奉承一下，这样回去很威风，满足了虚荣心。这也是一个很正常的情感，只是曾国荃频繁了一点，原先打下了吉安，他回去一趟，这次打下安庆，也回去一趟。除了衣锦荣归之外，还要大兴土木，建造宅邸，同时带一些财宝回家。

因为这个曾国藩批评他很多次。首先，你打下一城，就要回家住几个月，这习惯不好，你休养了之后人也休懒了。第二，在军中往家里寄钱，次数频繁了一点，数目大了一点，这种事情影响很不好。第三，在家里修建奢华的宅邸，在当地造成的影响也不好。第四，每次一回去，给家里运这些东西，走船运，船队的规模大了一点，一路上这么招摇，数省都知道你曾国荃爱货，这不是什么好名声。所以曾国藩写信告诫他。

这些毛病，大家还是能够理解。说得好听一点，为国效力，为国从军，但是对每个将领，每个士兵来说，拿着生命去换来的，如果仅仅是荣誉，那肯定是不够的，一定要有实质上的所得。所以大家还是能够理解，只要不太过分，太招摇。真正使曾国藩对这些事情反感，需要不断提醒他的，是因为还有一些别的原因，曾国藩觉得家门太盛、恩宠太深，并不是好事，容易招来嫉妒。这种嫉妒不仅仅是发了财致了富，人家对你嫉妒，而是因为门第太盛招致的嫉妒。

为什么呢？这年（1861）十一月，除了两江总督这个职衔以外，曾国藩又被正式授予节制四省军务。四省，首先是两江总督管的三个省，江苏、安徽、江西，再加上一个浙江。四省自提督巡抚以下，所有的官员全部要听命于曾国藩，这叫节制四省之命。跟军务有关的，四省的军队全部都要听从他的调遣。这个命令不得了，东南的军权，就掌握在他手里了。另外，让他保举封疆将帅，这也是特殊的命令。在清代，每个省的长官，就是巡抚以及布政使、按察使这种级别的官员，一般是不许指名保举的。不能说我认为谁能力合适，觉得皇帝应该下一道命令，让他担任某省的巡抚，这是不行的。这种级别的官员，都是乾纲独运，由皇帝来特简，皇帝说谁就是谁。不要说由别的人来指定，别的人连建议权都没有。你一旦说我觉得哪个人适合做哪个省的巡抚，你这就属于犯了忌讳。但是现在北京给他命令，就让他保举这些人，明白的说法就是，在江南四省的范围之内，你要让谁出现在哪个位置上，都可以，只要为了实现打下南京的目标，你可以将所辖省的高级官员，全部换成你信任的人。然后紧接着又让曾国藩做了协办大学士。清代大学士是殿阁大学士，也就是内阁，清代没有宰相，一般来讲大学士就相当于宰相。

我们想，曾国藩军权在握，又入阁拜相——协办大学士就是候补宰相，因为清代大学士只有那么几个位置，除非退休或者死亡或者被罢免，否则那个位置是终身制的，那么协办，就是候补。曾国藩现在就是候补，只要有人退下来他就上去了。——就是古代戏台上讲的出将入相，出为将，出了京城到外省，就是统帅，入京就是宰相。这个集于一身，荣耀一时无两。这就是曾国藩当时的地位。可是，他觉得这样呢，荣誉过分了一点，权力也太大了一点，他就连上了几封奏折，要辞去节制四省之命，也不愿意保举封疆将帅。他说一个臣子有这么大的权力，这是不对的，这会造成外重内轻，地方长官的权力太大，导致中央对地方会有呼令不灵的隐忧。而他本人既然掌握着军务大权，如果还有处置封疆将吏的权力，那就更不得了。这不是人臣应该有的权力，这些权力都应该是天子掌握的，所以希望朝廷能够收回成命。

当权者是经过政变以后上台的两宫太后，就是慈安与慈禧，以及恭亲王。同治皇帝年纪还小，管不了事，现在是垂帘听政的时代。这三个人一合计一商量，维持原判，拒绝了曾国藩的请求，说你以后再不要来辞这个命令了，你就这样办就行了，我们相信你，你不需要避嫌。你要学习古代的大臣，知无不言，言无不尽，我们相信你不会滥用这些权力。当然，这个来自北京的信任，也不是虚的，是真的。形势比人强，在东南地区，现在除了曾国藩，除了湘军，还有哪一个人哪一支军队有希望收复南京？没有的，这叫实至名归。再一个，慈禧与恭亲王虽然干掉了他们的政敌肃顺等八大臣，但是在具体的人事军事政治调度层面，完全继承了肃顺的重用汉臣尤其是重用湘军将领这个风格，就是说把政治上的敌人打倒，但是继承了政敌的纲领。这也可以看出，慈禧等人的政治智慧很高，在政治上很成熟。她不因为这个纲领政策是政敌制定的，我就要别出心裁来另一套。八月一日攻克安庆，那个时候肃顺等人还在掌权，可是还没见肃顺他们在那个时候就下达这种节制四省、协办大学士、保举封疆将帅的命令。八月到十月这一段时间，仍然是肃顺等人掌权，也就是说，他们在执行自己的政策的时候，魄力还没有慈禧、恭亲王大。

在这一点上，我们要指出来，要提醒大家，湘军的成功，特别是在攻克安庆之后，与清廷中央的大力支持，有很大关系。

二、李鸿章的新机遇

1. 上海请援

就在这个时候，来自上海的乞援的人，到了安庆大营。钱鼎铭代表上海百姓，带着一封公开信来到了安庆，请求湘军去援助江苏，保卫上海。南京、苏州、常州等重要城市，全部在太平军掌握之中，上海几乎是一座孤城，当然因为上海有租界，所以太平军还不怎么敢去进攻。李秀成曾经尝试过，可是打到上海边上，就自己撤退了。一个是太平天国当时仍然与西方列强，有一个互不侵犯的约定，另外一个，上海组织了一支洋枪队，来协助防守。洋枪队的武器装备好，真去对攻的话，当时的太平军，也包括湘军，都会吃亏。光靠一支洋枪队，上海觉得还不够安全，更重要的是整个江苏这么重要的地区，都陷落了，很多官绅逃难逃到上海，他们想借助湘军的力量，去恢复家乡。所以才写了一封公开信，派这么一个人到安庆大营，求曾国藩派兵援救上海。

那封信写得也很不错，是冯桂芬起草的。冯桂芬是一个很有名的学者，也曾经做过高级官吏。信写得不错，加上钱鼎铭的现场举动，也让曾国藩觉得不忍心不帮。他先是痛哭，跪拜在曾国藩面前为上海为江苏人民请愿，说人民生活在水深火热之中，湘军不去救的话，那简直是太惨了。钱鼎铭自己也是一个有身份有地位的人，做过高级官吏，而且他以前跟曾国藩的关系在师友之间，也通过信，聊一聊学问、文学上的事情。以这种身份向曾国藩下跪，这曾国藩哪受得住。所以就原则上答应了援救上海。当然，曾国藩能够答应这件事情，还有个更重要的原因，上海那个地方有钱，这也是钱鼎铭代表上海来乞援的一个拿得出手的理由。他说，湘军要往江苏、浙江打，现在只有三个地方可以驻军，还没有被太平军夺去，这三个地方有三个特点。一是镇江，这个地方的特点是无兵无饷，财政都崩溃了；二是湖州，这是浙江了，有兵无饷，湖州当时是赵景贤组织团练在那边防守，他说这个话没多久，湖州就陷落了，赵景贤也被捉了，被捉之后骂敌而死，死得很壮烈；还有一个就是上海，上海是无兵有饷，没有兵，钱有的是，所以希望湘军过来，钱我们负责。

曾国藩已经做了这么多年的湘军老大，他当然知道，除了那些军事上的将领很重要，士兵很重要之外，最重要的还是要有钱。军饷没有保证的话，就很难打好仗。现在上海有这么多钱，当时他不知道从哪里听说上海每个月的海关收入有六十万，那派一支军队过去，军饷绰绰有余，再多拿一点，还可以补贴一下其他的军队。所以他觉得上海是值得一去的。当然后来李鸿章到了上海以后，发现根本没有那么多钱，怎么着每月也就出来二十多万两。可是曾国藩还是照以前的说法逼他按六十万给这边输送一些钱财。李鸿章为此连续通了几封信，使劲地解释，曾国藩却怪他说他隐瞒，说他出了娘家之后就不认亲戚了。当时两人在这个事情上，还来回争执了很久。这是后话。

这会儿，每月六十万这个数字，很吸引曾国藩，所以他同意了援助江苏。当然这是原则上同意，曾国荃刚回湘乡，这时才十月份，再从湘乡回来，那也是过了年之后的事了，他回家就是要去过年的。这事情你派谁去呢？现在的军队，最大一支就是曾国荃的，可是他人不在这里，最厉害的是鲍超，可是鲍超正在江西东部，配合左宗棠打开通往浙江的道路，同时还要负责长江两岸的一些救险抢险。鲍超脱不开身，当然还有一点，他可能觉得鲍超也不太适合，鲍超更像一个纯粹的军人，曾国藩早就想好了，派过去的人，不仅仅是一支援军，他还应该成为江苏的地方行政长官，也就是巡抚。这个人要带一支军队到那边做巡抚，否则的话，纯粹去卖苦力，那也不行。我们都知道，最后是李鸿章去的。他率领的那支军队，后来叫淮军。

援淮之军，在几年前胡林翼做战略策划的时候，就说要建一支淮扬之军，让李鸿章去。那也是在江苏境内，淮安与扬州之间，让李鸿章去负责那个地区。可是现在形势变了，现在是去上海，主要的任务是对付苏州、常州，对付苏福省的太平军。所以，援淮之军这是肯定会有的，至于是不是淮籍士兵组成的军队，这就不一定。因为统帅如果是曾国荃的话，那去的肯定是一支湘军，那就也没有淮军，只有援淮军。而李鸿章能做淮军的统领，就更是有偶然的机会在里面。

李鸿章和曾国藩的关系，从咸丰三年（1853）开始到现在，八年多了。他们之间的关系，我们应该梳理一下，然后才能解释清楚，为什么李鸿章去上海做淮军首领，做江苏巡抚，做出将来的那番大事业，是有一点偶然的成分在里面的。当然他有这个才能，并为之奋斗，这个是没得说的，我们只是说，风云际会，他在援苏的人选上最终脱颖而出，是有几分偶然性。为了说明这个偶然性，我们回顾一下这几年他和曾国藩的关系。

2. 李鸿章初入曾幕

李鸿章的父亲，叫李文安，跟曾国藩是同年。咸丰三年（1853），曾国藩在练湘军，要往江西去，李文安就修了一封书给曾国藩，说把儿子李鸿章放到你身边，他在合肥这边也搞了一阵团练，有一点经验，但是还是要到你身边去历练一下。当然还有一个更主要的原因是，李鸿章的哥哥李瀚章，在湖南做一个小官，曾国藩也把李瀚章奏调到自己的军营中，让他负责营务处。就这样，李鸿章从家乡合肥到了曾国藩军中。

李鸿章比曾国藩小十二岁，可以说差了一辈，叫一声曾叔叔是没问题的。按道理，在传统中国士大夫阶层，年纪就差十几岁，双方应该没有什么代沟，因为大家接受的教育几乎是一样的，人生观、价值观，都比较趋同。可是李鸿章和曾国藩就有一个代沟，这个代沟就是起早床问题。那个时候的李鸿章，跟他未来的一个政治上的对手张之洞有些相似，起居无节，饮食无常，不爱起早床，反正就是每天生活没有太多的规律，才能大的人可能都这样。曾国藩不一样，从小就受家里的训导，自己三十岁以后就立志，一生都要早起，未明即起，起来以后就吃饭，吃完饭以后就赶紧开始处理各种事情。以前在北京就是读书，后来做官就是看公文、上班，现在在军中，就要处理军务。

曾国藩不仅自己这样，他对自己的朋友、手下，都有这个要求。朋友还好一点，只能劝说，说你早起对身体好，长寿，办事的效率也会提高。对手下，将领、幕僚，那就不是介绍早起经验，而是要求都跟自己一块，每天早上大家一块吃饭，一大桌吃饭。他是统帅，他要每天早上坐在一起吃饭，大家也不能让他在那等，于是大家都得起床。对这个，有怨言的人很多，他的朋友他的幕客，特别是幕府里面，都有怨言。将领好一点，因为将领习惯了早起练操，要检查军营什么的。主要是这帮幕府里面的人不习惯，李鸿章尤其不习惯。那不习惯怎么办呢？就找借口，要不就是打更的梆子没听见啦，要不就是头疼啦，要不就是前一夜写草稿做公文，做得太晚了太累了。反正要找理由不去吃那顿早饭，理由只有那么几个，翻来覆去总是找，找着找着，曾国藩听着也怒了。

有一天，先来一个亲兵，又叫李鸿章起床去吃饭。李鸿章说不行，今天头疼，太疼了起不了。不一会就来了亲兵营的营官，这就是叫你起床的人级别提高了，也就表示曾国藩对你重视程度也提高了，说大帅有令，今天务必一起吃早饭。这就没办法了，李鸿章只好披衣踉跄前往，人都没睡醒呢。一看满营文武，端坐在饭桌边，饭都备好了，菜也上了，但大家都没有吃。等他一来，曾国藩就看他一眼，一言不发，端起碗就吃，也不说话。大家一看曾国藩吃了，也就一起吃，吃的过程中也没人出声。李鸿章也不知道为什么，怎么会这样，没办法，先跟着大家一块吃呗，早上又不喝酒，吃那点饭也应该很快。曾国藩吃完之后，把碗筷一放，就对李鸿章说了一句话，他说少荃啊——少荃是李鸿章的号——你既然到我营中，拜我为师，那么我就要告诉你，我这里的规矩，只有一个字，就是“诚”。说完拂袖而去。

李鸿章在那饭桌边，坐了半天。几十年后，他跟曾国藩的孙女婿吴永两人见面，就把这段故事讲给曾国藩的孙女婿听。讲完之后，他说，自那以后，我便习以为常，慢慢地也就觉得没有什么苦头，早起而已嘛。所以我后来自己办事，也能早起，身边的人反而也有不太适应的，我自己觉得这个早起，一生受益不浅。这是他对这一段早起的事情的一个评价，也就是说两人之间，初见面有代沟，但是这个代沟填平了。以后他对曾国藩很尊敬，曾国藩也爱惜他是个人才。军中有一句话呢，“李广才气无双”，这个“李广”就是指的李鸿章。

3. 李鸿章的奏折功夫

胡林翼曾经讲过，天下写奏折，有三把手，曾国藩算一个，左宗棠算一个，自己算一个。他说这话的时候，李鸿章还没有成名，所以他没有提及李鸿章，其实李鸿章的奏折也写得非常好，在晚清高官里面，绝对是一大家。他能够从北京到合肥，从合肥又到湘军营中，就跟他奏折写得好有很大的关系。咸丰二年（1852），他还在翰林院，当时安徽就已经受到太平军的攻击，有很多地方已经陷落了。他那会也没什么想法，跟翰林前辈一样，在这清贵之地，养养气，做做学问，将来有机会再出来做个官，再看造化。暂时买买古董，看看武术，就这么游逛。直到有一天，到琉璃厂碰到一个老乡，人家说你真是没有心肠，他说怎么了，那同乡说你看咱们家乡都被糟践成那样，你还有闲心在这看古董，你得做点什么。李鸿章说我能做什么啊，我又不会作战，又没有权力，一没有兵，二没有钱，三没有力气，我能做什么啊？人家说你要写封奏折，请朝廷赶紧向安徽派兵嘛，阻止太平军进一步侵略安徽，这一点你总能做到吧！李鸿章说我一新进的翰林，人微言轻。但是他再一想，有一个安徽老乡，叫吕贤基，当时是工部侍郎，在朝中有很高的声望。他以前是御史，所谓风骨凛然，对很多事情发表过严厉的意见，现在做工部侍郎，他说的话皇帝比较爱听。

李鸿章一想到他，就有了主意。他就找到吕贤基的家里，跟他讲，说您应该上一个奏折，现在咱们家乡受到这么大的破坏，应该请朝廷赶紧派兵，具体怎么怎么派，派谁，往哪几路，我特地查了一些地图，都心里有数。我可以写一个草稿给你，做一个参考。吕贤基说，这是好事啊，应该支持你，但是光有一个草稿不够啊，我忙得很呐，干脆你写吧，你写完了就署我的名往上一递就行了。李鸿章一想这也行，回家之后，非常辛苦地引经据典，查考各种资料，费了一整夜时间，通宵无寐把这个奏折写出来。写得洋洋洒洒，非常感人。他提出的一些战略，具体的战法，乃至要调配的将领，也都写得很详细。当然，纸上谈兵，那是肯定的，但是至少文采好，情绪感人。写完之后交给吕贤基，吕贤基就署了自己的名字，交上去了。

第二天，李鸿章就去听回信，因为这种奏折都是当天批发下来的。还刚走到吕家门口，就听见吕家一片哭声。他说这怎么回事，上一封奏折而已，难道就出大事了吗？他赶紧推门进去，家丁报请吕大人出见，吕贤基一见李鸿章，收不住眼泪，就说那奏折写得真好啊，太好了！李鸿章还是没明白怎么回事，以为是表扬，但是看他这个表情又不像表扬。吕贤基说你的奏折写得好，皇上看了很高兴，一高兴就派我回安徽去组织团练，协助军务。这是真事，咸丰二年（1852），朝廷直接将吕贤基由工部侍郎调回乡，去襄办军务。这是很少见的，办团练一般都是由在家乡的各路大臣去办，没有让京官回乡的。吕贤基也没想到有这么一招，没想到一封奏折，皇帝就直接让他回乡去练团练。所以吕贤基很痛苦、害怕，军事这个东西，谈一谈可以，陡然让他去办，他就慌了。一想，这个主意是李鸿章出的，所以一见李鸿章来了，又是哭又是怒，说李鸿章你这奏折写得好啊！

李鸿章总算明白了，原来是这么一回事，他觉得太不好意思了。现在的安徽一片大乱，让一个文官办团练，也不给军队，就把吕贤基空降到那里去，谁都知道太危险了。李鸿章也没办法，就转而安慰吕贤基，吕贤基也是怒极了，说你也不要安慰我了，这个奏折毕竟是你写的，你学问这么大，对军事这么了解，我要让你跟我一块去。第二天，吕贤基向皇帝谢恩，同时就奏调翰林院李鸿章跟他一块去。这样，李鸿章也惹上这麻烦了，跟着吕贤基一块离开了北京，到家乡办团练。

这两个人，都是在这种意想不到的情况下，被扔到安徽的。一个工部侍郎，一个翰林编修，怎么也想不通，因为一封奏折写得好，就到安徽做了军人。而且安徽那个乱啊，有太平军打过来，又有捻军作乱，然后当地团练，规模比较大的像苗沛霖、李昭寿，一会投降官军，一会又偏向捻军、太平军，为非作歹。像吕贤基他们办的这种小型团练，当时李鸿章的父亲李文安也在办，根本不是他们的对手，非常的危险。在那个地方办团练的，不仅仅是怕太平军，还怕很多别的东西，甚至有的时候还怕官军。所以回到安徽不到八个月，吕贤基和李鸿章就被太平军围困在舒城，生死存亡系于一线。系于哪一线呢？能够先走掉就不会死，要是待在城里面死守就会死。李鸿章看得准，借口老父有病，要回家侍养，赶紧溜了。吕贤基就在舒城，一直到城破，最终战死，得了一个谥号叫吕文杰公。

李鸿章在曾国藩幕府，也写了一封奏折，这封奏折写出来，效果惊人，同时也为他的未来生涯带来麻烦。这是在咸丰末年，当时安徽巡抚是翁同书，他跟安徽的大土豪苗沛霖之间的关系比较暧昧。倒不是说他跟苗沛霖有什么私底下交易，而是苗沛霖反反复复，一会投向清朝，一会又造反，反复不止一两次。在对苗沛霖的态度上，翁同书总是主张去安抚、招降，这就与曾国藩、袁甲三等人的态度不一样。终于有一回，翁同书跟苗沛霖闹僵了，苗沛霖去攻打翁同书，翁同书在定远，打不过苗沛霖，弃城而走，跑去了寿州。苗沛霖也不是一定要跟翁同书过不去，他就是因为自己的一些要求一些利益得不到满足，就用这种激烈的方式去逼迫以翁同书为首的安徽官吏。到了寿州之后，按道理，被苗沛霖赶到这里，翁同书就应该明明白白地说，这个人造反了。可是他又没有，他写奏折报告皇帝，仍然说苗沛霖还是可以挽救的，还是可以拉到自己这边来的。甚至还将一个与苗沛霖作对，但是本身并不是要造反的而是在地方上办团练的人，交给苗沛霖，以此换来苗沛霖不继续作乱，而与翁同书合作。

这种事情激怒了曾国藩，他已经是两江总督了，安徽是他的辖地，本来就一直看不惯苗沛霖，现在又出了这档子事，翁同书还是偏袒苗沛霖。曾国藩怒了，忍不住了，就要参劾翁同书。总督参劾一个巡抚，这是一件大事，所以奏折怎么写很重要。要说这里面有没有私人积怨，一直以来看不惯翁同书的成分？当然有。可是也有一个摆在面前的事实，翁同书招抚失败，被一个土豪，甚至可以说被一个土匪追得满世界跑，回过头来还想跟他和好。同时，曾国藩又要出于地方政治的考虑，认为翁同书不适合做这个地方的长官。所以这个奏折要写好，比较麻烦。曾国藩自己先写了一稿，不满意，又找了另外一个幕僚起草，也觉得没写到点子上。这个时候再让李鸿章写一稿，李鸿章就写了。

这个奏折一交上去，效果惊人。当时翁同书已经被调到北京，并没有撤职，他是从安徽巡抚的位子上下来，准备调到北京另有任用的。刚到北京十几天，这个奏折来了，皇帝一看，这还了得，立即就把翁同书投入刑部大狱，由三法司、九卿、科道组织会审，审理他，看他在安徽巡抚期间做的这些事情，是不是做得那么不好，甚至犯了法，要严厉处罚他。所以说这份奏折效果惊人。其中有一句成为当时的警句，叫作“臣职分所在，例应纠参，不敢因翁同书之门第鼎盛，瞻顾迁就”。前面把调查出来的翁同书劣迹罗列了一遍，将它的危害性讲清楚，最后生怕皇帝因为翁同书过往的功绩，特别是他的兄弟父辈都曾经是高官，而放他一马，所以加上这一句。这一句为什么厉害呢？有了这一句，所有为翁同书辩护的人，都可以闭嘴了。因为你为翁同书辩护，那些具体的事迹是没法辩护的，作为巡抚，你不能搞定境内的土匪，你驻守的城池定远、寿州，人家一打你就跑了，弃城而逃，这种事情也没人帮你辩护。唯一可以辩护的，就是说翁家满门忠烈，世代为国家服务，念在这个份上，应放他一条生路。可是现在奏折里面，就把这条路堵上了，不能因为翁同书之门第鼎盛就瞻顾迁就，不能够这样。

当然这个奏折，外界纷纷传言，说是李鸿章写的，尽管它是以曾国藩的名字递交到北京的。奏折上去之后，翁同书被下狱，下狱之后定了个死罪。翁同书老父亲翁心存，以前是大学士，临到七老八十的，这边新皇帝同治刚继位，慈禧、恭亲王，一是顾念老臣，第二要为小皇帝找好的师傅，就把退休了的翁心存叫到了北京，让他做皇帝的师傅，教小皇帝念书。现在，翁心存听到这个消息，立即大病一场。慈禧、恭亲王一看，那也不能立即就将翁同书给斩了，还是得讲一点人情，就是说你现在可以回家，侍奉老父百年之后，咱们再回头说这个事，先去尽孝。翁同书出狱了，时间很短，他父亲就逝世了，就是因为他儿子这个事情，又急又气又害怕。翁同书又被抓回监狱，因为父亲死了，再将你去斩首，那显得残酷了一点，所以给他改判为往新疆充军。翁同书心灰意冷，一年多之后，也死掉了。

刚才说翁家门第鼎盛，他父亲是翁心存，在当时三个儿子都很不错，翁同书巡抚，翁同爵巡抚，还有一个翁同龢，将来到了光绪年间，那是天下的名人，大学士、宰相。甲午海战、戊戌变法期间，都是绕不过的人物，这就是他们常熟翁家。现在被这封奏折一上，老父亲病死了，翁同书充军了，死在途中，一下子门第就不那么鼎盛了。翁同龢当时只是一个翰林院的闲官，没有什么权力，他就很悲伤，家里被搞成这样，这叫父兄之仇。他觉得曾国藩下手太狠了，“不敢因翁同书之门第鼎盛，瞻顾迁就”，这已经不是追究翁同书的责任，而是对他下杀手。所以他认为，是这封奏折夺去了他父兄性命，这仇不共戴天。当然，后来他知道这个奏折是李鸿章写的，特别是这几个字，所以他对曾国藩的态度也有一些改变。翁同龢的日记就记载了，在曾国藩去北京的时候，他们俩见过面，一同吃过饭，但是曾国藩在跟他见面的时候，没有一句提到关于翁同书以及这个奏折的事情，翁同龢心里就有一些遗憾，也有一些恨恨之意。曾国藩表现得好像这个事情没有发生过一样，明明知道我是翁同书的弟弟，翁心存的儿子，可是他没有表示歉意。

幸好曾国藩逝世比较早，同治末年逝世，这时候翁同龢的地位还不是很高。再说，翁同龢知道这奏折的真正作者是谁，所以他的仇恨就在光绪年间爆发出来。可以说整个光绪朝，翁同龢跟李鸿章就处于一种斗争状态。将来的甲午海战、颐和园修建，各种事情，翁同龢都站在李鸿章的对立面。咱们不能说都是因为这封奏折引起的，也没有具体的证据，但是这个事情可以反过来证明李鸿章写奏折有本事。虽然惹了这么大的事，但是更证明他写的奏折有杀伤力，有效果。这是他在曾国藩幕府中所写的最著名的一封奏折。应该就是安庆攻克之后，他重新回到曾国藩身边时的事。

4. 派谁去上海

前面讲了，咸丰十一年（1861）十月，上海那边派人来请求援兵，痛哭流涕，而且许诺有重赏，有很多钱。曾国藩就选派人去，虽然曾国荃回家休假去了，但是曾国藩首先想到的人选，仍然是自己的兄弟曾国荃。他给曾国荃写信，说上海那个地方好，为天下膏腴，最富最有钱的地方，听说每月光是厘捐关税就有六十多万；你要是带军去上海，去援助江苏，别说你的军饷不用愁，安庆这边也能分润；而且上海那边已经跟我讲了，今年冬天我就可以派人去提二十万过来，二十万是预付金，湘军要派一支军队过去，要招募人员，要带装备，要有路费，上海那边先预付二十万两银子。以前湘军从没见过这种待遇，援助任何地方都没见过这种待遇，待遇太高了，光一个出台费就二十万。所以曾国藩希望自己弟弟去。哪知道曾国荃回信一口就拒绝了，表面的理由是说现在去援助江苏，去打苏州，有些困难。因为你光去打苏州的话，很难打下来，苏州本身就很坚固，防守苏州的李秀成也很厉害；南京是敌人的根据地，应该先去打南京。你打他的根据地，他肯定要回来救，那时再派人去打苏州、杭州，就容易一些。他这么说有道理，其实根本的原因就是曾国荃说过，湘军参战以来，已经接近十年了，越往后越心里想着念着的就是打下南京，打下南京才是天下第一大功。现在快到南京边上了，你让我去打什么苏州，谁爱去啊？就算我愿意去，我手下那些人他们也不愿意去。苏州、上海那边现在有一些现金，打南京是“期货”，可是这个“期货”的成功率高，所以我可以把现金舍弃，我不要上海的钱，你派别人。这是曾国荃真正的内心独白。

还有一个理由就是，曾国荃害怕到了江苏归别人调遣。当时他被任命为江苏布政使，布政使上面还有巡抚，所以他害怕万一那边有个人什么的突然要管他，他会不自在。这是我个人的观察。

从少年时代起，曾国荃和曾国藩这对兄弟，就很有意思。从他们一生的事迹来看，曾国荃好像对曾国藩有很深的依赖性。虽然他是湘军的统帅，打下南京，杀人如麻，挥金如土。但在曾国藩面前，他的独立性也不够，从到上海这个事情就可以看出，他怕一些变化多的事情。这一点上，他跟李鸿章、胡林翼就不一样。他小时候还特别怕鬼，一个人不敢在空房子里待，还是曾国藩慢慢地跟他讲道理，做试验，好不容易才给他纠正了这个毛病。很多人很难想象曾国荃这种人会怕鬼，从小竟是这么一个人，但他确实是这样。

曾国荃不愿意去，那是不是曾国藩应该派李鸿章去？那时候，李鸿章天天坐在曾国藩对面，两个人几乎每天都要见面，谈各种各样的事情。在上海来人之后，谈得更多的是派谁去援助上海。一个大活人，李鸿章个子又高，相貌堂堂，参与军事这么多年，以前也有实战经验，能写，翰林出身，又非常懂得曾国藩的各种战略，跟曾国藩个人之间也关系密切，曾国藩难道你看不见？天天有这么一个人在边上，你怎么就不派他去呢？

曾国荃拒绝了，曾国藩还是没有决定派李鸿章去，他先去找陈士杰。陈士杰也是曾国藩的老幕友，从长沙起兵开始就入了曾国藩的幕府。陈是湖南桂阳人，后来官至巡抚，只是这时他在家乡，所以曾国藩写信请他出山，到上海去做江苏巡抚。很不巧，最近桂阳那个地区闹土匪，不是很严重，就是一些小的骚乱，因为这是湖南稍微偏远一点的地区。陈士杰是个孝子，他就在家陪着老母亲，本来是想颐养天年，现在闹土匪，担心母亲的安全，一天都不敢离开。所以没办法，陈士杰也不过来。咸丰十一年（1861）十一月二十九日，曾国藩的日记，还在讲陈士杰去不去上海的问题。接连选了曾国荃、陈士杰，这两个一个主观上不愿意去，一个客观上不能去，那是不是该轮到李鸿章了呢？

当然事实最后是这样，在那两个人去不了之后，确实是李鸿章去了。只是李鸿章去上海，并不是曾国藩主动对他说的，请他去上海，而是李鸿章自己实在受不了了，讨论来讨论去，你看我坐在面前，就不叫我去。用王闿运的话说就是，“李鸿章在军中不见之”，曾国藩对他视而不见，所以“发奋怨望”，怒了，伤自尊了，就“自请行”，毛遂自荐。按道理他也不是毛遂，他的能力，曾国藩不是不知道，可曾国藩一日不提，他就一日着急，最终忍不住了，说，你别再跟我说谁去谁不去了，你让我去，我愿意去。这一下曾国藩同意了。

又要说一下李榕的回忆录。李榕就说，上海派人请援，老师这几天老是心情很郁闷，有乏才之叹，没有合适的人。当然李榕想不想去不知道，他当时有一个很好的职位，是安庆善后总局的总理，权力也很大，主要管物资，管各种战后重建工作，又有钱又有人。他可能也不是很稀罕，不是非得去上海。他说老师很忧虑，身边没有人才，最后决定让李少荃去，就是说，让李鸿章统领万人去上海，是不得已。李榕没有说明白，为什么叫不得已，仅仅因为李鸿章不是人才吗？也不见得，可能更多的是说曾国藩确实在一开始没太想让李鸿章去上海。李鸿章去上海做江苏巡抚，带出一支淮军，影响很大，但在这件事情的发端，还是有很多不确定甚至是偶然的因素。在曾国藩的心目中，李鸿章不是那个必然的人选。这也是前面强调的，援淮之军事是必须要有的，但是是不是要有所谓淮军，这支军队的领袖是不是一定就是李鸿章，这是有它的偶然性的。

同治元年（1862）三月，李鸿章终于出发了。上海那边借了几艘外国轮船，让他们从长江运兵过去。为什么用轮船呢？因为这样速度快，不然从陆上走，一路上要经过很多太平军的势力范围，新练之军立即就去过关斩将，难度太大。太平天国和列强都有一个协定，当外国轮船经过太平军控制的长江的要塞，如九洑洲、南京城外的江面这些地方的时候，一般不会受到阻挠。李鸿章和他的将士在经过这些地区的时候，还要注意收敛，不能站在甲板上耀武扬威，都待在船舱里面，挤在一块。

只是，非要猜测一下的话，李鸿章去上海，心情绝不仅仅是踌躇满志，要大有作为。经过这一番去上海的选秀之后，他的心中更多的是赌气：我这次离开了湘军，离开了曾国藩，我要干一番事业，回头让你们看看，当初三番几次不选我，你们是错的，我要用自己的成功来证明自己。所以憋在那个船舱里面的李鸿章，当时心中这个气闷的程度，比那个船舱更闷上几百倍。

当然李鸿章也没有写过回忆录，我们只是从事件发展过程以及人类正常情感来做一些猜测。要注意的是，我们可以通过这些事迹，看到历史人物之间的一些恩怨，比较私人、比较情感化的这些东西，在影响他们的决策。可是也不能将他们所有的言行，都用这些个人恩怨来解释，能成非常之功，必是非常之人。“非常”主要是说他能突破常情，突破常人的情感。整天就计较些个人恩怨，或者一般都是那种江湖义气，要不就是那种家长里短这种思维，那也不可能是非常之人，也做不了非常之事。李鸿章肯定是非常之人，他既然是这样的人，尽管他受了这么大的气，甚至觉得是一种侮辱，是对他才能品质的不信任，那么他去上海之后，他的军队壮大之后，他会不会一直抱怨呢，会不会回过头来，在湘军淮军之间，湘军请他帮忙的时候，他会不会借故不帮忙呢？师门有难的时候，他会不会落井下石？如果个人恩怨有那么重要的话，他可能会。但是李鸿章没有这样做，在未来淮军的战绩不断变好，实力不断增强，他自己的权力也越来越大的时候，他还是做到自己的本分，同时还很好地维系了跟曾国藩，甚至跟整个湘军的良好的关系。至少在太平天国战争结束以前，他是这样做的。他可以突破个人情感上的小问题，可以忽略掉，一切以大局为重，像未来的在军饷上，援济曾国藩这一边，援济湘军，他帮了不少忙。另外是不是要助攻南京，他也给了一份让曾氏兄弟甚至是让湘军非常满意的答卷。这些都留到曾国荃围攻南京后再讲。

第八章　战天京

一、大战前夕

咸丰十一年（1861）十月，曾国荃回湘乡休假，到了明年，也就是同治元年（1862）二月中，他休假归来。这一休假就是四个月，军情如此紧急，但是仍然要休四个月的假。从不好的方面说，这叫玩心太重了。从好的方面讲呢，一张一弛，文武之道。前面的战事太激烈了，特别是安庆，应该拿出一点时间休整一下，好整以暇。接下来再打南京，中途就没办法休息，所以休息四个月也是一件好事。从具体的作战上来看，他这个休息是有效果的。二月中到安庆，随即展开攻势，曾国荃在江北，鲍超在江南，都是安徽境内，彭玉麟在长江，左右接济，这就是未来进攻南京的军队主力。

曾国荃在江北连续攻克巢湖、含山、和州，接着渡江到了江苏境内，到了南京附近，进入太平天国的核心势力范围。在出安徽之后，经过一番战斗，打下金柱关、芜湖，从而直逼南京。所以五月四日，曾国荃就打到了南京城前面的雨花台，并在那里驻军。当时他的军队才一万多人，这就是为期两年多的围攻南京的开始。自从这一年的五月四日驻雨花台起，他的军队就没有离开过这个地方，直到打入南京。

1. 湘军极盛时的势力范围

现在，围攻南京的战役开始了。前面介绍了，围城有两种围法，一个叫势围，一个叫力围。势围就是战局大势，有的时候是讲整体战略对不对头，有的时候特别跟后勤，跟政治上的支持有关系。现在的湘军和刚起来的时候大不一样，甚至和胡林翼主持的时候也不一样，现在的政治环境要比以前好得多。到底如何好法，我们只要对着地图从东往南，把这些长江沿岸的省份高级长官的名字看一看，就知道是一种什么样的图景。

从四川开始数，四川总督骆秉章，这个人不需要再过多介绍，湘军的崛起就是他任湖南巡抚期间得以完成的，他现在调到四川，所带的将领、士兵仍然是湘军，所以有什么事情他能够帮助湘军的，他一定会去做。而湘军对他也很好，双方的关系很融洽。四川的布政使刘蓉，那更不得了，他是曾国藩从小交好的一个朋友，老友、密友。再看湖北，湖广总督官文，是胡林翼的哥们，现在胡林翼虽然死了，但是官文经过胡林翼多年的调教，对于湘军的事情也很支持。日常性的那些支援，找他都是没有问题的。湖北巡抚现在是严树森，他是胡林翼的老部下，所以他跟湘军这些人之间也都保持着很好的关系。湖南巡抚毛鸿宾，这个人是曾国藩的密友，他是河南人，是曾国藩的同年，都是道光十八年（1838）一起中的进士。他跟曾国藩关系好到什么程度呢，咸丰初年，曾国藩的母亲逝世，曾国藩急于回家奔丧，他在北京所有的私人财务问题，不管是债务、债权，还是家里的动产、不动产，这些东西的处理，以及把他的家眷从北京安排送回湖南，都是毛鸿宾一手操办的。所以这是可以以家事相托的朋友。后来毛鸿宾到湖北，从知府做起，胡林翼对他也非常好，升迁很快，这跟他是曾国藩的这种性质的朋友有很深的关系。因此，他这回做到湖南巡抚，那跟湘军更是水乳交融。再往东，安徽巡抚是李续宜，李续宜是湘军老将，自不用说。江西巡抚沈葆桢是晚清政坛的一颗新星，他以前一直不出山，这一回是经过曾国藩密保，连升数级当了江西巡抚。前面讲了，曾国藩有朝廷给的保举封疆大吏之权，他虽然推辞，但还是利用这个权力推荐了几个人，沈葆桢就是其中一位。沈葆桢跟湘军渊源也很深，当湘军在江西作战的时候，他在江西做知府，自己独立抗击过太平军，湘军也援助过他，所以他跟湘军的关系很好。只是后来到了同治初年，南京快要攻克，他跟曾国藩发生了矛盾，但是也不是私人矛盾，而是关于江西财政收入使用的问题，是应该由两江总督拿去做军费呢，还是由江西巡抚首先决定怎么用。在此之前，沈葆桢肯定是湘军的一个后勤保障，能起到正面作用的人。再往东，李鸿章很快就会当上江苏巡抚，左宗棠就任了浙江巡抚，这两个人跟湘军的关系也不用说。

即使跟现在打南京没有直接关系的地区，譬如广东，它虽然没有直接战事上的关系，但是它在办厘金，然后用这些厘金作为协饷支持湘军，它也是一个很重要的省份。就因为这个原因，所以广东巡抚乃至总督换人，朝廷要选用跟湘军关系不错的人，原来它的总督是劳崇光，他是长沙人，早年跟曾国藩的关系也非常好，可是他在广东任上，对于协饷支持湘军不是那么积极，因此就把他调离了，换成跟曾国藩关系更好、跟湘军关系更好的晏端书、毛鸿宾，到后来又由郭嵩焘担任广东巡抚。

这么一数下来，就可以发现，长江两岸，几乎所有的封疆大吏，不是出自湘军，就是跟湘军有千丝万缕的深厚关系。这样的政治布局，简直就是为湘军作战度身订造的，所有这些地区的大员，为什么让他们在这个位置上，清廷当时在考虑这些人选的时候，就是以某人跟湘军的关系，某人对湘军的善意程度来进行选择。曾国藩自己也感叹过，他说广东为了办厘金，为了办协饷，特地换来晏端书这个人。晏端书是什么人？他也是曾国藩的进士同年，跟他关系很好的人。广东换成他来主政，就是为了配合湘军的协饷，把湘军的后勤做好。所以曾国藩说，朝廷的用心“良可感矣”，朝廷的用心，慈禧太后、恭亲王的用心，就是一切以是否支持湘军的作战为标准。

当然形成这样的局面，对于中央政府来说，还是觉得有危险性。这么多省份，这么庞大精锐的一支军队，他们都是一个集团，或者说跟这个集团有很深厚的关系。这种地方势力的存在，对于中央政府始终是一种威胁。一般来讲，中央集权制度的国家里，制度设计就是要避免有这种集团、这种地方政治势力出现。但现在不仅出现了，还是中央政府主动去促成它出现的，这有不得已的苦衷。一个原因就是军事上，如果不是江南大营崩溃，苏州、杭州这些地方接连失手，就不会形成同治元年（1862）的新气象，官场新气象，清廷照样会将关注的重点放在江南大营，放在绿营兵、八旗兵。现在的情况是江南大营崩溃了，绿营的战斗力也结束了，甚至可以说完成了历史使命，剩下来的江南地区，能够有所作为的只有一支湘军。你如果想收复南京，作为中央政府，你就得依靠湘军，这是没有办法的事情。你要依靠湘军，就得给它支持，就像以前支持江南大营一样。湘军主要都是从湖南募的兵，除了这个不用中央给之外，那么要钱，你要给钱，要官，你要给官，要各种各样的权力，你都要配合他。这是不得已的第一个原因。

第二个原因，舆论也有压力。我们不要以为传统中国的执政者或者中央政府，他们感受不到舆论的压力，他们感受得到的。当时没有报纸，媒体的压力他们是感受不到，但他们感受到的是御史、各种有资格上奏发言进言的这些人的压力。王闿运《湘军志》里面说，同治元年，群臣纷纷上书，说什么呢？推戴湘楚军功，就是纷纷表彰湘军，认为湘军中“偏裨皆可督抚”，就是在湘军里面不起眼的小角色，文的是幕客，武的是中层将领，都可以做总督、巡抚。把湘军神化了，说湘军里面个个都很厉害，全是人才。给曾国藩做文书工作的，可以去做文职高官；在湘军里面领一营的、打过仗的，可以出去做总兵、提督；更不要说湘军里面的那些知名人士，像李鸿章、李续宜、彭玉麟、杨载福，这些都到了督抚级了。这中央政府就有压力，所以在地方官员人选方面，也要俯顺舆情。

这是由于主观、客观、内在、外在的一些原因，导致同治元年出现官场新气象。这个新气象对于湘军，当然是好事；对于围困南京更是好事。曾国荃、曾国藩，乃至整个湘军，在对南京作战、进一步对浙江作战，以及李鸿章的淮军在江苏作战，几乎都不可能有明显的来自内部的阻碍力量，就算有，大家也可以明火执仗地较量一番，不用像以前那样忍气吞声。所以在势围上，对曾国荃围南京是很有利的。

可是这一次，力围有一点问题。力围，主要就是具体的地理和军事上的因素。首先，曾国荃现在的人数太少，不足两万人，这是远远不够的。当然现在他也合围不了，他现在在南京的西面，从长江登陆雨花台，在长江中还有个九洑洲没有控制，这要等将来水军去把它拿下。不拿下九洑洲，南京城可以直接通过九洑洲对外进行联络。同时南京城的其他几面，现在也没有拿下。这是具体的围南京的阵地战局势。现在是稍微占了个有利地形，对南京造成了威胁，但是要说合围，甚至开始攻打，这个时候还远远不够。这还不是大问题，大问题是现在南京跟外面的联络很活跃，周边很多城市，譬如苏州、常州、杭州、嘉兴、宁国，全部被太平军控制。他们随时可以从那些地方组织军队过来，或者是往南京运输物资，或者来攻击围南京的围师，行动自如。以前围南京的江南大营，还有更早的江北大营，就是因为边上这些城市，那个时候有扬州、芜湖，都没有控制住，光围着南京城，然后各地的太平军一到南京军情紧急时，就回来救一下。李秀成有十解京围之术，所谓十解京围，就是十次打击围困南京的敌军，而且几乎都成功了。也就是说，光围住南京没有用，还得把边上这些地区全部控制好，让城里没有外援了，才真正叫围住了南京。

所以在这些方面，光靠曾国荃解决不了问题，他能做的，最多就是将这些离南京比较近的地方的战略要点拿下来。太远了的，如苏州、常州、湖州、嘉兴、扬州这些地方，需要李鸿章、左宗棠等人去解决。这也就是为什么湘军东征，不仅是打南京，还要去援助江苏、浙江。只有这样，才能真正地拿下南京。可是这些都要等上一年多，在江苏、浙江才会有成效。现在曾国荃一支孤军，虽然驻扎在南京城下，但是对太平天国的威胁，更多的是一种象征性的，并不能造成实质上的威胁。

2. 血战雨花台

反过来，李秀成看着曾国荃这样孤军深入，看不顺眼，就要来教训他。这个对曾国荃来说就不是象征性的，而是拳拳到肉的一个打击。

曾国荃到南京城下刚刚三个月，李秀成就率领大军来惩罚他孤军深入的错误。一开始，很多人都提醒过曾国荃，在九洑洲没有拿下的情况下，南京边上一些重要的要塞仍被太平军控制的情况下，离南京很近的苏州、嘉兴这些城市都驻扎着太平军重兵，而又没有其他的清军去牵制他们的时候，不到两万人的一支部队，贸然屯兵南京城下，这是很危险的事情。曾国藩也给他写过无数封信，讨论这个问题，跟他讲不要做“呆”兵，要做“活”兵。围在城下是一支呆兵，等于是树立一个靶子在那让人打，而且你被人打的时候，别的湘军来救你都不好救。曾国荃驻扎的地方，后面是长江，前面是坚固的南京城，在那个地方打起来，你让湘军再派人去救你，立足都不太方便，都没有驻扎之地。所以劝他暂时是不是撤离，等将来机会更好的时候，再去南京城下。

曾国荃坚决不撤，他认为已经把从安庆以下直到南京，这么多城市该收复的全都收复了，显示我军威力的时候到了。这时不驻兵南京城外，就起不到威慑作用，也表示不了湘军必克南京的决心。当然，他不想撤离还有一个原因，他隐隐约约觉得，我要是一撤走了，换一支别的军队又驻扎在这里，将来打南京就不是我的任务了。这个“别的军队”，它不是指湘军内部，湘军内部都有一个统一的调度，基本上不会出现越俎代庖的情况，他害怕的是驻扎在江北、扬州以上，甚至是皖北的一些清军。包括将来的淮军，也有可能成为竞争对手，它援助江苏嘛，南京是江苏范围。如果听信曾国藩的话，先去边上那些城市打一打，万一被拖住了，回不来，不能及时赶到，而那个时候打南京的条件又具备了，那岂不就是别人的军队在打南京了。所以不管兵法如何，他这时死也要先占着这个位子再说，他何尝不知道孤军深入，万一被敌军大举进攻的话，很危险。有的时候，兵法是一回事，人的意志往往会盖过理智。兵法是比较理性的东西，但是人的意志，特别是在战场上，对功名的渴望，会盖过对兵法的审慎。曾国荃这一次在雨花台，就有这个因素存在。所以闰八月，李秀成率领大军来攻击他，可以视为对曾国荃情感超乎理智之举的一个教训。

李秀成的大军，据曾国藩的奏折说有六十万，这无疑是夸张。说敌军人数多，最终我还是打赢了，那是大功劳一件；就算打输了，因为人家人数那么多，打不赢也正常，所以受到的责备也不会太重。这是一个简单的技巧。曾国藩虽然是个历史伟人，但是这种事情他也干过不少。据其他材料综合，这一次李秀成攻击曾国荃的军队，人数大概在二十万左右，甚至不到，这个数字可信度更高一点。曾国荃只有不到两万人，李秀成这边先自己带队，他的堂弟李世贤从嘉兴带队，合起来有那么二十万人。这么多人要围一两万人那是没有问题的，肯定就把他围得严严实实，关键是围下来之后怎么攻。

曾国荃的作战，倒是挺尊奉湘军营制，同时也非常明显地实践了“扎硬寨打死仗”这六个字。像他围安庆，前壕后壕，那壕挖得好，对于应付陈玉成的冲击起到了决定性的作用。这一次到南京城下，在攻击别人之前，他先注意自己的防守，即使是扎营，壕沟、围墙、篱笆，这些东西都是一丝不苟，甚至是比平常规定的指标要更高一些，因为面对强敌。李秀成也赞扬他，说他在雨花台的营盘，“九帅节节严营，濠深垒坚，木桥叠叠层层，亦是甲兵之利”。濠深就是在营外的深壕、长壕，绕着军营画一道，甚至是两道；垒坚主要是说营墙修得高，修得厚，修得扎实；木桥叠叠层层，木桥就是在营外的开阔地带，专门树立起来的障碍物，防止敌兵特别是骑兵来冲锋。所以李秀成赞扬他这个营扎得好，善于用兵。

当然，这是李秀成被抓之后，写自述时恭维曾国荃几句。当时李秀成就没有这么客气。将曾国荃围定之后，拿出两件法宝开始猛攻。哪两件法宝呢？一个是炮，一个是地道。炮，用曾国藩、曾国荃两人奏折里面的话，叫“西洋开花大炮”，这个炮和湘军惯常用的炮是不一样的。湘军平时用的炮，出膛之后线路比较平，炮子的威力不是很大，不管是穿透力还是落地之后散开杀伤力都不是特别大。但是李秀成专门从国外进口的这种炮，威力就很大，射程特别远，高高坠下，落地开花，杀伤力特别大。

要补充说一下，李秀成和陈玉成两支军队的装备是不一样的，特别是李秀成得了苏州之后，李世贤又得了杭州，和沿海的外国商人就有很多接触，购买了大量的外国军火。用李鸿章的话说，李秀成所用的枪炮都是一些流氓鬼子从国外走私运进来的，很先进。拿这种炮一轰曾国荃，曾国荃就发现这太厉害了，深壕高墙的老防御就不太适应。但是也没办法，人家已经开打了。炮弹一来，你就只能全体卧倒，忍着呗。这是炮，李秀成的法宝之一。第二个是地道，因为光用炮轰，弹药还是很宝贵的，火药炮子都要钱，效果也不见得有多好，因为直接用炮把营墙给轰个缺口，然后往里冲，这又比较难。开花大炮的弹道是一种抛物线的，角度比较大，它射得远，然后从高空坠下，但并不是穿透力特别强的那种炮，所以还要用地道。当然炮轰对挖地道有帮助，这跟湘军攻城一个道理，表面上就在那使劲地用炮，用堆稻草的方式筑高台，去攻击城上，其实在后面偷偷摸摸挖地道，用火力压制住敌军，让敌军不能准确地判断我在哪个地方，在哪个方位开始挖地道。李秀成就是这么干的。炮可以是火力压制，然后还有枪，还有各种疑兵，以及一些掩体，在这种掩护下就可以挖地道，一直挖到曾国荃的营墙边，然后放上炸药把营墙炸开，用攻城的办法来打开曾国荃的营盘。

当然，曾国荃对于地道战太熟悉了，太平军虽然做了一些掩护，做了一些假象，但是大致也能猜出，你应该从什么地方挖，大概什么路线。因为设身处地想一想，就这么一个地势，真正能挖，也不会有太多的路线。所以曾国荃就要破地道。破地道的方法，就是他挖你也挖，李秀成你在外面挖地道进来，我从营中也往外面挖出去，大概预计你那个方位，对着你挖，两条地道通了之后，我这里面就熏毒烟、灌水，或者直接往里面扔炸药，反正就是要把这条地道给废掉。李秀成挖的很多地道就被曾国荃用这种方法破掉了。

一直打到九月，接近一个月，李秀成这边还是没有进展。这个时候，他堂弟李世贤从嘉兴又带兵过来增援。农历九月份，就已经是深秋了，天气越来越冷，太平军闰八月过来时，天气还比较暖和，带的军装不够，所以让李世贤增援，想尽快把曾国荃的营盘攻破。李世贤不光带着人来了，还带了一批好枪过来。从九月开始，曾国荃就发现敌军的枪不一样了，同样一个距离，譬如一百米，左边是湘军，右边是太平军，两边对射，太平军那一枪就可以干掉湘军，湘军那个子弹打到八九十米就掉下来了，或者就毫无穿透力了，没有杀伤力。用这种根本不对称的武器来作战，那显然湘军打不过太平军。所以李世贤来之后，李秀成就改变了战法，开始近身扑营，不光是用炮来轰，还组织士兵扑营，因为他们的火力相比湘军优势太大。到九月十二日，曾国荃发现太平军往一个地方调遣军队，他敏感地意识到，这个是干什么用的呢？对方调军队，这肯定是哪个地方有一个地道，已经通了，就等地道爆发，好来抢营，就是说一等炸出缺口，他们就会从缺口夺门而入。现在不知道地道在哪儿，但是他看到那些人调动的方向，也就估计得出地道大约在哪个方位。果然，正午，地道爆发了，营墙一下就崩塌了几十丈，很大的缺口。这个时候就是肉搏战了，先前布置好的太平军，这会就往里猛冲，湘军就一定得守住这个缺口，守不住，营盘就会失守。失守了的话，三河之役那样的惨剧就可能再次发生，所以湘军拼命抵挡。

当然，太平军来冲营，虽然手持枪械比湘军要精，但是毕竟外面有木桥，有壕，队伍冲过去，一是人数受限，二是速度受限。那么，湘军不是讲“边作战边立垒”吗，一边作战，一边修补缺口，只要堵住了那么一两个钟头，崩塌的墙也能够修好。太平军那边因为来的人不够多，速度也不那么快，所以最终还是被堵住了。因为这个事情，曾国荃吓出了一身冷汗，同时他也受伤了。每次重要的战役，他都是亲身督战的，这次受了伤。

这些消息传到安庆，传到湘军其他将领的营中，大家都觉得曾国荃凶多吉少。尽管这一次扑营被打回去了，大家还是觉得事情没完。确实，当时李秀成、李世贤不缺钱，不缺兵，也不缺军火，如果再来几次猛攻，特别是能够发发狠劲，像陈玉成打安庆围军一样，一昼夜间发动十二次攻击，这样打下去，曾国荃能不能守得住，还真是个问题。像刚才说的，营墙被轰塌十几丈，虽然没打进去，但是对于湘军士气上的打击，给他们造成的恐慌，是巨大的。如果继续这么干，不需要太长时间，湘军士兵心理就崩溃了。

可是李秀成没有这么干。不是他不想，是气候条件让他不能这样干下去。天气太冷了，士兵作战的时候几乎都是夏装，这时就支持不住了。还有一个原因，他是有钱也有军火，但是他的后勤补给仍然是个问题。他的后勤供应得从苏州、嘉兴那么远的地方运过来。尽管水道很方便，可是当时的江苏境内，水道很多都是被地方性的势力所控制。有点像中原从团练起家、后来成为土匪的那种人，他们叫“枪船”。也不是官家的船，也不是太平军的水师，表面上的名义是维持治安，实际上是一些地痞，一些地方上的豪强，有的时候就抢东西。如果太平军运什么东西，他觉得合适，他也会抢，他熟悉地形，水性好，而太平军的水师已停滞了很多年，所以运输也是个问题，这也决定他不能长久地作战。

一个气候的原因，一个后勤补给的原因，在这两点上曾国荃反而有优势。特别是后勤补给，他扎营离长江很近，营中到长江有一条道叫“运道”，派了精兵把守，就由他弟弟曾国葆负责。从长江运过来的东西，主要是从安庆运过来的粮食、火药、枪械，包括药品，都可以源源不断运来。当时双方营中都发生了瘟疫，死了一些人，所以药品很重要。曾国荃就有这种接济，有长江运输的便利，他就可以支持得更久。只要营盘不被打破，运道畅通，就可以无休无止地跟太平军对抗下去。

当然，也可以见得李秀成有轻敌的心态，认为你一万多人孤军深入，我来一个二十万大军，我还亲自率军前来，还不就是三下五除二，或者把你全部攻破，或者把你赶走。他是这样想的。如果他知道有可能要打持久战，至少士兵的冬衣他肯定要带，接下来的后勤，他要做好安排。可是他没有这样做，那就是他轻敌。以前他没怎么跟曾国荃的部队交过手，这一回初遇，他知道湘军中李续宾、鲍超这些人厉害，但是不知道曾国荃作为湘军后起之秀，虽然作战没那么花哨，不像李续宾、鲍超那样或者有计谋，或者有一种特殊的风格。但是曾国荃作战扎实，就立个营，立得那么扎实，他李秀成就打不进去。所以一开始轻敌，到后来时间越拖越长，他的准备就不足。到这个时候，他就只有退兵。连续攻了四十六天，在十月初终于退兵了。

曾国荃一到南京，就接受这么一次考验，幸亏渡过了难关，自己受伤，士兵死伤也很惨重。在接下来，他在进攻南京上，他的部署，他的举动，就越来越谨慎。这次虽然挺过来了，但是教训还是牢记在心，所以接下来他就急着要水师配合，把长江中心的九洑洲这种要地赶紧拿下来，才敢更进一步地去围南京。同时自己也把南京边上一些重要地方拿下来，而自己围城的进程，也要配合淮军、浙江军的进度。他越围越科学，越灵活，越有针对性。

这次战役，对于曾国荃来说是刻骨铭心的。这回雨花台之战，打了四十多天，湘军营中伤亡惨重，几乎失守，这是在他生命中一场值得纪念也是记忆深刻的战争。对他是这样，对其他人应该也是这样。

可是写《湘军志》的王闿运，在写到这次战争的时候，整个字数也就那么两三百字。写到具体的作战，王闿运是这么讲的，说太平军进攻曾国荃，“连十昼夜不休”，很猛很凶，连续打了十天；但是“罕搏战”，没有近身肉搏，近距离交战很少；“炮声相震骇”，就是互相发炮，太平军一炮过来，湘军一炮过去，轰轰隆隆，很热闹，可是双方就是在那远距离招手，没有拥抱。为什么会这样呢？因为太平军主将“自重其死”，就是说李秀成舍不得拼命，太平军也不过是乌合之众，没有初起时的那种气势，所以就这么糊弄了一下。因此这次防守，对于湘军来说也没那么艰苦，太平军就是过来做做样子，你最终守下了，也不是什么很大的功劳。

这是王闿运《湘军志》的说法。王闿运《湘军志》得罪了很多湘军将领，得罪曾国荃的地方也不止一处，但是这一处，最令曾国荃不高兴。曾国荃当时甚至起过杀心，最后通过中间人转告王闿运，你自己写的书你毁了版算了，以后不要再印了，最好外面印的也能够收回来。可笑的是，《湘军志》是谁出钱让王闿运写的？是曾纪泽，曾国藩的儿子，可王闿运在里面对曾家，没写几句好话，最后又得罪了曾家的人，把曾家出钱的这部书的版子又毁掉。

实事求是地说，雨花台一战，王闿运这种笔法确实轻率了一点。从其他人的记录，不管是官方的奏折、诏旨，还是私人之间，包括曾国藩、曾国荃两人的通信，还有其他人的通信，包括来自民间的当时那些人的记录，这一战还是十分惨烈的，绝不是王闿运轻描淡写的那样。所以光就这一笔来说，王闿运没有纪实，曾国荃要恨他，也是有原因的。

3. 阴阳怕懵懂

曾国荃急于在同治元年（1862）就来围困南京，有他自己的原因，但是也有一位已经逝世的前辈，对他的教诲在里面。这就是胡林翼曾经跟他讲过，你将来打下安庆，赶紧就要去进攻南京。曾国荃当时有一些犹豫，说打南京这么大的事情，难道就靠我去完成它？他不太自信，胡林翼就讲了一个故事：

话说从前有两兄弟，弟弟就是迷信发烧友，他日常说什么、做什么事、什么时候出门，都要先查黄历。黄历上说，今天能干什么、不能干什么，他就按着那上面说的做。哥哥就从来不信这个，活得自由自在。于是在这一家之内，两兄弟的生活就有截然不同的悲喜。什么悲喜呢？弟弟天天遵守着这样那样的规则、信条，活得很累；哥哥百无禁忌，想干什么就干什么，活得很快乐。终于有一天，弟弟忍不住了，说我也要放松一下，整天这样绷着，太累了。这天，他就没看黄历，那天黄历上说不宜外出，他说管它呢，今天先出去办个事。一出去就遇到了黑煞神，什么叫黑煞神呢？就是神话里面一种挡路的鬼，但是黑煞神不伤人，他就挡着你的路，让你走不过去。据说黑煞神身高几丈，他挡在你前面，你就不知道路了，你换个方向再走，他又会挡在你前面。弟弟这一出来就碰到黑煞神，很生气，就跟黑煞神辩论，说我平时一丝不苟，遵守各种各样的黄历上的规定，我就偶尔这么出来一次，你怎么就为难我呢？你看我哥，他平时从不遵守这些东西，怎么没见你去教训一下？黑煞神回答了他一句，说你哥那叫懵懂，阴阳怕懵懂，所以我不得不避开他；你呢，你就是信我这一套，一旦不信，我就得给你教训。

这就是胡林翼讲给曾国荃的故事。阴阳怕懵懂，懵懂就是什么事情也不想太多，放手去做。阴阳呢，这个词在中国文化里有很多意思，在《孙子》里，跟作战行军的地点有关，也可以理解为后世的风水；但是更多地，它的本意是讲鬼神，人界以外的一些东西。引申来说，就是算计比较多，什么东西都认真地去算，去规划，讲谋略。那么胡林翼说“阴阳怕懵懂”，要传达的则是另外一个意思。胡林翼有一句名言，说兵事，能算到五六分就可以放手去做，没必要算到十拿九稳，而且你也不可能算到十拿九稳。胡林翼自己也是这么做的。他告诉曾国荃这一点，还有一层意思。曾国荃跟曾国藩两兄弟，表面看起来，曾国藩更谨慎，很多事情做起来放不开；曾国荃呢，似乎胆子更大，魄力也更大。可是在胡林翼看来，曾国藩做什么事情，认准了就绝不动摇，不再去胡思乱想，反而显得很懵懂；曾国荃呢，在整个做事的过程中总是有些动摇，思想不够坚定。当然在阴阳上，也就是说谋略上，曾国荃也比不上曾国藩。

胡林翼就是有针对性地告诉曾国荃，将来的大事就是要进攻南京，湘军现在的势头也很不错，你既然已经趁势打下了安庆，就应该顺势去进攻南京。整个计谋、战略，已经有曾、胡两个人早就确定了，接下来要做的是一些细节上的执行，曾国荃你就是执行这种细节的人，你不需要再有战略上的困扰，你一心一意去做这个战术执行者就够了。

所以曾国荃听了“阴阳怕懵懂”的话，有些触动，对于未来仅仅由自己来打下南京，也树立了一点信心。

顺便要解释一下，所谓懵懂也是一个相对的说法，不是说无知妄作，不管不顾就一定是懵懂，就一定能成事。绝对不是这样。胡林翼做成那么多事，就仅仅因为他懵懂？这肯定不是的。胡林翼的谋略天下一流，就是阴阳方面，他也有很高的造诣。其他那些人，包括曾国荃在内，也没有谁真是一个懵懂的人，都是相对而言。

胡林翼讲的阴阳怕懵懂，是在谋略方面都有很高深的能力的情况下，大家要适当地少用一些谋略，多下一些判断，多信一下直觉。阴阳怕懵懂，首先你有关阴阳能力要强。曾国荃后来打下南京，做了湖北巡抚，上任没多久，他就以挪用公款的名义去参劾湖广总督官文。一参劾，北京就派人下来调查，发现所参属实，官文就调到了北京，降职。可是曾国荃自己没过多久，报应就来了。一个官文的很亲密的朋友，后来在湖北任职，就参劾曾国荃，曾国荃因此从巡抚的位置回家了。他参劾官文，你不能说他跟官文有什么私人恩怨，他就是觉得我是巡抚，我眼里容不得沙子，他就忘了以前胡林翼做湖北巡抚时，跟官文是怎么做的。他就一味地懵懂，忘了阴阳也很重要。

所以同样知道这个故事的李鸿章，听说这个事情之后，就笑着对身边的人说，曾国荃这样也太懵懂了。阴阳与懵懂，是一个人处理事情上的两面，光靠阴阳不行，光靠懵懂也不行，要有一种平衡。

二、曾氏两兄弟

1. 曾国荃的固执

前面已经讲过，曾国荃刚进兵雨花台，就被李秀成、李世贤围着，打了四十多天，营盘差一点失守。后来虽然解了围，太平军退军了，可是余悸犹在。特别是曾国藩，更觉得这种做法隐患太大，因此不断地跟他通信，想让他改变一下驻军的方法。曾国藩提出一个呆兵与活兵的概念，想让曾国荃听从他。

什么叫呆兵呢，呆兵就是在南京城下围城的兵。活兵就是拿出一些军队去占领南京周围的这些城市，像东坝、溧阳、宜兴这些要地。拿下这些要地之后，再来围困南京。一个是更严密，第二个，自己的军队也就不用怕别人来围剿了。这是曾国藩的意见。

这个道理，曾国荃能听进去，因为这是兵法，他以前也围过安庆。我们都知道，当时围安庆的部署，曾国荃负责围攻，多隆阿、李续宜各领万人，在围师西面北面负责警戒。如果有太平军要直接冲击他的围师，那先得过李续宜、多隆阿这一关。除了这两支军队之外，在安徽、湖北交界另有一支大军，遥相呼应。此外鲍超也渡江而来，作为一支游击之师，凡是跟围攻安庆有关的战事，鲍超都会在第一时间赶到。有了鲍超这种游击之师，有了多（隆阿）、李（续宜）的警戒部队，曾国荃才能安心围好安庆，心无旁骛。南京这个城市，城墙比安庆更高、更厚，整个城市的范围也更大，太平军在南京周围布置的那些兵力，在江苏、浙江那边的兵力，比在安庆那时的援军更多。按道理，围南京应该采取比围安庆更稳妥、数量更大的军队，才有可能围下。现在呢，曾国荃在跟李秀成交锋之后，增了一些兵，大概增到三万的样子。可是这三万人还是不够，他离长江近，有水师可以援助，另外在江苏有李鸿章，在浙江有左宗棠，可以牵制一部分太平军，鲍超在宁波一带也可以牵制一部分太平军。可是跟曾国荃直接打交道，时时刻刻能够起到护卫军的作用的，一支军队也没有。没有这样一支军队的话，只有自己分派一支军队，像当年的多隆阿、李续宜的部队一样，主力围城，分一支部队在周围活动，没事的时候就扫清周围的障碍，有事的时候就可以回来救援。就是说，除了围城的呆兵之外，你要有一支活兵。曾国荃还是明白这个道理的，但是他就是不愿意执行。为什么不愿意执行？他认为分出一支兵力来，则围城的兵力太少，不能快速地完成对南京的合围，对南京的威慑力也不够，不成规模。他觉得，要这样，对于围困南京完成天下第一大功，未免太曲折了一点。

曾国藩怎么跟他讲，他就是不接受。最后没有办法，曾国藩亲自到南京暂师，从安庆坐船到南京，当面跟他讲。在此之前两个人通信，曾国荃经常是长篇辩驳，对于曾国藩给他的意见不接受，有的时候甚至说出很伤人的话。曾国藩说，老年兄弟，年纪都这么大了，再这么说话可不合适。在这个背景下，曾国藩亲自来到南京，要当面劝一劝他弟弟。曾国荃也不是一颗石头，而且当面讲，以理服人、以情动人，比光在纸上写效果要好。待了一段时间，终于让曾国荃松动了一下，同意派出一支活兵，可是这个活兵，活动范围离雨花台的营盘，不能超过六十里。六十里，按照湘军正常的行军速度，就是两天，要快一点，一昼夜也行了，也就是说很快就可以进行反应。这对于营盘来说当然是好事，可是对于曾国藩建议的去将周围的溧阳、宜兴、东坝这些地方都好好控制下来，那就不止六十里以内，那些地方都是两三百里。这支曾国荃同意的活兵，到那些地方就去不了，太远了，只能围在雨花台附近。这是曾国荃的底线。

湘军之间互相会经常开玩笑，而且会取外号，像左宗棠就叫曾国藩为“书憨”。曾国藩也曾经给郭嵩焘取过外号，直接说他是书呆子。但是这个书憨、书呆，都还是有可以松动的地方，因为它毕竟有个书字，虽然比较死板，但是你真要跟他讲道理，所谓君子可欺以方，你逻辑对了、道理对了，他也会遵守，会改变，不会一直呆下去。曾国荃这种呆呢，就是呆兵的呆，呆子的呆，你说他不明白道理、不明白兵法，那肯定不对。他都明白，可他就是不愿意改变。这叫作欲望太甚，无法克服。他一切道理都明白，但就是无法克制自己的欲望，所以对于任何意见他都听不进去。用湖南方言讲，叫不进油盐。

曾国荃的欲望是什么呢？第一是打南京，第二是打南京，第

三、第四全是打南京，只有这么一个欲望。当然这也不仅仅是他个人的欲望，湘军起兵到当时已经快十年了，所有的将士心里想的就是打下南京。不仅仅是曾国荃的部队，其他的水师，包括在其他省份作战的，都认为只有打下南京、消灭太平天国，才是功德完满的结局。所以这个欲望首先是一种集体的欲望。再一个就是具体打南京的方法，你让他先去做活兵，先去侵外围，再来围南京，兵法上都说得通。可是曾国荃就是不挪窝，为什么？他害怕。在不远的扬州，有冯子材，就是都兴阿的军队，他们主要的任务是所谓防止太平军往北去；可是曾国荃想，万一我率军去扫外围，扫得好，可以快去快回，扫得不好，在路上被太平军纠缠，一时半会儿回不来，这个时候万一南京城的守军冲出来，跟外面来个里应外合，将我留在原地的部队打走了，都兴阿、冯子材他们很有可能就渡江过来，补了我这个缺，怎么办？他最担心这个，他一步都不愿意离开南京，尽管他知道这样不是个长久的办法。他实在这么死心眼，曾国藩也没有办法，只能由他，只有尽量让鲍超，包括其他人像朱品隆的一些部队，进入江苏，控制安徽，让他们去做一些清扫外围的工作。同时也让李鸿章、左宗棠抓紧在江苏、浙江的剿匪工作。因为在外围江浙等地施加的压力越大，那么太平军回来援助南京，想给南京解围的能力就越弱。那边都打得不可开交，哪还有精力抽兵来顾南京呢？像苏州是李秀成的地盘，他几乎就把苏州当成自己的老巢，至于南京在他心中的地位，不一定有苏州高。你只要在这苏州附近，发动比较猛烈的大规模进攻，李秀成的关注力就会被吸引住，他就不会过来救南京。同样李世贤在浙江嘉兴一带，其他的在杭州一带的太平军，左宗棠分兵去攻击他，力度大一点，他们也就分不出兵力来救南京。牵制了苏浙，也就为曾国荃更好地布置合围提供了机会，也增加了时间。所以曾国藩在这个曾国荃不听他话、死心眼的情况下，只有用这种方式来为他弟弟保驾护航。这个矛盾暂时就这样解决了，未来的形势，也确实因为苏浙的战况越来越好，曾国荃受到来自于太平军援军的压力越来越小。自从同治元年

（1862）秋冬那一战之后，他就再没有受到过太多的冲击，可以一心一意地围南京，为攻打做好准备。

可是老问题解决了，又出了一个新问题。什么新问题呢？就是装备的问题。曾国荃跟李秀成、李世贤那一回交手，发现对方的枪炮，特别是枪，太厉害了，根本打不过人家。所以李鸿章一到上海——因为上海以及边上的宁波，这些都是当时的开放城市，包括军火进出口，业务量很大——曾国荃就问李鸿章，是不是从那边买一些枪给我？我这个枪太差了，每发距离打出去要差那么几十步，射程比不过太平军，这是第一；第二，速度也不快，这边开两枪，那边已经开了三枪。两个致命的不足，用湘军的土枪跟太平军的洋枪作战，几乎没法打。李鸿章就给他回信说，确实是这样的，自从太平军拿下苏州之后，就进口了一批洋枪，一作战，洋枪就在前面冲锋，根本挡不住。这个李鸿章没有夸张，当时郭嵩焘在李鸿章手下任职，做苏松粮道，他就讲过当时的情况。他说太平军的火力太猛，就是因为他们有洋枪。鲍超在宁波，左宗棠在浙江龙溪，在这两个地方作战，都受到过太平军洋枪队的有力打击，暂时有些挫折，虽然没有什么溃败之类，但是湘军的攻势被压制了。因此李鸿章淮军、左宗棠老湘营，进入江浙不久，就都在自己的部队里配备了洋枪，成立了洋枪队，而且都找过外国人做统领，训练这些清兵。李鸿章有一句名言是这么讲的，他说“效洋人步伐，操练洋枪队，平中国之贼，固有余矣”。就是用西方军队的操练方式，请西方人做洋枪队的长官，然后从军中招募一批各方面比较好的兵士，让他们专练洋枪，有了这种队伍，去跟太平军作战绰绰有余。

李鸿章到上海以后，见识了船坚炮利之后，感触很大。在这之前，他的人生轨迹就是北京、合肥，然后就是跟着曾国藩进军队；他到上海大开眼界，所以把这些信息都告诉了曾国荃。曾国荃一听就更高兴，上一回吃了李秀成的亏，就是没有洋枪，现在李鸿章能够给他提供很多枪的话，下次再见着面，可以好好报仇。可是买枪要钱，钱得要曾国藩来批，所以他就打了一个报告给曾国藩，说要添购洋枪。

哪知道曾国藩回一封信，竟然全盘否定。曾国藩说，“制胜之道，实在人而不在器”，要想打胜仗，主要是靠人，看你怎么训练这些人，怎么激发这些人，怎么用这些人，而不在武器装备。也就是说，你去作战要取得胜利，不是看你枪炮射程远一点，开火的速度快一点，而是看你爱不爱你的士兵，你的士兵听不听话，是不是够勇敢、守纪律，你是不是有智谋。“真美人不甚争珠翠，真书家不甚争笔墨”，这又是曾国藩举的例子，说美人，天然去雕琢，不是靠一些妆饰才是美的；真正的书法家，也不是非要好笔好墨才写得好字。你没有那些东西，你是美人，那你依然是美人；你字写得好，依然写得好。你不是美人不是书法家，给你那些东西，你也变不了美人、变不了书法家。那么作为一支军队，鲍超他就没有洋枪，我怎么没有听说过他因为没有洋枪而失败啊。鲍超确实没有打过败仗，曾国藩就拿这个来刺激曾国荃。曾国荃一看信，很恼火，他把这个意思告诉了李鸿章。李鸿章说，你还不知道，我就因为买了一些洋枪，老师已经把我训过一遍了，所以我最近也不跟他提这个事。你呢，不要跟他争论，制胜之道在人而不在器，道理是对的，咱们深以为然；只是你继续打报告，要求添购洋枪，理由就是要训练士兵熟悉新军备，别去光说有了洋枪才能打胜仗，而是说正常的，我的士兵也要熟悉一些军械，跟胜不胜战没有关系，提都不要提这个。

这就是李鸿章比他要聪明的地方，因为我没说要有好枪好炮才能打赢，我本来就能够打赢，但是有了好枪好炮可能更好一点。曾国荃就按他的这个办法做了，一边说大哥你说得对，在人不在器，这个精神要发扬，要在军队中广泛传播；但是那个枪你还是要给我。所以曾国藩也无奈，一个是他亲兄弟，一个是最得他赏识的学生，他就感叹：这两个人还是“昧于大道”，还是不了解真正的大道是什么，只是重视这些皮毛、重视器具。一边感叹，一边安排李瀚章从广东给曾国荃添购洋枪。

当然，曾国藩后来的思想也有变化，等打下南京之后，他去视察了淮军的各项装备，真正见识了轮船、西洋枪炮，以及各种和制造科技有关的这些东西之后，他的思想就变了。他转而变为一个洋务运动的先驱，创办了制造局，督促清廷派幼童留学，他都走在了时代的前列。只是当时，在安庆的曾国藩，思想还比较迂腐。

2. 曾国荃的玩笑

同治二年（1863）三月，曾国荃接到圣旨，将他升为浙江巡抚，这是一个好事。曾国荃没有考中过举人，只是一个贡生，能做到巡抚是很难的，托曾国藩的福，一道圣旨，超规格提拔。只是这圣旨后面又有一句话，现在左宗棠是闽浙总督，而左宗棠又在浙江地区作战，那么曾国荃虽然补授浙江巡抚，作战的区域又在江苏南京，那么你先打南京，浙江的事情还是由左宗棠代管。这么一来，曾国荃就觉得心里不是滋味。

李鸿章给他写信，就明白他的苦衷，明白他的尴尬，说这道圣旨是有点搞笑，你是浙江巡抚，可是浙江的事情没法管，浙江的钱你也拿不到，徒有虚名，有位无地，有权无钱；我想朝廷这道命令是安慰奖，将来克复南京，可能才会给你个实任，譬如四川总督、两广总督，到时候会让你升到这样的位置。曾国荃觉得他说得挺对，有位无地，身为浙江巡抚，可是自己还在江苏，不能前去上任；有巡抚之权，可是浙江一省的事情管不了，一省的财政收入又不能拿过来补充军饷。万一没有打下南京，或者中途有什么变故，这个巡抚就更虚幻了。他想来想去，觉得被涮了一道，你干脆不给他升这个浙江巡抚，他都没有这么多烦恼。现在给他一个巡抚，徒有虚名，容易被人笑话，越想越气。

朝廷跟曾国荃开玩笑，曾国荃也要给朝廷开个玩笑。他准备怎么干呢？他准备上一道奏折，辞去浙江巡抚，不接受这个任命，同时要求将自己改为提督，就是由文职改为武职。为什么说这是一个玩笑呢，我们要稍微解释一下。在清代做官，文官重于武官，文职高于武职，提督、巡抚是同样的品级，但巡抚是文职、提督是武职，巡抚就比提督要高。管的事情多，权力更大，地位也更尊崇。

什么样的人可以做文官？进士、举人、贡生、荫生，这些人可以做文官，进士出身可以做到最高级的，这些都叫正途出身。其他的捐纳、议叙，叫异途出身。用今天的话讲，进士、举人这些文凭，是考试得来的，是真功夫；捐纳就是捐钱买一个官，这个文凭是买来的；议叙是因为或者有军功，或者在地方上做了些好事，或者一些别的孝行什么的，做了一些值得表扬的事情，然后朝廷赠予你一个出身，或者一官半职，这叫荣誉文凭、荣誉学位。巡抚这样的职位，一般来讲，只有正途出身、考试得来的文凭拥有者，才能获得。现在曾国荃得到这个职位，主要还是因为他的战功，因为他现在所处的军事上的关键位置，这个巡抚有鼓励性质。但同时他是贡生，正途出身，所以给他一个高级的文职也说得过去。现在他自己要改为武职，这不就是自降身份吗？明明文职比武职高，你现在这么一个高级文职，要改为武职，那也就是说，你拿国家给你的文凭不当一回事。而你这么做，是因为你不服气，你觉得给你这个巡抚名不副实，生气了，要用这种方式去让军机处、总理衙门，乃至让皇太后觉得难堪。

所以他这个想法刚一冒头，曾国藩就严厉警告他，给他写信，说你是优贡出身，怎么可以改为武职？因为武职一般都是在军营里一层层升上来的，不是读书人，而你是读书人，怎么能改武职呢。“过谦近于伪”，说你表面上因为自己是贡生，不如举人、进士的出身更正，表示谦虚，觉得我是因为领军功获得的奖赏，改为武职比较好，其实你是过谦近于伪，太谦虚了就是虚伪。你千万不要把这想法写成奏折，我警告你，你写出来人家就会认为你矫情、虚伪、不近情理，人家会这样看你。李鸿章也赶紧给他回信，说你要改文职为武职，我也深不以为然，觉得不妥，当然你现在是有你的困难，你是一个巡抚的虚衔，却要受无饷的实祸，我也很同情你。但是，你这个玩笑不要开大了，千万不要真去说你要改为武职，你这样一说，天下不传成一笑话了吗？笑话还是小事，你这样讲，惹得大家一起来追究这个事情，发现原来朝廷是拿这个虚衔来安慰你，那么巡抚这样的职位怎么能作为安慰呢，大家就会责怪，耻笑朝廷的做法不够严肃，最终损害了北京的威信。那么，你就会成为军机处、总理衙门不欢迎的人，你一下子就会得罪很多人，甚至直接得罪皇太后。这个事情就变坏了，闹大了，所以你不要改。

曾国藩和李鸿章都是进士、翰林出身，对于官场这一套非常熟悉，曾国荃动的这一点小脑筋，要的这个小聪明，他们一眼就看透了，所以立即阻止他。曾国荃不知道背后的危害有这么大，你跟我开玩笑，我跟你们也开玩笑，但他不知道危害有这么大。劝住之后，曾国荃就没有发这道奏折，总算把可能引起的后患消灭在萌芽状态。

3. 曾国藩奏折速成班

可是接着，跟奏折有关的，又发生了一个事情。尽管是个虚衔，毕竟曾国荃也是巡抚了。巡抚，可以单独上奏折，有什么意见，有什么建议，都可以写成奏折上递朝廷。以前曾国荃没有上过奏折，没有这个权力，现在独当一面，一个人围住了南京，从身份上说是一省之长，再不写个奏折，就显得没有物尽其用。就跟小孩子，给他新买一双雨鞋，他不管下雨没下雨，都想穿在脚上出去溜达一圈，好玩嘛。对于写奏折，曾国荃也抱着这样的态度，觉得我应该奏请很多事情，军队建设、将来的战略方针，甚至包括我对浙江军事吏治的一些看法。

曾国藩又在第一时间制止了他。曾国藩告诉他，你不是十分紧要的事情，就不要单独上奏，平时你在哪儿打了一仗，战绩如何，又在哪修了一工事，这些东西，由我来代笔就行了。曾国藩的意思就是，你不要去写奏折，你尽管是巡抚，但不要去用那个权力。为什么不让他用呢？首先，是考虑到军机处、总理衙门什么事情该上奏折，什么事情没必要上奏折，其实有一个约定俗成的规矩。现在是战争年代，那么奏折里面主要讨论的事情，一般就是作战和拨款，主要是这两个大事。那么作战，现在还没开战呢，曾国荃你就在这围着，即使有战事发生的话，也是南京边上一些小地方，一些小型战役，这些战役都没什么很大的意义，是你为攻克南京做铺垫，做准备工作，这些战事你报上去，人家会觉得你是不是功名心太重了一点，就这么一些战役你也报上来，难道还想要褒奖吗？再一个，拨款筹饷，这个是由曾国藩负责的。你是前军统帅，你有筹饷方面的问题，应该去跟兄长商量，兄长解决不了，才能出奏到北京，跟军机处商量，轮不到你曾国荃来自作主张。所以这两个事情，你曾国荃现在都没什么非说不可的话，因此你不要出奏。

还有一个意思，那就是曾国荃暂时还不太了解，京官和地方官，大家的立场不一样。同一个事情，一进行交流，往往会发生冲突。京官对于朝廷的各项制度非常熟悉，日常办事办公也以这些制度为准绳，一丝不苟；地方官对于中央官僚体系部门规章制度那一套，一般来说，不是特别熟悉，而且地方上办事情、军队中办事情，总有一些与规章制度与中央政策相冲突的地方，这是避免不了的。聪明的地方官就会把这些事情在地方上处理好，然后换一种笔墨，表面上报告里面都是根据哪个部门哪一条怎么怎么样处理掉的，其实他可能便宜行事，用了权宜之计。事情也处理好了，给中央的报告也写好了，这是聪明有经验的地方官。有些事情，如果太出格，怎么也找不出合理的政策来解释，譬如军队中开白条，你要报销，财务上总会有这样的困难，你如果照实去写，这个账送到北京户部、兵部，就会出问题。那么你要灵活运用，甚至不排除做一点假账，列一些没有的账目；要不你就要求特事特办，但是那个很难，也就只有曾国藩这种地位的人可以提出这样的要求，一般的地方官，通常遇到这种事情就是能压就压，尽量不往上报告，只要最终账能平了，事情能办成就行了。

因此，写奏折，写什么、不写什么，写到哪一程度，这都是一门学问。至于说它有没有具体的秘诀，也不一定有，它更像一种心法，就是做久了就自然有经验。曾国荃哪有经过这种训练，说不好他一下笔就错，不该说的说了，该说的没说。那北京各部要看到就会觉得你这个人办事不行。所以曾国藩不能让他独立去写奏折。有句俗话，不说不错，少说少错，多说多错，讲的就是曾国荃。

但另一方面，像曾国藩这种地位的人，还不能不说，不仅是不能不说，他稍微说的次数少一点，慈禧那边就会有诏旨过来责问他，你最近军情汇报、奏折怎么少了？曾国藩就曾经受到过这样的指责，最后就定了一个旬报的做法。什么叫旬报呢？曾国藩就说，没什么事情的时候，我就少说，我原先就是这么想的，所以最近一段时间奏报的次数少。现在太后既然这么要求，我就定下每隔十天上一次奏折，汇总各种情况，做一个汇报。因为他是总督，四省军务，各种情况很多，北京要了解具体的军情，就要通过他来了解。所以他几天不上奏折，北京就急了，不知道下面情况如何。咱们想啊，曾国藩是那种奏折大手笔，胡林翼讲天下会写奏折的就是三个人，曾国藩就是一个，甚至排名要排第一才好。他都尽量少写或不写，总觉得写一个奏折压力大。那曾国荃这种毫无经验，刚做了大官的人，曾国藩肯定不放心，所以让他不要写。

当然，虽说是少说少错、不说不错，但是你不能总是让他不说啊，曾国荃将来总是要独当一面的。他现在已经是巡抚这么高的位子了，日后还会做到总督，不能都由你兄弟帮他回奏。所以，还是得培养他写奏折的能力。于是曾国藩一边劝曾国荃，你不要去写奏折，一边给他开了一个课程，我们可以叫它奏折写作短训班、速成班。

曾国藩定的课程是这样的：首先，要端正态度，眼界不必太高，不要说我教你写作，将来你就要写成历代名臣奏议那种作品出来，你不要追求这么高的境界，但是也不要因为是个生手、新手，就胆战心惊，以为这有多么难。你要抱着一颗平常心。什么叫作平常心呢？你看现在全国各地督抚，这些一二品大员，据我的鉴定，江苏、浙江、湖南所出的奏折水平最高，具体的人呢，李鸿章、左宗棠、郭嵩焘，都是一流好手，这是第一等；其他像官文、骆秉章、僧格林沁、冯子材，这些人的奏折，当然有些不是他们自己写的，是他们幕府中幕客帮着写的，这些人写出来的奏折，就是一般的水平。你只要拿李鸿章、左宗棠、郭嵩焘这样的奏折作为教材，学上一段时间，然后要达到官文、骆秉章那样的水平，不是很难。取法乎上，得乎其中，就是原则纲领。

具体就有日课。你是浙江巡抚，凡是跟你这边军事、跟浙江稍微有点关系的奏折，都会给你抄送一份，各个地方的你都会有，那么你每天就在里面选一些，以湖南、江苏、浙江这三省的奏折为主，挑选一两份，就像批改作文一样，拿一支笔边看边批。每个奏折你认真看两遍，第一遍看奏折大意如何，中心思想是什么，看他到底是想说什么事，汇报什么事或者有什么事商榷，或者是请求，或者是反驳，或者是辩论。你第一遍就看这个，主要是什么事情，整个大局的结构是怎么样，你就看他叙述的逻辑是什么样。第二遍呢，你就细细看他的文句，造句、用词是不是妥当。你觉得很妥当的地方，你就揣摩，他用这个字有什么道理，为什么要这样用，用了之后，读者会有什么感觉。——这里插一个比较有名的例子，就是曾国藩改奏折，把“屡战屡败”改成“屡败屡战”，只是把这两个字调个位置，意思就完全变了。前面一句是说，打来打去，反正就是一个败战，打不赢；后面一个意思是，尽管总是打不过人家，但一直没有放弃，屡败屡战。——那么看了这两遍之后，你每天的功课就差不多了。然后再抽一点时间，读那么一篇古代名臣奏议，汉代唐代以来的一些有名的奏议，帮助提高。每天都这么做，花一两个小时就够了，看上一个多月，你的功力自然就来了。

这是曾国藩给曾国荃规定的日课。当然，曾国荃也是有幕府的，会有人帮他起草奏稿。真要奏事的时候，把主要意思告诉幕客，具体行文，幕客会做一个草稿出来，然后，就用曾国藩教的这些方法，先看布局如何，叙事的逻辑如何，再看这个事情讲清楚了没有，再去审查幕客的用字、造句是不是妥当。妥当的就依原样，不妥当的就稍微改一下。曾国藩教他的，其实还不是独立写作奏折的能力，因为写一篇完整的文章，和会不会看一篇文章，这个能力是不太一样的。可是这时你要他从头开始培训写奏折，难以做到。所以曾国藩主要给他培训的是鉴别奏折好坏的能力。

到了南京克复之后，这个课程还没有停止。曾国藩想，将来曾国荃还是要独立去做官的，这是肯定的，在军中培训那么一段时间，速成班虽然有点效果，但是还不够用。所以专门为他选编了两卷史上有名的名臣奏议，加以解说，作为私家秘诀传授给曾国荃。这就是现在收入《曾国藩全集》的《鸣原堂论文》，专门讨论奏折这种文体。

前面讲了学习的一个纲领，讲了日课，后来又编了教材，同时，曾国藩还给他指出了一条心法，两个字：简洁。这是针对曾国荃平时作文的风格来讲的，说曾国荃的文笔不患不详，就是说平时你写文章文字太多太啰唆了，现在写奏折，你得改一改，要学会简洁。为什么要简洁，这不仅仅从文体审美，从美感上来讲简洁，主要的原因是，第一个，还是少说少错。一个事情，你就事论事，简明扼要把它讲清楚就行了，就算非常复杂的事情，你也只要挑出关键的线索讲清楚。第二个，就跟军机处看奏折的习惯有关。在战争年代，作为一个军事统帅，军机处对你奏折的要求，他们最想看的内容，当然是克复城池、树旗报捷，所以这种事情你一定要写。然后呢，你打了败仗、城池失守、士兵伤亡，这个他们不爱听，但是你也要写，不能隐瞒。对于一个军事统帅来说，你主要要写的就是这两个东西。我们知道，一个战役才有资格写一篇，而一个战役，有的时候就分几个战场，要叙述清楚真是挺难。咸丰四年（1854），曾国藩刚出山的时候，他自己率军在靖港大败，但是彭玉麟在湘潭大胜，发生在同一天的事情，他当时因为想着要去自杀，这个奏折就没有写好。当时咸丰帝就批评他，说你是不是脑子进水了，你写这么一个东西，我根本看不明白。这一次教训很深刻，他就是当时叙述不简洁，一会写到湘潭，一会写到宁乡，一会又写到湘潭，一会还有追记前一天发生什么事情，写得特长，确实让人看着糊涂，根本看不明白。后来他重新写了一份，篇幅只有前一篇三分之一那么长，但是两个地方同一天的战事写得清清楚楚。所以他教曾国荃，首要的原则就是简洁。

4. 故事揭秘：克复天京后的第一份奏折

除了这些，曾国藩还给了曾国荃一个样本，这个样本很重要。重要到什么程度呢？重要到将来湘军作为一个集团，在北京、在皇太后那里、在军机处，在这么多人心目中会是一个什么样的印象，在湘军集团以外的各省高官中是一个什么印象……这就是克复南京以后，曾国荃就应该写一份奏折，向北京报捷。这个是有规定的，这么重要的城市，太平天国的首都，一被拿下，应该立即向北京报捷。这个奏折就不能由曾国藩来代奏了，因为这是天大的喜讯，理应在第一时间让皇帝、皇太后知道。所以这个奏折只能让曾国荃来写。可是曾国藩知道，让曾国荃来写，万一闹出什么笑话，甚至是闹出毛病怎么办。所以干脆曾国藩预先给他做好一个范本，从第一句话到最后一句话，都给他写好了，回头你填空就行了，填上年月日，填上一些具体的人名、地名，填上一些杀敌的数字就行了，不用更改一字。这是在离攻克南京还有大半年的时候，曾国藩给他提供的范本。曾国藩也不知道到底哪一天能够打下南京，所以就预先写好。

这个奏折的范本是这么写的：首先，这个奏折要会衔上奏，不能只写自己的名字，要跟别人一块联名上奏，跟彭玉麟、杨岳斌（即杨载福，因为避同治皇帝的名讳，改名杨岳斌，同治以后，他就都叫杨岳斌了），这是第一点。

奏折的第一句话是这样的，“为官军克复金陵，谨将大概情形先行驰奏，以慰宸廑，仰祈圣鉴事”。就是说，因为官军打下南京了，然后赶紧报告，以安慰皇帝、皇太后等待胜利的焦急心情。这是缘由，为什么要写这个奏折。

接下来，就是由曾国荃自己填空，几月几日几时，官军通过什么方式，是地雷啊大炮啊，还是直接登城啊，是用哪种方式打入南京，然后第一个登城的人是谁，是哪一支部队，入城之后抓了哪些人，杀了哪些人——当然是太平天国有身份的人，比如最重要的天王、幼天王，像李秀成这样的忠王，这个级别的人都要报告，是抓住了还是杀了，跑了的有哪一些，或者是没抓着的。报告完这些就可以结束了。

把前面这些事情讲完之后，最后一句，“伏乞皇太后皇上圣鉴。再，臣等前接曾国藩密函，金陵如果克复，嘱臣三人先将大概情形会奏，早到京一日，圣怀早得宽慰一日。其详细情形，仍咨由官文、曾国藩会奏”。这折尾一段话，就是曾国藩的苦心安排。曾国藩总制四省军务，所有的军情由他一个人负责，克复南京，虽然是由曾国荃率军在攻打，但是他是总指挥长。那么详细的情形，当然是由他来做汇报。可是曾国荃你怎么会同彭玉麟，就把这克复南京的消息立即传上去呢？所以加一句话，说前面已经接到曾国藩的提示，一克复南京，就赶紧由我们这边先上一封奏折，为的是皇太后、皇帝早一天知道这个消息，就多一份高兴，少一份牵挂，越早越好，越快越妙。这是要我们这边上奏的一个原因。同时也可以解释，为什么我这个奏折很简略，只有几月几日攻进南京，抓了谁、杀了谁、谁不见了，就是因为很仓促写成的嘛，所以很简略。更详细的情形由官文和曾国藩会奏。

什么是更详细的情形呢？在曾国荃这份奏折上去之后，假设将来曾国藩再来补充一封，详细描述攻克南京之后情形的奏折，这里面一些很重要的事情就要点出来。第一，你的功劳有多大，取决于这个报告，你打下南京当然功劳很大，可是南京里面最重要的人，你有没有抓到，有没有杀死他，天王洪秀全这个人，活要见人，死要见尸；差一点点档次的，幼天王，你要抓住他；忠王李秀成，要防止他死灰复燃，也要抓住他。至少这三个人是最重要的，那么这个详细报告里面，你要有这三个人的下落。如果你只说这三个人不见了，那你这奏折上去，你的功劳就会有区别。我们知道，洪秀全是病死的，但是在将来的奏折里边，就是写洪秀全自杀身亡；幼天王当天在李秀成的护卫下，冲出了南京城，但是曾国藩就写成他被乱兵杀死。为什么曾国藩在没有得到确报的情况下要这么写，因为这个奏折决定你取得的功劳有多大，你获得的奖赏有多高，所以虽然没那么确定，但是曾国藩还是将这两条写上去。当时奏折一上去，封侯、封伯、封爵，奖赏就全下来了。当然最后这个幼天王没死的消息，被左宗棠给捅出来了，又出了一个大事，这个我们到后面再讲。

第二，就是比较敏感的问题，南京城内有没有钱。因为大家都传说，东南本来就是中国最富足的地方，南京也一直是一个很富足的城市，太平军又搜刮了那么多地方，金银财宝是不是都藏在南京呢？当时中国的财政因为这场战争，已经快破产了，很缺钱，还有两次鸦片战争的赔款也很多，所以，如果现在突然出现一大笔财富，北京那边还是很重视的。那么你要讲清楚第二个问题，天京城内有没有财宝。

第三，这就关系到湘军内部，大家是不是能够团结能够和谐的问题，就是功劳怎么分。城破之后，肯定不止一队人往里冲，事实也是曾国荃派了十几队往南京城中冲，那么谁是第一个冲进去的，因为第一个冲进去的奖赏非常高，一定能分到一个子爵——公侯伯子男，最高统帅曾国藩才是一个侯爵，曾国荃是一个伯爵，接下来封子爵的，就是这第一个冲进南京城的。那么十几队在那冲，最终你写哪一位冲进了南京城，写谁的名字，这个很重要。当然，后来因为这个问题，确实在湘军内部引起了纠纷。这是后话。

举这三点非常重要，说明这种奏折，曾国荃以你现在的本事，你写不了这种奏折。所以，你得在你自己的那封简短的捷报后面加一个说明，详细情形要等官文、曾国藩会奏。我这里是一个简报，主要就报告一条，南京被拿下了。

另外这个奏折，落款署名，要官文在前面，曾国藩在后面。这也很重要。官文现在是湖广总督，湘军作战以及整个长江两岸各种军事活动，跟湖北有关的，跟安徽有关的，他还是会参与一些。我们知道，湘军的基地大本营，后勤中心、物流中心、财政中心，现在已经全部不在武昌，都移到了安庆，武昌已经失去重要的战略意义了，对于湘军来说，湖广总督的这个位子，也不那么重要了。但是曾国藩还是要把官文的名字放在前面，也就是承认官文是湘军东征取得成功的第一功臣，他比曾国藩的功劳都大。这就是曾国藩做事稳的地方，出于满汉平衡的考虑。我们知道清代的经制军队，经过太平天国战争，几乎崩溃了，旗人引以为傲的旗兵、绿营兵，都已经崩溃。那么这个时候，军机处，不仅仅是满族大臣，包括汉族大臣，对满汉之间要达到一种平衡，是非常自觉、非常敏感的。曾国藩初起兵，就有人说他以在籍侍郎率领万余湘兵，一呼而应，非国家之福。虽说是中伤，但是表示这种猜疑在宫廷中一直是存在的。那么现在你要慢慢让人家消除这种怀疑，自己就要做得漂亮一点，人家才不会怀疑你。所以曾国藩要用这一招，把官文的名字放在前面，将第一功臣拱手让人。

湘军很多将领对官文的印象不够好，能力又差、又贪财，特别在李续宾六千人死于三河那一役，官文的调度、态度都大成问题。大家对他的印象都不太好，否则曾国荃后来到湖北任巡抚，也不会一上任就去参劾官文了。现在让他来领这个头功，就有不服气的。曾国藩认为，这个一点都不重要，湘军东征，打下南京，这个功劳全天下都知道，决不会因为这一份奏折，以及区区一点封爵的奖赏，就能抹杀掉。这个确实也是，到今天，谁会说官文是消灭太平天国的第一功臣？即使是在同治、光绪年间，也没有谁这样说。但是那个奏折上，确实是官文第一个列名，官文也因此封了爵、受了赏。但是历史不还是将他淘汰了吗，他的名字，大家还是记不住。对此曾国藩还是有远见的，他觉得这不算什么，但是做了一个顺水人情，清廷对曾国藩的看法就不一样了。觉得至少你在有这么大权力的情况下，十几万人的军队都听曾国藩的，然后功劳又这么大，相当于安邦定国，还能这么谦虚，将第一功臣的荣誉让给官文，这个品格难能可贵。他这么谦虚，那其他各个省份的高级官员，在取得战功之后也会掂量一下，曾国藩天下第一大功臣都那么谦虚，我们要求获得奖赏，特别是有世袭职位那种奖赏的时候，是不是也不能太过分。那这些人要求不过分，北京处理这些事务，也就更好着手了。曾国藩总是在讲要用一人的行为去影响世风，他这个做法，也是对自己青少年时代的理想的一种实践。当然，还可以从个人情感上理解一下，他将湖广总督官文列为攻克南京、战胜太平天国的第一功臣，可能还有借此来怀念胡林翼的意思。因为湖广确实离江苏距离太远了，但是那个地方毕竟曾经是湘军的基地，湘军最可靠的后援就在湖北。这也可能是曾国藩要列官文为第一功臣的一个理由。

没有高明的政治指挥，没有丰富的办事经验，没有周到的人情揣摩，是设计不了这份奏折范本的。当然更重要的是兄弟情谊，是对弟弟的呵护。在《鸣原堂论文》序言里面，曾国藩还讲过为什么要做这个奏折培训，主要的原因是兄弟“相戒以免祸”。奏折写不好，真就是一件祸事，会害人的。轻一点，官做不好，重一点，惹出无穷麻烦，有性命之忧。所以他希望曾国荃能写好奏折。

当然还有一个现实的原因，让他手把手地教曾国荃怎么写奏折。这就是前一阵发生的李泰国舰队事件。

5. 李泰国舰队事件：曾国荃惹的奏折麻烦

咸丰十一年（1861）五月，恭亲王上奏，请求购买外洋军舰用于国内剿匪，主要是购买英国人的军舰。当时觉得长江很重要，恭亲王奏请购买外洋炮舰来对付太平军，两宫皇太后原则上同意了，但是这个事情具体如何操作，譬如该买多少艘船，这些船在哪些地方作战，船长船员这些如何配置。这些具体的问题，应该让两广、湖广、两江总督一起商量一下，同时包括江苏巡抚，包括当时具体负责军务的一些人，要他们都参与讨论。曾国藩当时刚刚做了两江总督，他也回了一封信，发表意见，他在信里面有一个重点，是这样讲的。他说购买外洋船炮，为今日救时第一要务。这句话虚头滑脑，什么叫购买外洋船炮为今日救时第一要务呢？救时，就是现在这个时局不乐观，要挽救时局，第一要务当然是打败太平军，怎么说购买外洋船炮就是今日救时第一要务呢，难道购买了外洋船炮就肯定能打败太平军？我们要联想，同治元年（1862），曾国藩还在劝导曾国荃，制胜之道在人而不在器。这外洋船炮就是器嘛，怎么现在他反而说今日救时第一要务是要买好的船，买好的炮呢？这不是前后矛盾吗？所以说他这句话虚头滑脑。初一看，你不知道他什么意思，要看他接下来那一句，“轮船之速，洋炮之远，在英法则夸其所独有，在中华则震于所罕见，若能陆续购买，据为己物，在中华则见惯而不惊，在英法亦渐失其所恃”。原来他要救的这个“时”，不是说的朝廷与太平天国的战局，他要救的“时”是中西关系，是外交方面的困局。他认为，轮船跑得快，洋炮放得远，这东西好是好，英国法国这些人就觉得了不起，当然他们也是靠这个打进中国的。对大清国来说，大家没怎么见过这个东西，觉得很稀奇、很震撼。那么，为了平衡这双方的心态，我们应该陆续购买这些东西进来，等中华之人看得多了，也就不觉得奇怪，而且还能用。而英国法国等列强以后也不能再拿这些东西来哗众取宠。

曾国藩说的“救时”，跟用不用外洋船炮来打太平军，没有什么关系，所以说他根本没提这茬儿。从心里面讲，跟一年多后教训曾国荃制胜之道在人而不在器，他的心态没什么不同。回复这封信的时候，他认为这些东西就是奇技淫巧，轮船跑得快一点，大炮打得远一点，如此而已。买进中国，放在那里做一个摆设，国民看惯了，也就不稀奇了。外国人觉得你也能接受了，他也不会有事没事就拿这些东西来逼你了。

这个信发出不久，湘军就克复了安庆，然后局势大变，对于清军来说，形势越来越乐观。现在好像就没必要再弄一些外洋船炮，这时候湘军水师也逐渐控制了长江，陆军都进驻了雨花台，江苏、浙江也派了援师过去。从大势上分析，战胜太平天国不是一个能不能的问题，而是时间要花多久的问题。这个时候，还要外洋船炮干什么？水陆都肃清了。所以总理衙门那边，这个事情也就搁下了。

一年多之后，到同治元年（1862）末，这个事情又提上了议程。总理衙门那边，这一次就稍稍受了一个刺激，得到谍报，说太平军现在正在联系购买美国军舰。这就让总理衙门觉得很惊诧。从1840年鸦片战争开始，大家就知道外洋军舰的厉害，以前在国内不用，因为太平军不用这个东西的话，我也没必要用，但如果太平军真走私进来这么一批美国军火，特别是军舰的话，那湘军的水师在长江不一定挡得住。所以搁置了一年多，购买英国军舰的提案又被翻出来了。大家又重新讨论这个事情。

可是在分发下来大家讨论之前，总理衙门就自己把这个事情弄糟了。原先定的合同或者说协议，主要有这么几条：一是筹拨上海、广州等地的关税作为船款，合同签订就付一半，船舰到中国后付清余款；二是英国军舰送到中国，由中国派出“总统”，水兵从湖南、山东等地来招聘，酌情聘用一些外国人作为舵手、炮手。这是总理衙门和李泰国签订的协议。从协议上看，问题不大，购船款从关税里提取，不需要从中央直接拿钱，总理衙门就觉得这样还行。先付一半款，船舰验收后再付一半款，这也合情合理。船到了中国，由中国派出总统，总统就是总管代，就是舰长，主要士兵由中国人组成，关键的技术性职位，掌舵的、发炮的，可以聘用一些外国人，而且还特别注明不限于英国人，这就是要求牢牢掌控对军舰的所有权，以中国人为主、外国人为辅。

可是到了同治二年（1863）四月，由于李泰国变计，这个合同被改得面目全非。李泰国是当时中国的总税务司，负责管理海关的进出口贸易的税款，但是他不安于那个职位，他觉得自己对中国挺有情感，还愿意用自己的力量帮助中国实现海军现代化。他曾经自称是大清国唯一海军大臣，他要白手起家，帮助中国建立一支海军。听说有这么一个购买英国舰船的机会，就更高兴了，所以就参与到计划中来。他找了个叫阿思本的英国海军军官，让他具体负责这个舰船进入中国后的行驶、训练、作战。又单方面把合同修改了一下，除了原定的付款方式没有改变以外，其他几条全部变了。

等阿思本开着船从英国来到中国，舰艇上有六百名水手，没有一个是中国人，全是外国人。而且到了中国之后，根本没有让中国水手上船的意思，也没有让中国人来指挥。他的意思就是说，这艘船就由外国人来控制，只是接受上级指令，与叛军作战，至于具体作战，中国人不许参与。这么一来，合同性质就变了。原来是技术设备引进，或者武器进口合同，现在变成找来一支雇佣军。因为这些人的工资及所有支出全要中国负担，他并不是什么义务志愿军。这支舰队一到中国，总理衙门不胜诧异，说你这一来，明显的货不对板啦。咱们签的合同，说好我是要买一只船，你现在给了我一支军队，这你太过分了。我现在就只要船，你把人给我撤了。

李泰国不同意，说我是一片好心，帮你们建海军，你们都一帮土鳖，谁知道怎么使用这现代化的舰艇，亏我还帮你找了这么多水手，将军士兵都给你找来了，你就用好他们这支军队就行了。光有这个舰艇，没有这些人，你用不了啊。两边就僵持住了。按我们今天的理解，我要一只船，你给我送来一支军队，大不了我连船都不要，因为你违约了。今天这种事情还比较好处理，可那个时候，总理衙门处理起来有些难度。两次鸦片战争，都是被英国的军队给打败了，心有余悸，跟他们谈判什么的，那时外交知识又学得不够多，对国际社会理解又不够深入，总是害怕跟洋人谈不拢，他就要跟我兵戎相见。所以不敢翻脸。李泰国也就掐住了这一点，所以敢于提出这种无理要求。

但是话又说回来，完全听从李泰国意见，朝廷颜面何在？到哪都说不通，皇太后问你讲不清，曾国藩、李鸿章这些地方大官也会问你，你怎么派一艘军舰，军舰上怎么都是外国人，国体何在？所以总理衙门也不敢全盘答应李泰国的要求，苦口婆心又说来说去，最后，李泰国稍微让了一下步，说中方派一个汉总统，汉总统有最高权力，原来的总统降为帮总统，船的具体操控由帮总统来管理。用今天的话说，就让中方派出一个董事长，但是CEO是外国人，所有的员工也都是外国人，具体公司的日常事务，也是由外国人处理。董事长是个荣誉之衔，只是表示这个公司是用了你的钱设立的，东西都是你家的，但是怎么处置，日常怎么办事，你管不着。这明显不公平。但是总理衙门认为谢天谢地，幸亏对方同意我船上有个汉总统，这样我向上汇报，跟地方官交流，我就提汉总统的名字，表示这个船是由中国人领导的、指挥的，就行了。具体船上怎么做，怎么开船，怎么放炮，外国人做就做。最后就初步达成这么一个折中方案。

这个方案又要拿到地方上来讨论。这时是同治二年（1863）了，打南京、打江苏、打浙江，都有可能用到水师，现在有了海外来的轮船，比湘军水师的那些船只更先进。这个时候阿思本舰队就很有可能要驶入战区，那么就要咨询作为战区首长的这些人，曾国藩、李鸿章、左宗棠，还有曾国荃也要咨询。曾国藩又回了一封长信。

总理衙门的咨询函到达南京和安庆，几乎同时，曾国藩立即发了一封信给曾国荃。说最近情况有变化，外国人助攻江苏、上海乃至南京，这个事情很有可能会发生。似乎总理衙门也挡不住这个事情，现在总理衙门来咨询我们的意见，我已经写了一封回信，我把这个回信给你看一看，你参考一下，斟酌一下怎么回复这个问题。意思就是，你顺着我的意思讲就行了。

讲曾国荃如何回信之前，先看一看曾国藩的回信是怎么样写的。曾国藩第一句话，也是这封信最重要的一句话，是这么讲的，“购买洋船之议……叹为救时第一要务，盖不重在剿办发逆，而重在陆续购买，据为己有。在中华则见惯而不惊，在英、法亦渐失其所恃”。这几乎就是他咸丰十一年（1861）回信的原话，这就是他这封信里最重要的意思，接下来他就再没有一句提到是不是要用这个船去打太平军。然后洋洋洒洒讲的就是船来了之后怎么处置的问题，也就是说跟军事问题无关。还分析了一下这件事情的变化，原先总理衙门跟英国人订的是一份购船协议，现在李泰国在这中间一闹腾，就变成了一支雇佣军，舰长是谁的问题又产生过矛盾，曾国藩就针对这一点发表了意见。他说虽然现在英方同意设立一个汉总统，但是据最新提出的方案，这个汉总统不许上船，他要自备一船跟在英国军舰后面，英国军舰停在哪，汉总统的座舰就停在哪，英国军舰往哪去，汉总统的座舰就往哪去，这还叫什么汉总统。轮船跑得比湘军水师更快，它的个头体积也更大，武器装备威力也更大，在这种情况下，让汉总统跟这么一艘船并行，这叫什么呢？"洋人本有欺凌之心，而更授以可凌之势。华人本有畏怯之素，而又逼处可怯之地"，本来中国人和外国人的交往中，中国人就不占面子，你现在还让外国人占据一艘装备更好、火力更强的船，而让湘军水师的一个营官驻扎在他边上，相形之下，优劣悬殊。本来人家就趾高气扬，你还去助长他；本来我方就自惭形秽，你还去踩压他，何苦这样干呢？

曾国藩提出的这个质问，就是总理衙门难以启齿的羞愧。总理衙门何尝不知道，这英国人摆明就是欺负人，同意设一个汉总统又不让他上船，还非让他停泊在一块，一起行驶，这是在侮辱中国的军官，侮辱中国的将士。这是可想而知的事情。曾国藩这么洋洋洒洒论了一篇之后，——你不能光到这就停住不说了，总理衙门都是亲王、大学士这种人，他自己错了自己知道，但是你指着鼻子骂他他就不情愿了。所以曾国藩讲到这里就停住了，然后把所有责任都推到李泰国身上，说这些人恃强凌弱，背弃成约，不讲信用。他说我早能想象到，总理衙门诸公跟他谈判的时候，肯定是讲了很多好话，跟他讲了很多道理，而李泰国不听道理，蛮干，坚持己见，所以最终形成今天这样的局面。这样解释了一下，让总理衙门的那些大佬读到信时就舒服一点。

可是到底怎么办？曾国藩总得有个答复，他的答复就像一个比喻，"生米煮成熟饭了"，船款也付了，船也到中国了，水手、洋总统什么的都来了，再修改合同已经不可能了，新合同总理衙门也同意了，曾国藩提供两个方案。第一个叫虚与委蛇，你不让我上船，我就不上，我就停泊在你边上，都没有问题，洋人态度不好，那我平时就不搭理你，双方都不接触，实在因公务需要在一起，大家相互客气一点，我对你也不抱怨什么，但是我不参与你具体的工作，我也不会指派你这条船真去干什么，你就当是到中国来免费旅游。这是第一个方案，如果英方不接受这种方式，或者侮辱汉总统，或者不听调遣不听指挥，非要自作主张改变航线，那我就用第二招：疏而远之。我汉总统不跟你在一块，我也不要你这条船了，我将这支舰队分赏各国，我送出去，宁愿吃一个大亏，我花的那些钱全部不要了，这些外国水兵、外国舰长，你们这些人在中国的费用薪金全部由我支付，我将这些船随便送给哪个国家。这招听上去非常的诡异，但是对于当时的曾国藩来说，包括总理衙门的那些人来说，有一种很积极的意义，甚至很振奋人心，觉得这个主意真是好啊。为什么好呢，在曾国藩的理解中，你就是仗着这些破铜烂铁，这些炮船、机械，在我面前炫耀，觉得多么了不起。好啊，我给你买下了，我买下来之后呢，你仍然瞧不起，明明我自己买下来的东西，你还要派人来控制，反而说这一切是为了我好，那我也不计较，我都忍了。这些亏我也全吃了，花的钱，整个这个船价 170 多万两银子，这些人员的费用一年就是 94 万两银子，多待几年人员的费用比买这艘船的费用贵多了。你就是想要这些钱嘛，我现在把钱给你，船我送给别人，“以中国之大，视之直如秋毫”。我中国地大物博，财力丰厚，这一两百万银子给你，没关系。

曾国藩当然没那么傻，出此下策，无端承受这全部损失，花了这么多钱，最后什么都没有得到。其实他并不是真认为这些钱就可以扔到水里不要，他是用一种荒诞派的手法，来委婉地提醒总理衙门的这些人，这个事情你们上当了，这个合同的改变绝对不是英国政府的意思，而是李泰国个人在中间作梗，你们不要害怕跟他据理力争，你得罪了他没关系，不会因此得罪英国政府；而且作为两江总督来说，我这边的军事进展很顺利，根本用不上这种船，中央要做决策的话，也要把这个情况考虑进去，你不要担心我这边因为少了这种船而导致作战失利。也就是说，你大可以从合同的正当性来考虑，不要害怕得罪李泰国。

表面上看，曾国藩提的方案确实很荒诞，堂堂一个封疆大吏能说出这种开玩笑的话，总理衙门倘若真是这样执行，把船送走，把所有的钱都不要了，这样的处理方案交给两宫皇太后，她们怎么也不会同意，那这些总理衙门的人都得受批评，说你们办事能力这么差。可曾国藩就是这么给他们建议的，他们一看也就知道曾国藩在跟他们开玩笑，于是就会想，曾国藩这么老成持重的人，这么严肃的人，深谋远虑的人，怎么会提这种方案呢？那意思就是，曾国藩告诉我们这个事情没那么可怕，是李泰国个人的问题，不是英国政府的问题。当然曾国藩知道这一点，也跟他与李鸿章最近的联络有关。李鸿章现在在华洋杂处的上海，对于外交方面的信息掌握得更多，也逐渐了解了一些外交方面的技巧，这是第一。第二，你们要跟他翻脸，我这边可以做出支持，第一个支持是我这边的战事不需要洋船，第二个支持是对最坏的结果我也愿意负责。什么叫最坏的结果呢？就是刚才讲的船也拿不到，钱也收不回，这是我提出的方案，我也能够负一分责。

曾国藩就把这封信附在给曾国荃的信里，让他参考。这封信强调的只有一句话，就是这些船不是用来攻打南京的。其他洋洋洒洒的话，都是指责李泰国，同时为了给总理衙门的那些大佬鼓劲，支持他们去跟李泰国对着干，支持他们反对不合理的合同。但曾国荃就没看懂，他就以为自己回封信，应该与哥哥的信互为补充，曾国藩的信里只提了一句不要来打南京，看上去很简略，那我这边就要多写几句。而且这些船到底怎么办，曾国藩在信里写了这些船处理起来很麻烦，最后甚至说干脆不要了，那么我这边再提一个另外的可能的解决方案。因此曾国荃的回信，有这么几个要点：

第一，现在长江边，只有南京尚未克复，湘军水师以及陆军正在通力合作，南京被攻克指日可待，所以这个时候不需要外国轮船来助攻。第二，外国轮船花了这么多钱，经费巨大，给国家财力增加了负担，我建议为了减轻负担，可以裁撤沿海的水师，而派这些轮船去巡海。

刚才讲了曾国藩的回信，他用了些文学荒诞派的手法，但曾国荃的这种回信，虽然没什么文学手法，但是刺激读者的情绪方面就很有效果了。他就讲了两件事，第一，我们在这边打南京不需要洋船，不需要帮助；第二，轮船既然到中国了，又花了这么多钱，也不能不派用场，那么我们可以用作沿海海军，防海盗什么的。粗粗一听，不觉得这个意见有什么不对，好像还挺有道理的，好像还知道为国家节约钱。但是仔细一想，特别是将心比心换位思考一下，总理衙门的恭亲王，文祥，看到这样的回信，就会怒。为什么呢？买船最初的目的就是为了援助江苏、浙江这些战区，你现在说湘军水师够了，配合陆军可以打南京，那就是说总理衙门最初的战略考虑就不对，就有失误。第二就是项目用费甚巨，花了这么多钱，买船本来就要花钱的，还去裁撤防海盗的水师，将这些船派到海里去，那我们跟英国签的合同岂不又大生变化了。而且你在暗示总理衙门办事不力，暗示总理衙门办事从头到尾都欠考虑。先是战略上没想清楚，再是实际操作上有问题，买了这些船自己又不能控制，现在又不能让它在内江随便走动，所以我帮你提个建议，放到海里去。那如果总理衙门真信了你这一套，不就是自己抽自己吗，从头到尾都干了件错事情。

当然，曾国荃完全是一片好心，他内心肯定不是要讽刺总理衙门。这个回信一发出，曾国藩看了，就很失望，写信告诉他，你说轮船不必入江，应该去海边，殊可不必。紧接着李鸿章也赶紧来信，李鸿章要说得清楚一点，他说你请奏让这些船只入海捕盗，这个地方是李泰国“汽船结穴之处”，这个建议不好，比不上师门。李鸿章这句话里面用了一个堪舆的术语——“结穴”，是地脉停顿之处，地气云集之所，是一个好地方，但是你触动了或者触破了这个地方，风水就被破坏了。李泰国这七艘轮船买进来开往何处，正是总理衙门结穴之处，这是他们的霉头，他们自己知道这个事情办得不好，你还在那一个劲地就轮船该怎么办，又花了多少钱，在这个事情上津津乐道、喋喋不休，你又触了总理衙门的霉头。这个说法不好，不像老师说的“恭赏各国”。“恭赏各国”的妙处，就像前面所讲的，表面上听上去很荒诞，其实是暗示总理衙门与李泰国进行斗争，不要害怕李泰国，最坏也就这样而已，只是我不明说，总理衙门就很感激那样的回信。更重要的，曾国荃回信里面，最开始决定去买这么一支舰队，就是犯了一个资金投向的错误，投资失误；买进来之后，如果不能物尽其用，甚至是都不能控制这些船，这就不仅仅是投资失误了，这是国有资产流失。这两个错误的性质就不一样了。曾国荃的信，如果人家真要这样想的话，就感觉你就是在指责他。但是你看曾国藩的信，“以中国之大，区区一百七万之船价，每年九十四万之用款，视之直轻如秋毫”。那么一点小钱算什么，洋人狡诈，骗了一点东西去而已，不算什么大问题。

两相比较，曾国荃这边还在为总理衙门省钱，还在考虑这个问题，但是已经把总理诸公卖进去了，为什么要现在来省钱，因为前面过度浪费了。但是看曾国藩说的，这么多钱，很多吗？不多嘛，这纯粹是不讲信用的洋人想用这种方式来羞辱我们，我们不上他的当，不要这个东西，反而我们精神愉快了，战胜了他。那这样的话，总署诸公有什么责任呢，责任都在洋人那边。这个扬抑之间，两兄弟的信这么一对照，自然哥哥的信写得好，弟弟的信让人怒。所以没多久，曾国荃就接到了批谕，“此后毋庸单衔奏事”，就是说以后你别再单独上奏了，以后你的发言权就被剥夺了，有什么事情要跟我们说，就让你哥来说，你自己太不会说话了。咱们要想，他又不是撤职，他还是有巡抚头衔，哪有巡抚不让说话的？这种剥夺他单衔奏事的权力，是很少见的，这也是看在曾国藩的面子上。你一开口就让我们总署难堪，干脆你就别开口说话了，看在你哥的面子上，咱们不去计较，这次就算了，以后我们就是耳不听不烦，眼不见为净。

这样曾国荃就知道事情闹大了，有点害怕了。曾国藩又得安慰他，说这个事情，我头一回让你看我那封信作为参考的时候，没有跟你讲清楚，舰队那件事情，是总理诸公非常内疚、羞愧的事情，你不要以为他们不知道这个事情办得有多糟糕，他们都知道。可是这人得有个面子，他知道，他心知肚明，他内疚、他自愧，但不表示你可以公开指责他啊。你应该有能力、有计谋，帮他去弥补，没有的话你就闭嘴，或者不说这个事情就行了。其实有个事情，你可以大说特说呢？但是那个事情你又不敢说。曾国荃就问，让舰队去防海的话，我知道我说错了，那我哪个事情没有大说特说呢？曾国藩说，外国轮船用不着进攻南京这个事情，你可以大说特说呀。曾国荃就纳闷，那不就是湘军争功吗，不让别的军队过来，这怎么能大说特说呢，那天下人都知道我这么重视南京这个功劳。曾国藩说，你就有所不知了，你这怎么叫争功呢，这是外国军舰啊，你完全可以写下这么一句话，"苦战十年，而令外国以数船居此成功，灰将士忠义之心，短中华臣民之气"。湘军东征也接近十年了，眼看就要成功的时候，居然来了几支外国舰艇助攻南京，要来分打南京之功，那这样一来，将士们的心里就难受了，更重要的是中华臣民之心也受了侮辱，就是民族情感也受到了侮辱。这是最大的内战，内战这边成功了，最后功劳竟然还要拨一部分给外国人，这怎么说得过去呢。你为此表示气愤，理所当然，你可以当仁不让地说这些，偏偏你又不写这个，又不敢去发挥，你专去找总理衙门的痛处。该写的不写，不该说的事尽说。

曾国荃还是有一些不理解，当然他知道外国人来助攻是可以坚决拒绝的，这是曾国藩给他挑明了的。还有一点，他说我湘军将士要独拿这一份功，这些东西是不是只能做不能说呢。曾国藩又开导他，不管是谁，在这个节骨眼上，南京就快要打下了，朝野中外其实对于谁最后打下南京，没有什么特别的期待，并不是说一定要谁去打下它。而现在围着南京的是湘军，是你曾国荃，只要不出意外，肯定是你拿下南京。也就是说，大家早就接受了你作为天下第一大功的受赏者，大家已经接受你这个身份了，现在只是在等待闭幕式，发奖的那一天。你没有什么争功的问题，这个功劳就天天摆在那，不是你去跟人家争，你只是尽早把那个城打下来就行了，没有人会嫉妒你。所以你不要怕这个，你只要真是这样想的，你全军将士也这样想的，你就可以表露出这样的情感。你打下这么个地方，你领赏，你有功，这有什么不能讲的呢？特别是一般的士兵、将领，他拼命作战，除了钱以外，荣誉很重要，你把这些情况讲出来有什么关系呢？

曾国荃这一回听了曾国藩的解说，比较老实，就没有再争辩。回了一封信说，确实关于舰队的回信不够好，自取其辱，以后连发言权都被剥夺了，我认栽。曾国藩很久没见曾国荃老实地承认错误，很欣慰，赶紧回信安慰他，说不让你继续发言，也不要乱想，因为你确实得罪了总理衙门的那些大佬，人家是警告一下你，这并不意味着皇太后对你有什么成见。因为你说话说得不好听，人家让你别说了，就这么个意思，并没有更深的意思。曾国荃因此就老实了很长一段时间。

其实这也是个好事。从现在同治二年（1863）四月，一直到三年（1864）六月，一年多时间，曾国荃终于不用因为奏折、汇报这些事情而犯难。他那脑筋也转不过来，这些事情也不是他能想通的。开个玩笑，这种事情对智力要求比较高，伤脑筋。他可以一心一意去布置怎么围城、挖壕、做地道、训练士兵，做这些事情，心无旁骛、专心致志地围城。反而因为这事，让他远离了这一切，重新回到军事上来。

6. 沈葆桢风波

前面说把曾国荃的发言权封掉了，他就专心致志地关心围攻的事宜，那些公文奏牍，那些烦琐的需要技巧需要经验，甚至是需要政治智慧的事情，全部由曾国藩操办，各司其职。正因为此，同治三年正月，曾国荃完成了对南京的合围。

那现在将南京合围之后，总理衙门更有理由拒绝李泰国的意见了，从军事上完全用不着外国舰队了。南京已经合围，苏州也已经克复了，加上出现了另外一个年轻的英国人赫德，他参与到这个事情中来，帮助总理衙门的诸位大佬摆平李泰国。为什么能摆平李泰国，就是曾国藩原来的预测对了，李泰国改变合同完全是自作主张，与英国政府无关。只是曾国藩并不是特别了解英国的政治制度，以及英国的一些国内情况，赫德就很了解，那么他过来帮总理衙门，就很快让李泰国现出原形，虚张声势的方法就用不成了。总理衙门因此很感激赫德，于是李泰国就灰溜溜地回国了，他这件事情做得很失败，既得罪了中国人，同时也得罪了英国政府，任何政府都不希望派驻在其他国家的人自作主张，这些事情严重的可以影响两国之间的关系，甚至会引发战争。所以李泰国灰溜溜地回国了，总税务司的职位就由赫德来候补。赫德当时只有 29 岁，在未来的 40 多年他都盘踞在这个职位上，对于中国近代的政治、经济、外交产生了长远深刻的影响，当然这是后话。总之，李泰国舰队风波到此告一段落，外国舰队不会来南京了，曾国荃可以安安心心地围困南京。

只是从同治元年（1862）五月到现在，已经快两年了，南京还没有受到重大的打击，在哪一天攻下南京，这个日子，对于北京，对于皇太后、恭亲王这些人来说，就越来越焦急。曾国荃也急，直到淮军也要来江苏助攻南京的消息传过来。在讲淮军要不要助攻南京的问题之前，先插叙一个曾国藩和沈葆桢之间的冲突。

沈葆桢是经曾国藩密保成为江西巡抚的，他是福建人，此前在江西做官，也参与过抵抗太平军的军事行动。他跟曾国藩乃至整个湘军，关系一直都比较融洽，而且他又特别有才干。但是这个人可能是太有才干了，责任心也特别重，尤其是他对事不对人的态度，在他做巡抚之后，反过来就弄得曾国藩很为难。

沈葆桢刚就任江西巡抚，不到几个月的时间，原定从江西拨往湘军的四万两饷银——这是经常要拨的，而且也已经奏准了，以前也拨过很多次了。——被沈葆桢停拨，不给曾国藩了。然后九江关道，一万五千两洋税运到了安庆，这是曾国藩已经奏准的、并且经沈葆桢前任同意了的一笔钱，沈葆桢知道消息之后，痛斥九江关道，当时九江关道叫蔡景青，将他大骂了一通，说这么大一笔钱都没让我批个字，就直接发到曾国藩那里去了，眼中到底还有没有我这个巡抚。九江关道也很冤枉，像这种钱都送了几次了，公文都批准了，也奏准了，这就是履行一个日常的手续而已，哪知道突然被巡抚骂了一顿。沈葆桢还不解气，又移文给曾国藩，——“移文”，大家要注意，是用平级的方式，大家都是督抚，江西巡抚移文两江总督，——责备曾国藩，说我江西暂时也吃紧，我这也缺钱，你怎么能在这个时候把这么大一笔钱拿到你安庆去？

这么两个事之后，又有一件事，终于让两人之间的矛盾爆发了。江西有一个知县，沈葆桢觉得他能力不行，又有些经济问题，就将他参革，然后朝廷下一道旨，将这人开除公职。这人在江西待不下去了，跑到安庆，曾国藩倒是觉得这个人不错，可以留下，就将他录用。这下沈葆桢知道了之后，更怒了，这明摆着就是不给我面子嘛，——我认为这个人不行，没有资格做官，那边隔一条长江，两江总督，又用他了，那你的意思是我不能鉴别人才了。沈葆桢一怒之下就请病假，准备不干了。请病假是委婉的说法，一旦哪个官员在没什么病的情况下要请病假，就有撒手不干的意思。那么从另外一个角度讲，这请病假，也就是告御状。

军机处几位老大一看，沈葆桢好好的，年纪又不大，前一阵还干得风生水起，怎么突然请病假了呢？稍微一打听，原来是跟曾国藩闹矛盾了，生气的，那么就下了一道批语，说沈葆桢与曾国藩意见不合，朝廷早有所闻，——这句话要细细辨别的话，就会发现它将这两个人视作平等的身份，都是地方高级长官。——你们两个人遇事要多通信多交流，尽量取得共识。这一段是说，前面这些从江西拨往安庆的军饷，这些钱如何分配，已经批准的就应该拨过去，没有批准的要两人多商量；但是具体沈葆桢截下的四万两，有没有什么说法，包括已经到安庆的一万五千两，沈葆桢去责怪九江官吏，又责怪曾国藩，这事朝廷是如何看待，这里面都没有讲。接下来又有一段，说至于经沈葆桢进行人事鉴定、考评之后参革的人员，他又去安庆曾国藩那里投效，曾国藩务必要留心考察，而且要摈斥裁汰。就是沈葆桢不用的人，你曾国藩最好就不要用了，除非是实在讲得出很多道理，说这个人被冤枉，否则那个人找了你，你也要摈斥裁汰，否则就开了小人幸进之门。这句话就很重了，小人侥幸都可以进曾国藩之门，那么岂不是说曾国藩底下的官员都是小人了？

得到了这么一份批语，沈葆桢很高兴，过一阵就销假，重新上班。上班呢又要写个奏折，说几月几日开始重新上班，奏折末尾就有一句，上封圣旨讲的，我们俩要多沟通多交流，我一定遵守，和衷共济，务求一是；我们两个人，至于心所未安之故，亦不敢雷同附和，上负朝廷。什么叫“心所未安之故”，沈葆桢与曾国藩讨论的这些钱粮人事问题，虽然各有意见，各有看法，甚至引发冲突，但怎么叫心所未安呢？曾国藩什么事情做得让沈葆桢觉得心下不安呢？这句话很隐晦，于是就引发了猜测，说沈葆桢可能接受了秘密任务，朝廷用他来监督曾国藩，就算不是监督曾国藩，也是让他逮着机会这样打压一下曾国藩。因为曾国藩现在确实权力太大，两江总督已经管三个省，然后四省的巡抚、提督以下，都归他节制，什么事情他都可以管。按道理，九江关道那笔钱、江西省那个四万，他要过去作为军饷是没有一点问题的。节制四省军务，军务一着急，让省里出一点钱是应当的，在这四个省里面江西军事最少，军情没那么紧急，那你就多出点钱，这也很正常。但是朝廷觉得曾国藩的权力太大了，尽管这个权力是朝廷给的，可给他之后不放心，安排了一个沈葆桢，——还有人说未来会安排一个左宗棠，——碰到什么事情就给他上点眼药水，就要打压他一下，恶心他一下。

这是一种猜测，就是说朝廷有密旨给沈葆桢或者左宗棠，让他们可以跟曾国藩对着干。当然只是猜测。从常理而言，这应该是沈葆桢的行政风格。与曾国藩不一样，沈葆桢对事不对人，在公务与私情之中，他选择公务为重，所以不怕得罪曾国藩。这样也解释得通。

只是不管怎么解释，在曾、沈两人发生这么大矛盾的情况下，军机处来调停矛盾，裁判是非，谕旨之中自始至终没有提过一句话，那就是作为两江总督的曾国藩，对于江西巡抚沈葆桢是有节制之权的。根据以前的谕旨以及朝廷的命令，从江西拨一些军饷到湘军，这是曾国藩的权力，特别是跟军务有关，江西巡抚得遵守他的命令。这不是什么双方要协商的问题，这是军务，曾国藩有节制的权力，沈葆桢有听从命令的义务。但奇怪就奇怪在这里，军机处没有提过一句，说曾国藩对沈葆桢本有节制之权，而是仅仅将两人视为平等身份的总督巡抚，认为他们之间的矛盾是工作中正常的矛盾，最后由军机处来调停来裁判就行了。明明曾国藩作为攻打太平天国的指挥官，而现在举国最重要的任务就是打败太平天国，按道理，相关的省份，特别是江西离战区这么近，本应大力支持最高指挥官。朝廷前面也讲过，大家都要支持曾国藩，现在出现江西省不支持曾国藩的情况，怎么还将它当作一般工作中的矛盾去处理呢？

这个事情，曾国藩就忍了，没出声。曾国藩不是那种特别争强好胜要斗狠的人，但这件事给他的感觉，不会太好。谕旨一下来，他自己在日记里面写，“郁郁忿恚”。同治元年（1862）九月以来，沈葆桢事事与他为难，他觉得很难受，但是难受归难受，军机处又不给他主持正义，他也没辙，只好憋着。

直到同治三年（1864）二月，沈葆桢又提出一项新的建议，这个时候曾国藩终于忍不住了。沈葆桢提出什么建议呢？他说以前江西的财政收入，有很大一部分固定款项都是由两江总督支配，只留给江西省自己一点点钱，他决定要修改这个惯例。就是说要收回所有由两江总督经收支用之款，把财权全部拿回，不行的话则退而求其次，曾国藩和江西各分一半。这对曾国藩的打击就太大了，江西省每月每年要提供那么多军费，现在突然说收回，或者只给一半，那曾国藩的账怎么去平，财政上这么大一个窟窿怎么去弥补？所以曾国藩急了，但是他更急的是，朝廷还没等他回复沈葆桢的意见，就直接批示同意沈葆桢的说法，曾国藩与江西各提其半。曾国藩怒了，就回了一个奏折，其中有一句很严重的话，说听到这个消息之后，“各军人心惶惶，转相告语，大局实虞决裂”。说各军人心惶惶，听说一下少了这么多钱，转相告语，流言纷纷。流言说什么，他没有明说，他只是说“大局实虞决裂”，东征大局眼看着就有决裂、崩溃的危险。士兵拿不到钱就不作战了，将领发不下钱就没法指挥军队了，统帅因为底下这些混乱，自己又拿不出钱，不能安抚将士，最终也支持不下去，这就是大局要崩溃。

这个复奏一上去，军机处就吓坏了。当然这确实是军机处的重大失误，沈葆桢提出要砍掉给曾国藩的钱，你怎么也要看曾国藩怎么回复这个意见，然后再来做一个调停。人家曾国藩还没出声呢，你就直接答复沈葆桢，同意他的要求，难怪曾国藩要发这么大的脾气。现在曾国藩的脾气已经发出来了，怎么办呢？军机处也不能说我又修改对江西的批示，前面说各得其半是错的，现在停止，我们再从长计议。那也不行，那威信扫地了，所以只有一个办法，再从哪个地方拿出一笔钱给曾国藩，先安慰他再说。于是由总理衙门跟军机处——其实是一套人马，两块牌子，像恭亲王既是军机处的领班大臣，也是总理衙门的领班大臣，当然总理衙门主要处理外交，军机处处理内政。——从总理衙门原来批准给轮船回国的经费中拿出五十万两给曾国藩。轮船回国就是前面讲的李泰国的英国舰队，最终清廷决定不用他们来助剿，就要他们从哪来回哪去，给他们筹备了一批路费。现在曾国藩的这个事闹得这么急，就先从那个路费里面拿出五十万两，挪用一下。这才算安抚了曾国藩。五十万两对于当时差不多十万之众的湘军来说，也能支持一阵了，只是最终到账的，只有二十万两。因为这钱是分批拨下的，当时筹集经费也是从各省调拨，有的最后就赖账。到六月份，就打下了南京，所以后期有些钱还没到。

对于这几件事，曾国藩心里是比较难受的。曾国藩奏折里就有一句话，说沈葆桢自从担任江西巡抚之后，跟我讨论事情一贯不顾情理，令我难堪很多次了，我都忍了。但这次我忍不住了，不是我忍不住了，是各军将士忍不住了，所以才反击了。这是战友之间的风波，朝廷答应另给五十万两，让风波暂时平息下来。可是接下来，又有一个新的更大的迫在眉睫的风波，那就是淮军助攻南京的问题。

7. 淮军要不要助攻

同治三年（1864）正月，湘军完成对南京的合围。我们知道，同治元年（1862）五月，曾国荃的军队驻扎到雨花台，到十月打败了李秀成、李世贤的攻击，自此之后就开始经营对南京的合围。哪知道用了接近两年才完成合围，这个进度不是很快。当然，南京比前面攻克的安庆、九江都要大，形势也更复杂，完成合围的时间长一点也说得过去。但是在合围的过程中，湘军内部，特别是基层将领有一些做法可能延缓了合围的进展。像同治元年五月，水师攻打南京附近的下关，一个重要的战略位置，一开始进攻缓慢，士兵好像都不太效力，彭玉麟亲自督战，这才连夜攻克。攻克完毕，彭玉麟单舟去手下王明山的营中视察，他是晚上去的，接近黎明时分就到了王明山的营中。王明山还没醒，是由一个哨官去通报，说水师和陆军昨天晚上在哪取得了一个胜利。王明山一听捷报，很高兴，但是就高兴了一会，转脸就骂：真是一帮蠢材，打这么快干什么，打这么好干什么，早点回家去饿死啊！

这是什么意思呢？你攻克要塞越快，南京合围就越快，合围越快，攻克南京也越快，那仗打完后，这些士兵将领退伍回家的时间也越快；你不乘着多打几次仗，在这个战争中多发一点财，——这个发财有两个意思，一是上面拨的军费，包括个人的薪水，各种办公费用，都比较宽松；二是在战事中掳掠的钱财，很多机会抢很多东西。战事拖得越长，对于基层作战的那些人来说，未尝不是一种增加收入的办法。——总是这么快结束战斗，那哪天南京一打下，咱们都得回家，回家饿死。这就是他要骂人的原因。哨官没等他骂完，赶紧告诉他，昨天是彭大帅督战，现在他就在外边。王明山一下惊起，赶紧从床上一蹦就起来了，出门去迎接。哪知道一出门，底下就报告大帅已经走了。赶到江边，只见一只小船，上插一面红旗，又往上游去了。

彭玉麟巡视他的军队，经常是这种风格，一叶扁舟上面有一面红旗，这是他的标志。这个事情显得彭玉麟很飘逸，神不知鬼不觉，一会在这里一会在那里。水师的将领、士兵都害怕他这一点，他冷不丁就出现在哪里，来视察或者督战。像王明山讲了这些话之后，知道彭玉麟又这么快走掉了，觉得彭玉麟就是在暗示他，该作战的时候要用全力，不要打太多个人的小算盘。因为彭玉麟在那督战的时候，你作为一个水师将领，还在睡觉，彭玉麟过来你才知道昨天晚上打了胜仗，你怕早一点回家饿死，彭玉麟不怕。如果你光怕回家饿死，那彭玉麟现在就让你回家。当时史书上说，只要彭玉麟、杨岳斌（杨载福）在水师中，水军将士就都是奋发向前，不敢落后。可是这句话也正好说明了，在有些时候，甚至很多时候，特别是在战事的后期，士兵作战都不那么积极主动。像有王明山这种想法的人，不在少数，正因为不在少数，杨岳斌、彭玉麟才要频频督战。哪怕并非决定性、并非规模很大的战役，也要亲临一线。这是水师的情况。

陆军情况要好一点，但是好不了多少。陆军为什么好一点呢？前面介绍过，陆军攻克小城大城之后，都有一个弛禁期，可以烧杀抢掠，看谁手长，看谁力气大，谁搬得多归谁，抢的东西可以是钱也可以是人，湘军抢了很多江南女子回湖南。所以陆军作战积极一些。但是哪怕是这样，还有不满足的。就在合围南京前后，曾国荃的军中出现有人卖米给太平军的，就是向南京城内的守军卖粮食，一边围攻他，一边卖粮食给他。卖粮食一是有现金收入，而且价格肯定很高，几十倍于市价，所以一大笔现金收入可以得到；其次，卖了粮食给南京城内的守军，他又能多守一会，那么这边作为湘军士兵或者基层将领，工资、津贴也多领一会。要是说八年十年永远围下去，围而不攻，那士兵都高兴坏了，他就变成铁饭碗了。

曾国荃的军中出现这种情况，曾国藩知道了大惊，严厉警告曾国荃，要严查军中这种情况。朝廷也知道一些，因为御史言事，这种事情瞒不过很多人，要是闹大了，别人就会说你拥军自肥、以战为利，就会有麻烦。

水师、陆军有这种行为，一定程度上就延缓了攻克南京的时间。同治元年（1862）三月合围，但朝廷给你算打南京时间，是不会从这时开始计算的，他至少从同治元年五月驻扎雨花台开始就算作进攻南京的开始了。那按照这种算法，就是说南京城你已经打了一年多了，毫无起色，朝廷就会批评你。加上这个时候就有对比了。什么对比？同治元年十月，淮军攻克苏州，同治三年（1864）二月，楚军也就是左宗棠那支军队攻克杭州。恢复东南，具体的战略目标就是三座城市：苏州、杭州和南京。只要这三座城市拿在手里，绝对可以视作恢复了东南。现在苏杭都入手了，那你曾国荃进军最早，同治元年就驻军在南京城下，到现在也没拿下。打下苏州用了三个月时间，打下杭州用了半年，你这边围了快两年了，都没有效果。在这种比较之下，军机处就有些忍不住了，就在曾国藩报告说南京合围成功，接下来准备大力攻城的时候，军机处就在这个奏折上批复，说金陵城大而坚，围攻不易，“诚恐各营将士号令不一，心志难齐”，“曾国藩能否亲往督办？俾各营将士有所秉承，以期迅速奏功”。

这句话很奇怪，曾国荃是围攻南京的主帅，曾国藩是整个东征的最高指挥官。曾国荃在南京城下，所用的士兵都是他一手挑选的，随着他征战多年，虽然现在扩军到了五万人，但是那些将领、分统都是他的，哪有什么号令不一的情况呢？曾国荃、曾国藩兄弟感情那么好，沟通也很顺畅，有什么必要让曾国藩离开安庆，到南京城下督师呢？曾国藩明白，这就是军机处在催了，说你攻城快一点，现在进度太慢了。当然还没有直接拿南京和苏州、杭州去比较。

曾国藩尽管明白这是催促他，可是他有不得已的苦衷，曾国荃也是。从军事上说，他们没有足够的大炮。为什么淮军三个月就能拿下苏州，主要跟他攻城的大炮有很大的关系。苏州城内的太平军将士愿意投降，也是被大炮吓坏的。戈登就是著名的不远万里来到中国，支援清廷、支援淮军事业的一个外国人，在常胜军解散之后，——因为在苏州杀降之后，他和李鸿章产生了极大的不可调和的矛盾，要愤而离开，然后李鸿章也顺水推舟解散了常胜军。——戈登是常胜军的首领，现在解散了军队，他就得回国。回国前，他到南京曾国荃的部队看了一下，他说营垒、军容非常不错，确实是一支劲旅，唯一有个缺点，“少炮耳”，就是炮太少了。

曾国藩前面讲过，制胜之道在人而不在器，当攻城的最后一段时间，他也感叹，“炸炮轰倒之城，实可骑马而登，胜于地洞十倍”。就是说用炮轰开的城墙缺口，骑马都能冲进去，不像以前挖地道，从地下爆破的那个缺口，一片狼藉，砖块、瓦砾堆积，士兵往里头冲都有难度。像曾国藩这样专门宣传“在人不在器”的人，都要讲出这番话，可见湘军这回攻南京的苦衷。那么问题就来了，湘军没有大炮，淮军有啊，调淮军的大炮来不就行了？当时的人都能想到这一点，特别是军机处。只是淮军的大炮自己不会走路，它得由淮军将士带着一块来，那要淮军将士带着一块来的话，他就会参与攻城，最后城攻破了，功劳是不是得分他一点呢？所以，这也是曾国荃不能忍受的，拿了人家的炮就得分功给人家。

其实湘军从同治二年（1863）八月以后，就狂挖地道，同治三年（1864）正月合围之后，更是大举挖地道，前后挖了三十多条。但不是被太平军破解，就是因为自己失误，不小心点着炸药，毁于一旦。曾国藩批评他，说挖地道战法，挖了三十多条，火药费了十几万斤，死伤人数上千人。火药要钱买，人死伤了要有抚恤金，很大一笔钱就浪费在地道里面了。所以曾国藩觉得，你别再挖了，我安庆这边都负担不起你这个费用，停一阵再挖，别着急。主要是没有效果，都挖了快大半年了，三十多条地道，效果还是出不来。但是曾国荃有什么办法呀，不挖地道，他解决不了南京。要用大炮就得找淮军，那也不愿意。越是挖不成他越是想挖，再挖又挖不成。曾国荃心力交瘁，情绪变得极为暴躁，逢人辄怒，见着人就生气，遇事辄忧，什么事情想起来就往悲观的地方想。

曾国藩听说这些情况，就觉得很心疼，到底是自家兄弟，得想个办法开解他。我们都知道曾国藩家书写得好，现在隔这么远，又不能随时到南京城下，要开解兄弟的话，只有写信了。这段时间，为了劝解曾国荃，他写了很多信，其中有一封已经成了曾国藩家书里的名作。这封信是这样写的，"自苏杭克复，人人皆望金陵之速克，吾独不期其速，而期其稳，故发信数十次，总戒弟之欲速。盖深知洪逆非诸贼可比，金陵非他城可比也。此等处，吾兄弟须有定识定力，望老弟巍然不动，井然不紊，将克未克之际，必有一番大风波。吾弟若破地道，且待大风波经过之后再行动手，实不为晚。吾所虑者，一恐弟求速效而焦灼生病，一恐各营猛攻地道，多损精锐而无以御援贼耳"。

这封信里面有一句类似于预言家说的话，"将克未克之际，必有一番大风波"。要说曾国藩当时就知道会有一个什么样的风波，可能也不太对，他可能是单用"好事多磨"这样的理论性的话语，来劝慰曾国荃。什么事情越是快要成功的时候，越要谨慎，好事多磨嘛！他劝曾国荃，这时候别使劲去挖地道了，干脆等这个风波平息之后，再去进行地道战。当然他也没说风波是什么，只是根据历史事件的进程来推想，这个风波就是淮军是否会来南京助攻。这个议题讨论来讨论去，就讨论成一场风波，这场风波影响了很多人，作为风波的中心，漩涡的中心，还是曾氏兄弟。他们两人在风波中如何表现，是接下来我们最应该关注的一个事情。

四月五号，淮军攻下了常州。常州在苏州的西面，攻克了常州，淮军离南京又更近一步。军机处立即有了反应，就下了一道谕旨给李鸿章，说现在攻克了常州，是不是可以抽调一部分军力，尤其是把大炮带到南京去。当然这道谕旨，更多是用的征询的态度，没有敦促。就是问一下，李鸿章你现在觉得淮军状态怎么样，是不是能够去帮着打南京？这李鸿章也是一流的聪明人，这句话，知道朝廷早晚会问的，现在虽然没有直接下命令，但是既然问了，那总得要表一个态。当然不是对朝廷表态，他向曾氏兄弟，尤其是向曾国荃，要表一个态。

谕旨一下，他就给曾国藩写了一封信，意思很坚决，说朝廷有这么一说，让淮军去帮助打南京，我想曾国荃劳苦功高，经营南京已经这么久了，伤亡又这么重，南京最终应该还是由曾国荃去打下来。不仅常胜军、洋人不能分此功，即使淮军也不可能插足。常胜军、洋人，像前面说的李泰国的舰队，像当时常胜军的首领白齐文这些人，都因为各种原因没有去成。所以李鸿章说，即使是淮军，亦须缓议。毕竟淮军首领李鸿章，出自曾国藩门下，自知军队的建设，曾国藩也投注了大量心血。即算是有兄弟之情的淮军，也是不到最后关头绝不能过去。接下来又讲了一些别的安慰的话，包括出谋划策，最后有一个保证：“届时，如金陵未克，必须炮队往助，只要吾师与沅丈一纸书，七月中旬可派鹤弟（李鹤章）带数将前去。”就是实在将来有一天，不攻克南京不行了，各种压力都压下来，扛不住了，那么淮军可以去；但是有一个必须的条件，就一定要曾国藩或者曾国荃说一句话，你们让淮军去，那淮军才去。而且，派自己的弟弟李鹤章带炮队前往，而不是派像刘铭传、周盛波这样的将领去。因为李鹤章跟曾国藩也比较熟，关系还可以，而且他代表李鸿章过来帮忙，就不会节外生枝。总之，李鸿章就是拍着胸脯表了一番态：曾国荃你放心干，我这边绝对不会来骚扰你，就算你要我去，我也就真是去帮忙，绝对没有分功的意思。

当然李鸿章自己也要做好准备了。万一接下来，湘军攻城进展还是不顺利，朝廷肯定不会就这么轻描淡写，问李鸿章去不去，肯定会有调遣，就是军机处会直接调动淮军往南京去。所以他先要做一点准备，将来回绝这个调令的时候也有借口。做什么准备呢？我们要分析一下，当时湘军、淮军、楚军的状况。

淮军最乐观，苏州拿下了，常州拿下了，作为援助江苏的一支军队，作为江苏巡抚的李鸿章，几乎已经完成了他这次出征的所有任务。江苏全境，现在就剩下南京了，但是南京的任务是分配给湘军的，他没什么事可干。所以说他最悠闲，最快乐。

其次情况稍微好一点的是楚军，也就是左宗棠部队。他拿下了杭州，这个功劳很大，现在就还有一个重要城市湖州没有拿下，正在攻打。如果湖州拿下了，浙江的重镇几乎也就全部被他攻克了，所以情况也乐观一点。

情况最差的就是湘军，屯兵南京城下，久攻不克，伤亡惨重，而且还看不到希望。地道挖了这么多条，没有一个成功的，除了地道战之外又想不出其他攻城的妙计。

这样，我们从军机处的角度来分析这三支军队的状况，决定怎么调遣的话，自然就会得出这样的结论——楚军继续在浙江作战，淮军现在没有什么事干，不能天天花钱让他们在那休息，那让他们去南京助攻，这也是顺理成章的一个结论。李鸿章就料到了会有这个结论，所以一攻克常州，他就派出精兵去助攻湖州。这个人真是绝顶聪明，还没怎么休息，刚打下常州，一场恶仗之后，立即决定去助攻浙江。

咱们分析下常州的位置，往西走是南京，往南是湖州，真说要去助攻的话，那你肯定要去往南京助攻。但是李鸿章不想这样去助攻，就是去分人家的功劳。往西、往南你都是得罪人，李鸿章也不愿意得罪人，他的功劳已经很大了，苏州、常州都在他手里了，可以坐等你们两军的成绩就行了。实在你们两军中有一军如果攻着攻着崩溃了，我再来收拾也不迟，没必要去助攻。但是李鸿章知道，朝廷不会让他休息的，一旦有空闲，人力有富余，就会让他去助攻，而且肯定是助攻南京，不会让他去湖州。那么他要抢在前面，先将精兵调往湖州，形成一个木已成舟的局势，你再让我往南京去，我就有理由了，我现在正好军队调到湖州了，在为左宗棠助攻，就算要去助攻南京，我这边也要收完尾才能去。

也就是说李鸿章这一招，就预先为未来跟朝廷辩论，是不是应该去援助南京埋下了伏笔。因为空口说白话，这不叫辩论，一定要有事实，要有理有据。这就是李鸿章，绝顶聪明。但是曾国荃不愿意别人助攻，难道左宗棠愿意人家来助攻？也不愿意呀，一听说淮军要到浙江给他帮忙，左宗棠立即写信给李鸿章，就说请勿助攻，湖州不需要你助攻。你实在行有余力，湖州边上有个长兴，你帮我打那个地方。左宗棠这时候也难受，生气啊，我这慢慢打得好好的，你来助什么攻啊，非要分我的功劳。李鸿章何尝不知道往浙江去讨人厌，左宗棠那张嘴他又不是没领教过，骂起人来很难受的。但是往西去，得罪曾国荃、曾国藩，往南去，得罪左宗棠。又不能不动，不能留在原地，一动就要得罪人，那么他权衡一下，那就得罪左宗棠算了吧。

左宗棠批评李鸿章，讲他明明可以往南京去，非往浙江来，这绝对不是谋国之忠。可是咱们要是设身处地想一想，把人情、公理都放在一块来考察。曾国藩是李鸿章师傅，曾国荃跟他以前就合作过很久，有兄弟般的情感，他跟左宗棠的交道少，双方的感情肯定没有跟曾氏兄弟那么强。他要兼顾人情的话，那当然尽量不要得罪曾氏兄弟。至如公理，说白了，来援助浙江也不是一点事都不干，也是要付出代价的，将士里面也会有伤亡，那毕竟是一场战役，虽然可能比不上南京。那么在人情、公理之间，李鸿章除了这样的选择，难道还有更好的选择吗？左宗棠要责怪他没有谋国之忠，李鸿章肯定就认了。只是这话，左宗棠也不能公开讲，随着事态的发展，大家就更不能公开捅破这句话。就是说，曾国荃或者曾国藩拒绝淮军援助，但是都不能捅破这句话。这话一捅破了，就没有余地了，各种事情就进展不下去了。因为你要公开这样指责曾国荃或者曾国藩的话，那你的意思就是可以不让他们干了，那也不行。现在不管是军机处的，在北京的，还是在江苏的，在浙江的，以及在江西的各地的高级官僚，都知道就是这么一个情况。大家只是静悄悄地等待，看这场戏接下来到底如何演下去。

四月上旬，朝廷的谕旨没有督促淮军一定要往南京去，只是问一下是否行有余力，可以西进。这表面上是问李鸿章，本意就是敲打曾国荃，就是说你快点啊，再不快点我就会直接让李鸿章过来了。曾国荃当然知道，又是猛挖地道，但是一个月过去了，效果还是不佳。五月八号，军机处忍不住了，下了一道可以说很严厉的谕旨，其中有两个要点：

第一个是，“现在金陵功在垂成，发、捻蓄意东趋，迟恐掣动全局，李鸿章岂能坐视？着即迅调劲旅数千及得力炮队前赴金陵，会合曾国荃围师，相机进取，速奏肤公”。这个命令是对李鸿章下的，就已经是责备李鸿章迟迟没反应，自从上次咨询你能不能西去之后，你根本没表现一点积极的意思，你这是坐视不管啊，坐视大局有可能变坏，你袖手旁观。所以现在命令你立即调数千劲旅，尤其是大炮部队，赶往金陵。

第二个要点，就是也对曾国藩下了命令，“曾国藩身为统帅，全局在胸，尤当督同李鸿章、曾国荃、彭玉麟，和衷共济，速竟全功，扫穴擒渠，同膺懋赏，总以大局为重，不可少存畛域之见”。这个话也很重，身为统帅，胸有全局，你眼光不要仅看到是由曾国荃去攻克这个南京，你要看到，不管是谁去打南京，只要打下了，就对全局有利。曾国荃打南京不是全局，而是任何一支军队只要有能力，能尽快打下南京，这才是全局。你曾国藩身为统帅，就要有这样的全局观念。

两个要点，一个是命李鸿章速速出兵，一个让曾国藩闭嘴，在这个事情上，你不要再去阻挠其他军队来援助南京了。你是统帅，要以大局为重。这个谕旨一下来，接奉谕旨的人就都要回复，能够执行、愿意执行的，回复我同意，然后拿出具体的部署；不愿意或者不能够的，你就得拿出别的理由，而且是特别有说服力的理由，来给上边看，就是要以理服人。

李鸿章要表态，去还是不去，曾国藩要表态，到底怎么想，包括淮军来了之后你怎么办。最关键的当然是李鸿章如何回奏，李鸿章只要说一句我能，他就可以去了，那曾国藩再怎么说都意义不大。这道谕旨最受刺激的，就是曾国荃，若李鸿章真的奉旨疾行，那没多久，淮军就到南京城下了，淮军带着大炮一来，湘军就得给他们腾开阵地，淮军变成主攻了。传说中大炮那么大的威力，苏州那么高大、结实的城墙，都经受不住淮军的大炮，南京怕也经受不住。要是淮军打开了南京，首先冲进去的，肯定也是淮军的士兵。这样一来，功劳岂不是都变成淮军的了？所以曾国荃已经有心病了，加上最近这个身体也确实不好，接到这封谕旨之后，情况就更加恶劣了。没办法，曾国藩只得再次给他写信，这次曾国藩的口气就是明显的放弃，说事已至此，节哀顺变，让曾国荃心胸开阔一点。他说，“少荃会剿金陵，好处甚多”，唯一不好的不过是分去功名而已。将来后人讲到咱们这一拨人，会讲胡林翼攻克武昌，李续宾攻克九江，曾国荃攻克安庆，李鸿章攻克苏州，左宗棠攻克杭州；最后攻克南京，曾国荃和李鸿章各分一半功劳，这也是一个美名嘛，何必非得全由你自己一个人攻克南京才算美名呢，为什么非要独占这个天下第一美名呢？就说没必要，你原先打了安庆，现在南京有一半功劳，也很不错了。至少光论克城的功劳，你和李鸿章可以打个平手嘛，你只是不能遥遥领先，排在第一位而已。

这是曾国藩劝曾国荃放弃，但是这些话，曾国荃怎么能听得进去呢。这个时候，你跟他讲这种大道理，以前的心血全部白费了，身后的这个名誉也成了泡影，曾国荃听不进这种话，不管谁说他都听不进。

所以这个时候，真正能劝他，稍微让他安慰一下的只有李鸿章。在这个敏感的时候，李鸿章也写了一封信给曾国荃，写得很直白。这时候不直白不行啊，你话说得稍微含糊一点，曾国荃就会生疑，会不高兴。所以李鸿章说，屡次接奉圣旨，让淮军去助攻，但是念在我公辛苦了两年多，最后就缺这一篑之功，因此我每次都拒绝了，“不敢近禁脔而窥卧榻”。禁脔是不能让别人尝的，卧榻之旁是不能让别人睡的，南京就是曾国荃的禁脔卧榻。李鸿章就等于说，九叔你放心，这个南京就是你的，我是这么认为的，我绝对不会去。这样说曾国荃自然能够安心，李鸿章觉得还不够，所以信的末尾又说，最近克复常州之后，顺手把丹阳也拿下，在报捷的折尾，我还写了一句话，就是金陵不日可克，说很快就能打下来。把这个情况当作很有把握的预见，放在军情折里。李鸿章将这句话透露给曾国荃，又说了一句，你看这个弦外之意，可入清听，听起来还比较顺耳吧。就问曾国荃，前面那句话是安慰保证，这句话就是希望，表示我在私在公都会维护曾国荃的利益与荣誉，你绝对放心。

当然这是李鸿章对曾国荃的一片情谊。可是我们看李鸿章的这种用词，那么直白，又那么小心翼翼，生怕触动曾国荃的痛处。这也从侧面反映，当时的曾国荃对于他人助攻南京敏感到了何种程度。而且这也不仅仅是曾国荃的敏感，当时的淮军将士就有不少人公开说，愿意响应朝廷号召去助攻南京。他们跃跃欲试，像刘铭传、周盛波，不仅自己想去，也怂恿李鸿章应该去。刘铭传当时是淮军第一名将，当然未来他的名声会更大，这个时候他很想去南京也很正常，所谓不想做将军的士兵不是好士兵，在当时，不想攻克南京的军队那才不是好军队。他们开玩笑，有人说想去南京是个好事，可是湘军很厉害，特别现在鲍超驻军在东坝，东坝在南京的东面，从苏州、常州这边过去必定要经过东坝，咱们要是去的话，那不得开战啊，鲍超那么厉害，我们打不过他。刘铭传就说鲍超厉害那只听说过啊，咱们没打过，而且听说他军中现在发生了疫情，比较厉害，能战的不过三四成人员，再加上我们有大炮啊，霆军再厉害，能够挡得住我们的大炮吗？像这种话，从淮军里面也传到了湘军这一边，曾国荃不可能不知道。所以李鸿章说话，那么直白而同时又小心翼翼，一方面是自己对曾氏兄弟的情谊，要通过这个方式表达，另外也是要消除这些流言的负面影响。

但是李鸿章一而再地向曾国藩、曾国荃表达了他的忠于友情忠于师徒之情的态度，这还不够啊，谕旨你还得回一下。军机处就是命令你派兵往南京，你怎么回复那一道命令，才是最要紧的。这下我们就能看出，在攻克常州之后，李鸿章立即派兵往浙江助攻这一招的用处。李鸿章回奏讲了很多话，但是讲来讲去就是两个字，没人，现在淮军没有人能够过去。怎么没有人呢，前一阵说鲍超要往江西去助剿，那他那个防地需要派人接管，这就分出了一部分人；现在淮军有一大批精锐军队在浙江境内长兴附近助剿，急切之间也不能撤回；已经拿下苏州，那需要人驻守，松江府、上海也要派兵把卫。这么一分下来，在短时间内根本拿不出一支赴援南京的军队。去赴援当然是对的，淮军不反对，但是我李鸿章手上没人啦。这理由，还就是一个既符合常识又有真凭实据，还让军机处无法反驳的理由。确实没人，根据李鸿章最近这么一两个月的奏折，军队的调动情况，他说的没有一句假话。李鸿章身边也就那么几营人，其他的军队不是派到这里就是派到那里，没有一支空闲的部队可以调度。提出这个坚实的不容辩驳的理由之后，李鸿章又讲，我屡次接到曾国荃的来信，他说金陵的情况是缺饷，而不是少兵，军队没问题，不需要再派几千人的劲旅过去，他人够了，就是偶然饷援有些缺乏，国家财政要多支持点；而且现在又新开了十多条地道，只要爆掉一个地道，给城墙轰一个缺口，那么攻克南京指日可待，有什么必要还要我淮军准备那么多人往那边去呢。

就是说，他不但回绝了军机处的要求，还顺便给曾国荃递了一个条陈，帮曾国荃说话。这句话让曾国荃自己说，他还不好说，现在李鸿章找了个机会，做了个顺水人情。联系到前面他给曾国荃写的信，在公在私，李鸿章对曾国荃是一片冰心在玉壶，这份情感非常地感人。这个奏折递上去的时候，可想而知，军机处只能由他了。要再说什么也就是继续再催你一下，尽量调遣，还是要准备往南京去，现在去不了，为以后准备吧。

曾国藩这边也要回复，曾国藩如何回复，这又很讲究。如果我们对照看，将刚才李鸿章回复的与曾国藩所回复的对照，会发现，这两个人好像是一唱一和，做了一个绝妙的配合。

我们首先来看曾国藩奏折。一开始讲了两点，他先说苏、常克复之后，当时我就想上奏，要求李鸿章过来助剿，但是呢，李鸿章是封疆大吏，应该由朝廷来调动更合规矩，更合礼数，我直接去奏请让他过来，有点越格。——这句话绵里藏针，前面反复讲了，曾国藩节制四省军务，有这道命令，可是渐渐地军机处就不拿这道命令当回事，在曾国藩与江西本应归他管理节制的这些省区最高长官之间有矛盾的时候，不说中央一定要偏袒曾国藩，但至少没有维护他节制四省军务的权力。因此曾国藩这个奏折一开始就绵里藏针，讽刺军机处的人，表面上说李鸿章是江苏巡抚，我去直接让他来南京不合适，应该由中央调派，但其实我是两江总督，节制四省军务钦差大臣，我有权力直接让他过来助剿，尤其是调动军队，他们都得听我的。但是军机处最近两年以来根本不提我这个权力，我这权力已经名存实亡了。所以尽管我可以但是我不去做，我免得犯你们的忌讳。我本来想在苏、常攻克之后，让李鸿章过来，可是我不能啊，要是万一又惹出官司了，惹出风波了怎么办？所以还是军机处诸公你们下命令为好。这是曾国藩回奏的第一点。

第二点，除了是因为讲规矩，讲礼数，我没有提起让李鸿章淮军过这边来，还有一个原因，我跟曾国荃函商，他也因为“师久无功，愧悚无地”，不好意思让别人来帮忙。作为前敌统帅来说，他觉得很羞愧，这个难办的事情，不愿意假手他人，还是愿意由自己来解决。——这又是一种反语，怎么就因为你羞愧了，就不要淮军来助剿了？说不通吧。但是背后的意思，湘军苦战两年，曾国荃也为此费尽心血，尽管还没有攻下，但是从大势来看，南京要被攻破这是板上钉钉的事情，这不需要太高深的预测能力才能知道。因此湘军经营南京，不愿意他人来分功，也是天下尽知的事情。从常理来讲，直接经营南京两年多，从起兵算起，则间接经营南京也有十年之久，到最后眼看就要拿下了，谁舍得将这个功劳让给别人？当然这个是患得患失的人情，如果要说公忠体国，公而忘私，这种情感是不对的，只要南京被拿下了，管他是哪支军队的，这对国家有利嘛。可是人情与公理，并不一定公理就大过人情，因为曾国荃的人情不仅仅建立在个人身上，而且建立在湘军全体战士东征十年伤亡十数万的基础上，几乎可以说代表了全体湘军将士乃至湖南当时全省人士的士气和民心。这样的情况下，即使是军机处，甚至是皇太后，也不能轻易就说应该摒弃这个人情，要服从公理。当时的情况，只能旁敲侧击，军机处不能直接用这个公理来压湘军，湘军曾国藩也不能直接仅仅用这个私情人情来应对谕旨。得两方面的话都要讲出来，所以曾国藩要讲，曾国荃因为师久无功，愧悚无地，不敢麻烦其他的军队来帮他收拾残局。

曾国藩这样一讲，就像跟人辩论，预先为曾国荃消除了对他的责难。接下来就以退为进，更加精彩。曾国藩说，前面的谕旨以及李鸿章的来信咨商，我都收到了，说准备要派几千劲旅以及炮队来南京助剿，我认为仅仅这样是不够的。要怎么做呢，要“吁恳天恩，饬催李鸿章速赴金陵，不必待七月暑退以后，亦不必待攻克湖州之时”。他说仅派淮军将领是不够的，得要李鸿章亲自督领淮军，而且要速速前来，不必等到什么七月。——七月已经进入秋季，不那么热了。也不要等到克复湖州，可以将淮军在浙江助剿的部队撤出来，一切都要为了南京。原先只是要求淮军派一些炮队，派一些军队，但是现在曾国藩要求让李鸿章亲自带队来。为什么要这样说呢？因为“仅请派将前来，其知者以为怜该抚之过劳，信苏将之可恃，不知者以为臣弟贪独得之美名，忌同列之分功，尤非臣兄弟平日报国区区之意”。如果只是让李鸿章派一些将领过来，知道的会说这是因为李鸿章自己太劳累，得让他休息一下，而且淮军纪律严明，内部的协调工作也做得很好，即算是一支小型的部队也能完成任务；但是不知道的，就会认为湘军不愿意淮军派大部队过来，最多来一些人数不多的部队，让他们站站场子，做做样子，因为担心他们分去了功劳。这就决非我们两兄弟平日忠心报国的本意了。

因此，一个是为了攻南京更有效果，二个也是更重要的，为了洗刷外界对我兄弟的误解，我们应该让李鸿章自己来。这就是以退为进。因为曾国藩在回复之前，肯定跟李鸿章商量过，也会知道李鸿章回绝的理由是因为没有人。但是曾国藩若是跟着李鸿章这个调子，说他那边人如何如何的少，派不了，那么我除了只有继续催他快来之外，暂时也没有别的办法。如果就这样回奏，就显得曾国藩听到李鸿章那边缺人，似乎还有一些暗喜的意思，这样回就不太好。像曾国藩这样回，说我不但不害怕李鸿章那边来，而且我还建议让他立即来，让他最精锐的部队、最高的统帅一块来，说将浙江助剿的都撤掉。这个表现出来的姿态就非常高。

当然曾国藩说的是反话，我们后面会披露一封他写给曾国荃的、至今未收入《曾国藩全集》的家书。里面写得很仔细，对照曾国藩和李鸿章的两封回奏，就恍然看见，本应肩担大任、顾盼自雄的李鸿章，反而表现得扭扭捏捏，原来被人家批评讽刺说他们贪功的曾氏兄弟，反而表现得以大局为重，毫无私心。李鸿章谦虚过头，过谦近于伪，而曾国藩的回奏太矫情了。综合来看，这两个人的表现都不自然。

于是两人回奏完毕，军机处也无可奈何：唯一的问题还是李鸿章，确实淮军调度有困难，他们之间不存在什么尔虞我诈、分功妒忌；湘军攻不下南京来，他也正在尽力，因此也不应该过度责备他们。所以就说，你曾国荃这边尽快攻城，能够早日攻克就万事大吉，而淮军你还是要调度一下，要尽量腾出一支部队，以备应急。曾、李联手演了一出戏，至少将来自北京的压力做了一个缓冲，又给曾国荃提供了一些时间。

下面我们再来说说，曾国藩在给曾国荃的家书里，对淮军来南京助攻，他的真实态度如何。这封家书，至今没有收入《曾国藩全集》，也不太为人知道。写信时间是同治三年（1864）四月二十号夜里，曾国藩回复曾国荃的信。

> 沅弟左右，廿夜接十七夜来信，不忍卒读，心血亏损如此，愈持久则病愈久愈深，余意欲奏请少荃前来金陵会剿，而可者两端，不可者两端。可者，一则渠处炸炮最多而熟，可望速克，一则渠占一半汛地，弟省一半心血。不可者，少荃近日

气焰颇大，恐言语意态，以无礼加之于弟，愈增肝气，一也；淮勇骚扰骄傲，平日恐欺侮湘勇，克城时恐抢夺不堪，二也。有此二者，故余不愿请来与弟共事。然弟心、肝两处之病已深，能早息肩一日，乃可早痊一日。非得一强有力之人前来相助，则此后军事恐有变症，病情亦虑变症也。特此飞商。弟愿请少荃来共事否？少荃之季弟幼荃，气宇极好，拟请之日内至弟营一叙，弟若情愿一人苦挣苦支，不愿外人来搅乱局面，则飞速复函。余不得弟复信，断不轻奏先报，余俟详复。即问近好。国藩手草，四月廿夜。

这封信从曾国荃家流入市面，当时是三封家书，就是日期连在一块的三封家书，一块流入市面被人买下。这个购买的人叫方表，字叔章，1949 年后做了湖南省文史馆的馆员。他在民国时期交游广阔，参与了很多政治上的大事，他拿到了这三封信，然后就复制了给他的朋友黄濬。黄濬就将这三封信的内容披露于他的笔记《花随人圣庵摭忆》里面。这三封信有两封经过删改之后，收入了曾国藩的全集里，只有上面说的这一封，在方表和黄濬发表这封信之前，完全没有披露过。我们现在看到的最完善的《曾国藩全集》，也没有收入这封信。

这封信就讲得明明白白，曾国藩对淮军来援的态度。曾国藩为曾国荃考虑，他分析淮军过来了，好处有两个，弊处也有两个。先说好的，确实淮军的大炮威力大，来了之后，对于尽快攻破南京绝对很有帮助；二呢，淮军来大队人马之后，可以分防一些地方，南京周边一些应该防守的地区，也可以交给淮军防守，这么一来，湘军没那么辛苦。这是两个好处。两个坏处，第一，李鸿章近来气焰很高，有可能他的言语之间，举动之间，会让曾国荃感到难堪。——这个又要讲一点，李鸿章和曾国荃的书信之间，李鸿章就很尊重曾国荃，但是两人此前也确实有过不愉快。那是李鸿章没有来上海做事之前，刚到曾国藩幕中的时候，有一段时间，曾国藩就让他到曾国荃军中去帮助曾国荃，但是曾国荃对于读书人的态度，一直不是很好，不够尊敬，所以两人的相处不怎么好，曾国荃很有可能言语间得罪过甚至侮辱过李鸿章。所以曾国藩就担心李鸿章近来气焰这么高，江苏的战绩那么强，现在又是应湘军的请求来帮忙，会不会念及往日的那些恩怨，报一报言语上的仇。怕他侮辱曾国荃。第二，李鸿章带来了人，这淮军士兵军纪不怎么样，骚扰骄傲，对湘军表现出骄傲，那么这些人在跟湘军共同作战期间，会不会侮辱湘军士兵，引发骚乱？这也很有可能，甚至几乎绝对会发生。湘军内部各军之间，一旦同扎一处，都会发生矛盾冲突，何况湘军与淮军。而且就是淮军里面，将来打捻军的时候，刘铭传的部队还曾发生过这种事情。淮军与当时僧格林沁部下陈国瑞的部队同住一处，结果引发冲突，杀掉很多人，最后还捉住了陈国瑞。同为一军之首，两人竟然这么水火不相容。因此曾国藩的这些忧虑并不是没有根据。他提出两个好处、两个坏处，让曾国荃自己决定。如果曾国荃情愿一个人苦苦支撑，不要外人相助，那好，快速回信给我。在没有得到你回信表态之前，你一天不表态，我也一天就不会同意淮军过来。

这就是曾国藩对淮军来援的真实态度。要说他没有私心，当然有私心。这么大的一个军事活动，南京是不是需要助援，它只取决于曾国荃的一句话。只是再怎么有私心，在这个事情上，都有值得体谅的地方。公开发表这封信的黄濬就有一个很精当的评论，他说曾国藩在对待李鸿章来不来的问题上，很犹豫，觉得淮军来好，又怕来了之后两军产生矛盾，他的心事很曲折；这封家书已经可以和盘托出他的心事，他的心事再深、再细、再曲折，也就这样。后人如果苛刻一点，非要去讥笑曾国藩在这个时刻内心天人交战，私而忘公，为了维护他弟弟的一己权益，不惜在这么重大的举措上放弃决策，要去讥笑他，那还不如佩服他谋国之忠。这话怎么讲呢？因为“其家庭骨肉之间，私书谆复，其权衡利害，褒贬是非，亦不过如此，则亦不失为得性情之正者”。他说这么一封家书，家庭骨肉之间，在最亲近的人之间写信，可以毫无隐晦，有什么说什么，可是你看他在这信里面说的，就算有一点私心，就算对淮军有一些抱怨，但是所写也不过如此而已。说来说去，这么一封机密的信件，又是两个至亲的人之间的谈话，曾国藩并没有太多出格的地方。

这就是黄濬，要通过这封信来表扬曾国藩谋国之忠，而且得性情之正的理由。因为常人很多时候，面对这种大的得失的情况下，会有一些失态，会讲一些过头的话，包括一些过头的想法也会冒出来。但是曾国藩给曾国荃的家书里面，这么重要的一个事情，这么急迫的一个情况，也就说了这么几句，几乎没有过头的话，而且还隐隐透露出希望曾国荃更理性一点、更实际一点，所以难能可贵。

当然，从另外一个侧面，我们也可以看出来，曾国藩在公开场合所讲的，包括在奏折里面讲的，那些话就显得比较假、比较虚伪。倘若继续要征调淮军，而曾国荃仍然不同意，曾国藩还会想一些办法来顶住朝廷的命令，只是这必然也是一个比较秘密的操作。而且限于当时的通信条件，也不能就一定说，曾国藩在此之后，特别是在五月中旬开始到六月中旬攻城成功的这一个月内，有一些私底下的秘密的活动，主要是去连同李鸿章一块去做。这个证据也几乎见不到。

奇怪的是，在这一段时间内，曾国藩和李鸿章的通信，极少谈到自己对淮军来援的态度，那么这些信，极有可能不是没有，这么大一个事情，关系这么近的两个人，怎么可能不去商量这个事情呢？我们从李鸿章现在留下来的文字里面，可以见到不少写给曾氏兄弟以及其他人关于来不来援的问题，但是在曾国藩这一边，这方面的信比较少。我们可以怀疑，曾国藩生前，对这些有关的信件曾经做过删订。这是很有可能的，因为不止一个曾经进入曾国藩幕府，而且跟他关系比较亲近的人讲过，曾国藩有这个习惯。譬如湘潭人袁树勋，曾在曾国藩任两江总督时进入他的幕府，后来他就回忆，曾国藩对于家书信件很重视，亲手删改，在当时已有必传的意思。什么意思呢？就是他对于有些自认为不合适的内容，他会抹去，或者改动或者删掉，他也预料到身后这些东西，都会刊印都会流传下去，很多人会看。所以有可能对自己形象不利的一些话，他就不愿意别人知道。

当然也有一种可能，家门之内一些隐私，一些或者他觉得不够很重要的事情，没必要让外人知道。现在将它删除改动，总比将来公布于天下要好得多。这也有可能。我们今天再看湘乡家藏的曾氏文献，信件上面有的时候会有标注，“抄”或者“不抄”。“抄”呢，据说是可以将来编入全集的；“不抄”，就是这个东西不能公开、不能公布。所以像前面说的这封信，既然没有编入曾国藩的家书，应该就是曾国藩不愿意让别人看到他在淮军来援的问题上的真实态度。只是我们看到之后，第一个还是有点像黄濬所说，并没觉得有太过头的地方，只是一个比较深入微妙的考察，在这件事情上，对他弟弟的一个承诺，仅此而已。但是相对于他公开的那些态度，尤其是前面复奏说的那些话，这封信体现出来的消息就让人感到有些惊讶。也就是说，他表面上说淮军可以来，还可以快来，私底下却向他弟弟保证，只要曾国荃不同意，他就会几乎是尽一切努力阻止淮军来援助南京。

曾国藩的复奏为曾国荃赢得了一些时间，可是曾国荃攻南京还是没有起色，于是从五月中旬开始，北京连下四道谕旨，催促李鸿章速去南京。五月十六日，说“李鸿章务当不分畛域，不避嫌怨，迅速遵办，力图共济，不准稍有推诿”。五月十九日，“李鸿章恪遵前旨……毋稍避嫌推诿”。五月二十九日，李鸿章着仍遵前旨，“俟长兴得手后，统率诸军助攻金陵，不必定俟湖州克复”。六月四日，“李鸿章仍遵前旨，俟长兴克复，赴援金陵，并令刘铭传等督带选锋先行，驰往助剿”。五月十六日和十九日的两封谕旨，语气严厉，几乎没有商量的余地，就像历史上说的连下多少道金牌一样。后面五月二十九日和六月四日的谕旨，则语气稍微缓和了一点。

那为什么前后不一呢，军机处为什么会态度改变呢？可想而知，李鸿章又扛住了来自北京的压力。他在回奏的时候又找到了好的理由，我们看他怎么回复的。他首先驳斥流言，就说朝野流传说什么曾国荃害怕淮军去助攻，淮军不愿去助攻是因为不想掠人之美，有畛域之见，这些都是流言，都是无稽之谈。我是江苏巡抚，南京在江苏境内，早日攻克南京也是我分内之事，这有什么畛域之见呢。第二，我在曾国藩营中数年，与曾国荃曾经共事不少时日，我们感情好得很，有什么嫌疑可避呢，所以那些都属无稽之谈。——这就是他自己发发牢骚，觉得军机处你下旨就下旨，你就讲具体的军事调度，不要讲一些我为什么不去是因为我跟曾家关系如何，你不要讲这些；我不去就是因为我军事调度有困难。这也是很高明的做法，因为这个感情讲不清，很难讲，非说我李鸿章跟曾家没感情，纯粹公事公办，那大家也不信。可是我这个公事公办的过程中，你就不要跟我讲感情，你就来分析我军事调度有没有问题，条件成不成熟这就够了。那些揣测我们两家之间，因为感情深浅，这些恩怨，而导致淮军与湘军不能共同作战，这些东西讲起来没意思。这是李鸿章首先要破除的。表面上是反击朝野内外的流言谣传，其实也就是正面告诉军机处，以后这个谕旨写得要有水平，不要写些题外话。

接着就讲具体问题。谕旨说你不用等湖州克复，赶紧去南京。这其实也是曾国藩上一次复奏讲的，李鸿章之来不要等到七月暑退，也不必等到湖州克复。因此军机处等了大半个月，曾国荃没有好消息传来之后，就把曾国藩这一招用上了，告诉李鸿章，你不用等湖州克复，你现在就直接往南京去。那李鸿章就咬着湖州这事不放，他说要是我一边助功南京，一边助功湖州，我确实分身乏术，现在朝廷体谅我，让我放弃湖州去助攻南京，南京当然比湖州重要，我肯定体会得到这层深意，也绝不敢辜负。但是我现在撤湖州之围，万一湖州的太平军因此突围，突到江苏境内，震动已经克复的苏州、常州，或者再往东又去攻击上海（上海是淮军的大本营、后防基地），甚至往西去攻击湘军的围军，去援助南京，并因此引发更大的军事动乱，就有可能南京的合围被突破啊。如果引发这样大的事件，我可不敢负这个责，所以现在从湖州撤围，这事我要多想想，希望你们也多想想。那么如果我不能轻易撤动湖州之围，仅仅分一点兵将过去，我也有疑虑，万一有的士兵到了湘军营中，互相争斗，那我也不敢打包票。曾国藩和我已经商量过，为什么非要让我带兵过去，就是这个道理，只有我去才能镇得住淮军，我没去的话，淮军的将领互相不买账，他们也不会买湘军统帅的账，那就糟了。所以曾国藩和我都不放心。

这个回复也回得好。湖州当然是没有南京重要，可是李鸿章这么一危言耸听，说湖州万一围不住，太平军冲出来进入江苏境内，去打上海什么的那还是小事，但万一摇动了南京之围，甚至让太平军从南京突围，那岂不是前功尽弃？如果说就因为这个决策，让淮军离开湖州，而真的出了这么一件大事，谁敢负这个责啊。但如果是军机处下旨的话，那就是军机处负这个责。当然军机处是代表皇帝、代表两宫皇太后说话的，两宫皇太后不用负责，可是这个军机处具体操办的，譬如恭王，譬如文祥，你们敢负这个责吗？他们应该不敢，这是李鸿章危言耸听。但是这个话有效果啊，当时的中国也就这几个人说话有分量，他们讲军情会如何如何，朝廷只有听他们的，他们的战绩都摆在那了，几乎都被北京作为天神一般。整个中国动乱了十几年之后，终于出现了朝廷的军队能够节节进取，所以他们的话北京不敢不重视。那一旦重视，李鸿章说的，就成为一条很结实不移的理由。当然李鸿章还提出了一个更具体的问题，他说最近征战都在夏季，就是太热了，温度太高了，洋枪连放三四次，枪管就红了，大炮多放几次，也需要维修。因此即算湖州可以撤军，淮军可以西下，也要等到天气凉爽才可大动；士兵受得住，可是枪炮受不住。他列了些证据，都是前线的基层将领，像郭松林这些人提交的报告，就是战斗中枪炮发生故障，需要维修，需要调换。

就这么些理由回复上去之后，军机处知道了，再想怎么去调淮军，很难。主观上李鸿章自己不愿意去，已经很明白了，当然心里面会责怪李鸿章，但是你公开责怪他就没有道理了，李鸿章讲的全是实情，至少他这些理由全部可以成立。不管是事实上的理由，还是逻辑上的理由，都是成立的。李鸿章只是不跟大家谈情感，那些私人通信他就不会拿出来给大家看，但是他在这些公文上体现出来的没有问题，军机处根本没办法跟他辩论。那只有同意他的做法，尽快休整吧，军队要休整，枪炮要休整，天气稍微降点温就要赶紧过去。因为自始至终，李鸿章没有说不愿意过去，他都是说要过去，只是一会这个原因，一会那个原因，过去不了而已，他从来没有反对过军机处的意见。最后谕旨呢，就还要勉励他们，说今天看了你的回奏，知道你们督抚同仇敌忾，毫无芥蒂，朝廷很欣慰，希望你们再接再厉，同舟共济，能够最终完成攻克南京的任务。

这个奏折，曾国藩也能看到，看到之后内心非常感动。因为李鸿章于公于私的表现都看在眼里，确实李鸿章没有说一句假话，他说不会来搅局，他就真的不来搅局。所以曾国藩也开导曾国荃，说你现在一心一意尽快把城攻克，不要担心李鸿章淮军会不会来的问题。

三、东征大结局

1. 艰难的胜利：攻克南京

李鸿章在淮军是不是去助攻的问题上，给足了湘军的面子。从四月份他就被朝廷催促，应该去援助南京，但他迟迟不起行，想方设法拖延时间，转眼就过去了两个多月。总是拖下去也不是办法，他只是为曾国荃为湘军争取时间，湘军自己还得争气。一天不攻克南京，淮军来的危险就依然存在，如果到了朝廷忍无可忍，李鸿章也再没有借口推脱的时候，那时淮军再过来，就不仅是分不分功的问题。大炮是人家的，抢先登城也是人家，周围布防的还是人家，那攻克南京的功劳，就不是分不分而是有没有的问题。这是一个很严酷的局面。对曾国荃来说，你不能光对李鸿章说谢谢，你自己还得有点办法，你自己的将士也要更加勇猛一点，机智一点，想办法早日攻进南京。

所以从五月底开始，在伤亡已经惨重的情况下，曾国荃不顾一切，当然不是他一个人，当时所有围困南京的湘军部队，将领士兵也都不顾一切，对南京发起了疯狂的进攻。疯狂到什么程度？前面讲了，在南京挖过三十多条地道，或者是自己不慎引爆炸药，或者是在挖掘地道的过程中被太平军用枪炮攻击，最多的时候，一条未完工的地道可以牺牲士兵一千多人。曾国藩曾经劝曾国荃，说不要挖地道了，要歇一会，让风波过后再行挖掘，曾国荃不肯听。现在淮军助援的风波渐渐平息，曾国荃反而有点不敢挖了。他眼见受伤死亡的士兵太多了，也浪费火药，另外，南京城外太平军有些离城墙特别近的营垒，如果不能攻下来，不仅将来抢攻的时候没有有利位置，挖地道也更加危险。但是在营垒和湘军之间，太平军也挖了深壕，要攻下对方的营垒，湘军也要过壕。怎么过呢？一开始也是采用了当年陈玉成解救安庆的方法，每个士兵手持一把生草去填壕，但是伤亡很惨重。我们知道，陈玉成一昼夜之间，就这样冲击壕垒的士兵死了一万五千人。湘军攻南京，在冲击这些城门的时候，也死了很多人，曾国荃都不忍心看。但是他又没有别的办法，只能强令士兵往前冲。然而不到关键的时候，有利的时机出现，他这些努力就都得不到回报。

我们再来介绍一下太平军在南京城内的防守。据说据守在南京城内的太平军只有一万多人，能够打仗的只有四千多人。这是李秀成被捕以后提供的信息。当然在这会曾国荃猛攻南京的时候，太平天国的天王已经感受不到这种压力了，他早在一个多月前就死了。据曾国藩向北京提供的李秀成供词，记录洪秀全之死是这么讲的，“天王焦急，日日烦躁，即于四月廿七日服毒而亡”。这是说洪秀全自杀了。可是在二十世纪六十年代，曾国藩的后人在台湾公开了曾氏家藏的李秀成亲笔供词，这一节是这样写的，“天王斯时已病，甚重，此人之病，不食药方，任病任好，不好亦不服药也，是以四月廿一日亡”。那么我们可以知道，李秀成的原话是说洪秀全得了重病，但是他不吃药，最终是病死的。

问题就来了，曾国藩为什么要去修改李秀成的供词，然后上报给朝廷呢？答案其实很简单，敌人如果是自杀，比病死，对于曾国藩来说所占的功劳要大一些。在传统战争中，对于敌方的首领重要人物，抓也好杀也好，论起功来，活捉最上，其次将其杀死但是要有他的尸体或者首级，第三是死于乱军之中，没有首级没有尸体，第四是自杀，要能够找到尸体，最次的就是对方因意外事情死了，叫受了“冥诛”。论功行赏就要分这么几级，如果能活捉洪秀全，用囚笼装着送往北京接受皇帝的审判，那皇帝就会觉得很爽，整个官僚系统都会觉得这样做很爽，会觉得这场战争更有意义，因为你彻底打败了敌人。但是现在洪秀全病死了，因为他自己的一些原因而死了，并不是因为湘军的攻势对他造成了压力，或者是因为围城效果特别好，导致他缺少粮食缺少药物，或者各种各样的原因加速他的死亡。现在情况不是这样，他只是病了不爱吃药，然后就这么死了而已。

——当然，将敌方首领病死改为自杀，或者其他一些更荒唐的原因，为了配合某次行动而修改对方的死期，这种事情也都出现过。或者是为了功劳奖赏，或者是为了面子。譬如康熙三十六年（1697），清圣祖御驾亲征噶尔丹，就在这个时候，噶尔丹已经先期死了，那皇帝御驾亲征不能征伐一个死人啊，所以在文献档案里，将噶尔丹的死期推迟了一个月，原来是三月十三日死，但是在清方的记录里面都将它写成闰三月十三日，就是为了让自己脸上光彩一点。也就是说，不光是曾国藩，就是清代的皇帝也会去修改敌人的死期。

尽管自杀是功劳的最低一级，但多多少少也可以解释为洪秀全受到了湘军攻城的压力，日思夜想无法解脱，只好一死了之。这是曾国藩修改洪秀全死因的最重要原因。朝廷不会因为洪秀全自杀了而多给你一点奖赏，但是自杀总比病死好。所以曾国藩不但修改了李秀成的供词，在自己的奏折里面也是这样讲，“洪秀全生前经年不见臣僚，四月二十七日因官军攻急，服毒身死”。洪秀全受不住了，服毒而死，这是曾国藩的说法。

毒药是曾国藩喂给洪秀全的，强行塞进他的嘴里。洪秀全生前没有服毒药，但是洪秀全生前号召全体军人跟他吃另外一种东西，甘露。南京城里缺粮食，到后期粮绝了，没有东西可吃，洪秀全就号召大家吃甘露。什么是甘露，具体怎么吃，我们直接看李秀成的供词就知道。当时南京城中，只有富豪及军队有一些粮食，一般老百姓都没有吃的，其实也就是将所有粮食集中供给富人以及军队，老百姓不许有粮食。老百姓没有吃的就会闹啊，当时南京内外一切还是李秀成负一点责，他也没办法，就找洪秀全，说整个城里没有东西吃，怎么办。洪秀全听了，得想点办法，就这么回答他，“合城俱食甜露，可以养生”。李秀成在供词里面叹气，哭笑不得，甜露就是天生各物，就是用水把地弄得潮湿，时间稍微长些，在地上长出一些苔藓地衣之类的，然后将这些东西搜集起来，干掉以后卷成团，再干一点就可以吃了。洪秀全说大家都吃甘露，就可以永生，他不仅号召大家吃，自己真是带头天天吃。他在宫中专门找了块地培植甘露，日常所吃的也是这种东西。李秀成亲眼见到很多次，洪秀全在这点上诚实不欺，比曾国藩喂他毒药要强。很有可能是甘露吃多了，营养不良，加上心绪不佳，因此病重而死。

要附带解释一下，洪秀全说的这个甘露，也不是他的原创，这个典故来自《圣经》。在《圣经》里面甘露叫作 manna，出产于小亚细亚一带，是一种地衣，可食，经常用来制作甘露面包。《圣经》上说，以色列人逃出埃及的时候，闹饥荒，上帝就从天上降下甘露给以色列人，以色列人因此逃过一劫。洪秀全说的甘露也是这个意思，他号召全城人吃甘露的时候，心中应该还是有一些宗教情怀。他是耶和华的儿子，耶稣的弟弟，《旧约》里上帝能从上天降甘露，他想自己也能。

光吃甘露，躲得过一时的饥饿，但是城外的围兵越来越多越来越强，攻击的火力越来越猛，越来越频繁，越来越重。在城内的人得想办法，做重大的决策，是守还是走。要守就得要有有力的外援，来攻打湘军的围师，然后以此解围。以前有苏州、杭州和常州，这些城市失去之后，就没有强有力的外援，那么这个时候就应该走。走要选方向，往北，中原一带，包括一部分捻军都发出了邀请，希望洪秀全、李秀成这些太平天国的高级官员，到中原会合，并且拥戴洪秀全为王。所以李秀成就提出建议，现在守不太可能，应该“让城别走”，将城让给湘军，我们选条路走掉算了。当然真要走，技术上会有些难度，湘军围困还是很坚实的，工事布置又很周密。但是走就意味着还有机会，待在南京城，除了坐以待毙就没有其他任何的机会。

洪秀全这时候就回了一段话，非常直白，酣畅淋漓，——我们今天听来也会觉得莫名其妙——“朕奉上帝圣旨，兄耶稣圣旨下凡，作天下万国独一真主，何惧之有！不用尔奏，政事不由尔理，尔欲出外去，欲在京，任由于尔。朕铁桶江山，尔不扶，有人扶。朕之天兵多过于水，何惧曾妖者乎？尔怕死，便是会死。”天王的言行既然如此，我们再去费心分析天京城内的防守，其实意义已经不大。天王已经“不进油盐”。守，你问他，他不知道具体怎么办；走，他又不同意。那底下的各个负责人，李秀成、洪仁玕等，大家的心理就有了微妙的变化。要说太平军中没有不怕死的人，这肯定是诬蔑太平军，太平军中有很多视死如归、为了追求自己的理想而愿意献出生命的将军士兵以及政治家，但是如果最高领导人洪秀全已经进入这种神志不清的境界，他的所作所为只是让大家成为他的陪葬品，那底下的人就会有一些不同的想法。于是南京城内高级官员偷偷地跟湘军接洽投降的人，就越来越多。二、三月间就有风声，说李秀成向湘军投降。李秀成在这个时期，没有直接证据证明跟湘军联络过。但是有一种传言，不仅在南京城外，南京城内也有传言。太平天国的松王、慰王，及李秀成的妻舅，都有投降的行为，联系上湘军的将领，约定几月几日投降，拿个什么东西作见面礼。不幸这些人的事情几乎都被发觉了，本来通敌是死罪，但是当时太平军的司法行政几乎都瘫痪了，大家都有一种世界末日即将来临的感觉，什么军事策略政治操守，大家都不太管，先把钱弄到自己身上，找个机会偷出南京城，这就功德完满了。因此尽管外通敌军这么严重的事情，李秀成出面花一点钱，就将他们赎了出来。

除了这种为了一己一家的性命投降的，还有开门纳敌投降的。五月二十六日夜，南京城通济门的守军就找人联系了湘军的黄少昆，要求投降，约定夜里从南京城上垂下绳子，湘军这边就沿着绳子爬上去，进去之后将其他不是来约降的守军杀掉，将通济门打开，湘军大部队就可以进去了。曾国荃知道这个消息非常高兴，就派黄少昆去执行入城受降的秘密任务，另派李金洲负责警戒以及支援。这是大功一件，谁要是首先爬上南京城，将城门打开迎入大军，就是攻克南京的头功。所以李金洲觉得，我要抢这个头功，因此将本来护送黄少昆部队过去的兵力，分派一半在要道上拦住黄军，不让他们过去；另外将剩下的一半兵力派往城下沿绳而上，上去了十多个。通济门的守军确实投降了，哪知道湘军一个士兵枪支不慎走火，这下惊动了城楼上的守兵，纷纷赶到出事地点，往下开枪扔火弹，李金洲的士兵便一哄而散。

这是在六月十六日，攻克南京之前最好的机会，可惜因为湘军内部抢功，导致这个事情告吹。现在需要一个关键人物，湘军攻克南京才能出现转机。当然这只是一个技术上的改进，前面介绍湘军挖了很多条地道，但是挖地道有一个缺陷，离城墙距离太远的话，工期就比较长，工程就比较大，比较容易被发觉。曾经有一次，李秀成登上南京城楼，发现城下的草颜色有变化，本来是一片绿草，但是有些地方就出现一道黄草，他判断黄草下面就是湘军挖的地道。为什么呢，挖地道，你在里面得点灯，灯火这些东西往上一渗透，就伤到了草根，所以草就变黄了。李秀成在城楼上一看，这就是湘军的地道图嘛，那么按照这个图纸，太平军就可以从城内对着这些湘军的地道挖，以地道破地道。最后在湘军高级将领的会议上，有一位叫朱洪章的将军就提出建议，说这样挖不是个办法，而且白白死了那么多士兵，要离城近一点。可是怎么离城近呢，至少要越过太平军挖的壕，前面讲了，越壕也一直是个难题。朱洪章就提出用生草填壕不可取，怎么填也没用，说当年咱们对付陈玉成，他一昼夜之间十二个冲锋队，死了一万多人也突破不了我们的障碍，我们现在还用这个办法，结局也会跟他一样劳而无功，白白损失兵力；我们去搞一批松树，将这些松树连成木排，下面用滚木，就是用圆木来推动，这样推着往前走，往深壕推进。松树的长度正好可以架在壕上，就变成一座木桥，士兵就可以过去了。有人就问了，说你这松树容易起火，他就说用刚刚砍下来的松树，有点湿润，不那么容易起火。但是太平军用枪炮火药攻的话，木排还是容易被烧毁，曾国荃就说，有办法，用湿泥堆在上面之后，就不那么容易烧毁。过了壕之后，立即将木排拉过去，把过桥工具改变为掩蔽工事，用来挡子弹，然后在城墙下修建营垒。修建了营垒之后，就可以在这个营垒的掩护下，直接对着城墙挖地道。因为过了壕之后，离城墙就只有十丈左右的距离，一日夜之间地道就可以挖到城墙根。然后再扩大，挖地洞。地道和地洞是两个概念，地道就是人通行的，地洞就是在地道的尽头挖一个很大的洞，用来填装火药。一夜之间就可以将地道挖成，接下来三四天的时间就往里装火药。当时的预算，是用六千个装火药的布袋，大概是五十斤一袋，那么地洞里就有六万斤火药。

这就是朱洪章的建议。这个建议不错，但是实行起来还是很危险。在推木排的时候，在修造营垒的时候，都会受到城墙上太平军的攻击，甚至太平军还会直接开城门，出来进行抢攻。所以曾国荃就又问了一下，他说这样做死伤的人是不是会有很多。朱洪章说，杀敌一万，自损三千，没办法，咱们已经死了那么多人了，而且现在局势这么紧迫，但是我秉字营——朱洪章率领的是秉字营——有信心完成这个任务。又对曾国荃说，你要是觉得死伤太多，看不下去，这几天就不要到前方阵地来，你五天后再过来。因为这五天，战场上肯定惨不忍睹，士兵一拨一拨地冲上去，推着木排往前进，然后会不断地有士兵被打死打伤，后续士兵又得冲上去，这个场景比较残酷。

曾国荃也没办法，只好同意了。朱洪章就用这个办法，当时不仅他秉字营，还有信字营，两营合部，连挖七日，终于将地道挖成，这个时候已经是六月十五日了。信字营的统领叫李臣典，李臣典就是未来以首登南京之功封爵，记入史册的邵阳籍将军。夜里，地道挖好了，火药填好了，就等明天选个时间引爆冲锋。

可就在这天晚上，差一点出了大事。李秀成在城楼上看得明白，湘军先用木排过了壕，然后又立即修建营垒，尽管没有亲眼看到挖地道的行为，但是你跑到城墙下修营垒，肯定是要干点别的，不会是要在这里长久扎营，绝对是挖地道。因此李秀成就在十五号夜里，分别从两边，兵分五路从城内出击。当时曾国荃也正好在这里视察，地洞里炸药都已经填好了，太平军进攻的时候特意多用这些火弹，喷头，用火攻，就想在乱军之中浑水摸鱼，要是能点着湘军的火药，那就可以将湘军的计谋破坏。但是经过一番苦战，李秀成没有得逞，被打退了。因为湘军连续在地道的工事边上建了七八座营垒，修得异常艰苦，就是提防这种时候。

六月十五日夜里，双方就进入非常直白的对抗。太平军也不忌讳守城要黑灯瞎火这种兵法，城墙上明亮如白昼，各路人马纷纷调遣，都积聚在这个地方。大家都知道，就是这么一两天，这个地方的地道就会爆发，具体是哪个缺口不知道，但是地道的点在这里，大致能判断。于是调遣很多军队严防死守。

朱洪章在这边看着，也知道他们怎么回事。但是你不能因为人家布下了守兵，你就不引爆地道，那也不行。明天还是得引爆炸药，炸破之后就得往里冲。但是往里冲，今天晚上咱们也看见了，对方布防这么严密，那么多人走来走去，肯定是调动军队。那冲在最前面的，就是最危险的，所以湘军内部确定谁做先锋队，也会有一番商量，这个事情放到后面再讲。

现在就描述一下，六月十六日正午后，炸药是怎么轰破南京城的。当时有一个在现场的湘军幕僚，有这样的记载。他说地洞中的火药是三万斤，然后加固地洞用了三百多个木方，——可见这个地洞有多大。将火药填满之后，就用巨石将地道与地洞分隔，将火药堵在里面，因为这样爆炸的时候威力更大，——用石头堵，它就往上突破，上面都是土，更多的压力就会往上走，就会攻击城墙。巨石就留一条缝用来放引线，装引线都是数丈长的竹子，引线用了数匹大布包裹，放在竹子内，引到地道口。引线被点着之后，会噼啪有声，然后大家就在一边屏息等待效果。只听见地中偃然有雷声，但是一会就没了声音，大家以为是不是又没点着，做了个哑炮，是不是又得重新换一条引线。但是这时候谁也不敢过去，继续等；突然一下霹雳砰訇，电光一闪，紧接着是巨响，然后二十余丈的城墙就直生生被炸得脱离了城基，往半空飞去。——二十多丈长的城墙一起出现在空中，几乎炸得很完整，那些碎砖石掉下来，一两里外都有砸死人的。

南京城就这么被轰开了一个缺口，然后湘军预先安排好的冲锋队，先后冲入城中，到这天的黄昏，南京宣告攻克。不久官方认定，第一位冲入南京的湘军将领李臣典，因伤重不治逝世。在这日的黄昏，李秀成护卫幼天王冲出南京，之后两人又被乱军冲散，三天后李秀成被捕，七月六日凌迟处死。幼天王三个月后被捕，也是凌迟处死。湘军大队入城，烧杀抢掠三日。

后来向朝廷奏报，原来传说中南京城内金银如海、百货充盈，竟然是谣传，说根本没有找到大宗财宝，除了洪秀全当年在长沙南门外请人雕刻的玉玺、金印，别无所获。曾国藩叹为从来未有之事，一时之间，朝野议论纷纷，都说湘军隐匿了从南京获得的财宝。但是两宫皇太后下旨，说“逆掳金银，朝廷本不必利其所有”，朝廷对这些东西看得很淡，只要攻克了南京，抓住了匪首，将其正法，就已经很满意了；曾国藩说没有那就是没有，大家就不要再议论了。从此朝廷再未追问过南京财宝的下落，但是江湖传言永远无休止，都说江南的财富尽入曾军，随后鲍超、彭玉麟等纷纷要求或者退役，或者回家休养，据说是跟曾国荃不和。而幼天王逃出南京之后，曾国藩在奏折里竟然说他早已自焚而死，引致左宗棠、沈葆桢写奏折讥讽曾国藩，说他虚报敌匪情，引致将来一个规模甚大的笔仗。所以王闿运说，“大功虽成，然军气愤郁惨沮矣”。事情做完了，大家却闹得都不是很愉快。

六月二十九日，来了一道圣旨，曾国藩封为侯爵，曾国荃封为伯爵，李臣典封为子爵，萧孚泗封为男爵。当年的传言，说咸丰皇帝临死前说了一句话，将来不管是谁能攻克南京，就封他为王。有很多人就怀疑这句话，为什么怀疑呢，有一个理由，清代不会封汉人为王。但这句话又似是而非，我们梳理一下就知道，清朝开国以来，封了五个异姓王，分别是定南王孔有德、靖南王耿仲明、平南王尚可喜、义王孙可望、平西王吴三桂。在此之后，又追封过四位异姓王，分别是扬古利、傅恒、福康安及黄芳度。也就是说，如果咸丰皇帝真有这条遗令的话，他至少于事是有据的，不管汉人还是满人，能攻克南京就封王，并不违反清代的祖制。退一步说，即算有祖制，譬如汉人不得封王，但是咸丰帝他也是一个皇帝，在这么重大的事情面前，更改一下祖制也未尝不可。只是我们看到的事实，湘军就得到了侯伯子男四个爵位，没有王，封公的都没有。当时就有人讨论，本来慈禧、慈安两个皇太后，准备实现先夫的遗命，要封曾国藩为王，但是有人建议，文臣封王，在我朝没有先例，而且曾国藩封王，根据他的资历，似乎太快了一点。最后就将一个王爵拆为四个爵分给湘军。

2. 疑案：首登之功

下面我们就讲首登之功的遗案。在官方的奏折、诏旨以及史书中，湘军第一位冲入南京的将领是李臣典，他在冲入南京之后，不久就因为伤病过重不治身亡，最后封了一个子爵。这是比较主流的说法。当时的曾国藩奏报是这样讲的，圣旨赐封爵位是这么讲的，王定安《湘军记》是这么讲的，《清史稿》也是这么讲的。几乎就是一个定论。

但是从光绪年间开始，这个定论就被怀疑，一直到民国，李家的后人还要为这个问题与其他人辩论，用很多办法，找很多证据，来证明是李臣典最先冲进去的。可是反对这种说法的人，他们拿出来的证据，也是非常有力的。

首先还要介绍湘军的一位将领朱洪章。朱洪章是贵州人，他先是跟随胡林翼在贵州剿土匪，后来胡林翼离开了贵州，往湖北助剿，朱洪章也跟着他从贵州到了湖北，逐渐成为胡林翼的爱将。但是有一次，胡林翼母亲生日，在宴会上，朱洪章喝多了酒，跟同事争座位，好像也争一些别的，因为言语冲突而打了起来，结果打伤了同事。胡林翼没办法，只能将他开除。因为作为一个将领，这种行为是很不自重的，不进行严厉的处罚就无法维持军队的纪律。但是开除之后，胡林翼就秘密地通知曾国藩，说朱洪章也就是偶尔喝酒，犯了这个错误，他也是个能人，有勇有谋，是不可多得的将领，就向曾国藩推荐。曾国藩当时在江西，正好手下也缺将才，于是就接纳了朱洪章。当时曾国藩在江西的日子过得不太愉快，后来就因为父亲逝世回家守制离开了江西，朱洪章就孤零零地留在江西，跟毕金科一块。毕金科是曾国藩很欣赏的一个将领，但是他跟当时的江西巡抚处不好关系，在一次战役中，因为得不到后勤支援，被太平军围杀。朱洪章后来在乱军中抢得毕金科的尸体，将他安葬，自己在江西沉沦了许久。直到曾国藩第二次出山，再来江西，又重新将朱洪章纳入麾下。正在这时，曾国荃的幕友要回安庆，于是曾国藩就将朱洪章以及他秉字营的几千人，向曾国荃推荐。这样朱洪章就跟随曾国荃打安庆，一直来到南京城下。这就是朱洪章在湘军中的简历。那么这个人，跟首先冲入南京的功劳有什么关系呢。朱洪章写了一本回忆录，回忆自己在湘军中的这些岁月，从跟随胡林翼开始，一直写到攻克南京，专门写这段戎马生涯。在这个书写成的时候，已经是光绪年间，他就请他的老上级曾国荃为他写序。因为他的老上级，胡林翼、曾国藩都已经逝世了，在光绪年间还健在的老上级就只有曾国荃。曾国荃写了一篇序言，他当时是两江总督，序言里写道，“金陵之役，于枪炮丛中抢挖地道，誓死灭贼，从城缺首先冲入，因而削平大难，焜耀史编，厥功伟矣哉”。我们看这段话，有七个字非常关键，“从城缺首先冲入”，就是说当天南京城墙被炸了一个二十余丈的缺口，湘军冲锋入城，朱洪章首先冲入。李臣典得了一个子爵，就是因为官方认为他是首先冲入南京的人，可是曾国荃的这个序言却说，首先冲入的是朱洪章。曾国荃是围攻南京的主帅，他说的话是很有分量的，就可以作为一份证据，来质疑李臣典首先入城的资格。

当然我们还有其他的证据。沈瑜庆，官至贵州巡抚，他的父亲就是沈葆桢。沈瑜庆在自己的《涛园诗集》中有一首长诗，就是专门为朱洪章写的，在这首诗前面有篇长序，就为朱洪章打抱不平。他讲，当年首先冲入的确实是朱洪章，只是李臣典在入城之后不久就死掉了，为了安慰死者家属，而且军中有一条不成文的规定，谁因为某次战役而死掉，那么列功劳的话，一定要列他为第一。所以当时曾国荃排表论功，就将李臣典列为第一，朱洪章列为第二。实际上是朱洪章先冲入的，本应列为第一，但是李臣典人死了，死者为大，所以将李臣典排到第一，朱洪章第二。这朱洪章也能理解，但是这个排名表递到安庆大营曾国藩手中，就被修改了一下，李臣典仍然第一，朱洪章排到了第四。这下朱洪章不满意了，就找了曾国荃，说怎么能第四呢，在这种具体的功劳上也要论资排位吗？所谓论资排位，就是按官阶，当时朱洪章只是一个总兵，那么在湘军入城的先锋里面，如果有提督之类官阶比他高的，就可能排在他前面。这是曾国藩大营改的，朱洪章找不着曾国藩，就找曾国荃，说攻城这个事情不能论资排位。曾国荃也没有跟他多说，抽出一把匕首就递给他，说我知道这是谁干的，我哥哥幕中有一个幕僚叫李鸿裔的，这个排名表就是他排的，我支持你一刀就刺死他。当然曾国荃给出了一个比较诙谐的办法，来化解这个矛盾。

李鸿裔是当时曾国藩比较器重的一位幕客，一些重要的事情，对功臣来排表，审讯李秀成，李鸿裔都参与了，包括一些重要的奏折都是李鸿裔写的。所以说他当时的位置，有些像更早一些时候的李鸿章在曾国藩大营中的地位。曾国荃让朱洪章去杀了李鸿裔，肯定是不解决问题的，只是用诙谐的办法来劝他算了。朱洪章也知道这个意思，所以一笑而罢。只是多年以后，依然忘不了这件事，一谈到南京攻城，一谈到记录湘军的书籍，譬如王定安的《湘军记》，他就要拍案大骂，因为《湘军记》里写的入城的人仍然是李臣典。

沈瑜庆虽然跟湘军前辈已经隔代了，但是他的家世、他的交际，使他非常熟悉湘军里边的事情，所以他提供的证据也很有力。

第三个证据就是朱洪章回忆录。我们看看他回忆录中是怎么讲破城那一天的事情。六月十六日上午，曾国荃就召集众将领开会，他本人没有在场，要朱洪章主持会议。开什么会呢，因为定下今天就要炸药攻城，那么谁率领第一队往城里冲，谁率领二队，谁率领三队，都要定下来，要提前安排好各队的位置，城墙一破立即就要冲。先冲第一队，第一队冲了觉得情况可以，赶紧去冲第二队、第三队，而且每个队都有自己的方向，第一队干什么，第二队干什么，然后才是大部队。当然做第一队的统领风险挺大的，一个是炸药刚刚爆炸，保不准还有未及时爆炸的，你刚冲到面前就被炸了，那这会你就白死了；还包括天上砖石落下来砸死，乃至地下不平或者地面陷落，这些都有可能；还有就是太平军肯定在缺口附近有伏兵，你要往里冲，他要挡住你，这一冲就是肉搏战，对这个肉搏战没有把握的，也不敢去当冲锋队。最大的风险就是这些，因此朱洪章就问，咱们谁做头敌，就是冲锋队。没人出声，朱洪章就讲，那要不我们就以这个官阶高低来定，也就是官阶最高的做头敌。当时开会的将领里面，萧孚泗官阶最高，他是福建陆路提督，朱洪章讲完这句话就看了看他。但是萧孚泗听他说了以官阶高低来定，寂无一言，不说话，意思就是我不出这个头。官阶排第二位的就是已经补了南归德镇总督实缺的李臣典，那朱洪章就望着他。因为萧孚泗已经弃权了，李臣典这回不能也不作声了，他就说那你再拨一两千精兵给我。就是要朱洪章从自己率领的秉字营里拨一两千精兵给他。朱洪章一听，让我的士兵跟着你去冒这个险，那算了，干脆还是我自己做头敌，你看怎么样？这样一来，头敌确定了，整个会议的气氛就轻松了，刘南云认领了第二队，其他三四五六七八队，大家都确定了。同时这些队大致都分三个方向，把这些事情都约定后，一起到曾国荃大营里，到他面前立下军令状。一旦轰破城墙，往里齐冲的时候，畏缩不前者斩。

于是军令状立完了，各队人马都齐备，布阵于龙膊子岗，就是南京城外的一处要害。由朱洪章下令点火，因为他是头一队，他觉得自己的准备工作做充分了，才会命令点火。点火之后，天崩地坼，烟尘弥天，砖石飞崩，士兵都有些吓着了。一瞬间变得天昏地暗，朱洪章还奋勇向前，身先士卒，左手执旗，右手执刀，因为这个时候离缺口近，肉搏战刀比枪拿在手上要好些。当时的枪不像现在的枪，近距离作战还不如短兵器。他当时是这样首先冲入进去，就手刃数人，当然他是骑马冲的，太平军有伏军，立即枪炮如雨打来，——这是他自己的描述，可能不会有这么密集，因为冲入的过程还是比较顺利，太平军也被这个爆炸弄得精神崩溃了，抵抗力大大减弱。——他的马中了枪，他赶紧下马，下马就危险多了，在马上冲锋，步兵很难挡住，但是你要是在人丛中，你的危险就增大。他就先把旗啊刀呀放下，捡起一根长矛，找着一个为首的太平军将领戳去，把将领戳在地上。然后夺了他的马继续往里冲，率队一直冲到天王府，他是最先进入天王府的人。他自己说进了天王府，立即派兵驻守，将大门紧闭，等曾国荃来了之后再作定夺，就不许任何人再进去了。天王府后来就成为曾国藩两江总督府，再后来成为中华民国的总统府。当时南京城内很多王府性质的建筑都被烧毁了，一是有一些湘军士兵甚至将领抢夺财物，所谓的消灭罪迹，干脆一把火烧掉；还有一些就是太平天国的人自己烧的，一边烧一边说，连一条烂布也不能留给湘军。因此朱洪章首先冲入天王府，然后派士兵将天王府保住，就凭这个功劳，也不下于当时攻入南京第一人的这个功劳。因为到今天，这座建筑我们还能看到。

这就是朱洪章自己提供的证据。曾国荃为他作证，沈瑜庆为他鸣冤，朱洪章自己提交一个事件的详细说明。可以说李臣典一方，除了曾国藩列他为入南京第一功臣的那份奏折之外，就没有更可靠的详细资料，来证明他真就是进入南京的第一人。

当然朱洪章的回忆录一出，曾国荃给他作了序，沈瑜庆为他写了诗，以及未来张之洞在朱洪章逝世后，上奏奏明他的生平事迹。这就引得李家的人非常不高兴，李臣典的孙子李世由专门请民国时期非常有名的一个文学家李详写了一篇家传，为李臣典辨明这件事情。可是李详以及李世由也没有太直接的证据，除了前面讲的曾国藩奏折，包括曾国藩日记，曾国藩日记确实有探问李臣典伤势的记载，也说他是登城第一人。但是我们要知道，在攻破南京的时候，曾国藩还在安庆，曾国荃才是攻破南京的指挥官，曾国荃既然那么明白地说朱洪章首先冲入南京，他说的话绝对比曾国藩说的话可信度更高。所以李臣典的孙子用曾国藩的材料，来证明他爷爷第一个闯入南京，这个证据的有效性远不如朱洪章的。

后来李世由又碰到了王闿运，与王闿运谈这个事，因为王闿运写的《湘军志》，也是列李臣典为第一功。但是王闿运对这个事情还不是很了解，所以李世由问他，他也讲不清楚。边上就有一个衡阳人，夏先生，插了一句嘴，他说朱洪章要争这个功劳，其实不是要跟你爷爷争功，你爷爷功成之后已经死了，然后曾国藩将他排为第一，你爷爷没有遗憾；朱洪章要争的是别人，因为当时在曾国荃的论功表中，他本来排第二的，送到曾国藩那儿，排到了第四，而第四前面的二三，有一个叫萧孚泗，这个人是朱洪章最瞧不起的，也是朱洪章在回忆录里专门点名的那人，说按官阶高低，应该由萧孚泗来当头敌的，可是萧孚泗胆子小，默不作声，这个人因为排名在朱洪章之前，得了一个男爵，朱洪章反而得不到爵位，所以他最遗憾，觉得愤愤不平。他是针对萧孚泗，而不是李臣典。

这段话，我觉得说得非常有道理。因为我们看朱洪章的回忆录，在攻克南京前夕，挖地道、装火药，打退李秀成的进攻，以及最后开会商定谁先入城，他多次提到了李臣典的名字，而且对李臣典也没有什么春秋笔法，两个人是一队合作的战友。所以衡阳夏先生说，朱洪章讨厌的、致憾的、痛恨的是萧孚泗，而不是要与李臣典争功。这是很可信的，也非常合乎情理的一个判断。

3. 曾国藩左宗棠的笔仗

攻克南京以后，洪秀全在此之前早已死亡，这是湘军一进城就知道的，然后把洪秀全的尸体挖出来，焚烧，扬灰挫骨。那接下来要抓的人，李秀成，一定要抓住；洪仁玕，一定要抓住；比这两人还重要的就是幼天王，洪秀全的儿子，也一定要抓住。

幼天王是一个十几岁的少年，他本身没什么能力，书也读得一般，领导能力，具体做事情的能力，也不是很强，文化水平也不高，这些从他将来在湘军营中写的供词可以看出来。但是他的重要性，跟他的能力、才气无关，只要他这个人在，他就很重要。有一句话叫星火燎原，那么幼天王就是这个星星之火。为什么这样讲呢？虽然攻破了南京，但是当时浙江、安徽、江西以及皖北、河南这些地方，有太平军、有捻军，还是有几十万人的军队。南京攻破以后，天王病死，这些人群龙无首。这个时候如果出现一个象征性的人物，大家推荐他为首领，以他的名号作号召，继续与清军作战，那这个事业还可以继续下去。幼天王的重要性就在这里。所以他到底是死是活，这是在攻克南京的奏折中，除了详述怎么攻进去的，天王洪秀全的下落如何之后，最重要的一个问题。北京很想知道，幼天王的下落到底如何。

幼天王当日的情况，我们看后来李秀成的供状可以知道。六月十六日湘军破城之后，晚上九、十点钟的时候，李秀成带着幼天王，由被炸药轰破的城墙缺口一冲而出。他们当时也就带了两三百人，这个地方据湘军自己披露，当时没有派兵守卫，因为湘军冲进城内的各支部队都有自己的目标，要分头去看一看，然后南京城中太平军余下的部队要进行巷战，湘军觉得没有必要在这个缺口安置守卫人员。因此当时李秀成带着幼天王，在城内转了几个地方，别的城门可以通往城外的地方都已经被湘军控制了，左冲右突，到了缺口发现无人守候，所以才一冲而出。冲出去之后，又陷入湘军的包围，李秀成就将自己的坐骑让给幼天王，两人分头往外冲，幼主在一些人的拥护下，骑着马就冲出了重围，李秀成反而落了单，最后一个人躲在山上，被老百姓发现，扭送到湘军那里。幼天王冲出去以后，做了一些乔装，譬如将头发烫成卷，伪装成洋人，一路上经过了江苏、安徽，最后被太平天国的一个高级将领黄文金，接到了浙江湖州，在那儿停顿了下来。

这是李秀成记载他怎么冲出去的，但是曾国藩在城破之后的奏折里，却是这样讲的，“据城内各贼供称……城破后，伪幼主积薪宫殿，举火自焚”。他这个没有任何证据，只是据贼供称。那么混乱的情况下，很多人根本不知道，但是我们可以想象到，在严刑拷打之下，不知道你也得捏造一些说法。因此，举火自焚，估计就是有些经不起湘军严刑讯问的太平军编出来的谎话。曾国藩得了这句话，觉得也不离谱，应该有可能，因为没听到有湘军将士报道，说有幼天王这样的人冲出去。因为当时湘军与太平军作战，要分辨谁是主将，谁的官阶高，看对方的衣服、排场就看得出来。太平军的等级标志也是比较明显的，王穿什么，主将穿什么，坐骑是什么样子的，边上的护卫人员是什么样子的，都能分出来，包括对方的旗帜。当天没见到有幼天王排场的人出来，所以觉得很有可能就死在城内，既然是举火自焚，那有可能火太大了，尸首都找不着。

曾国藩是一个非常小心谨慎仔细的人，按常理，他碰到这种需要认真鉴定的情况，不会这么断然，表现的态度不会这么肯定。毕竟这是一般的太平军士兵的供词，他们有很多连幼天王什么样子都没见过，而现在幼天王身边的人他没抓着，尸体也看不见。促使他这么一个小心谨慎仔细的人，在这个问题上大胆假设不去求证，有一个很现实的原因，那就是幼天王的存亡，关系到湘军现在的名誉，以及实际的封赏。城破之后，立即就封了四个爵位给湘军，然后全军都会有按等级按功劳排列的奖赏。这些奖赏都已经在按部就班地发放，因为你这个任务都完成了，克城了，抓了李秀成，天王、幼天王都自杀了，其他的余匪慢慢来，不着急。主要的任务完成了，就是两条，“次第荡平”，“歼除元恶”。“次第荡平”就是将太平军占据的重要城市全部克复，“歼除元恶”就是将为首的人或者抓了或者杀了，或者他们自己因为各种原因死掉了。现在“次第荡平”是没有错，可是这个“歼除元恶”，是不是歼除尽净了呢？要说幼天王真是逃出去了，那么歼除元恶的任务就没完成，那发奖是不是要推迟一下呢，不然颁奖晚会开完了，又传出幼天王号召大众东山再起，这可不是什么好消息。可是曾国藩要是实事求是，不去报告幼天王的下落，那么这些奖赏和荣誉，就要等一阵才能真正地发放下来。可是这会的湘军已经像一鼓作气，再而衰，三而竭，最兴奋最紧张最刺激的时候已经过去了，既然能够进到南京城内，上到将领下到士兵，更多的想法就是能捞一点钱财，早一点享乐。这时候还要他们认真地去追剿，仔细地核查，就很难做到。所以曾国藩就犯了一次“欺君冒赏”的错误，他想侥幸过关。因为确实有可能，即使幼天王没有自杀，他万一在乱军之中被流弹打死了，或者从马上失足摔死了，都有可能，他毕竟是一个少年。

可是天底下明眼人多啊，南京之外，就不止一个人收到线报，说幼天王从南京逃出了。只是情报比较多，一会说他出现在安徽，一会说他出现在江西，一会说他到了浙江，一会又说他到了广东。但是有一个人，比较认真地考察了各种情况，最后总结了一道确切的情报，就向北京上了一道奏折，来指斥曾国藩，说他虚造军情，这个人就是左宗棠。他在七月六日上的奏折里面是这么讲的，说据从南京逃出来的难民供称，伪幼天王六月十六日夜从南京逃出，六月二十一日到了东坝，然后二十六日由太平天国的堵逆黄文金迎入湖州。湖州在浙江境内，是左宗棠辖内，他的军队就控制浙江，所以他这个情报是十分准确的。唯一不太确定的就是，幼天王从南京城逃出，具体逃出的地点以及逃出的方式，他还不知道。但是有一点明确无疑，幼天王没死，这是板上钉钉的事情。然后他又说，现在江苏、浙江两地，残余的太平军还有十多万人，万一他们打着幼天王的牌子，来号召其他的太平军将士，都往这个地方集中，或者重新开战，那么这危险就很大，对于巩固胜利果实也有危险。

左宗棠的奏折，就讲这两个事情，一是幼天王没死，二是后患无穷。这样一来，曾国藩的面子就很难看。原来你这么一个元老功臣，在这么重要的事情上面，竟然向北京说假话，你说假话就是欺君；人家没死你说死了，并因此得到奖赏，这叫冒功。欺君冒功，这根本不是大臣所能干的事情，小人才这么干，奸臣才这么干。这就是一个非常严厉的谴责。

奏折一上去，曾国藩就受到了非常严厉的批评，说曾国藩前面奏报的幼天王自杀，毫无实据，又据最新递上的李秀成的供称，说跟幼天王冲出南京城，则幼天王没死是毫无疑义。也就是曾国藩说的话毫无实据，左宗棠讲的幼天王的情况毫无疑义。那么曾国藩前面说斩杀尽净全不可信，另外具体的情况真实的情况，令曾国藩速行查明，到底逃出多少人，沿途防范的官兵应该负什么责任，受什么处罚，也让曾国藩一一报上来。

曾国藩接到这个谕旨，再看看左宗棠写的奏折，脸上一下就挂不住了，太令人难堪了。但这还只是感情上过不去，关键的是，让曾国藩查明到底逃出有多少人，这好办点；让他处罚防范不力的官兵，曾国藩就觉得很难办。刚刚经过这么辛苦的战争，才攻下南京，洪秀全已经死了，李秀成被捉了，就因为一个小孩跑了，就要沿途的将士受到处罚，也就是从南京到东坝，从东坝到浙江境内，这一路上负责布防的湘军都会有人出来受惩罚，曾国藩绝对不愿意这样。士气受不了这个摧折，而且如果真的实行惩罚，进行更详细的调查的话，会调查出更多玩忽职守的事件。因为这会湘军基本上都放松了，三军将士的心态已经不如从前了。要是将这些情况都汇报上去，说不定前面颁下的一些奖赏都会被收回。这就有点像运动员服用兴奋剂被抓获，他以前的奖牌奖金都要退出来，这是很难受的。曾国藩退自己的，他可能无所谓，但是你要退手下将士的，那会造反。所以他不能同意。但谕旨里指出的虚报幼天王烧死，防守不力，这都是事实。他要反驳这个命令，就只有用不讲理的方式，也就是湖南人经常用的一个词——霸蛮。其实这种霸蛮不是一个好事，很有可能自取其辱。

我们先看看曾国藩是怎么霸蛮的。当然，他不能直接对着军机处、对着皇太后的圣旨去霸蛮，唯一可以针对的，就是左宗棠的奏折。只有使劲挑左宗棠奏折里面的毛病，一个小数字的毛病，一个行文措辞的毛病，挑一些这样的毛病，才会稍微减轻一点自己心理上的自责。当然这只是心理上的感觉。譬如他这样挑毛病，左宗棠说从南京逃出来的太平军至少有数百人，也有人说是数千人，曾国藩就抓住这句话挑毛病，他说从南京到广德，层层驻兵，处处设防，而且设防的这些人，像驻扎句容的刘铭传，驻溧水的王可陞，驻建平的李榕，驻东坝的郑魁武，都是“晓事不欺”之人，办事可靠，认真负责。他们给我的报告没有一个字讲到这一路上有数百太平军逃出来了，更没有数千人。现在左宗棠仅仅根据难民的话，就说有逃出数百甚至数千，这绝不可信。我宁愿相信这些驻守的将军的报告，——这些人确实也是当时很有名的人，而且他举的这些人都不是曾国荃所统辖的部队的人，像刘铭传是淮军的，李榕来自江西，王可陞来自左宗棠的麾下，他特意选择不是湘军将领的报告来反驳左宗棠。只是这个反驳无关大局，没有数百或者数千，可是幼天王毕竟逃出来了，谕旨说要惩罚沿途上的将领士兵，是因为幼天王逃出来了。针对这一条，曾国藩说，我军入南京后，终日巷战，从下午到夜里都是跟太平军巷战，先要将城内的太平军搜剿一空，所以没有人专门防守。既然没有专人负责的话，要惩罚防范不力的将士，就无从说起。这就是耍无赖：你要让我抓住负责人员来惩罚，那我告诉你，当天晚上他们都忙着干别的事，没有负责人员，你处罚谁呢？他说，实在不行，你就处罚我。当然他知道朝廷对他一言一动都会很慎重，他这么说，明显就是倚老卖老，摆老资格，耍无赖。

这是通过这种耍无赖的方式，拒绝处罚手下的将士。还有一个无赖的行为，就是你左宗棠攻击我，那我也要攻击你，我把你去年的旧账掀出来。曾国藩说，杭州省城克复时，“伪康王汪海洋，伪听王陈炳文两股十万之众，全数逸出，尚未纠参，此次逸出数百人，亦应暂缓参办”。去年左宗棠收复杭州的时候，太平军竟然逃出十万人，那言外之意就是，收复杭州不是你左宗棠打下来的，是太平军让给你的，人家十万人先走了，才让你进去。当时因为杭州逃出这么多人，就有旨发下，说暂缓纠参，按道理本来是应该抓住防范不力的人进行处罚的，对左宗棠的部下惩罚。但是因为军情紧急，或者因为别的原因，就没有去查办。那么我这一次，即便从南京逃出数百人，是不是也应该暂缓纠查呢？

这种辩论方法是有些下三滥，不能够就事论事，而且有些像小孩子耍脾气。本来问的是幼天王逃出，你这边肯定不对，那不对就应该处罚。但是突然曾国藩说，不对是不对，但是去年左宗棠不对没有处罚，那今年也不能处罚我。这个是不像曾国藩这么稳重的一代名臣能讲出来的话，可是这偏偏是他讲出来的话。

这么一来，左宗棠又怒了，你这反戈一击，倒打一耙，那么我得继续跟你辩下去。左宗棠说，我攻克杭州之前，与太平军交战，早已了解他们的人数，不过一万数千人而已。克城之时太平军夜里逃走，我军黎明入城，杭州只有一个门，谁能说一两个小时之内，就从一个城门能出去十万余人的太平军，这根本不可能嘛。所以我要请曾国藩提出证据，说我攻克杭州，太平军逃出十万人，这句话根据到底在哪里，证据又在哪里，我不能受他平白无故的侮辱。另外杭州跟南京的情况绝不一样，攻杭州的时候，我还没能完成合围，南京早就已经合围，所以杭州就算逃出一点太平军，也是情有可原，但是已经合围的南京竟然能逃出这么多的太平军，而且能逃出这么重要的人物，这就是不能原谅的。其实我跟曾国藩早就探讨过如何防御太平军从南京逃出的问题，我早就跟他讲，广德这些地方应该设兵认真地看守，提防将来南京的太平军从这跑出去，但是曾国藩总是不听我的劝告，这有双方往来书信为证。我早提醒过他，这一次终于出事了，可见我有先见之明，而曾国藩不仅后知后觉，而且还在这厚颜强辩，这个人呀，品行也有问题，不仅是才能有问题。

看左宗棠的辩论，就逐渐上升到人身攻击的高度了，也就是骂架层次越来越低。一开始是说幼天王的事，说到后来，就互相攻击，攻击对方攻城、围城的技术问题。最后连私下里两人的对话也提上了台面，说到曾国藩的能力问题，这已经是人身攻击了。

作为军机处，看到这两人突然为这个事大吵起来，从常理讲，心情应该是很愉快的。中央集权的政府，对于地方之间闹矛盾，特别是很重要的官员之间互相开火，他们的心情都会很愉快。为什么呢，这些人连成一块就可怕，就可能会对抗中央，但是他们互相不买账，互相攻击，这是好事。正好可以利用这个机会，或者帮这个、抬这个，或者打那个、摁那个，通过这种做裁判的方式，来完成一些在平时的情况下难以做到的政治上的安排，以及人事上的安排。譬如，如果是和平时期，觉得曾国藩会成为隐患的话，不管他有没有实际的不好图谋，不管他有没有实际的行动，只要觉得他是危机，就应该将他放到更安闲更轻松更不重要的位置上。只是你要有一个正当的理由，像曾国藩这种人不太会犯错，那么你就很难找到他的茬，如果在平时，左宗棠突然捅一篓子，说曾国藩造假了，那可以利用这个事情将曾国藩换下去，将平时做不到的事情就很顺理成章地做到了。要在平时，看到曾、左两个人这么闹，吵得这么凶，军机处肯定是很高兴的。只是这时候还是非常时期，南京已破，但是还有星火燎原的危险，还有死灰复燃的危险，一切要等到风平浪静之后，才能使用政治上的小伎俩。现在的问题，还绝不能因此过分地处罚曾国藩，要尽量安抚这两个人。

所以经过曾、左这么一番辩论，就又下了一道谕旨，“朝廷于有功诸臣，不欲苛求细故，该督（左宗棠）于洪幼逆之入浙，则据实入告，于其出境则派兵跟追，均属正办。所称‘此后公事仍与曾国藩和衷商办，不敢稍存意见’，尤得大臣之体，深堪嘉尚。朝廷所望于该督者，至大且远，该督其益加勉励，为一代名臣，以副厚望”。表面上，就再没有点曾国藩的名，前面说的追究底下人的责任也不提了，这个事情就过去了。但是这一句“朝廷于有功诸臣，不欲苛求细故”，这说的就是曾国藩。曾国藩现在是功劳最大的人，有功诸臣里面的头把交椅，那么朝廷因为你有功，所以不去苛求你这些小事情。——但其实幼天王这样的大事情，怎么能叫细故呢，所以圣旨里面这句话就是反着说，本来这么严重的一个错误，曾国藩是应该受到处罚，但是念你有功，算了，咱们下次再说。接下来洋洋洒洒这么一段，全是对左宗棠讲话，表扬左宗棠，称赞他“尤得大臣之体”，言外之意就是说，曾国藩不够有大臣之体。更厉害的是最后一句，对左宗棠成为一代名臣有厚望。从道光朝以来，数十年间，表扬大臣的圣旨不少，但是出现这一句“朝廷所望于该督者，至大且远，该督其益加勉励，为一代名臣，以副厚望”，这是唯一一次出现。这种话在诏旨里面，是一种非常崇高的表扬。曾国藩一生还没有受到过这种表扬，而这一次左宗棠跟他吵了一次架之后，左宗棠反而受到这种表扬，尽管没有明着说曾国藩的不是，但是朝廷对曾国藩在这个事情上的态度，由此可见一斑。

因此，这个笔仗虽然结束了，但是在曾、左两人的心中，尤其是在曾国藩的心中，他觉得这个事件带给他的伤害真是太大了。

另外还有一件事，跟曾国荃有关。前面讲了，曾国荃是浙江巡抚，但是当时因为闽浙总督左宗棠在浙江作战，就让他兼署浙江巡抚，而在南京作战的曾国荃就暂时不管浙江的事。那么现在南京攻破了，是不是曾国荃去浙江上任呢？按道理是应该这样，他挂着浙江巡抚虚名都两年多了，现在仗也打完了，是得让他过去清闲清闲，做做地方官了。可是朝廷没有这么做，仍然是左宗棠，左宗棠之后就来了一个马新贻。正是看到这一点，曾国藩这两兄弟就有一些感触，因此在攻破南京之后，曾国荃就请病假，回了乡下。

尽管这个事情，包括幼天王的事情，不一定是左宗棠安排的。但是在曾家兄弟的这两件伤心事中，左宗棠就充当了一个明显的对头。

4. 曾国藩想不想做皇帝

湘军攻下南京，当时及以后，有那么几年的时间，就有一些秘密的传言，到曾国藩逝世后，传言越演越烈，到了清末乃至民初，传言甚嚣尘上。什么传言呢，就是说曾国藩曾经有过做皇帝的念头。

曾国藩这个人到底想不想做皇帝？严格地讲，任何一个人，他想不想做什么事情，这是很难证明的。但这个传言传得很厉害，所以我们找出一些跟这个话题有关系的事件，稍作分析，看曾国藩称帝的传言是如何演变的。

据说彭玉麟曾经写了一个纸条给曾国藩，他们是在长江的船中见面，曾国藩接过纸条一看，上面写了这么几个字，“江南半壁江山，老师其有意乎”。那时太平天国还没有打败，湘军正在进攻太平天国，势头比较好，所以彭玉麟问曾国藩，将来打下南京之后，打败太平天国之后，东南无主，那您以及湘军是不是可以把这个地方拿下，控制起来，自己做江南的主人。曾国藩看了这纸条，气急败坏，赶紧碾磨碾磨就吞下肚子里，说雪琴，我们这么熟了，你还拿这个事来试我，太不应该了，太不应该了！

这个故事听上去有点像小说。但其实，要说它的来源，还挺写实。这个故事，据说是彭玉麟的亲兵某人，在船上听到二人的对话，之后将对话告诉了另外一个人，另外一个人再告诉一个叫作梁溪坐观老人的。然后梁溪坐观老人将它写入一个笔记，叫《清代野记》。里面的很多故事都注明了消息出处，是听谁谁谁告诉我的。彭玉麟递纸条的故事，他就说来源是彭玉麟的亲兵。当然说明了来源，不表示真的来源就是这样，这个大家要明白。

还有一个故事，就发生在曾国藩的家中。曾国藩最小的女儿曾纪芬，在回忆录中就写，湘乡老家建宅院的时候，木匠为了讨好曾家，在念诵上梁文的时候，就说“两江总督太细哩，要到南京做皇帝”。当时曾国藩就是两江总督，打下南京之后，家里修房子，工人就嫌两江总督细哩（太小了），到南京做总督太委屈了，要直接做皇帝。曾纪芬那会正在湘乡老家，那这种话应该是她亲耳听到的。湘乡的这些工人为她家做事情的时候，恭维他们家，但是工人这么说，也不能代表曾国藩自己就想做皇帝。因此黄濬对此有一个评语，他说这是湘乡土人鄙俚之词，并不是曾氏兄弟的意思。就是下层的农民觉得曾国藩功绩这么大，只做一个总督，官太小了，但是总督之上还有什么更高级的职务呢，他们又不清楚，他们只会说皇帝，做皇帝好。而且民间觉得做皇帝也不是一个多么离经叛道的事情，明代朱元璋，宋代赵匡胤，这些皇帝都是白手起家的，曾大人为什么不能白手起家，也做一做皇帝呢？只是不管如何解释如何想，这也不能体现或者不能说就是曾家的意思。

同样又有一条消息，也是来自于曾家，这是来自于曾国藩的孙女曾广珊。她说李秀成劝文正公做皇帝，文正公不敢。这应该是李秀成被捕后，跟曾国藩有过一些交流，他劝曾国藩做皇帝。李秀成到底有没有这样说呢，一般猜测，这也是有可能的。在交谈的时候，李秀成出于自保，或者出于献计献策能免于一死的心理，也可能说出这些话。但是不管怎么样，没有一个很明确的证据。所以曾广珊说她爷爷不敢。这个“不敢”，就勾起后代史学家的一些评论。曾广珊的这句话先是告诉了她的女儿俞大缜，俞大缜又告诉了近代的著名史学家罗尔纲，然后罗尔纲先生分析了这个“不敢”。他说可见曾国藩确有要当皇帝的野心，他是不敢，而不是不干。这个分析，初听好像语音分析，不敢、不干，也能听得过去。但是按逻辑分析，就发现讲不通。李秀成劝曾国藩做皇帝，曾国藩不敢，这个不敢就是不敢做，或者就是不同意。但是罗尔纲说是不敢，不是不干，思想上是没有做皇帝的想法，但行动上却有体现，那就是干了。其实这句话很好理解，说明了曾国藩没有野心，他不愿意做皇帝，不敢也是不愿意。

还有一个传说，说王闿运劝曾国藩做皇帝，流传最广。王闿运去拜会曾国藩，两人坐着聊天，王闿运胡说了一通，曾国藩应该自立做皇帝这么一些话。曾国藩就手沾着茶水，在那茶几上写满了字，王闿运近前一看，原来全部写的是“荒唐”两个字。就是曾国藩拒绝了王闿运这些不切实际的建议。这也是小说家言，不可信。但是这个故事倒也不是空穴来风，王闿运自己讲，有一回他跟曾国藩两个人对着坐，曾国藩当时还要处理公务，所以一边听他讲，一边处理公务。王闿运就在这边滔滔不绝，讲什么王闿运没有透露，后来曾国藩因为有事要离开一下，出了门，王闿运偷偷看了一下他在写什么，就发现曾国藩没有认真批改公文，而是在那纸上写了很多“谬”字。也就是说，曾国藩认为王闿运跟他的讲话很荒谬。王闿运把这事告诉了杨钧，就是杨度的弟弟，也是湖南很出名的一个学者、书法家。

王闿运跟曾国藩之间还有一件很重要的事。咸丰十一年（1861），咸丰逝世，在热河，以肃顺为首的顾命八大臣，与慈禧、恭王联手的一群人展开政治斗争，处于胶着状态。慈禧这边，就主张两宫皇太后垂帘听政，肃顺就不支持，说应该遵照咸丰帝的遗命，由顾命大臣辅佐皇帝到十八岁，再交还政权。在这个关键时刻，那时湘军正在进攻安庆，曾国藩在安徽督战，王闿运就写了一封信给曾国藩，说在这个时候有比打安庆更重要的事情，你应该率兵北上，申明女人不可干政的祖制，然后联合恭王、肃顺去打倒慈禧，这叫亲贤并用。亲就是恭王，恭王是咸丰皇帝的兄弟，贤就是肃顺。你现在掌握着重要的军权，你要把这两个人拉拢到一块，用军权来支持他们，他们可以辅佐皇帝继续统治下去，垂帘听政的情况就不会出现。但是，这封信曾国藩没有回复，后来肃顺等人竞争失败，被砍了头，王闿运就“太息痛恨于其言之不用”，痛恨曾国藩没有按他的意思去做。这个事情要是真做了，当然没有曾国藩自己做皇帝那么轰动，但是那绝对也是一件历史上少见的，特别是近代史上绝对大的事情，那整个近代史绝对会有一些改观。当然曾国藩没有做，也没有回信，也可能这种事情慢慢地传，传成了王闿运要劝曾国藩做皇帝。

曾国藩做皇帝的一些传言，稍微靠谱一点的，就是以上列举的证据。但是我们稍微分析一下，发现都不足以支持这样一个结论，那就是曾国藩想做皇帝。其实曾国藩不想做皇帝，主要是后人，特别是喜欢读历史的人，或者是喜欢一些传统政治，比较欣赏里面那种阴谋论的人，去意淫他，认为他会做皇帝，其实还不如说是他们自己对皇帝有一些比较独特的梦想。因为中国两千多年的统治，帝王统治的思想深入民心，所以有很多人这么想一想，但是自己能力地位跟皇帝位差得远，那么他就借着像曾国藩这样的一些人，有地位有权力又有才能的人，想一想这些人会不会像自己一样也有做皇帝的念头，慢慢地想多了，也就干脆地认为曾国藩他是这种人。既然有能力做，那么你应该想做，因为我也想做，我没有曾国藩那么有本事我还想做皇帝呢，何况曾国藩。于是这么不是很有格调的一些揣测，就让这种传言越传越远，越传越广。

第九章 尾 声

1. 湘军大佬的未来发展

前面是辟谣。那接下来就简要介绍一下，在攻克南京之后，几位湘军大佬，比较重要的几位人物，他们的去向。

曾国荃两年前就是浙江巡抚，但是，左宗棠迟迟没有让出位子，当然这是朝廷没有让左宗棠让出位子的意思，所以曾国荃很难到浙江去上任，待了一阵之后，就借口养病回湘乡了。而且在左宗棠卸任之后，继任浙江巡抚的是马新贻，这也可以从一个方面证实，朝廷无意让曾国荃去担任浙江巡抚。

左宗棠在克复杭州、荡平闽浙之后，又再越境进入广东追击太平军，将在广东地区的太平军消灭干净之后，又北上与李鸿章、僧格林沁等人合作，与捻军作战。在平定了捻军起义之后，又奉命进入陕西，然后一直向西推进，甘肃、宁夏，直到新疆，最后建立了一个很大的功业，到晚年又回到北京做了一阵事情，最后又到东南沿海，参与到中法战争的筹备，包括收复台湾的战事。

彭玉麟呢，就有一个特点，从湘军初期一直到死，彭玉麟一生都不愿意接受官职，虽然战功显赫。而且到临末，把自己的财产一百多万两银子，全部捐出来。有人说彭玉麟其实怀着反对清朝的意思，只是没有机会施展，因此不接受清朝给的官职。可是这个说法，第一，毫无证据，第二，一个人想推翻清朝，但是一辈子为清朝效力，没一点反迹，这也太说不过去了。其实彭玉麟自己解释得很清楚，他是因为刚出兵的时候，母亲死了，他来不及回家守制，没有尽到孝道，因此就立下誓言，说我这一出是为了国家，为了桑梓，并不是为了功名利禄。我因为国家因为桑梓，所以违背了孝道，没有尽到最后作为儿子的义务，那么我将来就不要这些功名利禄，以表明我的心迹。这个解释，我觉得在儒家文化传统中国的背景下，很容易理解，比说彭玉麟要造反要自然得多。彭玉麟虽然不接受官职，但是朝廷让他每年巡阅长江一次，巡视什么呢，巡视驻在长江两岸的水师，他虽然没有带着一个显明的官职，但长江两岸的水师，各省的水师提督，几乎全是他以前的手下，所以他去巡视长江，很有威信，各方对他也很敬畏，要处理什么事情也比较容易办。

杨岳斌（杨载福），虽然从水师做到岸上，做了陕甘总督；可是，第一他在行政办公方面经验不太足，第二由水师转为陆军，他的指挥也有些问题，所以没干多久，后来就回家了。这个人一生清贫，一点都不贪，晚年家里出了点事，实在要一笔钱了，可是又找不着钱，这才没办法，一叶扁舟，从湖南到了四川，找他过去的部下。中间找到鲍超，一见了面，鲍超很热情，就请他吃喝玩耍，但是见了面杨岳斌又说不出口，就没有说出这个要求。但咱们知道，鲍超是看上去很粗，实际上心很细的人，他已经从背后打听到了杨岳斌为什么突然到四川来，并不是游山玩水，而是有所求，所以他也没出声，偷偷安排了一下。等将杨岳斌送回湖南的时候，杨岳斌一到家就发现，鲍超安排人送来的这些钱、物，全都已经先到了。这是他们师兄弟间的一段佳话。

另外再有一些八卦的。像湘军里面，有一个刘长佑，他原来一直是在湖南南部剿匪，后来进入广西，又进入广东，然后调到直隶，担任直隶总督。新宁刘氏，他是很有名的，包括刘坤一，也是他的亲戚，他的族叔。当然刘坤一年纪比他小很多。刘长佑也是湘军大佬之一，他有一个特点，他是所有湘军官至督抚统帅级的湘军将领中，唯一一个没有纳妾的，他是这么一个统计学上的标志。

刚才说他的族叔刘坤一，到了庚子事变之后，与张之洞、李鸿章联合起来，三位总督，两江总督、湖广总督、两广总督，大家互动，维护了江南半壁江山的安定，搞了一个东南互保，没有让因为北方的义和团战争引起的中外纠纷扩展到全国。这个事情有功有过，有是有非，只是从保护民生上，东南互保起到了一个很积极的效果。

这就是几位湘军的元老，以及他们的一些手下，在攻克南京之后的发展情况。

2. 湘军与淮军的矛盾

攻克南京之后，湘军就做了裁军。关于裁军，也有人说是因为曾国藩害怕功高震主，然后朝廷也担心他这个势力越来越大，不好控制，双方一拍即合，所以有裁军这一说。这也不妨成为一说，因为像这种敏感的话题，不会出现在公开的文件里面，我们只看实际曾国藩的理由，以及朝廷为之操心的理由，最大的理由就是没有钱来长期维护这么一支军队。当时曾国藩能够调动的军队几乎到了十二万，其中最大的一支是曾国荃这一军，有五万多人。还有当时的淮军，包括左宗棠的军队都不算在内。十二万人的军队，每个月就需要七八十万甚至上百万的经费，一年下来就是一千多万。这对曾国藩来说，绝对没有这样一个可以长久支持的财政来源。在战争期间，从地方各省拿出一笔钱，从中央要来一笔钱，难度还小一点，现在仗打完了，你再要维护这一支军队，还要拿出那么多钱就很困难。地方上也不愿意给了，因为现在地方上安定了，它也要恢复生产，要搞建设，国家也认为没有战事了，你拿那么多钱干什么。因此裁军几乎是当务之急。不要说他的权力有多大，就是曾国藩没有打下南京，这支军队只是成为在湖南、湖北、江西等地作战勇猛的一支军队，别的军队打下了南京，他这支军队依然要裁的。最简单的理由，也是最直接最真切的理由，就是他不裁就维持不下去。

因此在攻克南京之后，在搜捕这些余下的太平军首领，以及审讯、斩杀之后，曾国藩做的第一件大事，就是制定了一个裁撤计划表。裁军也不能说一下要裁多少就多少，按比例裁也不能这样，要慢慢裁，每裁一支部队，首先要解决的就是要有一大笔现金，你不发钱的话，那这个裁撤令就无法执行。当时就发生过几起这样的事情，说裁这支军队，但是款项没有到位，士兵就误认为要不就是营官赖账，要么就是统领赖账，要不就是政府对他们赖账，因为你说我们先回家，回头再给钱，士兵就认为这是欺骗。因此就发生过士兵挟持营官、挟持上级，甚至杀害上级，扰乱地方，上山为匪的事情。所以裁军是一个很复杂的问题，要细心地做，主要的原因还是钱。因为没有钱，所以要裁军，但是裁军也立即需要一大笔钱。光靠曾国藩一个人，还裁不了军，现在湘军账户上的余款，都用来裁军，同时李鸿章还要协济一些钱，包括中央也应该让其他省份给他拨一些款，他才能够裁军。这是裁军经济上、财政上的原因。

还有一个原因，就是当时的局面是，太平天国渐渐消亡，但是中原的捻军闹得还挺凶，而且就在攻克南京不久，曾国藩就被任命为剿捻总指挥。让他北上，不要在南京待着，上徐州，到前线去督责各路军队剿灭捻军，类似于当年让他去南京节制数省军务。这回去剿捻，也是让他节制数省军务。然后由李鸿章署理两江总督，因为李鸿章是江苏巡抚，由他给曾国藩做后勤，当时是这样一个安排。

按道理曾国藩应该把自己的军队留着，湘军还有用武之地，不用裁嘛。曾国藩不这么认为，他认为湘军征战这么久，新兵进来不久就成兵油子了，战斗力不是那么强了，所谓有“暮气”了。当然像左宗棠那么多年后还要在西北建功，怎么能叫暮气呢？这么说也对，只是曾国藩认为，曾国荃的这支部队不能再继续战斗了，包括鲍超，鲍超自己心怀退意，所以这些大军，要裁掉不少。同时曾国藩认为淮军继起之后，李鸿章更年轻，淮军更有朝气，最重要的是淮军的武器装备比湘军要好，再者淮军士兵大多来自于安徽中部、北部，他们对于在北方作战，比起湖南兵来说更有优势。最简单的，湘军习惯于有水师协助，在北方作战就没有这么多水路，作起战来更多要靠陆军，往前走就是孤军深入；再者湘军士兵不耐严寒，这是肯定的，南边的气候和中原包括河北、山东那一带的气候，是两码事；还有饮食，湖南兵要吃大米，而北方全是面食，士兵根本吃不惯，包括口味，食辣，这些都不习惯。因此曾国藩认为，去剿捻的话，湘军不如淮军合适。

当然，我们又要拿这个比较一下。左宗棠带湘军去得更远，到了西北那么严寒的地方，饮食这些问题照样存在，但是左宗棠不辞其难，终于把任务完成了。曾国藩呢，就预先想到这个问题，知难而退。这也看出，这两个人在攻克南京之后的心态，是一个鲜明的对照。曾国藩碰到一些麻烦，知难而退，但是左宗棠就是愿为其难。一个更加进取，一个有所不为。

刚才已经总结了，曾国藩裁军的两个最重要的理由，一是财政困难，没那么多钱支持军队，二是淮军继起，足以担当湘军的角色。因此在剿捻期间，曾国藩在前期作为前敌总指挥的时候，他调动的军队很多就是淮军，没有用多少湘军，因为那个时候湘军已经裁撤了。但是曾国藩后来发现有一点点问题，就是湘淮之间的矛盾。当然讲到湘军与淮军的矛盾，我们首先要知道，淮军之所以产生，虽然机会是那样偶然，但是毕竟这支军队的主帅是跟湘军有极深的渊源的，而这支军队的初建也有一些来自湘军的丰厚的补充。像程学启的部队、郭松林的部队，都是湘军中的劲旅，这些部队成为淮军初建时的中坚力量。因此可以说，湘军与淮军有一种血脉上的关系。

按道理，这两军，不管是统帅、将领还是士兵，都应该有一种亲切感。但是从历史来看，湘淮之间关系不是那么好。关系不好，也有一个特点，像曾国藩、李鸿章、左宗棠、刘秉璋、刘铭传这些人之间，他们的关系是不太对等的。像曾与李，尽管有摩擦，但是他们大多数时候还是能够和衷共济，同心协力办一件事情，互相体谅。尤其是李鸿章，实话实说他帮了曾国藩不少忙，为他出谋划策。但是像左宗棠和李鸿章的关系，从太平天国战争后期就势如水火，到未来剿捻期间也有互相攻击，到后来海防与塞防的大辩论，他们两人更是掀起了一场规模很大的斗争，他们的关系一直没好过。像刘铭传，后来成为淮军的第一名将，也成为统帅级的人物，他只服气李鸿章，曾国藩如果以前敌总指挥、钦差大臣的名义指挥他，他都会怠慢。

所以说，湘淮两军高级将领高级统帅这些人之间的关系，已经很复杂。那么两军的将士又互相看不起，就更容易发生矛盾。像剿捻战争期间，鲍超在湖北、河南之间剿捻，他与刘铭传驻地相隔不远。鲍超当时的战法以及军队的实力，比刘铭传的铭军更强，在对付捻军上心得更多。但是他就不愿意帮助刘铭传，眼看着刘铭传的军队被围攻，被打得四散奔逃，他也不去救刘铭传，只有等刘铭传的军队被打得七零八落了，捻军要撤退了，霆军才出兵，将捻军进行围攻。因为捻军在攻击刘铭传的军队的时候，收剿了不少战利品，包括刘铭传自己也是易服而逃，像官帽什么的都抛弃在战场上了，这个东西到了捻军手里，那么霆军跟捻军作战，再把这些东西又收缴过来。收缴过来之后，鲍超就让手下把这个帽子装到轿子里，敲锣打鼓，送到铭军的营盘。表面上是说把你的顶戴给送回来，其实就是要羞辱刘铭传。鲍超这么做，也有理由，一是这么多年来，从淮军建立之后，湘淮将领之间本就不服气，近期还有一个直接的触因，就是前面讲过在战天京期间，淮军是不是要来南京助攻，那个时候，淮军将士像刘铭传、周盛波就曾经说要去助攻。有人说鲍超霆军守的东坝，你过去肯定会开战，你怎么打得过他。刘铭传就说霆军厉害又如何，能挡得住我的大炮吗？这种话估计也传到鲍超耳朵里，所以在战场上，虽然不能直接跟刘铭传开战，那么如果能够看到刘铭传的笑话，还能够借机羞辱他，那鲍超不会放过这种机会的。军队中这种事情，其实也是很多的。包括鲍超自己，也是在这样的恶劣环境中，比如以前在他跟多隆阿的竞争中，这样成长起来的。他今天用同样的军队中的传统去教育刘铭传，这也是情有可原的。刘铭传你自己不争气，也怪不了鲍超。但是，这一方面体现了湘淮之间的不和，另一方面，也为鲍超的一件案子，埋下了伏笔。

鲍超尽管在战场上羞辱了刘铭传，但是他觉得继续在军中待下去，也没意思。当时剿捻的过程中，很多将领、军队都是淮军，他作为一支湘军混迹其中，索然无味。当时给他做后勤的是湖北巡抚曾国荃，曾国荃也觉得索然无味，他那会已做了文职官员，手下也有些部队，但也不复有当年攻克南京时的野心，所以也就这么敷衍了事。因此鲍超跟他一合计，找个借口，回家养老了。因此此后十多年，鲍超就一直在四川养老，朝廷几次要征召他出来，他一般就是推辞，要么就因为其他原因，也没有出来，至死都没有再上疆场。

光绪十四年（1888），鲍超逝世，刚一逝世，他的家里就出了大事。有一个原来在霆军的士兵，是鲍超的同族，突然向夔州府知府控诉鲍超，说他克扣军饷，润家自肥，就是说他贪污军饷。鲍超是夔州人，所以这个状就告到夔州府，夔州府的汪鉴也不敢擅自处理，鲍超的名气太大了，还有世袭的爵位，又曾是那么一支大军的统帅，而且都知道他跟胡林翼、曾国藩这些人的关系特别好，即算左宗棠跟他也是旧交。胡、曾虽然在当时已经逝世了，但是左宗棠、曾国荃这些人的势力依然在，因此不敢轻举妄动。于是向四川总督刘秉璋汇报。刘秉璋是安徽人，出身淮军，但是他不是士兵或者将领出身，他像李鸿章一样，是读书人出身，是翰林学士，后来入了淮军，独领一军，又做营务处，然后慢慢地官才做上来，现在又做到了四川总督。汪鉴也是安徽人，可以说他是淮系人马，因此汪鉴就把事情向刘秉璋汇报。刘秉璋倒是胆子大，接到这个控诉立即上奏，请求朝廷下令，对鲍家要赔款要抄家。也就是说以前贪了多少，现在就要吐出多少。为什么要抄家？抄了家，还要看看家里还存多少，如果财产太多，说不清来源，也要加以处罚。

哪知道这一份奏折到了北京，引起舆论的一片骂声。当时所谓舆论，主要是御史，这些能够上奏发言的人，这些人是把持舆论风气的。他们认为，鲍超刚死，刘秉璋你作为淮军一员，对于一个湘军的故将军，这么无情，先不说有没有经济问题，贪不贪污，首先你这个淮军人士去跟湘军宿将的遗属作对，你这就是挑起湘淮矛盾，将这种桌子底下的矛盾放到台面上来讲，这是你不对。第二，你这么严酷地对待遗属，会让天下将士寒心，这以后谁还愿意出生入死去作战呢。连鲍超这样的人，死后都要受到清算，就因为这么一点小经济案，你要让他赔款抄家，怎么也说不过去。然后又说，刘秉璋你这么做，我们都知道你胆子没这么大，是不是李鸿章授意让你这么干的？——李鸿章是淮军的老大，湘淮不和这么多年，终于逮着个机会，虽然不会直接拿鲍超怎么样，但是拿鲍超的家里开刀，也算给湘军来一个大大的下马威，给他们一点颜色看看，所以就说李鸿章是幕后黑手。这李鸿章就受不住了，但李鸿章真是没有插手这件事情，如果让李鸿章处理这件事情的话，他也不会这么做，而且他跟鲍超没有太大的冲突，跟鲍超还有一些私交。所以他将刘秉璋大骂了一通，据说是用的当地安徽的脏话。笔记里面是这么记载的，“辱娘的，作事卤莽，教天下骂老子”。意思就是你这小子太过分了，做事不动脑子，做出这么件破事，然后让天下人来骂我，让我来背黑锅，我根本没参与，你赶紧把这事情平息下去。最后，对鲍超家里没有再追究，也没有做任何处罚。

但是，尽管这样，我们也看得出，湘淮之间的矛盾很深，有任何一点风吹草动，一触即发。

3. 湘军的遗产

再讲一讲湘军崛起之后，对于湖南的影响。第一，就是湖南人做高官，在当时特别多。同治、光绪年间，所谓“督抚遍天下”。最多的时候，全国有三分之二以上的省份，总督、巡抚都是来自于湘军，蔚为壮观。而且，好像还形成一些不成文的规定，比如，南京是湘军打下的，那么两江总督就得让湖南人做，就得让湘军里面的人做。我们可以看看，从曾国藩做两江总督开始，后来曾国荃也做过两江总督，后来又有刘坤一，这些都是湘军系的人。其间有一个马新贻做了两江总督，但是在任上被刺杀，当时有传言说他可能是被湘军派人刺杀的，这是根本没有证据的，为什么有这么一种传言出现呢，这也跟两江总督在大多数时候是湖南人担任有很大的关系。这从一个侧面也反映出当时的湘军集团对于地方职位的一种把持与垄断。

第二个，不愿意出去做官的，大部分湘军带了很多财产回到家乡。像攻克南京，曾国荃并没有因此而获得大笔的财产，或者因此暴富，他个人并没有。尽管在以前他比较重视个人的收入，但是他并没有单单因为攻克南京而狠狠发了一笔大财。这个已经有可靠的、可信的证据，可以破除有关谣言。但是湘军的将士在攻克南京之后搜刮的钱财，那绝对是一个惊人的数字，这个毋庸讳言。攻克南京之后，曾国藩写报告，向朝廷说南京城内没有什么财宝，跟以前的传说不符合。一个很大的原因，是入城之后弛禁三日，湘军的将士已经搜走了很多东西。当时湘军采用的方式，就是进入太平军诸王的王府里面，将人杀光，再把里面值钱的东西搬走一空，最后一把火烧掉，毁灭证据。他们做了不少这样的事情。而更多的是东征的一路上，湘军克复的城池里面，将领也好士兵也好，都会从中得到很多利益。因此湘军的人回来之后，有很多都成了富豪。

另外在和平时期，也就是克复了南京、平定了东南之后，很多重要的、收入比较丰厚的职务，都由湖南人担任。像各地的一些关道，就是掌管进出口税的，盐道、粮道，以及一些富庶地区的知县、知府，这些职位很多是由湖南人担任，由湘军集团的人担任。这些人发了不少财，这些财产最后也都回到了故乡。那个时候没有投资一说，但是这么多钱一下到了湖南，他总要用出来，看得见的基础建设会有一些，每个人的家都会大修一翻，然后就会修祠堂，也会将这个家居附近的山林、道路，做一番修饰。还有很多就搬到长沙来住，除了在乡间有祖屋，在长沙也建了别墅。所以至少长沙的发展，长沙后来的繁荣，跟这有很大的关系。除了基建以外，饮食、娱乐的消费也会增长，一个最明显的例子，湘军这些人回来之后，据研究湖南娼业的人士说，就出现了扬州妓女、苏州妓女，这在以前的湖南是难以想象的。因为全国闻名的就是扬州、苏州这些地方的青楼女子。以前享受这种温柔、快乐，你得到江南去，现在在长沙也引进了这种行业，由这个事例就可以看出当时长沙的繁荣。由小见大，青楼女子都这么高级了，那么相应的饮食、文艺演出，各种排场，马车啊服装啊衣料啊，全部都较以前有很大的不同。

还有一个，最重要的，对未来的湖南影响更大的，就是教育。在科举没有废除之前，更多的是私塾，是老师带了很多学生读书，然后学习作文，应付科举考试。以前湖南这边很难请到名师，即算有了名师也留不住，因为这边普遍缺钱。现在湘军这么多有钱之家，一下在湖南各地崛起，他们家里请老师，就可以请到名师，给的待遇很好，名师教得也很用心。同时对于同族同乡的孤寒子弟，对那些家庭贫困的学生，他们也可以帮衬，只要会读书的能读书的，可以到这边来免费读。传统中国很重视这一点，同乡尤其是同族要互相帮助，以有济无。那么最明显的就是体现在教育上，家里没钱的小孩子也可以接受名师的教育。这么一来，文风自然就盛了起来，就比以前大为不同。随着科举废除，兴学堂，然后又讲究留学，很多湖南人就出去留学了。这也跟湖南整体经济的发展有很大的关系。因为教育发达了，民智慢慢也就开启，湖南人的见识也慢慢的不一样。因此在戊戌变法之后，湖南竟然是全中国最开明的地区之一，也是最讲改良最讲革命的地区之一。当然，同时因为湘军的旧有势力还是存在，这些官绅还是在这里，同时也是最保守的地区。这是一个有趣的现象，在最保守的土地上，竟然萌发了最革命的种子。像谭嗣同等人，萌发了最前卫的思想。这也是湘军留下的一份遗产。

4. 结束语

最后我们用一个故事来结尾，来结束这段湘军的传奇。

这个故事，是讲一个烈女的故事。同治三年（1864）九月十七日，湘乡关王桥一家旅店发生了一件命案，一间房内有三具尸体，一女二男。一个男的被检验是中毒而死，另一个是被刺死，女的是上吊死。除了这三具尸体，房间里就没有别的东西，所以办案的人就很迷惑，不知道怎么解开这个谜团。

幸好附近的潭市，有一个旅店老板过来报告消息，说前几天在他那旅店里面，就住了三个人，正是一女二男。而且在他们住过的房间，发现了一封遗书。办案人员一看，遗书上面写了一首绝命诗，前面还有一段长序，把这个长序一看完，办案人员就明白了，这三个人是一种什么关系，三具尸体又是怎么一回事。

这位上吊而死的女士，是南京人，名叫黄淑华，十七岁。她的父亲在她出生不久就逝世了，十二年前，当她四岁多的时候，南京被太平军占领，在经过初期的一阵慌乱之后，南京又恢复了往日的秩序，她家里除了她一个女儿，还有四个兄弟，三个哥哥、一个弟弟。大哥三哥在家以种菜为生，二哥在外面做生意，淑华就与她的弟弟一块，在家中延师念书。这么平静地过了十二年，直到今年六月十六日，湘军攻入南京，平静生活才发生了翻天覆地的变化。

今年的湘军入城，和当年的太平军入城，就是两码事。太平军在早期攻入城池，没有什么弛禁三日这一说，一进城之后就是立即组织民众，清点人数清点资产，然后分辨良莠，再慢慢地安顿。湘军不同，湘军一入南京，就是弛禁三日，烧杀抢掠军法不问。十七日，就已经有湘军士兵来到黄家，借口就是搜捕余匪，这是当日湘军擅闯民宅的借口，看你家有没有藏着太平军。其实不管你家有没有，就是进来要把你家搜刮一空。他的二哥，刚上前辩称没有，才只说了几句话，就被前来的士兵一刀砍死。那时的士兵，一个目的，就是抢钱抢东西，甚至抢人。将她二哥砍死后，就将他家洗劫一空，临走有一个邵阳兵，姓申，突然看见淑华，贪她美貌，要将她带走。淑华的母亲、弟弟、长嫂，一起跪下求饶，求他们不要将淑华带走。申某穷凶极恶，看他们一跪下，就将这三人一同杀死，然后强拉着淑华出了门。淑华也不想活了，那会儿就要寻死，但是被申某拉住，而且申某还嬉皮笑脸，他说我爱你，我不杀你。这个原话是文言，是这么讲，“余汝爱，不汝杀也”。淑华没有他力气大，就被拉走了。

没多久湘军裁军了，申某也在被裁之列，就要回家了。他一个人怕看不住淑华，就找了另外一个战友，一块押送。从南京上船，沿着长江逆流而上，一直要经洞庭，进入湖南境内。在舟中，淑华有几次都想到要自杀，但是她后来一转念，说现在已经家破人亡，就是面前的这个人害的，我要是不报仇，就这么死了，岂不便宜了他。所以她想了一计，决定要找一个机会报仇。他们渐渐进入湘乡境内，先在潭市那个旅社，她预先写下绝命诗，写下这首诗序，并且留在那个旅社。到了关王桥这家旅店，她就假意劝酒，然后将两人迷倒，这酒里面就有毒药。结果就是，申某被她割喉，下了毒药还不解恨，还要加几刀；伏某，就是申某的战友，被毒死；她自己，也上吊而死。

这个故事传出来之后，当时在湘乡地区妇孺皆知，传播很广。当地人将此写入《湘乡志》的《烈女传》。然后出身于湘军的一位学者，就是李元度，专门为黄淑华女士写了一篇文章，并将她的诗都一一抄录，尽管这些诗水平不怎么样，但以此作为一个纪念。当然到底李元度要纪念什么，没有说，但肯定不是纪念东南与湖南的人口交流。

我用这个故事来作为本书的结束，其实是想讲这么几句话，也是要强调这么几点：

第一，太平天国战争是一场内战，作战的双方，在实际战场上有胜利有失败，有胜者有败者。但是因为它是内战，而且在战争结束以后，这个国家也没有发生一个更新的更积极的变化，那么其实双方都是失败者。

第二，因为这是一场内战，因此去拔高任何一方，像以前就把太平天国抬得很高，最近渐渐地又有妖魔化太平天国的迹象，而湘军这一边，曾经有段时间也被誉为中兴功臣，到后来又被斥为反革命，慢慢随着时代发展，现在又渐渐有红火的趋势。总之，这些都不是平情之论。我想说的是，湘军将士也好，太平军将士也好，他们都是中国人，都是我们的同胞。他们只是在一场残酷的内战中相遇了，作为后来人，我们没有必要去为任何一方的胜利叫好。

第三，湘军是一个很复杂的概念，特别是作为一些湘军的领袖，他们确实有很多值得后人景仰乃至学习的个人品质与风格。像胡林翼的进德之猛，像曾国藩的律己之严，像左宗棠的对事不对人、一以贯之，这些东西都是值得后人景仰的。但是因为湘军这个集团的壮大，所以也留下了一些不好的东西，像地域主义，宗派主义，崇尚暴力，强者通吃，这些负面的东西，有些直到今天还在影响后来人。当然不仅仅是影响湖南人，也影响到别的地方的人，甚至可以说影响了全体中国人。